财政部规划教材
全国财政职业教育教学指导委员会推荐教材
全国高等院校财经类教材

纳税综合实训

谷义 主编

经济科学出版社

图书在版编目（CIP）数据

纳税综合实训／谷义主编．—北京：经济科学出版社，2014.7

ISBN 978-7-5141-4741-4

Ⅰ.①纳…　Ⅱ.①谷…　Ⅲ.①纳税-税收管理-基本知识-中国　Ⅳ.①F812.423

中国版本图书馆 CIP 数据核字（2014）第 127422 号

责任编辑：王东萍
责任校对：刘欣欣
责任印制：李　鹏

纳税综合实训
谷　义　主编
经济科学出版社出版、发行　新华书店经销
社址：北京市海淀区阜成路甲 28 号　邮编：100142
总编辑电话：010-88191217　发行部电话：010-88191522
网址：www.esp.com.cn
电子邮件：esp@esp.com.cn
天猫网店：经济科学出版社旗舰店
网址：http://jjkxcbs.tmall.com
北京密兴印刷有限公司印装
787×1092　16 开　29.75 印张　740000 字
2014 年 7 月第 1 版　2014 年 7 月第 1 次印刷
ISBN 978-7-5141-4741-4　定价：58.00 元
（图书出现印装问题，本社负责调换。电话：010-88191502）

编写说明

本书是财政部规划教材，全国财政职业教育教学指导委员会推荐教材，由财政部教材编审委员会组织编写并审定，作为全国高等院校财经类教材使用。

我国高等教育已步入大众化阶段，大众化阶段的高等教育对人才培养目标的要求是实施应用性教育，培养多样化的应用型、职业型、技能型人才。为更好地适应多元化社会对各类人才的需求，为地方经济和社会发展服务，我们组织编写了《纳税综合实训》教材。本书在编写设计上，充分考虑到实训教材的特点，同时吸收新的教育教学理念，突破了传统教材以学科为体系的编写框架，采用以行动为导向，以任务为载体的编写模式，构建《纳税综合实训》教材的知识体系。

本书从纳税人的视角出发，立足企业涉税业务的具体要求，将企业纳税工作分解为若干个项目，每个项目都有具体的工作任务，以任务驱动模式讲授纳税业务的知识点。首先，进行情景设计，以企业实际工作中需要完成的工作任务为中心，设计模拟工作情境，通过任务模拟，引导学生进行思考。其次，介绍相关知识点，引导学生按照企业的纳税业务流程学习解决实际问题所需要的知识，为学生完成实训任务提供必要的理论指导。再次，根据实训任务目标，设计实训内容，使学生在完成工作任务中获得实现目标所需要的职业能力。最后，通过技能训练，进一步拓展学生视野，逐步培养其胜任实际工作的能力。

本书共分为九个项目22个任务，项目一至项目二为纳税工作的准备实训，包括税务登记管理及发票领购与开具。项目三至项目九为各税种核算与纳税申报实训，主要包括增值税、消费税、营业税、企业所得税、土地增值税、个人所得税、房产税、城镇土地使用税、契税、印花税、城市维护建设税及教育费附加等各税种的核算与纳税申报。为规范任务的实施过程，每个任务包括知识目标、能力目标、情景导航、任务描述、相关知识点、实训内容、技能训练等内容。从涉税实际工作中选取实例，学生通过完成项目任务来学习知识、掌握技能、提升职业素养，从而达到教学的效果和教学目的。

本书由谷义教授主编，负责全书的整体结构设计及全书的统稿、定稿工作。各章编写分工如下（按章节顺序）：谷义负责项目一、项目八的编写；游振宇负责项目二、项目六的编写；何霞负责项目三、项目四、项目九的编写；钟芳青负责项目五、项目七的编写。

本书在编写过程中，参考并借鉴了近年来出版的相关教材和研究成果，同时也得到了辽东学院伊虹副教授、陈燕副教授的很多帮助，在此表示由衷的感谢。限于编者的水平，书中难免存在疏漏和不足之处，敬请读者指正。

编 者

2014年7月

目录

项目一

税务登记管理实训

任务一　设立税务登记

知识目标：

◆ 掌握设立税务登记的范围、时间及地点

◆ 熟悉设立税务登记的流程

能力目标：

◆ 能填写税务登记表

◆ 能办理设立税务登记

情景导航

鸿达酒业有限公司是一家新成立的公司，该公司经大阳市工商行政管理局批准，于 2007 年 6 月 20 日取得了《企业法人营业执照》，完成了工商注册登记。与此同时，该公司还应到税务部门办理税务登记。

那么，该公司应在何时何地办理税务登记？办理设立税务登记需要提交哪些材料、经过哪些程序？

一、任务描述

准备设立税务登记所需要的证件和资料，能填写税务登记表，模拟进行设立税务登记的办理。

二、相关知识点

（一）设立税务登记的范围、时间和地点

1. 设立税务登记的范围

（1）企业及企业在外地设立的分支机构和从事生产、经营的场所，个体工商户和从事生产、经营的事业单位，均应当按照规定办理税务登记。

（2）除国家机关、个人和无固定生产、经营场所的流动性农村小商贩的其他纳税人，也应当按照规定办理税务登记。

2. 设立税务登记的时间和地点

（1）从事生产、经营的纳税人领取工商营业执照（含临时工商营业执照）的，应当自领取工商营业执照之日起30日内申报办理税务登记；

（2）从事生产、经营的纳税人未办理工商营业执照但经有关部门批准设立的，应当自有关部门批准设立之日起30日内申报办理税务登记；

（3）从事生产、经营的纳税人未办理工商营业执照也未经有关部门批准设立的，应当自纳税义务发生之日起30日内申报办理税务登记；

（4）有独立的生产经营权、在财务上独立核算并定期向发包人或者出租人上交承包费或租金的承包承租人，应当自承包承租合同签订之日起30日内，向其承包承租业务发生地税务机关申报办理税务登记；

（5）从事生产、经营的纳税人外出经营，自其在同一县（市）实际经营或提供劳务之日起，在连续的12个月内累计超过180天的，应当自期满之日起30日内，向生产、经营所在地税务机关申报办理税务登记；

（6）境外企业在中国境内承包建筑、安装、装配、勘探工程和提供劳务的，应当自项目合同或协议签订之日起30日内，向项目所在地税务机关申报办理税务登记；

（7）上述规定以外的其他纳税人，除国家机关、个人和无固定生产、经营场所的流动性农村小商贩外，均应当自纳税义务发生之日起30日内，持有关证件向纳税义务发生地税务机关申报办理税务登记。

（二）设立税务登记的流程

1. 纳税人提出申请

在法定期限内，纳税人向主管税务机关提出办理税务登记的书面申请报告，并根据不同情况如实提供下列证件和资料：

① 申请税务登记报告书；

② 工商营业执照或其他核准执业证件；

③ 有关合同、章程、协议书；

④ 组织机构统一代码证书；

⑤ 法定代表人或负责人或业主的居民身份证、护照或者其他合法证件；

⑥ 法定代表人和董事会成员名单；

⑦ 住所或经营场所证明；

⑧ 委托代理协议复印件；

⑨ 企业在外地设立的分支机构和从事生产、经营的场所应提交总机构所在地税务机关出具的外地设立分支机构的证明。

其他需要提供的有关证件、资料，由省、自治区、直辖市税务机关确定。

2. 税务机关受理

税务机关对申请人所提供的《申请税务登记报告书》及附送资料、证件进行查验，对资料齐全、符合要求的，予以受理，并根据申请人的经济类型发给相应的《税务登记表》。

税务登记表的主要内容包括：①单位名称、法定代表人或者业主姓名及其居民身份证、护照或者其他合法证件的号码；②住所、经营地点；③登记类型；④核算方式；⑤生产经营方式；⑥生产经营范围；⑦注册资金（资本）、投资总额；⑧生产经营期限；⑨财务负责人、联系电话；⑩国家税务总局确定的其他有关事项。

《税务登记表》分三种类型，分别适用于单位纳税人、个体经营纳税人、临时税务登记纳税人。具体见表 1－1－1、表 1－1－2 和表 1－1－3。

表 1－1－1　　税务登记表

（适用单位纳税人）

填表日期：

纳税人名称				纳税人识别号				
登记注册类型				批准设立机关				
组织机构代码				批准设立证明或文件号				
开业（设立）日期		生产经营期限		证照名称		证照号码		其中外籍人员
注册地址				邮政编码		联系电话		
生产经营地址				邮政编码		联系电话		
核算方式	请选择对应项目打“√”□独立核算□非独立核算				从业人数			
单位性质	请选择对应项目打“√”□企业□事业单位□社会团体□民办非企业单位□其他							
网站网址				国标行业	□□□□□□□□□			
适用会计制度	请选择对应项目打“√”□企业会计制度　□小企业会计制度　□金融企业会计制度　□行政事业单位会计制度							
经营范围	请将法定代表人（负责人）身份证复印件粘贴在此处							
项目 内容 联系人	姓名	身份证件 种类	身份证件 号码	固定电话	移动电话	电子邮箱		
法定代表人（负责人）								
财务负责人								
办税人								
税务代理人名称	纳税人识别号		联系电话		电子邮箱			

续表

注册资本或投资总额	币种	金额	币种	金额	币种	金额

投资方名称	投资方经济性质	投资比例	证件种类	证件号码	国籍或地址

自然人投资比例		外资投资比例		国有投资比例	

分支机构名称	注册地址	纳税人识别号

总机构名称			纳税人识别号		
注册地址			经营范围		
法定代表人姓名		联系电话		注册地址邮政编码	

代扣代缴代收代缴税款业务情况	代扣代缴、代收代缴税款业务内容	代扣代缴、代收代缴税种

附报资料：

经办人签章：	法定代表人（负责人）签章：	纳税人公章：
年 月 日	年 月 日	年 月 日

以下由税务机关填写：

<table>
<tr><td>纳税人所处街、乡</td><td colspan="3"></td><td>隶属关系</td><td></td></tr>
<tr><td>国税主管税务局</td><td></td><td>国税主管税务所（科）</td><td></td><td rowspan="2">是否属于国税、地税共管户</td><td rowspan="2"></td></tr>
<tr><td>地税主管税务局</td><td></td><td>地税主管税务所（科）</td><td></td></tr>
<tr><td colspan="2">经办人（签章）：
国税经办人：________
地税经办人：________

受理日期：
____年____月____日</td><td colspan="2">国家税务登记机关
（税务登记专用章）：

核准日期：
____年____月____日
国税主管税务机关：</td><td colspan="2">地方税务登记机关
（税务登记专用章）：

核准日期：
____年____月____日
地税主管税务机关：</td></tr>
<tr><td colspan="6">国税核发《税务登记证副本》数量：　　本　发证日期：____年____月____日</td></tr>
<tr><td colspan="6">地税核发《税务登记证副本》数量：　　本　发证日期：____年____月____日</td></tr>
</table>

国家税务总局监制

填表说明：

一、本表适用于各类单位纳税人填用。

二、从事生产、经营的纳税人应当自领取营业执照，或者自有关部门批准设立之日起30日内，或者自纳税义务发生之日起30日内，到税务机关领取税务登记表，填写完整后提交税务机关，办理税务登记。

三、办理税务登记应当出示、提供以下证件资料（所提供资料原件用于税务机关审核，复印件留存税务机关）：

1. 营业执照副本或其他核准执业证件原件及其复印件；

2. 组织机构代码证书副本原件及其复印件；

3. 注册地址及生产、经营地址证明（产权证、租赁协议）原件及其复印件；如为自有房产，请提供产权证或买卖契约等合法的产权证明原件及其复印件；如为租赁的场所，请提供租赁协议原件及其复印件，出租人为自然人的还须提供产权证明的复印件；如生产、经营地址与注册地址不一致，请分别提供相应证明；

4. 公司章程复印件；

5. 有权机关出具的验资报告或评估报告原件及其复印件；

6. 法定代表人（负责人）居民身份证、护照或其他证明身份的合法证件原件及其复印件；复印件分别粘贴在税务登记表的相应位置上；

7. 纳税人跨县（市）设立的分支机构办理税务登记时，还须提供总机构的税务登记证（国、地税）副本复印件；

8. 改组改制企业还须提供有关改组改制的批文原件及其复印件；

9. 税务机关要求提供的其他证件资料。

四、纳税人应向税务机关申报办理税务登记。完整、真实、准确、按时地填写此表。

五、使用碳素或蓝墨水的钢笔填写本表。

六、本表一式二份（国地税联办税务登记的本表一式三份）。税务机关留存一份，退回纳税人一份（纳税人应妥善保管，验换证时需携带查验）。

七、纳税人在新办或者换发税务登记时应报送房产、土地和车船有关证件，包括房屋产权证、土地使用证、机动车行驶证等证件的复印件。

八、表中有关栏目的填写说明：

1. "纳税人名称"栏：指《企业法人营业执照》或《营业执照》或有关核准执业证书上的"名称"；

2. "身份证件名称"栏：一般填写"居民身份证"，如无身份证，则填写"军官证"、"士兵证"、"护照"等有效身份证件；

3. "注册地址"栏：指工商营业执照或其他有关核准开业证照上的地址；

4. "生产经营地址"栏：填办理税务登记的机构生产经营地地址；

5. "国籍或地址"栏：外国投资者填国籍，中国投资者填地址；

6. "登记注册类型"栏：即经济类型，按营业执照的内容填写；不需要领取营业执照的，选择"非企业单位"或者"港、澳、台商企业常驻代表机构及其他"、"外国企业"；如为分支机构，按总机构的经济类型填写；

7. "投资方经济性质"栏：单位投资的，按其登记注册类型填写；个人投资的，填写自然人；

8. "证件种类"栏：单位投资的，填写其组织机构代码证；个人投资的，填写其身份证件名称；

9. "国标行业"栏：按纳税人从事生产经营行业的主次顺序填写，其中第一个行业填写纳税人的主行业。

表 1－1－2　　税务登记表

（适用个体经营）

填表日期：

纳税人名称		纳税人识别号			
登记注册类型	请选择对应项目打"√" □个体工商户 □个人合伙				
开业（设立）日期		批准设立机关			
生产经营期限		证照名称		证照号码	
注册地址		邮政编码		联系电话	
生产经营地址		邮政编码		联系电话	
合伙人数		雇工人数		其中固定工人数	
网站网址		国标行业	□□□□□□□□□□		
业主姓名	国籍或户籍地	固定电话	移动电话	电子邮箱	
身份证件名称		证件号码			
经营范围	请将业主身份证复印件或其他合法身份证件复印件粘贴在此处				

分店情况	分店名称	纳税人识别号	地址	电话

续表

	合伙人姓名	国籍或地址	身份证件名称	身份证件号码	投资金额（万元）	投资比例	分配比例
合伙人投资情况							

	代扣代缴、代收代缴税款业务内容	代扣代缴、代收代缴税种
代扣代缴代收代缴税款业务情况		

附报资料	
经办人签章： 年　月　日	业主签章： 年　月　日

以下由税务机关填写：

纳税人所处街、乡			隶属关系	
国税主管税务局		国税主管税务所（科）		是否属于国税、地税共管户
地税主管税务局		地税主管税务所（科）		
经办人（签章）： 国税经办人：______ 地税经办人：______ 受理日期： ____年___月___日		国家税务登记机关 （税务登记专用章）： 核准日期： ____年___月___日 国税主管税务机关：		地方税务登记机关 （税务登记专用章）： 核准日期： ____年___月___日 地税主管税务机关：
国税核发《税务登记证副本》数量：　　本　发证日期：____年___月___日				
地税核发《税务登记证副本》数量：　　本　发证日期：____年___月___日				

国家税务总局监制

填表说明：

一、本表适用于个体工商户、个人合伙企业填用。

二、从事生产、经营的纳税人应当自领取营业执照，或者有关部门批准设立之日起30日内，或者自纳税义务发生之日起30日内，到税务机关领取税务登记表，填写完整后提交税务机关，办理税务登记。

三、办理税务登记应出示、提供以下证件资料（所提供资料原件用于税务机关审核，复印件留存税务机关）：

（一）个体登记提供以下资料：

1. 营业执照副本或其他核准执业证件原件及其复印件；

2. 业主身份证原件及其复印件；

3. 房产证明（产权证、租赁协议）原件及其复印件；如为自有房产，请提供产权证或买卖契约等合法的产权证明原件及其复印件；如为租赁的场所，请提供租赁协议原件及其复印件，出租人为自然人的还须提供产权证明的复印件。

（二）个人合伙企业提供以下资料：

1. 营业执照副本或其他核准执业证件原件及其复印件；

2. 组织机构代码证书副本原件及其复印件；

3. 房产证明（产权证、租赁协议）原件及其复印件；如为自有房产，请提供产权证或买卖契约等合法的产权证明原件及其复印件；如为租赁的场所，请提供租赁协议原件及其复印件，出租人为自然人的还须提供产权证明的复印件；

4. 负责人居民身份证、护照或其他证明身份的合法证件原件及其复印件；个体工商户、个人合伙企业需要提供的其他有关证件、资料，由省、自治区、直辖市税务机关确定。

四、纳税人应向税务机关申报办理税务登记。完整、真实、准确、按时地填写此表，并承担相关法律责任。

五、使用碳素或蓝墨水的钢笔填写本表。

六、本表一式二份（国地税联办税务登记的本表一式三份）。税务机关留存一份，退回纳税人一份（纳税人应妥善保管，验换证时需携带查验）。

七、纳税人在新办或者换发税务登记时应报送房产、土地和车船有关证件，包括：房屋产权证、土地使用证、机动车行驶证等证件的复印件。

八、表中有关栏目的填写说明：

1. “纳税人名称”栏：指《营业执照》或有关核准执业证书上的“名称”；

2. “身份证件名称”栏：一般填写“居民身份证”，如无身份证，则填写“军官证”、“士兵证”、“护照”有效身份证件等；

3. “注册地址”栏：指工商营业执照或其他有关核准开业证照上的地址；

4. “生产经营地址”栏：填办理税务登记的机构生产经营地地址；

5. 合伙人投资情况中的“国籍和地址”栏：外国投资者填国籍，中国合伙人填地址；

6. 国标行业：按纳税人从事生产经营行业的主次顺序填写，其中第一个行业填写纳税人的主行业。

表 1－1－3 税务登记表

（适用临时税务登记纳税人）

填表日期：

纳税人名称			纳税人识别号				
类　型	请选择对应项目打“√” □领取临时营业执照　□承包租赁经营　□境外企业承包工程或劳务						
组织机构代码			批准设立机关				
			批准设立文号				
开业（设立）日期		生产经营期限		证照名称		证照号码	
注册地址			邮政编码		联系电话		
生产经营地址			邮政编码		联系电话		
核算方式	请选择对应项目打“√”　□独立核算　□非独立核算						
从业人数		其中外籍人数		临时税务登记有效期			
单位性质	请选择对应项目打“√” □企业　□事业单位　□社会团体　□民办非企业单位　□其他						
网站网址			国标行业	□□□□□□□□□□			
适用会计制度	请选择对应项目打“√” □企业会计制度　□小企业会计制度　□金融企业会计制度　□行政事业单位会计制度						

经营范围	请将法定代表人（负责人）身份证件复印件粘贴在此处。

项目 内容 联系人	姓名	身份证件		固定电话	移动电话	电子邮箱
		种类	号码			
法定代表人（负责人）						
财务负责人						
办税人						

税务代理人名称	纳税人识别号	联系电话	电子邮箱

注册资本或投资总额	币种	金额	币种	金额	币种	金额

投资方名称	投资方经济性质	投资比例	证件种类	证件号码	国籍或地址

续表

自然人投资比例		外资投资比例		国有投资比例	

分支机构名称	注册地址	纳税人识别号	

总机构名称		纳税人识别号	
注册地址		经营范围	

法定代表人姓名		联系电话		注册地址邮政编码	

代扣代缴 代收代缴 税款业务 情况	代扣代缴、代收代缴税款业务内容	代扣代缴、代收代缴税种

附报资料：

经办人签章： ____年____月____日	法定代表人（负责人）签章： ____年____月____日	纳税人公章： ____年____月____日

以下由税务机关填写：

纳税人所处街、乡				隶属关系	
国税主管税务局		国税主管税务所（科）		是否属于国税、地税共管户	
地税主管税务局		地税主管税务所（科）			

经办人（签章）： 国税经办人：____ 地税经办人：____ 受理日期： ____年____月____日	国家税务登记机关 （税务登记专用章）： 核准日期： ____年____月____日 国税主管税务机关：	地方税务登记机关 （税务登记专用章）： 核准日期： ____年____月____日 地税主管税务机关：
国税核发《税务登记证副本》数量：　　本　发证日期：____年____月____日		
地税核发《税务登记证副本》数量：　　本　发证日期：____年____月____日		

国家税务总局监制

填表说明：

一、本表适用于办理临时税务登记的纳税人填用。

二、《税务登记管理办法》第十条规定：

1. 从事生产、经营的纳税人领取临时工商营业执照的，应当自领取工商营业执照之日起 30 日内申报办理税务登记，税务机关核发临时税务登记证及副本；

2. 从事生产、经营的纳税人未办理工商营业执照也未经有关部门批准设立的，应当自纳税义务发生之日起 30 日内申报办理税务登记，税务机关核发临时税务登记证及副本；

3. 有独立的生产经营权、在财务上独立核算并定期向发包人或者出租人上交承包费或租金的承包承租人，应当自承包承租合同签订之日起 30 日内，向其承包承租业务发生地税务机关申报办理税务登记，税务机关核发临时税务登记证及副本；

4. 从事生产、经营的纳税人外出经营，自其在同一县（市）实际经营或提供劳务之日起，在连续的 12 个月内累计超过 180 天的，应当自期满之日起 30 日内，向生产、经营所在地税务机关申报办理税务登记，税务机关核发临时税务登记证及副本；

5. 境外企业在中国境内承包建筑、安装、装配、勘探工程和提供劳务的，应当自项目合同或协议签订之日起 30 日内，向项目所在地税务机关申报办理税务登记，税务机关核发临时税务登记证及副本。

三、办理临时税务登记应出示、提供以下证件资料：

1. 营业执照副本或其他核准执业证件原件及其复印件；

2. 法定代表人（负责人）居民身份证、护照或其他证明身份的合法证件原件及其复印件；复印件粘贴在税务登记表的相应位置上；

3. 税务机关要求提供的其他证件资料。

四、纳税人应向税务机关申报办理税务登记。完整、真实、准确、按时地填写此表，并承担相关法律责任。

五、使用碳素或蓝墨水的钢笔填写本表。

六、本表一式二份（国地税联办税务登记的本表一式三份）。税务机关留存一份，退回纳税人一份（纳税人应妥善保管，验换证时需携带查验）。

七、纳税人在新办或者换发税务登记时应报送房产、土地和车船有关证件，包括：房屋产权证、土地使用证、机动车行驶证等证件的复印件。

八、表中有关栏目的填写说明：

1. “纳税人名称”栏：指《企业法人营业执照》或《营业执照》或有关核准执业证书上的“名称”；

2. “类型”栏：即办理临时税务登记类型，按照表中所列选择填写；

3. “身份证件名称”栏：一般填写“居民身份证”，如无身份证，则填写“军官证”、“士兵证”、“护照”有效身份证件等；

4. “注册地址”栏：指工商营业执照或其他有关核准开业证照上的地址；

5. “生产经营地址”栏：填办理税务登记的机构生产经营地地址；

6. “投资方经济性质”栏：单位投资的，按其登记注册类型填写；个人投资的，填写自然人；

7. “证件种类”栏：单位投资的，填写其组织机构代码证；个人投资的，填写其身份证件名称；

8. “国籍或地址”栏：外国投资者填国籍，中国投资者填地址；

9. “国标行业”栏：按纳税人从事生产经营行业的主次顺序填写，其中第一个行业填写纳税人的主行业。

3. 申请人填写税务登记表

纳税人领取税务登记表后，应当按照规定的内容逐项如实填写，并加盖企业公章，经法人代表或负责人签字后，连同附列资料报税主管税务机关审核。

4. 税务机关审核、登记

税务机关应当自受理之日起30日，审核办理设立税务登记。纳税人提交的证件和资料齐全且税务登记表的填写内容符合规定的，税务机关应及时发放税务登记证件。纳税人提交的证件和资料不齐全或税务登记表的填写内容不符合规定的，税务机关应当场通知其补正或重新填报。纳税人提交的证件和资料明显有疑点的，税务机关应进行实地调查，核实后予以发放税务登记证件。

5. 纳税人领取税务登记证

纳税人应及时到主管税务机关领取税务登记证及其副本，并按规定缴付工本管理费。税务登记证件的主要内容包括：纳税人名称、税务登记代码、法定代表人或负责人、生产经营地址、登记类型、核算方式、生产经营范围（主营、兼营）、发证日期、证件有效期等。

三、实训内容

1. 背景资料

鸿达酒业有限公司是一家新成立的公司，该公司基本情况如下：

企业名称：鸿达酒业有限公司

纳税人识别号：210101100665263

企业组织机构代码：02466698

法定代表人：李大明，身份证号码为210120197207212208

财务负责人：孙力君，身份证号码为210120196812032002

办税人员：王静，身份证号码为210120198704181220

注册资本：2 000 万元

经营期限：2007 年 6 月 20 日至 2017 年 6 月 20 日

开户银行及账号：中国工商银行大阳分行　34216677101876

注册地址及电话：大阳市浑南新区飞云路 19 号　024 - 3135678

职工人数：500 人　　经营范围：各类酒及相关制品

年预计销售额：3 000 万元　　固定资产规模：1 000 万元

2. 业务资料

鸿达酒业有限公司是一家新成立的公司，该公司经大阳市工商行政管理局批准，于2007 年 6 月 20 日取得了《企业法人营业执照》（证照号码为：210000004956779），完成了工商注册登记。与此同时，该公司还需要到税务部门办理税务登记。

【业务 1】根据背景资料填写税务登记表。

【业务 2】列出附送税务机关的相关资料清单。

【业务 3】掌握办理设立税务登记的流程。

3. 实训成果

税务登记表（见表 1 - 1 - 4）。

表 1－1－4　　税务登记表

（适用单位纳税人）

填表日期：

纳税人名称	鸿达酒业有限公司			纳税人识别号	210101100665263		
登记注册类型	有限责任公司			批准设立机关	大阳市工商行政管理局		
组织机构代码	02466698			批准设立证明或文件号			
开业（设立）日期	2007 年 6 月 20 日	生产经营期限	2007 年 6 月 20 日至 2017 年 6 月 20 日	证照名称	企业法人营业执照	证照号码	210000004956779
注册地址	大阳市浑南新区飞云路 19 号			邮政编码	110170	联系电话	024－3135678
生产经营地址	大阳市浑南新区飞云路 19 号			邮政编码	110170	联系电话	024－3135678
核算方式	请选择对应项目打“√”□独立核算　□非独立核算				从业人数	500 人	
单位性质	请选择对应项目打“√”□企业　□事业单位　□社会团体　□民办非企业单位　□其他						
网站网址				国标行业	□□□□□□□□		
适用会计制度	请选择对应项目打“√”□企业会计制度　□小企业会计制度　□金融企业会计制度　□行政事业单位会计制度						
经营范围 各类酒及相关制品							

项目 内容 联系人	姓名	身份证件 种类	身份证件 号码	固定电话	移动电话	电子邮箱
法定代表人（负责人）	李大明	居民身份证	210120197207212208			
财务负责人	孙力君	居民身份证	210120196812032002			
办税人	王静	居民身份证	210120198704181220			

税务代理人名称	纳税人识别号	联系电话	电子邮箱

注册资本或投资总额	币种	金额	币种	金额	币种	金额
2 000 万元	人民币					

投资方名称	投资方经济性质	投资比例	证件种类	证件号码	国籍或地址

续表

自然人投资比例		外资投资比例		国有投资比例	
分支机构名称		注册地址		纳税人识别号	

总机构名称			纳税人识别号		
注册地址			经营范围		
法定代表人姓名		联系电话		注册地址邮政编码	
代扣代缴代收代缴税款业务情况	代扣代缴、代收代缴税款业务内容			代扣代缴、代收代缴税种	
附报资料：营业执照复印件、公司章程等					
经办人签章： 年 月 日		法定代表人（负责人）签章： 2007年6月25日		纳税人公章： 年 月 日	

以下由税务机关填写：

纳税人所处街、乡				隶属关系	
国税主管税务局		国税主管税务所（科）		是否属于国税、地税共管户	
地税主管税务局		地税主管税务所（科）			
经办人（签章）： 国税经办人：______ 地税经办人：______ 受理日期： ____年____月____日		国家税务登记机关 （税务登记专用章）： 核准日期： ____年____月____日 国税主管税务机关：		地方税务登记机关 （税务登记专用章）： 核准日期： ____年____月____日 地税主管税务机关：	
国税核发《税务登记证副本》数量： 本 发证日期：____年____月____日					
地税核发《税务登记证副本》数量： 本 发证日期：____年____月____日					

国家税务总局监制

四、技能训练

1. 企业基本情况

企业名称：五龙化妆品有限公司

成立日期：2009 年 7 月 8 日

纳税人识别号：220101126531296

企业组织机构代码：00256698

法定代表人：杨亮

企业地址：丹原市振安区同兴工业园

企业类型：个人合伙企业

注册资本：80 万元

经营范围：化妆品的生产及销售

经营期限：10 年

从业人数：150 人

开户银行及账号：中国工商银行丹原支行　4096003366

财务负责人：张慧

办税人员：崔悦

2. 业务资料

五龙化妆品有限公司是一家新成立的公司，该公司经丹原市工商行政管理局批准，于 2009 年 7 月 8 日取得了《企业法人营业执照》，完成了工商注册登记。与此同时，该公司还需要到税务部门办理税务登记。

3. 技能要求

（1）说明该公司设立税务登记操作要点。

（2）填报税务登记表（见表 1 – 1 – 2）。

任务二　变更税务登记

知识目标：

◆ 掌握变更税务登记的范围、时间及地点

◆ 熟悉变更税务登记的流程

能力目标：

◆ 能填写税务登记变更表

◆ 能办理变更税务登记

情景导航

鸿达酒业有限公司自开业后，由于经营状况良好，于是在 2010 年 6 月 20 日经股东会决定公司改制为股份制企业，并更名为鸿达酒业股份有限公司。

那么，该公司改变名称的行为是否需要当地税务机关的批准？该公司应如何办理变更税务登记？

一、任务描述

准备变更税务登记所需要的证件和资料，能填写税务登记变更表，模拟进行变更税务登记的办理。

二、相关知识点

（一）变更税务登记的范围、时间和地点

1. 变更税务登记的范围

纳税人在办理税务登记后，发生下列情形之一的，应当办理变更税务登记：

（1）改变纳税人名称；

（2）改变法定代表人；

（3）改变经济性质或经济类型；

（4）改变隶属关系；

（5）改变住所或经营地点（不涉及主管税务机关变化的）；

（6）改变生产经营范围或经营方式；

（7）改变生产经营期限；

（8）增减注册资本；

（9）改变开户银行和账号；

（10）改变生产经营权属以及其他税务登记内容的。

2. 变更税务登记的时间和地点

（1）纳税人在工商行政管理机关办理变更登记的，应当自工商行政管理机关变更登记之日起30日内，向原税务登记机关如实提供下列证件、资料，申报办理变更税务登记：

① 工商登记变更表及工商营业执照；

② 纳税人变更登记内容的有关证明文件；

③ 税务机关发放的原税务登记证件（登记证正、副本和登记表等）；

④ 其他有关资料。

（2）纳税人按照规定不需要在工商行政管理机关办理变更登记，或者其变更登记的内容与工商登记内容无关的，应当自税务登记内容实际发生变化之日起30日内，或者自有关机关批准或者宣布变更之日起30日内，持下列证件到原税务登记机关申报办理变更税务登记：

① 纳税人变更登记内容的有关证明文件；

② 税务机关发放的原税务登记证件（登记证正、副本和税务登记表等）；

③ 其他有关资料。

（二）变更税务登记的流程

1. 纳税人提出变更税务登记申请

纳税人需要办理变更税务登记的，在法定期限内，向原税务机关提出变更登记的书面申请，并提供相关证件和资料。

2. 税务机关受理

税务机关对申请人提交的申请及提供的证件、资料进行审核，在资料齐全、符合要求的基础上，向申请人发放《税务登记变更表》。具体见表 1－2－1。

表 1－2－1　　　　　　　　税务登记变更表

<table>
<tr><td colspan="2">纳税人名称</td><td></td><td>纳税人识别号</td><td></td></tr>
<tr><td colspan="5">变更登记事项</td></tr>
<tr><td>序号</td><td>变更项目</td><td>变更前内容</td><td>变更后内容</td><td>批准机关名称及文件</td></tr>
<tr><td></td><td></td><td></td><td></td><td></td></tr>
<tr><td></td><td></td><td></td><td></td><td></td></tr>
<tr><td></td><td></td><td></td><td></td><td></td></tr>
<tr><td></td><td></td><td></td><td></td><td></td></tr>
<tr><td></td><td></td><td></td><td></td><td></td></tr>
<tr><td></td><td></td><td></td><td></td><td></td></tr>
<tr><td></td><td></td><td></td><td></td><td></td></tr>
<tr><td></td><td></td><td></td><td></td><td></td></tr>
<tr><td colspan="5">送缴证件情况：

纳税人

经办人：　　　　　　法定代表人（负责人）：　　　　　　纳税人（签章）
年　月　日　　　　　　年　月　日　　　　　　年　月　日</td></tr>
<tr><td colspan="5">经办税务机关审核意见：

经办人：　　　　　　负责人：　　　　　　税务机关（签章）
年　月　日　　　　　　年　月　日　　　　　　年　月　日</td></tr>
</table>

使用说明：

一、本表适用于各类纳税人变更税务登记填用。

二、报送此表时还应附送如下资料：

（一）税务登记变更内容与工商行政管理部门登记变更内容一致的应提交：

1. 工商执照及工商变更登记表复印件；

2. 纳税人变更登记内容的决议及有关证明文件；

3. 主管税务机关发放的原税务登记证件（税务登记证正、副本和税务登记表等）；

4. 主管税务机关需要的其他资料。

（二）变更税务登记内容与工商行政管理部门登记内容无关的应提交：

1. 纳税人变更登记内容的决议及有关证明、资料；

2. 主管税务机关需要的其他资料。

三、变更项目：填需要变更的税务登记项目。

四、变更前内容：填变更税务登记前的登记内容。

五、变更后内容：填变更的登记内容。

六、批准机关名称及文件：凡需要经过批准才能变更的项目须填写此项。

七、本表一式二份，税务机关一份，纳税人一份。

3. 申请人填写税务登记变更表并提交

纳税人按照表中内容逐项如实填写，加盖企业或业主印章后，于领取变更税务登记表之日起 10 日报送主管税务机关审核。

4. 税务机关审核

税务机关应当自受理之日起 30 日内，审核办理变更税务登记。税务机关对税务登记变更表和有关资料审核无误后归入纳税人档案，并在税务登记表和税务登记证件副本的有关栏次内填写变更记录。对变更税务登记内容涉及税务登记证件内容做更改的，收回原税务登记证件，并核发变更后的税务登记证。

5. 纳税人领取变更后的税务登记证及有关资料

纳税人应及时到主管税务机关领取重新核发的税务登记证及其副本，并按规定缴付工本管理费。

三、实训内容

1. 背景资料

鸿达酒业有限公司，纳税人识别号：210101100665263，企业组织机构代码：02466698，法定代表人：李大明（身份证号码为 210120197207212208），财务负责人：孙力君（身份证号码为 210120196812032002），办税人员：王静（身份证号码为 210120198704181220），注册地址及电话：大阳市浑南新区飞云路 19 号　024 - 3135678，经营范围：各类酒及相关制品。

2. 业务资料

鸿达酒业有限公司自成立后，由于经营状况良好，于是在 2010 年 6 月 20 日经股东会决定公司改制为股份制企业，并更名为辽宁鸿达酒业股份有限公司，注册资本增加到 5 000 万元。同时经营地址变更为大阳市经济开发新区滨海路 108 号（不涉及主管税务机关变化）。该公司招聘 20 名财会专业人员，设置了总账、明细账、银行存款及现金明细账，并编制了资产负债表、利润表和现金流量表。预计销售额可达到 5 000 万元。

【业务 1】根据上述资料填写税务登记变更表。

【业务 2】列出附送税务机关的相关资料清单。

【业务 3】掌握办理变更税务登记的流程。

3. 实训成果

税务登记变更表（见表1－2－2）。

表1－2－2　　　　税务登记变更表

<table>
<tr><td>纳税人名称</td><td colspan="2">鸿达酒业有限公司</td><td>纳税人识别号</td><td>210101100665263</td></tr>
<tr><td colspan="5">变更登记事项</td></tr>
<tr><td>序号</td><td>变更项目</td><td>变更前内容</td><td>变更后内容</td><td>批准机关名称及文件</td></tr>
<tr><td>1</td><td>纳税人名称</td><td>鸿达酒业有限公司</td><td>鸿达酒业股份有限公司</td><td>辽宁省工商局</td></tr>
<tr><td></td><td>经营地址</td><td>大阳市浑南新区飞云路19号</td><td>大阳市经济开发新区滨海路108号</td><td>辽宁省工商局</td></tr>
<tr><td></td><td></td><td></td><td></td><td></td></tr>
<tr><td></td><td></td><td></td><td></td><td></td></tr>
<tr><td></td><td></td><td></td><td></td><td></td></tr>
<tr><td></td><td></td><td></td><td></td><td></td></tr>
<tr><td></td><td></td><td></td><td></td><td></td></tr>
<tr><td></td><td></td><td></td><td></td><td></td></tr>
<tr><td colspan="5">送缴证件情况：
① 工商登记变更表及工商营业执照；
② 纳税人变更登记内容的有关证明文件；
③ 税务机关发放的原税务登记证件（登记证正、副本和登记表等）</td></tr>
<tr><td colspan="5">纳税人
鸿达酒业有限公司自开业后，由于经营状况良好，于是在2010年6月20日经股东会决定公司改制为股份制企业。

经办人：　　　　法定代表人（负责人）：　　　　纳税人（签章）
年　月　日　　　　年　月　日　　　　年　月　日</td></tr>
<tr><td colspan="5">经办税务机关审核意见：

经办人：　　　　负责人：李大明　　　　税务机关（签章）
年　月　日　　　　2010年6月25日　　　　年　月　日</td></tr>
</table>

四、技能训练

1. 企业基本情况

五龙化妆品有限公司，纳税人识别号：220101126531296，企业组织机构代码：00256698，法定代表人：杨亮，企业地址：辽宁省丹原市振安区同兴工业园，企业类型：个人合伙企业，经营范围：化妆品的生产及销售，财务负责人：张慧，办税人员：崔悦。

2. 业务资料

五龙化妆品有限公司自开业后，由于经营状况没有达到预期目的，于是在2010年6月20日经股东会决定更换法定代表人杨亮，由王瑞祥担任。同时经营地址变更为辽宁省丹原市振安区英才街105号（不涉及主管税务机关变化）。

3. 技能要求

（1）说明该公司变更税务登记操作要点。

（2）填报变更税务登记表（见表1－2－1）。

任务三　注销税务登记

知识目标：

◆ 掌握注销税务登记的范围、时间及地点

◆ 熟悉注销税务登记的流程

能力目标：

◆ 能填写注销税务登记申请审批表

◆ 能办理注销税务登记

情景导航

鸿达酒业股份有限公司在市场竞争中，为扩大销售规模，长期采取赊销的策略，导致公司应收账款的规模不断扩大，同时由于在经营过程中定位失误，近三年连续经营出现了巨额亏损，经公司股东会研究决定于2012年9月解散公司。

那么，该公司决定解散公司的行为是否需要当地税务机关的批准？该公司应如何办理注销税务登记？

一、任务描述

准备注销税务登记所需要的证件和资料，能填写注销税务登记申请审批表，模拟进行注销税务登记的办理。

二、相关知识点

（一）注销税务登记的适用范围、时间和地点

1. 注销税务登记的适用范围

（1）纳税人发生解散、破产、撤销以及其他情形依法终止纳税义务的；

（2）纳税人被工商行政管理机关吊销营业执照或者被其他机关予以撤销登记的；

（3）纳税人因住所、经营地点变动，涉及改变税务登记机关的；

（4）纳税人依法终止履行纳税义务的其他情形。

2. 注销税务登记的时间和地点

（1）纳税人发生解散、破产、撤销以及其他情形，依法终止纳税义务的，应当在向工商行政管理机关或者其他机关办理注销登记前，持有关证件和资料向原税务登记机关申报办理注销税务登记；按规定不需要在工商行政管理机关或者其他机关办理注册登记的，应当自有关机关批准或者宣告终止之日起15日内，持有关证件和资料向原税务登记机关申报办理注销税务登记。

（2）纳税人被工商行政管理机关吊销营业执照或者被其他机关予以撤销登记的，应当自营业执照被吊销或者被撤销登记之日起15日内，向原税务登记机关申报办理注销税务登记。

（3）纳税人因住所、经营地点变动，涉及改变税务登记机关的，应当在向工商行政管理机关或者其他机关申请办理变更、注销登记前，或者住所、经营地点变动前，持有关证件和资料，向原税务登记机关申报办理注销税务登记，并自注销税务登记之日起30日内向迁达地税务机关申报办理税务登记。

（4）境外企业在中国境内承包建筑、安装、装配、勘探工程和提供劳务的，应当在项目完工、离开中国前15日内，持有关证件和资料，向原税务登记机关申报办理注销税务登记。

（二）注销税务登记的要求

纳税人办理注销税务登记前，应当向税务机关提交相关证明文件和资料，结清应纳税款、多退（免）税款、滞纳金和罚款，缴销发票、税务登记证件和其他税务证件，经税务机关核准后，办理注销税务登记手续。

（三）注销税务登记的流程

1. 纳税人提出注销税务登记申请

纳税人需要办理注销税务登记的，向原税务机关提出注销税务登记的书面申请，并提交下列证件、资料：

① 注销税务登记的申请书。

② 主管税务机关原发放的税务登记证正、副本。

③ 主管部门批文或董事会、职代会的决议及其他有关证明文件。

④ 营业执照被吊销的应提交工商行政管理机关发放的注销决定。

⑤ 税务机关要求的其他有关资料。

2. 税务机关受理

税务机关对申请人提交的申请及提供的证件、资料进行审核，在资料齐全、符合要求的基础上，向申请人发放《注销税务登记申请审批表》。具体见表 1 –3 –1。

表 1 –3 –1　　注销税务登记申请审批表

<table>
<tr><td>纳税人名称</td><td colspan="2"></td><td>纳税人识别号</td><td colspan="2"></td></tr>
<tr><td>注销原因</td><td colspan="5"></td></tr>
<tr><td rowspan="3">附送资料</td><td colspan="2"></td><td colspan="3"></td></tr>
<tr><td colspan="2"></td><td colspan="3"></td></tr>
<tr><td colspan="2"></td><td colspan="3"></td></tr>
<tr><td colspan="6">经办人：
年　月　日
法定代表人（负责人）：
年　月　日
纳税人（签章）
年　月　日</td></tr>
<tr><td colspan="6">以下由税务机关填写</td></tr>
<tr><td>受理时间</td><td colspan="5">经办人：
年　月　日
负责人：
年　月　日</td></tr>
<tr><td>清缴税款、滞纳金、罚款情况</td><td colspan="5">经办人：
年　月　日
负责人：
年　月　日</td></tr>
<tr><td>缴销发票情况</td><td colspan="5">经办人：
年　月　日
负责人：
年　月　日</td></tr>
<tr><td>税务检查意见</td><td colspan="5">检查人员：
年　月　日
负责人：
年　月　日</td></tr>
<tr><td rowspan="3">收缴税务证件情况</td><td>种类</td><td>税务登记证正本</td><td>税务登记证副本</td><td>临时税务登记证正本</td><td>临时税务登记证副本</td></tr>
<tr><td>收缴数量</td><td></td><td></td><td></td><td></td></tr>
<tr><td colspan="5">经办人：
年　月　日
负责人：
年　月　日</td></tr>
<tr><td>批准意见</td><td colspan="5">部门负责人：
年　月　日
税务机关（签章）
年　月　日</td></tr>
</table>

使用说明：

1. 本表依据《征管法实施细则》第十五条设置。

2. 适用范围：纳税人发生解散、破产、撤销、被吊销营业执照及其他情形而依法终止纳税义务，或者因住所、经营地点变动而涉及改变税务登记机关的，向原税务登记机关申报办理注销税务登记时使用。

3. 填表说明：

（1）附送资料：填写附报的有关注销的文件和证明资料；

（2）清缴税款、滞纳金、罚款情况：填写纳税人应纳税款、滞纳金、罚款缴纳情况；

（3）缴销发票情况：纳税人发票领购簿及发票缴销情况；

（4）税务检查意见：检查人员对需要清查的纳税人，在纳税人缴清查补的税款、滞纳金、罚款后签署意见；

（5）收缴税务证件情况：在相应的栏内填写收缴数量并签字确认，收缴的证件如果为“临时税务登记证”，添加“临时”字样。

4. 本表为A4型竖式，一式二份，税务机关一份，纳税人一份。

3. 填报《注销税务登记申请审批表》并提交

纳税人领取《注销税务登记申请审批表》后，应根据实际情况认真填写，并按照要求分别到发票管理部门申请办理发票缴销、到征收部门清缴所欠税款、到管理部门确认已享受税收优惠的情况，各部门分别在《注销税务登记申请审批表》上签署意见，返还纳税人。纳税人加盖企业或业主印章后，报送税务机关审核。

4. 税务机关审核

税务机关应当自受理之日起30日内，审核办理注销税务登记。税务管理部门对纳税人提交的《注销税务登记申请审批表》及附送的证件、资料进行审核确认后，制发《税务文书领取通知书》给纳税人，同时将《注销税务登记申请审批表》送检查部门。检查部门根据情况对纳税人进行检查，在《注销税务登记申请审批表》上签署意见后返还税务登记部门。

5. 注销登记的审批

税务登记部门对各个部门签署意见的《注销税务登记申请审批表》及相关资料进行审核，符合条件的录入征管信息系统，通过该系统将纳税人的注销登记信息传递给各相关部门，并依照规定的权限审批。对经核准注销的，税务登记部门核发《注销税务登记通知书》。

6. 纳税人领取注销税务登记相关资料

纳税人应及时到税务机关领回有关注销税务登记的批件、资料，最终完成注销税务登记。

三、实训内容

1. 背景资料

鸿达酒业股份有限公司，纳税人识别号：210101100665263，企业组织机构代码：02466698，法定代表人：李大明（身份证号码为210120197207212208），财务负责人：孙力君（身份证号码为210120196812032002），办税人员：王静（身份证号码为210120198704181220）。

2. 业务资料

鸿达酒业股份有限公司在市场竞争中，为扩大销售规模，长期采取赊销的策略，导致公司应收账款的规模不断扩大，同时由于在经营过程中定位失误，近三年连续经营出现了巨额亏损，最终导致公司出现了资不抵债的情况，经公司股东会研究决定于 2012 年 9 月解散公司。

【业务 1】根据上述资料填写注销税务登记申请审批表。

【业务 2】列出附送税务机关的相关资料清单。

【业务 3】掌握办理注销税务登记的流程。

3. 实训成果

注销税务登记申请审批表（见表 1 –3 –2）。

表 1 –3 –2　　注销税务登记申请审批表

纳税人名称	鸿达酒业股份有限公司	纳税人识别号	210101100665263
注销原因	资不抵债		
附送资料	注销税务登记的申请书	主管税务机关原发放的税务登记证正、副本	
	董事会决议	其他有关证明文件	
经办人： 年　月　日	法定代表人（负责人）：李大明 2012 年 9 月 25 日	纳税人（签章） 年　月　日	
以下由税务机关填写			
受理时间	经办人： 年　月　日	负责人： 年　月　日	
清缴税款、滞纳金、罚款情况	经办人： 年　月　日	负责人： 年　月　日	
缴销发票情况	经办人： 年　月　日	负责人： 年　月　日	
税务检查意见	检查人员： 年　月　日	负责人： 年　月　日	

续表

收缴税务证件情况	种类	税务登记证正本	税务登记证副本	临时税务登记证正本	临时税务登记证副本
	收缴数量				
	经办人： 年 月 日		负责人： 年 月 日		
批准意见	部门负责人： 年 月 日		税务机关（签章） 年 月 日		

四、技能训练

1. 业务资料

五龙化妆品有限公司（纳税人识别号：220101126531296；企业组织机构代码：00256698）在经营过程中，由于经营战略失败，产品销售情况不佳，连续两年亏损。同时，公司在扩大规模的过程中，由于大量的借款不能及时偿还，最终导致公司资不抵债。经该公司申请，当地人民法院批准，该公司宣布破产。

2. 技能要求

（1）说明该公司注销税务登记操作要点。

（2）填写注销税务登记申请审批表（见表1－3－1）。

任务四 增值税一般纳税人认定登记

知识目标：

◆ 掌握增值税一般纳税人资格认定的条件及权限

◆ 熟悉增值税一般纳税人认定登记的流程

能力目标：

◆ 能填写增值税一般纳税人申请认定表

◆ 能办理增值税一般纳税人申请认定

情景导航

鸿达酒业有限公司生产和销售各类酒及相关制品的公司，年预计销售额在1 000万元以上。

那么，该公司是否涉及增值税一般纳税人的判定？如果该公司达到了一般纳税人认定标准，应如何申请成为一般纳税人？

一、任务描述

能提供一般纳税人申请认定所需要的材料，填写增值税一般纳税人申请认定表，模拟进行增值税一般纳税人的认定及申请转正的办理。

二、相关知识点

（一）增值税一般纳税人资格认定的条件、权限

1. 增值税一般纳税人资格认定的条件

（1）增值税纳税人（以下简称纳税人），年应税销售额超过财政部、国家税务总局规定的小规模纳税人标准的，除个体工商户以外的其他个人、选择按照小规模纳税人纳税的非企业性单位及不经常发生应税行为的企业外，应当向主管税务机关申请一般纳税人资格认定。所称年应税销售额，是指纳税人在连续不超过12个月的经营期内累计应征增值税销售额，包括免税销售额。

（2）年应税销售额未超过财政部、国家税务总局规定的小规模纳税人标准以及新开业的纳税人，可以向主管税务机关申请一般纳税人资格认定。

对提出申请并且同时符合下列条件的纳税人，主管税务机关应当为其办理一般纳税人资格认定：

① 有固定的生产经营场所；

② 能够按照国家统一的会计制度规定设置账簿，根据合法、有效凭证核算，能够提供准确税务资料。

2. 增值税一般纳税人资格认定的权限

纳税人应当向其机构所在地主管税务机关申请一般纳税人资格认定。

一般纳税人资格认定的权限，在县（市、区）国家税务局或者同级别的税务分局。

（二）增值税一般纳税人的认定流程

（1）纳税人应当在申报期结束后40日（工作日）内向主管税务机关报送《增值税一般纳税人申请认定表》，申请一般纳税人资格认定。具体见表1－4－1。

（2）认定机关应当在主管税务机关受理申请之日起20日内完成一般纳税人资格认定，并由主管税务机关制作、送达《税务事项通知书》，告知纳税人。

（3）纳税人未在规定期限内申请一般纳税人资格认定的，主管税务机关应当在规定期限结束后20日内制作并送达《税务事项通知书》，告知纳税人。

纳税人是个体工商户以外的其他个人、选择按照小规模纳税人纳税的非企业性单位及不经常发生应税行为的企业，应当在收到《税务事项通知书》后10日内向主管税务机关报送《不认定增值税一般纳税人申请表》（具体见表1－4－2），经认定机关批准后不办理一般纳税人资格认定。认定机关应当在主管税务机关受理申请之日起20日内批准完毕，并由主管税务机关制作、送达《税务事项通知书》，告知纳税人。

表 1－4－1　　　　　　　　增值税一般纳税人申请认定表

<table>
<tr><td>纳税人名称</td><td colspan="3"></td><td>纳税人识别号</td><td></td></tr>
<tr><td>法定代表人
（负责人、业主）</td><td></td><td>证件名称及号码</td><td></td><td>联系电话</td><td></td></tr>
<tr><td>财务负责人</td><td></td><td>证件名称及号码</td><td></td><td>联系电话</td><td></td></tr>
<tr><td>办税人员</td><td></td><td>证件名称及号码</td><td></td><td>联系电话</td><td></td></tr>
<tr><td>生产经营地址</td><td colspan="5"></td></tr>
<tr><td>核算地址</td><td colspan="5"></td></tr>
<tr><td colspan="6">纳税人类别：企业、企业性单位□　非企业性单位□　个体工商户□　其他□</td></tr>
<tr><td colspan="6">纳税人主业：工业□　商业□　其他□</td></tr>
<tr><td colspan="3">认定前累计应税销售额
（连续不超过 12 个月的经营期内）</td><td colspan="3">年　月至　年　月共　　　元。</td></tr>
<tr><td>纳税人
声明</td><td colspan="5">上述各项内容真实、可靠、完整。如有虚假，本纳税人愿意承担相关法律责任。
（签章）
年　月　日</td></tr>
<tr><td colspan="6">税务机关</td></tr>
<tr><td>受理
意见</td><td colspan="5">受理人签名：
年　月　日</td></tr>
<tr><td>查验
意见</td><td colspan="5">查验人签名：
年　月　日</td></tr>
<tr><td>主管税
务机关
意见</td><td colspan="5">（签章）
年　月　日</td></tr>
<tr><td>认定
机关
意见</td><td colspan="5">（签章）
年　月　日</td></tr>
</table>

注：本表一式二份，主管税务机关和纳税人各留存一份。

表1－4－2　　不认定增值税一般纳税人申请表

纳税人名称		纳税人识别号	
纳税人意见	（签章） 年　月　日		
主管税务机关意见	（签章） 年　月　日		
认定机关意见	（签章） 年　月　日		

注：本表一式二份，主管税务机关和纳税人各留存一份。

（三）符合条件的小规模纳税人以及新开业的纳税人申请一般纳税人资格认定流程

（1）纳税人应当向主管税务机关填报申请表，并提供下列资料：

①《税务登记证》副本；

② 财务负责人和办税人员的身份证明及其复印件；

③ 会计人员的从业资格证明或者与中介机构签订的代理记账协议及其复印件；

④ 经营场所产权证明或者租赁协议，或者其他可使用场地证明及其复印件；

⑤ 国家税务总局规定的其他有关资料。

（2）主管税务机关应当场核对纳税人的申请资料，经核对一致且申请资料齐全、符合填列要求的，当场受理，制作《文书受理回执单》，并将有关资料的原件退还纳税人。对申请资料不齐全或者不符合填列要求的，应当场告知纳税人需要补正的全部内容。

（3）主管税务机关受理纳税人申请以后，根据需要进行实地查验，并制作查验报告。查验报告由纳税人法定代表人（负责人或者业主）、税务查验人员共同签字（签章）确认。

实地查验时，应当有两名或者两名以上税务机关工作人员同时到场。

（4）认定机关应当自主管税务机关受理申请之日起 20 日内完成一般纳税人资格认定，并由主管税务机关制作、送达《税务事项通知书》，告知纳税人。

（四）税务机关审核

经主管税务机构审核完毕，纳税人获得一般纳税人资格后，主管税务机关应当在一般纳税人《税务登记证》副本“资格认定”栏内加盖红色“增值税一般纳税人”专用章，作为领购增值税专用发票的证件。

三、实训内容

1. 背景资料

鸿达酒业有限公司，纳税人识别号：210101100665263，企业组织机构代码：02466698，法定代表人：李大明（身份证号码为 210120197207212208），财务负责人：孙力君（身份证号码为 210120196812032002），办税人员：王静（身份证号码为 210120198704181220），生产经营地址：大阳市浑南新区飞云路 19 号，公司电话：024－3135678，经营范围：各类酒及相关制品。

2. 业务资料

辽宁鸿达酒业有限公司年预计销售额在 3 000 万元以上。

【业务 1】领取并填写增值税一般纳税人申请认定表。

【业务 2】列出附送税务机关的相关资料清单。

【业务 3】掌握办理增值税一般纳税人申请认定流程。

3. 实训成果

增值税一般纳税人申请认定表（见表 1－4－3）。

表 1－4－3　　　　增值税一般纳税人申请认定表

纳税人名称	鸿达酒业有限公司			纳税人识别号	210101100665263
法定代表人（负责人、业主）	李大明	证件名称及号码	210120197207212208	联系电话	024－3135678
财务负责人	孙力君	证件名称及号码	210120196812032002	联系电话	024－3135678
办税人员	王静	证件名称及号码	210120198704181220	联系电话	024－3135678
生产经营地址	大阳市浑南新区飞云路 19 号				
核算地址	大阳市浑南新区飞云路 19 号				
纳税人类别：企业、企业性单位☑　非企业性单位□　个体工商户□　其他□					
纳税人主业：工业☑　商业□　其他□					

续表

<table>
<tr><td colspan="2">认定前累计应税销售额
（连续不超过 12 个月的经营期内）</td><td>2007 年 8 月至 2008 年 6 月共 8 000 000 元。</td></tr>
<tr><td>纳税人
声明</td><td colspan="2">上述各项内容真实、可靠、完整。如有虚假，本纳税人愿意承担相关法律责任。
（签章）
年　月　日</td></tr>
<tr><td colspan="3">税务机关</td></tr>
<tr><td>受理
意见</td><td colspan="2">受理人签名：
年　月　日</td></tr>
<tr><td>查验
意见</td><td colspan="2">查验人签名：
年　月　日</td></tr>
<tr><td>主管税
务机关
意见</td><td colspan="2">（签章）
年　月　日</td></tr>
<tr><td>认定
机关
意见</td><td colspan="2">（签章）
年　月　日</td></tr>
</table>

四、技能训练

1. 业务资料

五龙化妆品有限公司主要生产、销售化妆品，预计年销售额在 1 000 万元以上。

2. 技能要求

（1）说明该公司增值税一般纳税人的认定及申请转正的操作要点。

（2）填写增值税一般纳税人申请认定表（见表 1－4－1）。

任务五　税种认定登记

知识目标：

◆ 掌握税种认定管理的内容及征收机关

◆ 熟悉税种认定登记的流程

能力目标：

◆ 能填写纳税人税种登记表

◆ 能办理税种认定登记

情景导航

鸿达酒业有限公司是生产和销售各类酒及相关制品的专业制造公司，在办理完设立税务登记及增值税一般纳税人申请认定后，取得了税务登记证及其副本，其经营范围主要涉及增值税、消费税、营业税、城市维护建设税及教育费附加、房产税、车船税、企业所得税、代扣代缴的个人所得税等。

那么，该公司取得税务登记证后，是否需要办理税种认定登记？应如何办理税种认定登记？

一、任务描述

能填写纳税人税种登记表，模拟进行税种认定登记的办理。

二、相关知识点

（一）税种认定管理规定

税种认定登记是在纳税人办理设立税务登记和变更税务登记之后，由主管税务机关（县级以上国税局、地税局）根据纳税人的生产经营项目，进行适用税种、税目、税率的鉴定，以指导纳税人、扣缴义务人办理纳税事宜。

（1）纳税人应在领取《税务登记证》副本后和申报纳税之前，到主管税务机关的征收管理部门申请税种认定登记，填写《纳税人税种登记表》。纳税人如果变更税务登记的内容涉及税种、税目、税率变化的，应在变更税务登记之后重新申请税种认定登记，并附送申请报告。

（2）税务机关对纳税人报送的《税种认定登记表》及有关资料进行审核，也可据实际情况派人到纳税人的生产经营现场调查之后，对纳税人适用的税种、税目、税率、纳税期限、纳税方法等做出确认，在《纳税人税种登记表》的有关栏目中注明，或书面通知纳税人税种认定结果，以此作为办税的依据。

（二）税种征收机关的确定

（1）中央税中的消费税、车辆购置税由国家税务局负责征收管理。

（2）地方税中的城镇土地使用税、耕地占用税、房产税、车船税、契税、土地增值税、烟叶税由地方税务局负责征收管理。

（3）中央地方共享税规定如下：

① 增值税，增值税税额75%划归中央政府，25%划归地方政府，由国家税务局负责征收管理。

② 营业税，铁道部、各银行总行、各保险总公司集中缴纳的部分归中央政府，这部分营业税由国家税务局责征收管理；其余部分归地方政府，由地方税务局负责征收管理。

③ 企业所得税，铁道部、各银行总行及海洋石油企业缴纳的部分归中央政府，其余部分中央政府与地方政府按比例分享，中央分享60%、地方分享40%。

2001年12月31日之前成立的企业中央所得税由国家税务局负责征收管理，地方所得税由地方税务局负责征收管理。

2002年1月1日至2008年12月31日之前成立的企业，其企业所得税由国家税务局负责征收管理。

2009年起新增企业所得税纳税人中，应缴纳增值税的企业，其企业所得税由国家税务局管理；应缴纳营业税的企业，其企业所得税由地方税务局管理。同时，2009年起下列新增企业的所得税征管范围实行以下规定：企业所得税全额为中央收入的企业和在国家税务局缴纳营业税的企业，其企业所得税由国家税务局管理。银行（信用社）、保险公司的企业所得税由国家税务局管理，除上述规定外的其他各类金融企业的企业所得税由地方税务局管理。外商投资企业和外国企业常驻代表机构的企业所得税仍由国家税务局管理。

④ 个人所得税，个人所得税税额60%划归中央政府，40%划归地方政府，由地方税务局负责征收管理。

⑤ 资源税，海洋石油企业缴纳的部分归中央政府，由国家税务局负责征收管理；其余部分资源税收入归地方政府，由地方税务局负责征收管理。

⑥ 城市维护建设税，铁道部、各银行总行、各保险公司总公司集中缴纳的部分归中央，由国家税务局负责征收管理；其余部分归地方，由地方税务局负责征收管理。

⑦ 印花税，证券交易印花税收入的97%归中央政府，由国家税务局负责征收管理；其余3%和其他印花税收入归地方政府，由地方税务局负责征收管理。

在办理税种认定登记时，纳税人要根据其所需缴纳税种的主管税务机关的不同，分别办理税种认定登记手续，如果所在地主管国家税务机关和地方税务机关联合办理税种登记，则可以选择其中一家的税务机关办理税种登记。

（三）税种认定登记的流程

1. 填写纳税人税种登记表

纳税人应在办理设立或变更税务登记业务后，办理纳税人税种登记申报工作，提交申请报告书，填写《纳税人税种登记表》，具体见表1－5－1，并附送相关资料。

表 1－5－1　　纳 税 人 税 种 登 记 表

纳税人识别号：□□□□□□□□□□□□□□□□□□□□

纳税人名称：　　　　　　　　　　　　　　　　　　法定代表人：

<table>
<tr><td colspan="4">一、增值税：</td></tr>
<tr><td rowspan="3">类别</td><td rowspan="2">货物或加工、修理修配</td><td>主营</td><td></td></tr>
<tr><td>兼营</td><td></td></tr>
<tr><td>交通运输和应税服务</td><td colspan="2">本栏目为单选。根据实际经营项目，在下列选项中勾选一项主营项目。
陆路运输：公路货运□　公路客运□　缆车货运□　缆车客运□　索道货运□　索道客运□　其他陆路货运□　其他陆路客运□
水路运输：程租货运□　程租客运□　期租货运□　期租客运□　其他水路货运□　其他水路客运□
航空运输：湿租货运□　湿租客运□　其他航空货运□　其他航空客运□
管道运输：管道货运□　管道客运□
研发和技术服务：研发服务□　向境外单位提供研发服务□　技术转让服务□　技术咨询服务□　合同能源管理服务□　工程勘察勘探服务□
信息技术服务：软件服务□　电路设计及测试服务□　信息系统服务□　业务流程管理服务□　离岸服务外包□
文化创意服务：设计服务□　向境外单位提供设计服务□　商标著作权转让服务□　知识产权服务□　广告服务□　会议展览服务□
物流辅助服务：航空服务□　港口码头服务□　货运客运场站服务□　打捞救助服务□　货物运输代理服务□　代理报关服务□　仓储服务□　装卸搬运服务□
有形动产租赁服务：有形动产融资租赁□　有形动产经营性租赁光租业务□　有形动产经营性租赁干租业务□　其他有形动产经营性租赁□
鉴证咨询服务：认证服务□　鉴证服务□　咨询服务□</td></tr>
<tr><td>纳税人认定情况</td><td colspan="3">1. 增值税一般纳税人□　2. 小规模纳税人□　3. 暂认定增值税一般纳税人□</td></tr>
<tr><td>经营方式</td><td colspan="3">1. 境内经营货物□　2. 境内加工修理□　3. 境内交通运输□　4. 境内应税服务□　5. 自营出口□　6. 间接出口□　7. 收购出口□　8. 加工出口□</td></tr>
<tr><td colspan="4">备注：</td></tr>
</table>

<table>
<tr><td colspan="4">二、消费税：</td></tr>
<tr><td>类别</td><td>1. 生产　　□
2. 委托加工□
3. 批发　　□
4. 零售　　□</td><td>应税消费品名称</td><td>1. 烟□　2. 酒及酒精□　3. 化妆品□　4. 贵重首饰及珠宝玉石□　5. 鞭炮、烟火□　6. 成品油□　7. 汽车轮胎□　8. 摩托车□　9. 小汽车□　10. 高尔夫球及球具□　11. 高档手表□　12. 游艇□　13. 木制一次性筷子□　14. 实木地板□</td></tr>
<tr><td colspan="2">经营方式</td><td colspan="2">1. 境内销售□　2. 委托加工出口□　3. 自营出口□　4. 境内委托加工□</td></tr>
<tr><td colspan="4">备注：</td></tr>
</table>

续表

三、营业税：		
经营项目	主营	
	兼营	
备注：		
四、企业所得税：		
居民企业	征收方式：□查账征收　□核定征收 预缴期限：□按月预缴　□按季预缴 预缴方式：□据实预缴　□按上年度四分之一或十二分之一 □按税务机关认可的其他方式 纳税方式：□汇总纳税　□非汇总纳税	
非居民企业法定或申请纳税方式	1. 据实纳税□　2. 按收入总额核定应纳税所得额计算纳税□　3. 按经费支出换算收入计算纳税□　4. 航空、海运企业纳税方式□　5. 其他纳税方式□	
备注：		
五、城市维护建设税：1. 市区□　2. 县城镇□　3. 其他□		
六、教育费附加：		
七、地方教育费附加：		
八、其他：		

以上内容纳税人必须如实填写，如内容发生变化，应及时办理变更登记。

注：1. 本表系纳税人根据工商登记的生产经营范围及税法的有关规定，对纳税事项的自行核定。

2. 本表一式一份，纳税人填写后，与税务登记表一同交给主管税务机关，由税务机关留存。

本表为 A4 竖式

（本表为北京市国家税务局的纳税人税种登记表，各地有所不同，请登录所在地区税务局网站下载当地所用的税种表格）

2. 税务机关受理审核

税务机关对纳税人报送的《税种认定登记表》及有关资料进行审核，对纳税人适用的税种、税目、税率、纳税期限、纳税方法等做出确认，在《纳税人税种登记表》的有关栏目中注明，或书面通知纳税人税种认定结果。对纸质资料不全或者填写有误的，应当场一次性告知纳税人补正或重新填报。

三、实训内容

1. 背景资料

鸿达酒业有限公司，纳税人识别号：210101100665263，企业组织机构代码：02466698，法定代表人：李大明（身份证号码为210120197207212208），财务负责人：孙力君（身份证号码为210120196812032002），办税人员：王静（身份证号码为210120198704181220）。

2. 业务资料

鸿达酒业有限公司是生产和销售各类酒及相关制品的专业制造公司，同时公司还兼营酒类产品的运输等服务。该公司自成立之日起，已被主管税务机关认定为增值税一般纳税人。该公司有办公楼及车库等房产账面原值500万元，拥有载重10吨的运输车辆10辆，大型客车10辆。当地税务机关核定该公司采取查账征收的方式。

【业务1】领取并填写纳税人税种登记表。

【业务2】列出附送税务机关的相关资料清单。

【业务3】掌握办理税种认定登记流程。

3. 实训成果

纳税人税种登记表（见表1－5－2）

表1－5－2　　纳 税 人 税 种 登 记 表

纳税人识别号	2	1	0	1	0	1	1	0	0	6	6	5	2	6	3					

纳税人名称：鸿达酒业有限公司　　　　法定代表人：李大明

<table>
<tr><td colspan="4">一、增值税：</td></tr>
<tr><td rowspan="3">类别</td><td rowspan="2">货物或加工、修理修配</td><td>主营</td><td>各类酒及相关制品</td></tr>
<tr><td>兼营</td><td>酒类产品的运输</td></tr>
<tr><td>交通运输和应税服务</td><td colspan="2">本栏目为单选。根据实际经营项目，在下列选项中勾选一项主营项目。
陆路运输：公路货运☑　公路客运□　缆车货运□　缆车客运□　索道货运□　索道客运□　其他陆路货运□　其他陆路客运□
水路运输：程租货运□　程租客运□　期租货运□　期租客运□　其他水路货运□　其他水路客运□
航空运输：湿租货运□　湿租客运□　其他航空货运□　其他航空客运□
管道运输：管道货运□　管道客运□
研发和技术服务：研发服务□　向境外单位提供研发服务□　技术转让服务□　技术咨询服务□　合同能源管理服务□　工程勘察勘探服务□
信息技术服务：软件服务□　电路设计及测试服务□　信息系统服务□　业务流程管理服务□　离岸服务外包□
文化创意服务：设计服务□　向境外单位提供设计服务□　商标著作权转让服务□　知识产权服务□　广告服务□　会议展览服务□
物流辅助服务：航空服务□　港口码头服务□　货运客运场站服务□　打捞救助服务□　货物运输代理服务□　代理报关服务□　仓储服务□　装卸搬运服务□
有形动产租赁服务：有形动产融资租赁□　有形动产经营性租赁光租业务□　有形动产经营性租赁干租业务□　其他有形动产经营性租赁□
鉴证咨询服务：认证服务□　鉴证服务□　咨询服务□</td></tr>
</table>

纳税人认定情况	1. 增值税一般纳税人☑　2. 小规模纳税人□　3. 暂认定增值税一般纳税人□
经营方式	1. 境内经营货物☑　2. 境内加工修理□　3. 境内交通运输□　4. 境内应税服务□　5. 自营出口□　6. 间接出口□　7. 收购出口□　8. 加工出口□
备注：	

二、消费税：

类别	1. 生产 ☑ 2. 委托加工□ 3. 批发 □ 4. 零售 □	应税消费品名称	1. 烟□　2. 酒及酒精☑　3. 化妆品□　4. 贵重首饰及珠宝玉石□　5. 鞭炮、烟火□　6. 成品油□　7. 汽车轮胎□　8. 摩托车□　9. 小汽车□　10. 高尔夫球及球具□　11. 高档手表□　12. 游艇□　13. 木制一次性筷子□　14. 实木地板□
经营方式		1. 境内销售☑　2. 委托加工出口□　3. 自营出口□　4. 境内委托加工□	
备注：			

三、营业税：

经营项目	主营	
	兼营	
备注：		

四、企业所得税：

居民企业	征收方式：☑查账征收　□核定征收 预缴期限：☑按月预缴　□按季预缴 预缴方式：☑据实预缴　□按上年度四分之一或十二分之一 □按税务机关认可的其他方式 纳税方式：☑汇总纳税　□非汇总纳税
非居民企业法定或申请纳税方式	1. 据实纳税□　2. 按收入总额核定应纳税所得额计算纳税□　3. 按经费支出换算收入计算纳税□　4. 航空、海运企业纳税方式□　5. 其他纳税方式□
备注：	

五、城市维护建设税：1. 市区☑　2. 县城镇□　3. 其他□
六、教育费附加：
七、地方教育费附加：
八、其他：

四、技能训练

1. 业务资料

五龙化妆品有限公司主要生产、销售化妆品，预计年销售额在 1 000 万元以上。同时公司还兼营化妆品的运输等服务。该公司自成立之日起，已被主管税务机关认定为增值税一般纳税人。该公司还在市中心租赁了 200 平方米的店面用于化妆品的销售，拥有载重 5 吨的运输车辆 10 辆，大型客车 10 辆。当地税务机关核定该公司采取查账征收的方式。

2. 技能要求

（1）说明该公司办理税种认定登记的操作要点。

（2）能填写纳税人税种登记表（见表 1－5－1）。

项目二

发票领购与开具实训

任务一　普通发票领购与开具

知识目标：

◆ 理解并掌握普通发票的基本联次与用途

◆ 掌握领购普通发票应提交的相关证件资料

◆ 掌握普通发票的领购程序

◆ 掌握普通发票开具的基本要求

能力目标：

◆ 能够办理普通发票的领购业务

◆ 能够正确开具普通发票

情景导航

朱顺红是新成立的某公司的财务部主管，该公司已经办理好工商注册手续和税务登记手续并应获得相关证件，现需要向税务机关领购普通发票以便企业展开正常经营活动。

那么，财务主管朱顺红需要准备向税务机关准备哪些证件资料，经过哪些程序，才能领购企业经营所需的普通发票?

一、任务描述

准备领购普通发票所需材料，填写《普通发票领购簿申请审批表》，模拟领购普通发票。根据企业相关业务，开具普通发票。

二、相关知识点

（一）普通发票的样式和基本联次

1. 普通发票的样式

普通发票由省级税务机关确定本级辖区范围内的统一样式，包括发票的种类、各联次用途、具体内容，版面排列、规格和使用范围等。

2. 普通发票的基本联次

（1）第一联为存根联，开票方留存被查；

（2）第二联为发票联，由收执方作为付款或收款的原始凭证；

（3）第三联为记账联，开票方作为记账的原始凭证。

（二）普通发票的基本内容

发票名称、字轨号码、联次及用途；客户名称、开户银行账号；商品名称或经营项目；计量单位、数量、单价、大小写金额；开票人、开票日期；开票单位（个人）名称（章）等。

（三）发票领购的程序

依法办理了税务登记的单位和个人，填写《普通发票领购簿申请审批表》（具体见表2-1-1）当向主管税务机关提出购票申请。提供经办人身份证明、税务登记证件（或其他有关证明）以及财务印章（或发票专用章）的印模。经主管税务机关审核后，发给《发票领购簿》（具体见表2-1-2）。

（四）普通发票的开具和保管

1. 普通发票的开具

纳税人在对外销售商品、提供劳务以及其他经营活动中，在对外经营业务收取款项时，由收款方向付款方开具发票。

收款单位和扣缴义务人支付款项时，由付款方向收款方开具发票。

开具发票应当按照规定的时限、顺序，逐栏、全部联次一次性如实开具，并加盖单位财务印章或发票专用章。取得发票时，不得要求变更品名和金额。

2. 普通发票的保管

开具发票的单位和个人建立发票使用登记制度，设置《发票登记簿》（具体见表2-1-3），定期向主管税务机关报告发票使用情况，并按税务机关的规定存放和保管发票，不得擅自销毁。发票限于领购单位和个人在本省、自治区、直辖市内开具，任何单位和个人不得转借、转让、代开发票，未经税务机关批准，不得拆本使用发票，不得自行扩大专业发票使用范围。任何单位和个人不得跨规定地使用、携带、邮寄、运输空白发票。

表 2-1-1　　普通发票领购簿申请审批表

纳税人识别号：

纳税人名称：

发票名称	联次	金额版	文字版	数量	每月用量

申请理由：

申请人（签章）

办税人员：　　年　月　日

申请人财务专用章或发票专用章印模

以下由税务机关填写

发票名称	规格	联次	金额版	文字版	数量	每次限购数量
购票方式				保管方式		

主管税务机关发票管理环节审批意见：

（公章）

负责人：　　经办人：　　年　月　日

注：1. 本表系纳税人初次购票前及因经营范围变化等原因，需增减发票种类数量时填写；

2. 经审批同意后，将有关发票内容填写在《普通发票领购簿》中；

3. 此表不作为日常领购发票的凭据；

4. 一式二份，一份纳税人留存，一份税务机关留存。

表2－1－2

发票领购簿

国家税务总局监制

使用说明

1. 本“领购簿”为纳税人向税务机关办理领购发票手续的凭证。

2. 核准使用发票情况、发票领购、缴销、挂失等记录均由税务机关填写。

3. 纳税人发生变更税务登记机关、变更领购发票种类及注销税务登记的，应到税务机关办理发票领购簿的换发、注销手续。

4. 纳税人发生停业、复业时，应到税务机关办理发票领购簿的封存、启用手续。

5. 发票领购簿要妥善保管，不得转借、涂改。如有丢失，立即报告税务机关，申请挂失后补发。

6. 纳税人领购的发票，只准在税务机关核准的范围内使用，不得跨地区或跨行业使用、不得转借、虚开发票；未经税务机关批准，不准拆本使用发票。

7. 纳税人发生发票丢失、被盗的，应于丢失、被盗当日书面报告税务机关。

纳税人识别号：□□□□□□□□□□□□□□□□□□□□

发票领购簿号码：

纳税人名称：

纳税人（签章）

法定代表人（负责人）：

发票管理人：

税务机关（签章）

年 月 日

	发票种类	发票代码	发票名称	单位	限购数量 每次限购/每月限购		备注
					数量	票面金额	
核准使用发票情况							

购票方式：□批量供应 □验旧购新 □交旧购新 □其他	须提供发票担保的，是否已经提供担保人或缴纳保证金：□是 □否

表 2-1-3　　　　　　　　　　**发票登记簿（分户明细账）**

领用单位：

发票名称：　　　　　　　　　　　　发票代码：　　　　　　　　　　每本份数：

年		凭证号	摘要	增加			减少			结存份数	缴回存根份数
月	日			发票号码		本（份）数	开出份数	作废份数	份数		
				起始号码	终止号码						

注：1. 本账由纳税人使用，按使用单位分户建立；

2. 需设总控制账页；

3. “增加”方记领用发票数；

4. “减少”方记开出、作废、损失发票数；

5. 必须按月自行清理检查、盘点结。

三、实训内容

1. 背景资料

企业名称：长海机械制造有限责任公司

企业法人注册号：210200501697312

企业组织机构代码：748580947

企业税务登记证号：14083066447645X

法定代表人：陈向东

财务负责人：张然

办税人员：郑智通

注册资本：5 000 万元

国税局税务登记类型：增值税一般纳税人

开户银行及账号：中国工商银行白海市支行　8634671270340457532

注册地址：白海市沿江东路 1119 号

2. 业务资料

【业务 1】2012 年 4 月 1 日，填写《普通发票领购簿申请审批表》向白海市国家税务局申请办理普通发票的领购手续，普通发票用量每月400份，每次领购400份。

【业务2】2012年4月1日，白海市国家税务局批复，核发《发票领购簿》，同意该企业按申请事项领购普通发票400份。

【业务3】2012年5月21日，长海机械制造有限责任公司向非增值税一般纳税人康达公司签订合同，约定由长海机械制造有限责任公司向康达公司在2012年6月1日至6月30日期间安装调试设备，总金额为人民币8万元，康达公司向长海机械制造有限责任公司在2012年5月30日之前支付6万元，其余款项2万元在设备安装验收合格后支付。2012年5月30日，康达公司通过银行将人民币6万元转到长海机械制造有限责任公司指定银行账户。同日，长海机械制造有限责任公司派出专业安装调试技术组赴康达公司进行设备安装调试事宜。

根据上述业务，填制通用记账凭证1张。

通用记账凭证

2012年5月30日　　　　凭证编号________

摘　要	会计科目		√	借方金额										√	贷方金额									
	总账科目	明细科目		千	百	十	万	千	百	十	元	角	分		千	百	十	万	千	百	十	元	角	分
安装调试设备	银行存款						6	0	0	0	0	0	0											
	其他业务收入																	6	0	0	0	0	0	0
附单据 1 张	合　计						6	0	0	0	0	0	0					6	0	0	0	0	0	0

会计主管：张然　　　记账：郑志通　　　审核：杨志东　　　制单：杨祥

【业务4】2012年6月30日，设备安装调试完毕，康达有限责任公司向长海机械制造有限责任公司通过银行将剩余人民币2万元转到长海机械制造有限责任公司指定银行账户。

根据上述业务，填制通用记账凭证1张。

通用记账凭证

2012年6月30日　　　　凭证编号________

摘　要	会计科目		√	借方金额										√	贷方金额									
	总账科目	明细科目		千	百	十	万	千	百	十	元	角	分		千	百	十	万	千	百	十	元	角	分
安装调试设备	银行存款						2	0	0	0	0	0	0											
	其他业务收入																	2	0	0	0	0	0	0
附单据 1 张	合　计						2	0	0	0	0	0	0					2	0	0	0	0	0	0

会计主管：张然　　　记账：郑志通　　　审核：杨志东　　　制单：杨祥

3. 实训成果

（1）《普通发票领购簿申请审批表》（表 2－1－4）；

（2）《发票领购簿》（表 2－1－5）；

（3）工业企业统一发票 2 张。

表 2－1－4　　普通发票领购簿申请审批表

纳税人识别号：1 4 0 8 3 0 6 6 4 4 7 6 4 5 X

纳税人名称：长海机械制造有限责任公司

发票名称	联次	金额版	文字版	数量	每月用量
工业企业统一发票	3	万元	中文	400	400

申请理由： 生产经营需要 申请人（签章）长海机械制造有限责任公司 办税人员：郑志通　　2012 年 4 月 1 日	申请人财务专用章或发票专用章印模	长海机械制造有限责任公司 财务专用章

以下由税务机关填写

发票名称	规格	联次	金额版	文字版	数量	每次限购数量
工业企业统一发票		一式三联	十万元	中文	400	400

购票方式	按月限量领购	保管方式	专人专库保管

主管税务机关发票管理环节审批意见：

同意

（公章）白海市国家税务局

负责人：张徽　　经办人：梁宏伟　　2012 年 4 月 1 日

表 2-1-5 **发 票 领 购 簿**

国家税务总局监制

使 用 说 明

1. 本“领购簿”为纳税人向税务机关办理领购发票手续的凭证。

2. 核准使用发票情况、发票领购、缴销、挂失等记录均由税务机关填写。

3. 纳税人发生变更税务登记机关、变更领购发票种类及注销税务登记的，应到税务机关办理发票领购簿的换发、注销手续。

4. 纳税人发生停业、复业时，应到税务机关办理发票领购簿的封存、启用手续。

5. 发票领购簿要妥善保管，不得转借、涂改。如有丢失，立即报告税务机关，申请挂失后补发。

6. 纳税人领购的发票，只准在税务机关核准的范围内使用，不得跨地区或跨行业使用、不得转借、虚开发票；未经税务机关批准，不准拆本使用发票。

7. 纳税人发生发票丢失、被盗的，应于丢失、被盗当日书面报告税务机关。

纳税人识别号：| 1 | 4 | 0 | 8 | 3 | 0 | 6 | 6 | 4 | 4 | 7 | 6 | X | | | | |

发票领购簿号码：265015101301023001

纳税人名称：长海机械制造有限责任公司　　纳税人（签章）（长海机械制造有限责任公司）

法定代表人（负责人）：陈向东

发票管理人：郑智通

税务机关（签章）（白海市国家税务局）

2012 年 4 月 1 日

	发票种类	发票代码	发票名称	单位	限购数量 每次限购/每月限购 数量	票面金额	备注
核准使用发票情况	工业企业统一发票	134071322241	白海市工业企业通用机打发票	本	400	十万	

购票方式：☑批量供应　□验旧购新 □交旧购新　□其他	须提供发票担保的，是否已经提供担保人或缴纳保证金：☑是　□否

工业企业统一发票

发票联 ××省

NO

客户名称：康达公司　　　　2012 年 5 月 30 日

项　目	单位	数量	单价	金额 万	千	百	十	元	角	分
设备安装与调试	1	1	60 000.00	6	0	0	0	0	0	0
合计人民币（大写）陆万零仟零佰零拾零元零角零分										

第一联记账

收款单位（盖章）　　收款人：郑志通　　开票人：杨祥

财务专用章

工业企业统一发票

发票联 ××省

NO

客户名称：康达公司　　　　2012 年 5 月 30 日

项　目	单位	数量	单价	金额 万	千	百	十	元	角	分
设备安装与调试	1	1	60 000.00	6	0	0	0	0	0	0
合计人民币（大写）陆万零仟零佰零拾零元零角零分										

第二联发票

收款单位（盖章）　　收款人：郑志通　　开票人：杨祥

财务专用章

工业企业统一发票

发票联 ××省

NO

客户名称：康达公司　　　　2012 年 5 月 30 日

项　目	单位	数量	单价	金额 万	千	百	十	元	角	分
设备安装与调试	1	1	60 000.00	6	0	0	0	0	0	0
合计人民币（大写）陆万零仟零佰零拾零元零角零分										

第三联记账

收款单位（盖章）　　收款人：郑志通　　开票人：杨祥

财务专用章

工业企业统一发票

发票联

××省

客户名称：康达公司　　　　NO　　　　2012年6月30日

项　目	单位	数量	单价	金额						
				万	千	百	十	元	角	分
设备安装与调试	1	1	20 000.00	2	0	0	0	0	0	0
合计人民币（大写）贰万零仟零佰零拾零元零角零分										

第一联记账

收款单位（盖章）　　　　收款人：郑志通　　　　开票人：杨祥

工业企业统一发票

发票联

××省

客户名称：康达公司　　　　NO　　　　2012年6月30日

项　目	单位	数量	单价	金额						
				万	千	百	十	元	角	分
设备安装与调试	1	1	20 000.00	2	0	0	0	0	0	0
合计人民币（大写）贰万零仟零佰零拾零元零角零分										

第二联发票

收款单位（盖章）　　　　收款人：郑志通　　　　开票人：杨祥

工业企业统一发票

发票联

××省

客户名称：康达公司　　　　NO　　　　2012年6月30日

项　目	单位	数量	单价	金额						
				万	千	百	十	元	角	分
设备安装与调试	1	1	20 000.00	2	0	0	0	0	0	0
合计人民币（大写）贰万零仟零佰零拾零元零角零分										

第三联记账

收款单位（盖章）　　　　收款人：郑志通　　　　开票人：杨祥

四、技能训练

1. 背景资料

企业名称：康健旅游有限责任公司
纳税人识别号：220100652741359
企业组织机构代码：110206045
企业税务登记证号：22033623255333
注册地址及电话：白海市南下街239号　024－2173665
法定代表人：张晓月，身份证号码为210196310092280
财务负责人：杨开安
办税人员：王海涛
注册资本：800万元
开户银行及账号：中国招商银行白海分行　31680160422200
地税局税务登记类型：营业税纳税人
经营范围：旅游业
选用的会计政策：《企业会计准则》

2. 业务资料

【业务1】2012年4月1日，填写普通发票领购簿申请审批表，向主管地方税务机关白海市地方税务局申请领购服务业普通发票500份。

【业务2】2012年4月5日，收到××旅行团支付的现金旅游费用6 430元，填开服务业普通发票一张。

3. 技能要求

（1）填写普通发票领购簿申请审批表（见表2－1－1）。

（2）填开服务业普通发票。

任务二　增值税专用发票领购与开具

知识目标：

◆ 理解并掌握增值税专用发票的基本联次与用途
◆ 掌握领购增值税专用发票应提交的证件
◆ 掌握增值税专用发票领购的程序
◆ 掌握增值税专用发票开具的基本要求

能力目标：

◆ 能够办理增值税专用发票的领购业务
◆ 能够正确开具增值税专用发票

情景导航

李佳是某机械设备有限责任公司的财务部负责涉税业务的财务人员。该企业经过审核获准具备增值税一般纳税人资格，现需向主管国家税务局领购增值税专用发票，以便展开生产经营活动。

请问，李佳需要准备哪些证件资料，经过哪些程序，才能办理完结增值税专用发票的领购手续？

一、任务描述

准备领购增值税专用发票所需材料，填写《专用发票领购簿申请审批表》，领购增值税专用发票，并根据企业相关业务，开具增值税专用发票。

二、相关知识点

（一）增值税专用发票的基本内容

增值税专用发票，是增值税一般纳税人销售货物或者提供应税劳务开具的发票，是购买方支付增值税额并可按照增值税有关规定据以抵扣增值税进项税额的凭证。专用发票的基本联次统一规定为三联，各联次必须按以下规定用途使用：

（1）第一联为记账联，销货方留存做销售记账凭证。

（2）第二联为发票联，购货方作付款的记账凭证。

（3）第三联为税款抵扣联，购货方作扣税凭证。

（二）向税务机关发票管理窗口提交购买增值税专用发票所需资料

（1）《防伪税控企业认定登记表》（具体见表2－2－1）原件及复印件一份。

（2）《防伪税控企业最高开票限额审批表》（具体见表2－2－2）原件及复印件一份。

（3）票管员身份证原件及复印件一份。

（4）公章、发票专用章或财务专用章。

（5）税务登记证副本原件（加盖“增值税一般纳税人”条章）及复印件一份。

（6）税控IC卡及增值税专用发票购用人准许证。

（7）增值税普通发票票种核定表。

（8）国家税务局要求提供的其他材料。

表2－2－1　　防伪税控企业认定登记表

登记事项（由纳税人填写）	企业名称		纳税人识别号	
	地址		联系电话	
	法人代表		身份证号	
	经办人		身份证号	
	经济性质		主营业务	
	开户银行及账号			

续表

<table>
<tr><td rowspan="3">登记事项（由纳税人填写）</td><td>一般纳税人类型</td><td></td><td>发票月用量</td><td>份</td></tr>
<tr><td>申请开票最大限额</td><td colspan="3">□亿元□千万元□百万元□十万元□万元□千元
（请在选择数额前的□内打“√”）</td></tr>
<tr><td>开票机数量</td><td>台</td><td>企业经办人签字</td><td></td></tr>
<tr><td rowspan="3">主管税务机关意见</td><td>批准开票最大限额</td><td></td><td></td><td rowspan="3">签字：
年 月 日</td></tr>
<tr><td>准予领购专用设备数量</td><td></td><td></td></tr>
<tr><td>启用时间</td><td></td><td></td></tr>
<tr><td>审批意见</td><td colspan="4">主管税务机关（公章）
年 月 日</td></tr>
</table>

注：1. 本表一式二份，纳税人留存一份，主管税务机关留存一份；

2. 本表为A4竖式。

表2-2-2　　　防伪税控企业最高开票限额审批表

填报时间：　年　月　日

<table>
<tr><td colspan="2">纳税人名称</td><td></td><td>纳税人识别号</td><td></td></tr>
<tr><td colspan="2">税务登记时间</td><td></td><td>一般纳税人
资格认定时间</td><td></td></tr>
<tr><td colspan="2">行业类别</td><td></td><td>防伪税控系统
发行时间</td><td></td></tr>
<tr><td colspan="2">经营范围</td><td colspan="3"></td></tr>
<tr><td rowspan="8">企业经营纳税情况</td><td>年度
项目</td><td colspan="2">上年度</td><td>本年度（累计至___月）</td></tr>
<tr><td>销售收入</td><td colspan="2"></td><td></td></tr>
<tr><td>应缴增值税</td><td colspan="2"></td><td></td></tr>
<tr><td>实缴增值税</td><td colspan="2"></td><td></td></tr>
<tr><td>欠缴增值税</td><td colspan="2"></td><td></td></tr>
<tr><td>税负率</td><td colspan="2"></td><td></td></tr>
<tr><td>地产地销免税比例</td><td colspan="2"></td><td></td></tr>
<tr><td>是否按时申报纳税</td><td colspan="2"></td><td></td></tr>
</table>

续表

专用发票使用情况	项目发票类别	第一次领用时间	上年度领用数		本年度累计至____月领用数	
			总份数	月均用量	总份数	月均用量
	合计					

发票管理部门意见	市县局意见	省局意见
（盖　章） 年　月　日	（盖　章） 年　月　日	（盖　章） 年　月　日

说明：

1. “本年度累计至　月”统计自年初累计到填报本表时间的上个月份；
2. 新认定为一般纳税人且同时批准其使用防伪税控系统企业的“企业经营纳税情况”栏各项数据可按预计数填报；
3. “应缴增值税”不剔除地产地销减免税额；
4. “税负率”是指“应缴增值税/销售收入”；
5. “发票类别”填写百万元版、十万元版或万元版；
6. “发票管理部门意见”、“市县局意见”栏中要明确提出同意或建议该企业使用何种版面的发票。

（三）税务机关发票管理窗口审核

（1）向提出认定申请的纳税人发放《领取增值税专用发票领购簿申请书》（具体见表2－2－3）、《防伪税控企业认定登记表》（具体见表2－2－4）、《购领增值税专用发票申请审批表》（具体见表2－2－5）。

表2－2－3　　领取增值税专用发票领购簿申请书

国家税务局：

我单位已于　　年　月　日被认定为增值税一般纳税人，纳税人识别号□□□□□□□□□□□□□□□，现申请购买增值税专用发票。

发票名称	发票代码	联次	每次领购最大数量
			本/份
			本/份
			本/份

为做好专用发票的领购工作，我单位特指定（身份证号：　　　　　　　　　　）和（身份证号：　　　　　　　　　　）两位同志为购票员。

我单位将建立健全专用发票管理制度，严格遵守有关专用发票领购、使用、保管的法律和法规。

法定代表人（负责人）（签章）：

申请单位（签章）

年　　月　　日

主管税务机关审核意见：

（公章）

年　　月　　日

县（市）级税务机关审核意见：

（公章）

年　　月　　日

注：本表一式三份，一份纳税人留存，各级税务机关留存一份。

表 2－2－4　　防伪税控企业认定登记表

<table>
<tr><td rowspan="9">登记事项（由企业填写）</td><td>企业名称</td><td></td><td>纳税人识别号</td><td></td></tr>
<tr><td>地址</td><td></td><td>联系电话</td><td></td></tr>
<tr><td>法人代表</td><td></td><td>身份证号</td><td></td></tr>
<tr><td>操作员</td><td></td><td>身份证号</td><td></td></tr>
<tr><td>经济性质</td><td></td><td>主营业务</td><td></td></tr>
<tr><td>开户银行</td><td></td><td>银行账号</td><td></td></tr>
<tr><td>一般纳税人类别</td><td>工业□　商业□</td><td>发票月用量</td><td>份</td></tr>
<tr><td>申请开票最大金额</td><td colspan="3">□亿元□千万元□百万元□十万元□万元□千元（请在选择数额前的□内打“√”）</td></tr>
<tr><td>开票机数</td><td></td><td>企业经办人签字</td><td></td></tr>
<tr><td rowspan="5">主管国税机关认定岗位意见</td><td>批准开票最大限额</td><td>元版</td><td colspan="2" rowspan="5">征管部门意见：
经办人：
审核人：</td></tr>
<tr><td>批准月购票量</td><td>份</td></tr>
<tr><td>批准月购票次数</td><td>次</td></tr>
<tr><td>启用时间</td><td></td></tr>
<tr><td>准予领购准用设备数量</td><td></td></tr>
</table>

续表

审批情况	县国税局意见： 经办人： 审核人： 审批人： （盖章） 年　月　日	设区市国税局意见： 经办人： 审核人： 审批人： （盖章） 年　月　日	省国税局意见： 经办人： 审核人： 审批人： （盖章） 年　月　日
备注	1. 新办税控企业使用本表；2. 本表企业、认定登记部门、企业发行部门、审批部门各一份；3. 本表附件：《增值税防控系统使用通知书》、《增值税一般纳税人申请认定表》或年审表、资金证明文件、税务登记证副本、技术代码证、法人身份证和经办人身份证原件及复印件；4. 审批权限不变，即使用万元（含）版以下专用发票的由县（区）国税局审批，使用十万元版专用发票的报设区市国税局审批，使用百万元版以上专用发票的逐级报省局审批。		

注：1. 本表一式二份，纳税人留存一份，主管税务机关留存一份；

2. 本表为 A4 竖式。

表 2-2-5　领取增值税专用发票领购簿申请审批表

__________国家税务局：

我单位已于　　年　月　日被认定为增值税一般纳税人，纳税人识别号：　　　　　现申请领取增值税专用发票领购簿。

申请领购发票情况：

发票名称	发票代码	联次	版面	每次领购最大数量	
				申请	税务部门核准
				本（份）	本（份）
				本（份）	本（份）
				本（份）	本（份）
				本（份）	本（份）
				本（份）	本（份）

为做好专用发票的领购工作，我单位特指定__________（身份证号：__________）和__________（身份证号：__________）同志为购票员。

我单位将建立健全专用发票管理制度，严格遵守有关专用发票领购、使用、保管的法律和法规。

法定代表人（负责人）：

（公章）
年　月　日

征收机关审核意见：

经办人：

负责人：

（公章）
年　月　日

县（市、区）税务机关审核意见：

负责人：

（公章）
年　月　日

注：本表一式四份，纳税人、主管税务机关审定部门、县、（市、区）税务机关审核部门、发票领购簿发放部门各留存一份。

（2）审核纳税人是否在本局的管辖范围内，如是则受理；否则不受理，并告知纳税人向有关税务机关申请；

（3）对纳税人的申请材料进行审核，如存在可以当场更正的错误的，应当允许纳税人当场更正。主要审核以下几方面：

① 申请材料是否齐全；

②《防伪税控企业认定登记表》、《领取增值税专用发票领购簿申请书》、《购领专用发票批准表》项目填写是否完整、逻辑关系是否正确，有关印章是否齐全；

（4）对纳税人提供的申请材料符合规定的，发放《增值税专用发票领购单》（具体见表2－2－6），批准领购防伪税控万元版增值税专用发票，核定专用发票限量，在防伪税控系统中进行发行；

表2－2－6　　增值税专用发票领购单

购票日期：　年　月　日

纳税人识别号：

纳税人名称：　　　　领购簿号：

购票员姓名			购票员身份证号	
领购发票名称	发票代码	联次	数量	纳税人财务专用章或发票专用章：
			本/份	
			本/份	
			本/份	
审核部门签章：			审批部门签章：	
购票员签字：			售票员签字：	

注：本表一式二份，一份纳税人留存，一份税务机关留存。

（5）将有关证件、资料原件退还纳税人，将审批结果录入CTAIS系统；

（6）对纳税人申请材料不齐全或者内容不符合要求的，当场告知纳税人需要补正的全部内容；

（7）将《增值税专用发票领购簿》、《购领专用发票批准表》送达纳税人；

（8）对确定不予受理的，在CTAIS系统中录入审批结果，制作《不予受理通知书》送达纳税人。

（四）增值税防伪专用发票的开具

1. 电子专用发票的开具要求

（1）安装增值税防伪开票系统。纳税单位经过税务机关的认证，取得了增值税一般纳税人资格后，安装增值税防伪开票系统。防伪开票系统由金税卡、系统软件、IC卡及读卡器、实物发票、打印机组成。

（2）获得增值税专用发票开具信息。系统安装完毕后，带上 IC 卡到税务机关购买增值税发票。税务机关核准后，将发票的电子信息（如发票号、版本、开票限额等）录入 IC 卡上。

（3）按规定使用增值税防伪开票系统。购买发票后，回到企业，将 IC 卡插入本单位开票系统读卡器，此时，发票的电子信息被读入开票系统。

（4）防伪专用发票的使用。按规定步骤和要求录入相关信息，打印防伪专用发票，并在发票联和抵扣联加具开票单位的发票专用章，一并送给购货单位。如果发票有错，则需要作废，此时在作废实物发票的同时，也要作废系统发票。

2. 增值税防伪税控系统开票步骤

（1）插入 IC 卡。

（2）进入：防伪税控开票系统。

（3）选择操作员。

（4）输入口令确定（有的没有设口令，可直接点击确定）。

（5）进入：系统设置。

（6）进入：客户编码。

（7）点击："+"增加行输入要开票单位的资料。

注：如果开的是专用发票，要把资料填写完整，税号、账号、地址、电话、开户行。

（8）保存"√"。

输入完毕退出

（9）进入：商品编码。

（10）录入：商品名称等资料。

（11）保存"√"。

输入完毕退出

（12）点击：发票管理。

（13）点击：上方"发票开具管理"。

（14）选择：发票填开。

（15）选择：专用发票或普通发票。

看到所填的发票号后，确定

输入单位名称：按"↓"键选择

选择商品名称（有选择滑块）

输入发票内容

点击："√"确定

输入：收款人、复核人（必填）

打印发票

3. 打印发票注意事项

（1）找到打印发票机卡的位置。

（2）发票号码与打印的号码必须一致。

（3）发票对齐，方可放入打印机中。

（4）打印机打印层数应放在三层位置。

发票开出后应加盖财务章或发票专用章。

4. 专用发票开具的时限

（1）采用预收货款、托收承付、委托银行收款结算方式的，为货物发出的当天。

（2）采用交款提货结算方式的，为收到货款的当天。

（3）采用赊销、分期付款结算方式的，为合同约定的收款日期的当天。

（4）将货物交付他人代销，为收到受托人送交的代销清单的当天。

（5）设有两个以上机构并实行统一核算的纳税人，将货物从一个机构移送其他机构用于销售，按规定应当征收增值税的，为货物移送的当天。

（6）将货物作为投资提供给其他单位或个体经营者，为货物移送的当天。

（7）将货物分配给股东，为货物移送的当天。

5. 销售货物并向购买方开具专用发票后，如发生退货或销售折让的处理

（1）购买方在未付货款并且未作账务处理，须将原发票联和税款抵扣联主动退还销售方。销售方收到后，应在该发票联和税款抵扣联及有关的存根联、记账联上注明“作废”字样，作为扣减当期销项税额的凭证。未收到购买方退还的专用发票前，销售方不得扣减当期销项税额。属于销售折让的，销售方应按折让后的货款在防伪系统中重开专用发票。

（2）在购买方已付货款，或者货款未付但已作账务处理，发票联及抵扣联无法退还。购买方必须取得当地主管税务机关开具的《进货退出或索取折让证明单》（以下简称证明单）送交销售方，作为销售方开具红字专用发票的合法依据。销售方在未收到证明单以前，不得开具红字专用发票；收到证明单后，根据退回货物的数量、价款或折让金额向购买方开具红字专用发票。红字专用发票的存根联、记账联作为销售方扣减当期销项税额的凭证，其发票联、税款抵扣联作为购买方扣减进项税额的凭证。

购买方收到红字专用发票后，应将红字专用发票所注明的增值税额从当期进项税额中扣减。如不扣减，造成不纳税或少纳税的，属于偷税行为。

三、实训内容

1. 背景资料

企业名称：长海机械制造有限责任公司

企业纳税人识别号：210200501697312

企业组织机构代码：748580947

企业税务登记证号：14083066447645X

法定代表人：陈向东　身份证号码：51019671206100X

财务负责人：张然　　身份证号码：340196512072208

办税人员：郑智通　　身份证号码：340198008072204

注册资本：5 000 万元

开户银行及账号：中国工商银行白海市支行　8634671270340457532

注册地址与联系电话：白海市沿江东路 1119 号　024－2154221

2. 业务资料

【业务1】2012年4月1日，填写《防伪税控企业认定登记表》、《增值税专用发票领购簿申请审批书》，向主管税务机关白海市国家税务局长河分局申请增值税专用发票用量每月500份，每次领购500份，专用发票限额：百万元版。

【业务2】2012年4月3日，白海市国家税务局审核完毕，同意按企业申请事项发放增值税专用发票（百万元版）500份，并上报白海市国家税务局审核。4月6日，白海市国家税务局审核完毕，同意白海市国家税务局长河分局发售增值税专用发票（百万元版）500份。长海机械制造有限责任公司收到白海市国家税务局长河分局通知，领取《增值税专用发票领购单》，并按《增值税专用发票领购单》核准的数量和版面领购增值税专用发票。

【业务3】2012年4月6日，向增值税一般纳税人××省康达有限责任公司销售机械设备10套，单价为5万元/套，价款为人民币50万元，增值税销项税额8.5万元，总计价款为58.5万元，开具增值税专用发票。

根据上述业务，填制通用记账凭证1张。

通用记账凭证

2012年4月6日　　　　凭证编号________

摘要	会计科目		√	借方金额										√	贷方金额									
	总账科目	明细科目		千	百	十	万	千	百	十	元	角	分		千	百	十	万	千	百	十	元	角	分
安装调试设备	银行存款					5	8	5	0	0	0	0	0											
	其他业务收入																5	0	0	0	0	0	0	0
	应交税费	应交增值税（销项税额）																8	5	0	0	0	0	0
附单据 1 张	合计					5	8	5	0	0	0	0	0				5	8	5	0	0	0	0	0

会计主管：张然　　记账：郑志通　　审核：杨志东　　制单：杨祥

3. 实训成果

（1）填写《防伪税控企业认定登记表》（见表2-2-7）；

（2）填写《增值税专用发票领购簿申请审批表》（见表2-2-8）；

（3）填写《增值税专用发票领购单》（见表2-2-9）；

（4）××省增值税专用发票1张。

表 2-2-7　　防伪税控企业认定登记表

登记事项（由企业填写）	企业名称	长海机械制造有限责任公司	纳税人识别号	210200501697312
	地址	白海市沿江东路 1119 号	联系电话	024-2154221
	法人代表	陈向东	身份证号	51019671206100X
	操作员	郑智通	身份证号	340198008072204
	经济性质	股份有限责任公司	主营业务	机械设备设计、制造与安装
	开户银行	中国工商银行白海市支行	银行账号	8634671270340457532
	一般纳税人类别	工业□　商业□	发票月用量	500 份
	申请开票最大金额	□亿元□千万元□百万元□十万元□万元□千元（请在选择数额前的□内打“√”）		
	开票机数	1 台	企业经办人签字	张然
主管国税机关认定岗位意见	批准开票最大限额	百万元版	征管部门意见： 经办人： 审核人：	
	批准月购票量	500 份		
	批准月购票次数	1 次		
	启用时间			
	准予领购准用设备数量			
审批情况	县国税局意见： 经办人： 审核人： 审批人： （盖章） 年　　月　　日	设区市国税局意见： 经办人： 审核人： 审批人： （盖章） 年　　月　　日	省国税局意见： 经办人： 审核人： 审批人： （盖章） 年　　月　　日	
备注	1. 新办税控企业使用本表；2. 本表企业、认定登记部门、企业发行部门、审批部门各一份；3. 本表附件：《增值税防控系统使用通知书》、《增值税一般纳税人申请认定表》或年审表、资金证明文件、税务登记证副本、技术代码证、法人身份证和经办人身份证原件及复印件；4. 审批权限不变，即使用万元（含）版以下专用发票的由县（区）国税局审批，使用十万元版专用发票的报设区市国税局审批，使用百万元版以上专用发票的逐级报省局审批。			

表 2-2-8　　领取增值税专用发票领购簿申请审批表

白海市国家税务局：

我单位已于 2008 年 1 月 1 日被认定为增值税一般纳税人，纳税人识别号：210200501697312，现申请购买增值税专用发票。

发票名称	发票代码	联次	每次领购最大数量
增值税专用发票	6200021140	一式三联	10 本/份
			本/份
			本/份

为做好专用发票的领购工作，我单位特指定张然（身份证号：340196512072208）和郑智通（身份证号：340198008072204）两位同志为购票员。

我单位将建立健全专用发票管理制度，严格遵守有关专用发票领购、使用、保管的法律和法规。

法定代表人（负责人）（签章）：陈向东

申请单位（签章）

2012 年 4 月 1 日

主管税务机关审核意见：

同意

（公章）

2012 年 4 月 3 日

县（市）级税务机关审核意见：

同意

（公章）

2012 年 4 月 6 日

注：本表一式三份，一份纳税人留存，各级税务机关留存一份。

表 2-2-9

增值税专用发票领购单

购票日期：2012 年 4 月 1 日

纳税人识别号：| 2 | 1 | 0 | 2 | 0 | 0 | 5 | 0 | 1 | 6 | 9 | 7 | 3 | 1 | 2 |

纳税人名称：长海机械制造有限责任公司　　领购簿号：

购票员姓名	张然		购票员身份证号	340196512072208
领购发票名称	发票代码	联次	数量	纳税人财务专用章或发票专用章：
增值税专用发票	6200021140	一式三联	10 本/份	
			本/份	
			本/份	
审核部门签章：			审批部门签章：	
购票员签字：张然			售票员签字：杨辉	

注：本表一式二份，一份纳税人留存，一份税务机关留存。

6200021140

××省增值税专用发票

记账联

N o00078373

开票日期：2012 年 4 月 6 日

购货单位	名称：××省康达有限责任公司			密码区	/21 -47 <6/32 >51 <2017/ *		加密版本：09	
	纳税人识别号：620103712757917				4 >969 >81 * 4 >2492 <9 +267		6200021140 00078373	
	地址、电话：××市淮海中路 1435# 027 - 23904945				142 * - 788 +2532 * 7298392			
	开户银行及账号：工行电力支行 2210034532				+7 -/29/ > >2 +4678 > < > >/9			
货物或应税劳务名称	规格型号	单位	数量	单价	金额	税率	税额	
机械设备	5#	套	10	50 000.00	500 000.00	17%	85 000.00	
合计					¥500 000.00		¥585 000.00	
价税合计（大写）	人民币 百万伍十万捌万五千零百零十零元零角零分					（小写）¥585 000.00		
销货单位	名称：长海机械制造有限责任公司			备注				
	纳税人识别号：210200501697312							
	地址、电话：白海市沿江东路 1119 号 0457 - 3161075							
	开户银行及账号：中国工商银行白海市支行 8634671270340457532							

第一联 记账联 销货方留存备查

收款人 杨祥　复核人 张然　开票人 郑志通　销货单位（章）

长海机械制造有限责任公司 发票专用章

全国统一发票监制 ××省 国家税务局监制

国税函[2009]873 号西安印钞厂

6200021140

× ×省增值税专用发票

发票联

N o00078373

开票日期：2012 年 4 月 6 日

购货单位	名称：× ×省康达有限责任公司 纳税人识别号：620103712757917 地址、电话：× ×市淮海中路 1435# 027 – 23904945 开户银行及账号：工行电力支行 2210034532	密码区	/21 –47 <6/32 >51 <2017/ * 4 >969 >81 * 4 >2492 <9 +267 142 * –788 +2532 * 7298392 +7 – /29/ > >2 +4678 > < > >/9
		加密版本：09	6200021140 00078373

货物或应税劳务名称	规格型号	单位	数量	单价	金额	税率	税额
机械设备	5#	套	10	50 000.00	500 000.00	17%	85 000.00
合 计					¥ 500 000.00		¥ 585 000.00
价税合计（大写）	人民币 百万伍十万捌万五千零百零十零元零角零分				（小写）¥ 585 000.00		

销货单位	名称：长海机械制造有限责任公司 纳税人识别号：210200501697312 地址、电话：白海市沿江东路 1119 号 0457 – 3161075 开户银行及账号：中国工商银行白海市支行 8634671270340457532	备注	

收款人 杨祥　　复核人 张然　　开票人 郑志通　　销货单位（章）

长海机械制造有限责任公司 发票专用章

第二联 发票联 购货方记账凭证

国税函[2009]873 号西安印钞厂

6200021140

××省增值税专用发票

抵扣联

N o00078373

开票日期：2012 年 4 月 6 日

购货单位	名称：××省康达有限责任公司 纳税人识别号：620103712757917 地址、电话：××市淮海中路 1435# 027－23904945 开户银行及账号：工行电力支行 2210034532	密码区	/21－47<6/32>51<2017/＊ 4>969>81＊4>2492<9+267 142＊－788+2532＊7298392 +7－/29/>>2+4678><>>/9
		加密版本：09	6200021140 00078373

货物或应税劳务名称	规格型号	单位	数量	单价	金额	税率	税额
机械设备	5#	套	10	50 000.00	500 000.00	17%	85 000.00
合　计					￥500 000.00		￥585 000.00

价税合计（大写）　人民币　百万伍十万捌万五千零百零十零元零角零分　（小写）￥585 000.00

销货单位	名称：长海机械制造有限责任公司 纳税人识别号：210200501697312 地址、电话：白海市沿江东路 1119 号 0457－3161075 开户银行及账号：中国工商银行白海市支行 8634671270340457532	备注	

收款人 杨祥　复核人 张然　开票人 郑志通　销货单位（章）

（印章：国家税务总局监制 ××省；长海机械制造有限责任公司 发票专用章）

第三联　抵扣联　购货方扣税凭证

国税函[2009]873 号西安印钞厂

四、技能训练

1. 背景资料

企业名称：通用机械制造有限责任公司

企业纳税人识别号：210200701683314

企业组织机构代码：745670947

企业税务登记证号：14076066447635X

法定代表人：王庆东　身份证号码：32019701205100X

财务负责人：张志伟　身份证号码：320198308072206

办税人员：　张玮　　身份证号码：340198608072208

注册资本：8 000 万元

开户银行及账号：中国建设银行白海市支行　8634671270373457532

注册地址与联系电话：白海市长江东路 1120 号　024－2854228

2. 业务资料

【业务 1】2012 年 3 月 1 日，填写《领取增值税专用发票领购簿申请审批表》，向白海市国家税务局长河分局申请领购增值税专用发票用量每月 500 份，每次领购 500 份，专用发票限额：百万元版。2012 年 3 月 3 日，白海市国家税务局审核完毕，同意按企业申请事项发放增值税专用发票（百万元版）500 份，并上报白海市国家税务局审核。3 月 6 日，白海市国家税务局审核完毕，同意白海市国家税务局长河分局向通用机械制造有限责任公司发售增值税专用发票（百万元版）500 份。3 月 7 日通知通用机械制造有限责任公司领取《增值税专用发票领购单》。

【业务 2】2012 年 3 月 6 日，向东江城市建设集团（增值税一般纳税人）销售机械设备一批，价款为 7 800 000 元，开具增值税专用发票。

东江城市建设集团相关信息：

纳税人识别号：520422551931047

登记注册地址与联系电话：东江市洪山东路 146 号，027－50486135

开户银行及账号：中国建设银行东江市支行 6227003327140071504

3. 技能要求

（1）填列《领取增值税专用发票领购簿申请审批表》（见表 2－2－5）；增值税专用发票领购单（见表 2－2－6）。

（2）根据业务要求，填开增值税专用发票。

项目三

增值税纳税实训

任务一　增值税一般纳税人核算与纳税申报

知识目标：

◆ 熟悉增值税征税范围、纳税人、税率

◆ 掌握增值税一般纳税人应纳税额计算

◆ 掌握增值税纳税期限、纳税义务发生时间、纳税地点

能力目标：

◆ 能进行增值税一般纳税人应纳税额计算

◆ 能进行增值税一般纳税人涉税业务会计核算

◆ 能办理增值税一般纳税人纳税申报

情景导航

曙光电器有限公司系增值税一般纳税人，主要生产电热油汀、电暖器、取暖器及暖风机等系列产品，该公司2014年5月销售电暖器等系列产品一批。当地税务机关核定按月缴纳增值税，执行《企业会计准则》，存货按实际成本计价核算。

那么，该公司在一个纳税期限内应纳的增值税是多少？应如何进行增值税的纳税申报？

一、任务描述

根据曙光电器有限公司5月份发生业务的原始凭证，计算5月份应纳的增值税税额，填制增值税一般纳税人涉税记账凭证，并进行增值税一般纳税人的纳税申报。

二、相关知识点

（一）增值税征税范围、纳税人、税率

1. 征税范围

（1）基本规定。增值税的征税范围是在中华人民共和国境内销售货物或者提供加工、修理修配劳务或者提供交通运输业、邮政业和部分现代服务业服务以及进口的货物。

① 销售货物。货物是指有形动产，包括电力、热力、气体，不包括土地、房屋和其他建筑物等不动产和无形资产。销售是指有偿销售，是以转让货物的所有权为条件从购货方取得货币、实物或其他经济利益的行为。

在中华人民共和国境内销售货物是指所销售货物的起运地或者所在地在境内。起运地是指货物开始运出的地点。所在地是指货物存放或位于的地点。

② 提供加工、修理修配劳务。加工是指接受委托代为加工货物并收取加工费的业务，在这里专指委托加工。委托加工是指由委托方提供原材料及主要材料，受托方按照委托方的要求，制造货物并收取加工费的业务。修理修配是指接受委托，对受损伤或丧失功能的货物进行修复，使其恢复原状或原有功能的业务。提供加工、修理修配劳务（以下称应税劳务）是指有偿提供加工、修理修配劳务。单位或者个体工商户聘用的员工为本单位或者雇主提供加工、修理修配劳务，不包括在内。

在中华人民共和国境内提供加工、修理修配劳务是指所提供的应税劳务发生在境内。

③ 提供交通运输业、邮政业和部分现代服务业服务。交通运输业、邮政业和部分现代服务业服务（以下称应税服务）是指陆路运输服务、水路运输服务、航空运输服务、管道运输服务、邮政普遍服务、邮政特殊服务、其他邮政服务、研发和技术服务、信息技术服务、文化创意服务、物流辅助服务、有形动产租赁服务、鉴证咨询服务、广播影视服务。提供应税服务是指有偿提供应税服务，但不包括非营业活动中提供的应税服务。有偿，是指取得货币、货物或者其他经济利益。

④ 进口货物。进口货物是指报关进口的货物。凡进入我国国境或关境的货物（除免税的以外）进口报关时，应向海关缴纳增值税。

（2）特殊规定。

① 视同销售货物及视同提供应税服务的行为。单位或者个体工商户的下列行为，视同销售货物：将货物交付其他单位或者个人代销；销售代销货物；设有两个以上机构并实行统一核算的纳税人，将货物从一个机构移送其他机构用于销售，但相关机构设在同一县（市）的除外；将自产或者委托加工的货物用于非增值税应税项目；将自产、委托加工的货物用于集体福利或者个人消费；将自产、委托加工或者购进的货物作为投资，提供给其他单位或者个体工商户；将自产、委托加工或者购进的货物分配给股东或者投资者；将自产、委托加工或者购进的货物无偿赠送其他单位或者个人。

单位和个体工商户的下列情形，视同提供应税服务：向其他单位或者个人无偿提供交通运输业、邮政业和部分现代服务业服务，但以公益活动为目的或者以社会公众为对象的除外；财政部和国家税务总局规定的其他情形。

② 混合销售行为。除另有规定外，对于从事货物的生产、批发或零售的企业、企业性单位和个体工商户，包括以从事货物的生产、批发或零售为主，兼营非应税劳务的企业、企业性单位和个体工商户的混合销售行为，视为销售货物，应缴纳增值税；其他单位和个人的混合销售行为，视为销售非应税劳务，不缴纳增值税。

纳税人的下列混合销售行为，应当分别核算货物的销售额和非应税劳务的营业额，并根据其销售货物的销售额计算缴纳增值税，非应税劳务的营业额不缴纳增值税；未分别核算的，由主管税务机关核定其货物的销售额：销售自产货物并同时提供建筑业劳务的行为；财政部、国家税务总局规定的其他情形。

③ 兼营非应税劳务行为。纳税人兼营非应税项目或营业税应税项目的，应分别核算货物或者应税劳务和应税服务的销售额和非应税项目及营业税应税项目的营业额；未分别核算的，由主管税务机关核定货物或者应税劳务和应税服务的销售额。

2. 纳税人

（1）基本规定。增值税的纳税人是在中华人民共和国境内销售货物或者提供加工、修理修配劳务或者提供交通运输业、邮政业和部分现代服务业服务以及进口货物的单位和个人。

其中，单位是指企业、行政单位、事业单位、军事单位、社会团体及其他单位。个人是指个体工商户和其他个人。

为了严格增值税的征收管理，《增值税暂行条例》将纳税人按其经营规模的大小及会计核算健全与否划分为一般纳税人和小规模纳税人。

（2）一般纳税人。从事货物生产或者提供应税劳务，以及以从事货物生产或者提供应税劳务为主，并兼营货物批发或者零售的，年应征增值税销售额（以下简称应税销售额）在50万元以上（含本数）的纳税人为一般纳税人；上述规定以外的，年应税销售额在80万元以上（含本数）的纳税人为一般纳税人。

从事应税服务的年应征增值税销售额（以下称应税服务年销售额）超过财政部和国家税务总局规定标准的纳税人为一般纳税人。

年应税销售额超过小规模纳税人标准的，除另有规定外，应当向主管税务机关申请一般纳税人资格认定；年应税销售额未超过财政部、国家税务总局规定的小规模纳税人标准以及新开业的纳税人，可以向主管税务机关申请一般纳税人资格认定（认定标准见项目一任务四）。

（3）扣缴义务人。中华人民共和国境外的单位或者个人在境内提供应税劳务或提供应税服务，在境内未设有经营机构的，以其境内代理人为扣缴义务人；在境内没有代理人的，以购买方或接受方为扣缴义务人。

3. 税率

（1）增值税的基本税率为17%。一般纳税人销售货物、提供应税劳务、提供有形动产租赁服务以及进口货物，除另有规定者外，均适用基本税率。

（2）增值税的低税率为13%。纳税人销售或者进口下列货物，税率为13%：粮食、食用植物油；自来水、暖气、冷气、热水、煤气、石油液化气、天然气、沼气、居民用煤炭制品；图书、报纸、杂志；饲料、化肥、农药、农机、农膜；国务院规定的其他货物。

（3）提供交通运输业服务、邮政业服务，税率为11%。

(4) 提供现代服务业服务（有形动产租赁服务除外），税率为6%。

(5) 纳税人出口的货物，国家另有规定的除外，税率为零；财政部和国家税务总局规定的应税服务，税率为零。

纳税人兼有不同税率或者征收率的销售货物、提供加工修理修配劳务或者应税服务的，应当分别核算适用不同税率或征收率的销售额，未分别核算销售额的，按照以下方法适用税率或征收率：兼有不同税率的销售货物、提供加工修理修配劳务或者应税服务的，从高适用税率；兼有不同征收率的销售货物、提供加工修理修配劳务或者应税服务的，从高适用征收率；兼有不同税率和征收率的销售货物、提供加工修理修配劳务或者应税服务的，从高适用税率。

（二）增值税一般纳税人应纳税额计算

增值税一般纳税人应纳税额为当期销项税额抵扣当期进项税额后的余额。其计算公式为：

$$应纳税额 = 当期销项税额 - 当期进项税额$$

1. 销项税额

销项税额是指纳税人销售货物或者提供应税劳务或者提供应税服务，按照应税销售额和规定税率计算的并向购买方收取的增值税额。其计算公式为：

$$销项税额 = 销售额 \times 税率$$

(1) 销售额的基本规定。销售额为纳税人销售货物或者应税劳务或者提供应税服务取得的全部价款和价外费用，但是不包括收取的销项税额。

价外费用包括价外向购买方收取的手续费、补贴、基金、集资费、返还利润、奖励费、违约金、滞纳金、延期付款利息、赔偿金、代收款项、代垫款项、包装费、包装物租金、储备费、优质费、运输装卸费以及其他各种性质的价外收费。但下列项目不包括在内：

① 受托加工应征消费税的消费品所代收代缴的消费税；

② 同时符合以下条件的代垫运输费用：承运部门的运输费用发票开具给购买方的；纳税人将该项发票转交给购买方的。

③ 同时符合以下条件代为收取的政府性基金或者行政事业性收费：由国务院或者财政部批准设立的政府性基金，由国务院或者省级人民政府及其财政、价格主管部门批准设立的行政事业性收费；收取时开具省级以上财政部门印制的财政票据；所收款项全额上缴财政。

④ 销售货物的同时代办保险等而向购买方收取的保险费，以及向购买方收取的代购买方缴纳的车辆购置税、车辆牌照费。

(2) 合并定价销售额的确定。一般纳税人销售货物或者提供应税劳务，采用销售额和销项税额合并定价方法的，其销售额中包括增值税的销项税额，应将含税销售额换算成不含税销售额。其计算公式为：

$$销售额 = \frac{含税销售额}{1 + 增值税税率}$$

（3）特殊情况下销售额的确定。纳税人销售货物价格明显偏低并无正当理由或者发生视同销售货物行为而无销售额的或者提供应税服务的价格明显偏低或者偏高且不具有合理商业目的的，或者发生视同提供应税服务而无销售额的，主管税务机关有权按照下列顺序确定销售额：

① 按纳税人最近时期同类货物或者提供同类应税服务的平均销售价格确定；

② 按其他纳税人最近时期同类货物或者提供同类应税服务的平均价格确定；

③ 按组成计税价格确定。组成计税价格的公式为：

$$组成计税价格 = 成本 \times (1 + 成本利润率)$$

属于应征消费税的货物，其组成计税价格中还应加计消费税额。

即，
$$组成计税价格 = 成本 \times (1 + 成本利润率) + 消费税税额$$

（4）特殊销售方式下销售额的确定。纳税人采取折扣销售方式销售货物及提供应税服务，如果销售额和折扣额在同一张发票上分别注明的，可以按折扣后的销售额计算征收增值税；如果将折扣额另开发票，不论其在财务上如何处理，均不得从销售额中减除折扣额。

纳税人采取以旧换新方式销售货物的，应按新货物的同期销售价格确定销售额计算征收增值税。

纳税人采取还本方式销售货物的，其销售额就是货物的销售价格，不得从销售额中减除还本支出。

（5）包装物押金的税务处理。纳税人为销售货物而出租、出借包装物收取的押金，单独记账核算的，不并入销售额征税。但对逾期（一般以一年为期限）未收回的包装物不再退还的押金，应换算为不含税价并入销售额，按照原所包装货物的适用税率计算销项税额。对销售除啤酒、黄酒以外的其他酒类产品收取的包装物押金，无论是否返还以及会计上如何核算，均应并入当期销售额征税。

2. 进项税额

进项税额是指纳税人购进货物或者接受加工修理修配劳务和应税服务，支付或者负担的增值税税额。

（1）准予从销项税额中抵扣的进项税额。

① 从销售方或者提供方取得的增值税专用发票（含货物运输业增值税专用发票、税控机动车销售统一发票）上注明的增值税额。

② 从海关取得的海关进口增值税专用缴款书上注明的增值税额。

③ 购进农产品，除取得增值税专用发票或者海关进口增值税专用缴款书外，按照农产品收购发票或者销售发票上注明的农产品买价和13%的扣除率计算的进项税额。其计算公式为：

$$进项税额 = 买价 \times 扣除率$$

④ 接受境外单位或者个人提供的应税服务，从税务机关或者境内代理人取得的解缴税款的中华人民共和国税收缴款凭证上注明的增值税额。

（2）不准予从销项税额中抵扣的进项税额。

① 用于简易计税方法计税项目、非增值税应税项目、免征增值税项目、集体福利或者

个人消费的购进货物、接受加工修理修配劳务或者应税服务。其中涉及的固定资产、专利技术、非专利技术、商誉、商标、著作权、有形动产租赁，仅指专用于上述项目的固定资产、专利技术、非专利技术、商誉、商标、著作权、有形动产租赁。

② 非正常损失的购进货物及相关的加工修理修配劳务或者交通运输业服务。

③ 非正常损失的在产品、产成品所耗用的购进货物（不包括固定资产）、加工修理修配劳务或者交通运输业服务。

④ 接受的旅客运输服务。

⑤ 纳税人取得的增值税扣税凭证不符合法律、行政法规或者国家税务总局有关规定的，其进项税额不得从销项税额中抵扣。

增值税扣税凭证是指增值税专用发票、海关进口增值税专用缴款书、农产品收购发票、农产品销售发票和税收缴款凭证。

纳税人凭税收缴款凭证抵扣进项税额的，应当具备书面合同、付款证明和境外单位的对账单或者发票。资料不全的，其进项税额不得从销项税额中抵扣。

（3）特殊情况下进项税额的确定。

① 适用一般计税方法的纳税人，兼营简易计税方法计税项目、非增值税应税劳务、免征增值税项目而无法划分不得抵扣的进项税额，按照下列公式计算不得抵扣的进项税额。其计算公式为：

$$\text{不得抵扣的进项税额}=\text{当期无法划分的全部进项税额}\times\frac{\left(\text{当期简易计税方法计税项目销售额}+\text{非增值税应税劳务营业额}+\text{免征增值税项目销售额}\right)}{\text{当期全部销售额}+\text{当期全部营业额}}$$

② 已抵扣进项税额的购进货物、接受加工修理修配劳务或者应税服务，发生不得抵扣情形的（简易计税方法计税项目、非增值税应税劳务、免征增值税项目除外）的，应当将该进项税额从当期进项税额中扣减；无法确定该进项税额的，按照当期实际成本计算应扣减的进项税额。

③ 纳税人提供的适用一般计税方法计税的应税服务，因服务中止或者折让而退还给购买方的增值税额，应当从当期的销项税额中扣减；发生服务中止、购进货物退出、折让而收回的增值税额，应当从当期的进项税额中扣减。

（三）增值税纳税义务的发生时间

1. 纳税人销售货物或者应税劳务纳税义务发生时间

纳税人销售货物或者应税劳务纳税义务发生时间为收讫销售款项或者取得索取销售款项凭据的当天；先开具发票的，为开具发票的当天。根据纳税人销售货物或应税劳务结算方式的不同，具体规定如下：

（1）采取直接收款方式销售货物，不论货物是否发出，均为收到销售款或者取得索取销售款凭据的当天；

（2）采取托收承付和委托银行收款方式销售货物，为发出货物并办妥托收手续的当天；

（3）采取赊销和分期收款方式销售货物，为书面合同约定的收款日期的当天，无书面合同的或者书面合同没有约定收款日期的，为货物发出的当天；

（4）采取预收货款方式销售货物，为货物发出的当天，但生产销售生产工期超过 12 个月的大型机械设备、船舶、飞机等货物，为收到预收款或者书面合同约定的收款日期的当天；

（5）委托其他纳税人代销货物，为收到代销单位的代销清单或者收到全部或者部分货款的当天。未收到代销清单及货款的，为发出代销货物满 180 天的当天；

（6）销售应税劳务，为提供劳务同时收讫销售款或者取得索取销售款的凭据的当天；

（7）纳税人发生的视同销售货物行为，为货物移送的当天。

2. 纳税人提供应税服务纳税义务发生时间

（1）纳税人提供应税服务并收讫销售款项或者取得索取销售款项凭据的当天；先开具发票的，为开具发票的当天。收讫销售款项，是指纳税人提供应税服务过程中或者完成后收到款项。取得索取销售款项凭据的当天，是指书面合同确定的付款日期；未签订书面合同或者书面合同未确定付款日期的，为应税服务完成的当天。

（2）纳税人提供有形动产租赁服务采取预收款方式的，其纳税义务发生时间为收到预收款的当天。

（3）纳税人发生视同提供应税服务的，其纳税义务发生时间为应税服务完成的当天。

（4）增值税扣缴义务发生时间为纳税人增值税纳税义务发生的当天。

（四）增值税纳税期限

增值税的纳税期限分别为 1 日、3 日、5 日、10 日、15 日、1 个月或者 1 个季度。纳税人的具体纳税期限，由主管税务机关根据纳税人应纳税额的大小分别核定；不能按照固定期限纳税的，可以按次纳税。

纳税人以 1 个月为 1 个纳税期的，自期满之日起 15 日内申报纳税；以 1 日、3 日、5 日、10 日或者 15 日为 1 个纳税期的，自期满之日起 5 日内预缴税款，于次月 1 日起 15 日内申报纳税并结清上月应纳税款。

（五）增值税纳税地点

（1）固定业户应当向其机构所在地或者居住地主管税务机关申报纳税。总机构和分支机构不在同一县（市）的，应当分别向各自所在地的主管税务机关申报纳税；经财政部和国家税务总局或者其授权的财政和税务机关批准，可以由总机构合并向总机构所在地的主管税务机关申报纳税。

（2）固定业户到外县（市）销售货物或者应税劳务，应当向其机构所在地的主管税务机关申请开具外出经营活动税收管理证明，并向其机构所在地的主管税务机关申报纳税；未开具证明的，应当向销售地或者劳务发生地的主管税务机关申报纳税；未向销售地或者劳务发生地的主管税务机关申报纳税的，由其机构所在地的主管税务机关补征税款。

（3）非固定业户销售货物或者应税劳务和应税服务的，应当向销售地或者劳务和应税服务发生地的主管税务机关申报纳税；未申报纳税的，由其机构所在地或者居住地主管税务机关补征税款。

（4）进口货物，应当向报关地海关申报纳税。

（5）扣缴义务人应当向其机构所在地或者居住地主管税务机关申报缴纳其扣缴的税款。

（六）增值税纳税申报

目前增值税主要采用直接上门纳税申报和网上纳税申报等方式。

1. 直接上门纳税申报需要报送的资料

（1）必报资料。增值税一般纳税人纳税申报表及其附列资料为必报资料，具体包括：

①《增值税纳税申报表（一般纳税人适用）》。

②《增值税纳税申报表附列资料（一）》（本期销售情况明细）。

③《增值税纳税申报表附列资料（二）》（本期进项税额明细）。

④《增值税纳税申报表附列资料（三）》（应税服务扣除项目明细）。

一般纳税人提供应税服务，在确定应税服务销售额时，按照有关规定可以从取得的全部价款和价外费用中扣除价款的，需填报《增值税纳税申报表附列资料（三）》。其他情况不填写该附列资料。

⑤《增值税纳税申报表附列资料（四）》（税收抵减情况表）。

⑥《固定资产进项税额抵扣情况表》。

（2）备查资料。

① 已开具的税控"机动车销售统一发票"和普通发票的存根联。

② 符合抵扣条件且在本期申报抵扣的防伪税控"增值税专用发票"、"货物运输业增值税专用发票"、税控"机动车销售统一发票"的抵扣联。

③ 符合抵扣条件且在本期申报抵扣的海关进口增值税专用缴款书、购进农产品取得的普通发票的复印件。

④ 符合抵扣条件且在本期申报抵扣的中华人民共和国税收缴款凭证及其清单，书面合同、付款证明和境外单位的对账单或者发票。

⑤ 已开具的农产品收购凭证的存根联或报查联。

⑥ 纳税人提供应税服务，在确定应税服务销售额时，按照有关规定从取得的全部价款和价外费用中扣除价款的合法凭证及其清单。

⑦ 主管税务机关规定的其他资料。

纳税申报其他资料的报备要求由各省、自治区、直辖市和计划单列市国家税务局确定。

（3）纳税申报表的填制。

① 主表的填制说明。《增值税纳税申报表（适用于增值税一般纳税人）》（具体见表3-1-1）。本表适用增值税一般纳税人填报，增值税一般纳税人销售按简易办法缴纳增值税的货物，也使用本表。

② 附列资料的填制说明。附列资料的填制包括《增值税纳税申报表附列资料（一）》（本期销售情况明细）（具体见表3-1-2）、《增值税纳税申报表附列资料（二）》（本期进项税额明细）（具体见表3-1-3）、《增值税纳税申报表附列资料（三）》（应税服务扣除项目明细）（具体见表3-1-4）、《增值税纳税申报表附列资料（四）》（税收抵减情况表）（具体见表3-1-5）、《固定资产进项税额抵扣情况表》（具体见表3-1-6）。

表 3－1－1

增值税纳税申报表

（一般纳税人适用）

根据国家税收法律法规及增值税相关规定制定本表。纳税人不论有无销售额，均应按税务机关核定的纳税期限填写本表，并向当地税务机关申报。

税款所属时间：自　　年　月　日至　　年　月　日　　　填表日期：　　年　月　日　　　　金额单位：元至角分

纳税人识别号				所属行业：		
纳税人名称	（公章）	法定代表人姓名		注册地址	生产经营地址	
开户银行及账号		登记注册类型			电话号码	

	项目	栏次	一般货物、劳务和应税服务		即征即退货物、劳务和应税服务	
			本月数	本年累计	本月数	本年累计
销售额	（一）按适用税率计税销售额	1				
	其中：应税货物销售额	2				
	应税劳务销售额	3				
	纳税检查调整的销售额	4				
	（二）按简易办法计税销售额	5				
	其中：纳税检查调整的销售额	6				
	（三）免、抵、退办法出口销售额	7		—		—
	（四）免税销售额	8		—		—
	其中：免税货物销售额	9		—		—
	免税劳务销售额	10		—		—

续表

项目		栏次	一般货物、劳务和应税服务		即征即退货物、劳务和应税服务	
			本月数	本年累计	本月数	本年累计
税款计算	销项税额	11				
	进项税额	12				
	上期留抵税额	13				—
	进项税额转出	14				
	免、抵、退应退税额	15			—	—
	按适用税率计算的纳税检查应补缴税额	16			—	—
	应抵扣税额合计	17 = 12 + 13 − 14 − 15 + 16		—		—
	实际抵扣税额	18（如 17 < 11，则为 17，否则为 11）				
	应纳税额	19 = 11 − 18				
	期末留抵税额	20 = 17 − 18				—
	简易计税办法计算的应纳税额	21				
	按简易计税办法计算的纳税检查应补缴税额	22			—	—
	应纳税额减征额	23				
	应纳税额合计	24 = 19 + 21 − 23				

续表

项目		栏次	一般货物、劳务和应税服务		即征即退货物、劳务和应税服务	
			本月数	本年累计	本月数	本年累计
税款缴纳	期初未缴税额（多缴为负数）	25				
	实收出口开具专用缴款书退税额	26			—	—
	本期已缴税额	27 = 28 + 29 + 30 + 31				
	① 分次预缴税额	28		—		—
	② 出口开具专用缴款书预缴税额	29		—	—	—
	③本期缴纳上期应纳税额	30				
	④本期缴纳欠缴税额	31				
	期末未缴税额（多缴为负数）	32 = 24 + 25 + 26 − 27				
	其中：欠缴税额（≥0）	33 = 25 + 26 − 27		—		—
	本期应补（退）税额	34 = 24 − 28 − 29		—		—
	即征即退实际退税额	35	—	—		
	期初未缴查补税额	36			—	—
	本期入库查补税额	37			—	—
	期末未缴查补税额	38 = 16 + 22 + 36 − 37			—	—

续表

<table>
<tr><th rowspan="2">项　目</th><th rowspan="2">栏　次</th><th colspan="2">一般货物、劳务和应税服务</th><th colspan="2">即征即退货物、劳务和应税服务</th></tr>
<tr><th>本月数</th><th>本年累计</th><th>本月数</th><th>本年累计</th></tr>
<tr><td>授权声明</td><td colspan="2">如果你已委托代理人申报，请填写下列资料：
为代理一切税务事宜，现授权
（地址）　　为本纳税
人的代理申报人，任何与本
申报表有关的往来文件，都可寄予此人。

授权人签字：</td><td>申报人声明</td><td colspan="2">本纳税申报表是根据国家税收法律法规及相关规定填报的，我确定它是真实的、可靠的、完整的。

声明人签字：</td></tr>
</table>

主管税务机关：　　　　接收人：　　　　接收日期：

填表说明：

（一）“税款所属时间”：指纳税人申报的增值税应纳税额的所属时间，应填写具体的起止年、月、日。

（二）“填表日期”：指纳税人填写本表的具体日期。

（三）“纳税人识别号”：填写纳税人的税务登记证号码。

（四）“所属行业”：按照国民经济行业分类与代码中的小类行业填写。

（五）“纳税人名称”：填写纳税人单位名称全称。

（六）“法定代表人姓名”：填写纳税人法定代表人的姓名。

（七）“注册地址”：填写纳税人税务登记证所注明的详细地址。

（八）“生产经营地址”：填写纳税人实际生产经营地的详细地址。

（九）“开户银行及账号”：填写纳税人开户银行的名称和纳税人在该银行的结算账户号码。

（十）“登记注册类型”：按纳税人税务登记证的栏目内容填写。

（十一）“电话号码”：填写可联系到纳税人的常用电话号码。

（十二）“即征即退货物、劳务和应税服务”列：填写纳税人按规定享受增值税即征即退政策的货物、劳务和应税服务的征（退）税数据。

（十三）“一般货物、劳务和应税服务”列：填写除享受增值税即征即退政策以外的货物、劳务和应税服务的征（免）税数据。

（十四）“本年累计”列：一般填写本年度内各月“本月数”之和。其中，第13、20、25、32、36、38栏及第18栏“实际抵扣税额”“一般货物、劳务和应税服务”列的“本年累计”分别按本填写说明第（二十七）、（三十四）、（三十九）、（四十六）、（五十）、（五十二）、（三十二）条要求填写。

（十五）第1栏“（一）按适用税率计税销售额”：填写纳税人本期按一般计税方法计算缴纳增值税的销售额，包含：在财务上不作销售但按税法规定应缴纳增值税的视同销售和价外费用的销售额；外贸企业作价销售进料加工复出口货物的销售额；税务、财政、审计部门检查后按一般计税方法计算调整的销售额。

营业税改征增值税的纳税人，应税服务有扣除项目的，本栏应填写扣除之前的不含税销售额。

本栏“一般货物、劳务和应税服务”列“本月数” =《附列资料（一）》第9列第1至5行之和 - 第9列第6、7行之和；本栏“即征即退货物、劳务和应税服务”列“本月数” =《附列资料（一）》第9列第6、7行之和。

（十六）第2栏“其中：应税货物销售额”：填写纳税人本期按适用税率计算增值税的应税货物的销售额。包含在财务上不作销售但按税法规定应缴纳增值税的视同销售货物和价外费用销售额，以及外贸企业作价销售进料加工复出口货物的销售额。

（十七）第3栏“应税劳务销售额”：填写纳税人本期按适用税率计算增值税的应税劳务的销售额。

（十八）第4栏“纳税检查调整的销售额”：填写纳税人因税务、财政、审计部门检查，并按一般计税方法在本期计算调整的销售额。但享受增值税即征即退政策的货物、劳务和应税服务，经纳税检查发现偷税的，不填入“即征即退货物、劳务和应税服务”列，而应填入“一般货物、劳务和应税服务”列。

营业税改征增值税的纳税人，应税服务有扣除项目的，本栏应填写扣除之前的不含税销售额。

本栏“一般货物、劳务和应税服务”列“本月数” =《附列资料（一）》第7列第1至5行之和。

（十九）第5栏“按简易办法计税销售额”：填写纳税人本期按简易计税方法计算增值税的销售额。包含纳税检查调整按简易计税方法计算增值税的销售额。

营业税改征增值税的纳税人，应税服务有扣除项目的，本栏应填写扣除之前的不含税销售额；应税服务按规定汇总计算缴纳增值税的分支机构，其当期按预征率计算缴纳增值税的销售额也填入本栏。

本栏“一般货物、劳务和应税服务”列“本月数” ≥《附列资料（一）》第9列第8至13行之和 - 第9列第14、15行之和；本栏“即征即退货物、劳务和应税服务”列“本月数” ≥《附列资料（一）》第9列第14、15行之和。

（二十）第6栏“其中：纳税检查调整的销售额”：填写纳税人因税务、财政、审计部门检查，并按简易计税方法在本期计算调整的销售额。但享受增值税即征即退政策的货物、劳务和应税服务，经纳税检查发现偷税的，不填入“即征即退货物、劳务和应税服务”列，而应填入“一般货物、劳务和应税服务”列。

营业税改征增值税的纳税人，应税服务有扣除项目的，本栏应填写扣除之前的不含税销售额。

（二十一）第7栏“免、抵、退办法出口销售额”：填写纳税人本期适用免、抵、退税办法的出口货物、劳务和应税服务的销售额。

营业税改征增值税的纳税人，应税服务有扣除项目的，本栏应填写扣除之前的销售额。

本栏“一般货物、劳务和应税服务”列“本月数”＝《附列资料（一）》第9列第16、17行之和。

（二十二）第8栏“免税销售额”：填写纳税人本期按照税法规定免征增值税的销售额和适用零税率的销售额，但零税率的销售额中不包括适用免、抵、退税办法的销售额。

营业税改征增值税的纳税人，应税服务有扣除项目的，本栏应填写扣除之前的免税销售额。

本栏“一般货物、劳务和应税服务”列“本月数”＝《附列资料（一）》第9列第18、19行之和。

（二十三）第9栏“其中：免税货物销售额”：填写纳税人本期按照税法规定免征增值税的货物销售额及适用零税率的货物销售额，但零税率的销售额中不包括适用免、抵、退税办法出口货物的销售额。

（二十四）第10栏“免税劳务销售额”：填写纳税人本期按照税法规定免征增值税的劳务销售额及适用零税率的劳务销售额，但零税率的销售额中不包括适用免、抵、退税办法的劳务的销售额。

（二十五）第11栏“销项税额”：填写纳税人本期按一般计税方法计税的货物、劳务和应税服务的销项税额。

营业税改征增值税的纳税人，应税服务有扣除项目的，本栏应填写扣除之后的销项税额。

本栏“一般货物、劳务和应税服务”列“本月数”＝《附列资料（一）》（第10列第1、3行之和－10列第6行）＋（第14列第2、4、5行之和－14列第7行）；

本栏“即征即退货物、劳务和应税服务”列“本月数”＝《附列资料（一）》第10列第6行＋第14列第7行。

（二十六）第12栏“进项税额”：填写纳税人本期申报抵扣的进项税额。

本栏“一般货物、劳务和应税服务”列“本月数”＋“即征即退货物、劳务和应税服务”列“本月数”＝《附列资料（二）》第12栏“税额”。

（二十七）第13栏“上期留抵税额”

1. 上期留抵税额按规定须挂账的纳税人，按以下要求填写本栏的“本月数”和“本年累计”。

上期留抵税额按规定须挂账的纳税人是指试点实施之日前一个税款所属期的申报表第20栏“期末留抵税额”“一般货物及劳务”列“本月数”大于零，且兼有营业税改征增值税应税服务的纳税人（下同）。其试点实施之日前一个税款所属期的申报表第20栏“期末留抵税额”“一般货物及劳务”列“本月数”，以下称为货物和劳务挂账留抵税额。

（1）本栏“一般货物、劳务和应税服务”列“本月数”：试点实施之日的税款所属期填写“0”；以后各期按上期申报表第20栏“期末留抵税额”“一般货物、劳务和应税服务”列“本月数”填写。

（2）本栏“一般货物、劳务和应税服务”列“本年累计”：反映货物和劳务挂账留抵税额本期期初余额。试点实施之日的税款所属期按试点实施之日前一个税款所属期的申报表第20栏“期末留抵税额”“一般货物及劳务”列“本月数”填写；以后各期按上期申报表第20栏“期末留抵税额”“一般货物、劳务和应税服务”列“本年累计”填写。

（3）本栏“即征即退货物、劳务和应税服务”列“本月数”：按上期申报表第20栏“期末留抵税额”“即征即退货物、劳务和应税服务”列“本月数”填写。

2. 其他纳税人，按以下要求填写本栏“本月数”和“本年累计”。

其他纳税人是指除上期留抵税额按规定须挂账的纳税人之外的纳税人（下同）。

（1）本栏“一般货物、劳务和应税服务”列“本月数”：按上期申报表第20栏“期末留抵税额”“一般货物、劳务和应税服务”列“本月数”填写。

（2）本栏“一般货物、劳务和应税服务”列“本年累计”：填写“0”。

（3）本栏“即征即退货物、劳务和应税服务”列“本月数”：按上期申报表第20栏“期末留抵税额”“即征即退货物、劳务和应税服务”列“本月数”填写。

（二十八）第14栏“进项税额转出”：填写纳税人已经抵扣，但按税法规定本期应转出的进项税额。

本栏“一般货物、劳务和应税服务”列“本月数”+“即征即退货物、劳务和应税服务”列“本月数”=《附列资料（二）》第13栏“税额”。

（二十九）第15栏“免、抵、退应退税额”：反映税务机关退税部门按照出口货物、劳务和应税服务免、抵、退办法审批的增值税应退税额。

（三十）第16栏“按适用税率计算的纳税检查应补缴税额”：填写税务、财政、审计部门检查，按一般计税方法计算的纳税检查应补缴的增值税税额。

本栏“一般货物、劳务和应税服务”列“本月数”≤《附列资料（一）》第8列第1至5行之和+《附列资料（二）》第19栏。

（三十一）第17栏“应抵扣税额合计”：填写纳税人本期应抵扣进项税额的合计数。按表中所列公式计算填写。

（三十二）第18栏“实际抵扣税额”

1. 上期留抵税额按规定须挂账的纳税人，按以下要求填写本栏的“本月数”和“本年累计”。

（1）本栏“一般货物、劳务和应税服务”列“本月数”：按表中所列公式计算填写。

（2）本栏“一般货物、劳务和应税服务”列“本年累计”：填写货物和劳务挂账留抵税额本期实际抵减一般货物和劳务应纳税额的数额。将“货物和劳务挂账留抵税额本期期初余额”与“一般计税方法的一般货物及劳务应纳税额”两个数据相比较，取二者中小的数据。

其中：货物和劳务挂账留抵税额本期期初余额＝第13栏“上期留抵税额”“一般货物、劳务和应税服务”列“本年累计”；

一般计税方法的一般货物及劳务应纳税额＝（第11栏“销项税额”“一般货物、劳务和应税服务”列“本月数”－第18栏“实际抵扣税额”“一般货物、劳务和应税服务”列“本月数”）×一般货物及劳务销项税额比例；

一般货物及劳务销项税额比例＝（《附列资料（一）》第10列第1、3行之和－第10列第6行）÷第11栏“销项税额”“一般货物、劳务和应税服务”列“本月数”×100%。

（3）本栏“即征即退货物、劳务和应税服务”列“本月数”：按表中所列公式计算填写。

2. 其他纳税人，按以下要求填写本栏的“本月数”和“本年累计”：

（1）本栏“一般货物、劳务和应税服务”列“本月数”：按表中所列公式计算填写。

（2）本栏“一般货物、劳务和应税服务”列“本年累计”：填写“0”。

（3）本栏“即征即退货物、劳务和应税服务”列“本月数”：按表中所列公式计算填写。

（三十三）第19栏“应纳税额”：反映纳税人本期按一般计税方法计算并应缴纳的增值税额。按以下公式计算填写：

1. 本栏“一般货物、劳务和应税服务”列“本月数”=第11栏“销项税额”“一般货物、劳务和应税服务”列“本月数”-第18栏“实际抵扣税额”“一般货物、劳务和应税服务”列“本月数”-第18栏“实际抵扣税额”“一般货物、劳务和应税服务”列“本年累计”。

2. 本栏“即征即退货物、劳务和应税服务”列“本月数”=第11栏“销项税额”“即征即退货物、劳务和应税服务”列“本月数”-第18栏“实际抵扣税额”“即征即退货物、劳务和应税服务”列“本月数”。

（三十四）第20栏“期末留抵税额”

1. 上期留抵税额按规定须挂账的纳税人，按以下要求填写本栏的“本月数”和“本年累计”：

（1）本栏“一般货物、劳务和应税服务”列“本月数”：反映试点实施以后，一般货物、劳务和应税服务共同形成的留抵税额。按表中所列公式计算填写。

（2）本栏“一般货物、劳务和应税服务”列“本年累计”：反映货物和劳务挂账留抵税额，在试点实施以后抵减一般货物和劳务应纳税额后的余额。按以下公式计算填写：

本栏“一般货物、劳务和应税服务”列“本年累计”=第13栏“上期留抵税额”“一般货物、劳务和应税服务”列“本年累计”-第18栏“实际抵扣税额”“一般货物、劳务和应税服务”列“本年累计”。

（3）本栏“即征即退货物、劳务和应税服务”列“本月数”：按表中所列公式计算填写。

2. 其他纳税人，按以下要求填写本栏“本月数”和“本年累计”：

（1）本栏“一般货物、劳务和应税服务”列“本月数”：按表中所列公式计算填写。

（2）本栏“一般货物、劳务和应税服务”列“本年累计”：填写“0”。

（3）本栏“即征即退货物、劳务和应税服务”列“本月数”：按表中所列公式计算填写。

（三十五）第21栏“简易计税办法计算的应纳税额”：反映纳税人本期按简易计税方法计算并应缴纳的增值税额，但不包括按简易计税方法计算的纳税检查应补缴税额。按以下公式计算填写：

本栏“一般货物、劳务和应税服务”列“本月数”=《附列资料（一）》（第10列第8至11行之和-第10列第14行）+（第14列第12行至13行之和-第14列第15行）。

本栏“即征即退货物、劳务和应税服务”列“本月数”=《附列资料（一）》第10列第14行+第14列第15行。

营业税改征增值税的纳税人，应税服务按规定汇总计算缴纳增值税的分支机构，应将预征增值税额填入本栏。预征增值税额=应预征增值税的销售额×预征率。

（三十六）第22栏“按简易计税办法计算的纳税检查应补缴税额”：填写纳税人本期因税务、财政、审计部门检查并按简易计税方法计算的纳税检查应补缴税额。

（三十七）第23栏“应纳税额减征额”：填写纳税人本期按照税法规定减征的增值税应纳税额。包含按照规定可在增值税应纳税额中全额抵减的增值税税控系统专用设备费用以及技术维护费。

当本期减征额小于或等于第19栏“应纳税额”与第21栏“简易计税办法计算的应纳税额”之和时，按本期减征额实际填写；当本期减征额大于第19栏“应纳税额”与第21栏“简易计税办法计算的应纳税额”之和时，按本期第19栏与第21栏之和填写。本期减征额不足抵减部分结转下期继续抵减。

（三十八）第24栏“应纳税额合计”：反映纳税人本期应缴增值税的合计数。按表中所列公式计算填写。

（三十九）第25栏“期初未缴税额（多缴为负数）”：“本月数”按上一税款所属期申报表第32栏“期末未缴税额（多缴为负数）”“本月数”填写。“本年累计”按上年度最后一个税款所属期申报表第32栏“期末未缴税额（多缴为负数）”“本年累计”填写。

（四十）第26栏“实收出口开具专用缴款书退税额”：本栏不填写。

（四十一）第27栏“本期已缴税额”：反映纳税人本期实际缴纳的增值税额，但不包括本期入库的查补税款。按表中所列公式计算填写。

（四十二）第28栏“①分次预缴税额”：填写纳税人本期已缴纳的准予在本期增值税应纳税额中抵减的税额。

营业税改征增值税的纳税人，应税服务按规定汇总计算缴纳增值税的总机构，其可以从本期增值税应纳税额中抵减的分支机构已缴纳的税款，按当期实际可抵减数填入本栏，不足抵减部分结转下期继续抵减。

（四十三）第29栏“②出口开具专用缴款书预缴税额”：本栏不填写。

（四十四）第30栏“③本期缴纳上期应纳税额”：填写纳税人本期缴纳上一税款所属期应缴未缴的增值税额。

（四十五）第31栏“④本期缴纳欠缴税额”：反映纳税人本期实际缴纳和留抵税额抵减的增值税欠税额，但不包括缴纳入库的查补增值税额。

（四十六）第32栏“期末未缴税额（多缴为负数）”：“本月数”反映纳税人本期期末应缴未缴的增值税额，但不包括纳税检查应缴未缴的税额。按表中所列公式计算填写。“本年累计”与“本月数”相同。

（四十七）第33栏“其中：欠缴税额（≥0）”：反映纳税人按照税法规定已形成欠税的增值税额。按表中所列公式计算填写。

（四十八）第34栏“本期应补（退）税额”：反映纳税人本期应纳税额中应补缴或应退回的数额。按表中所列公式计算填写。

（四十九）第35栏“即征即退实际退税额”：反映纳税人本期因符合增值税即征即退政策规定，而实际收到的税务机关退回的增值税额。

（五十）第36栏“期初未缴查补税额”：“本月数”按上一税款所属期申报表第38栏“期末未缴查补税额”“本月数”填写。“本年累计”按上年度最后一个税款所属期申报表第38栏“期末未缴查补税额”“本年累计”填写。

（五十一）第37栏“本期入库查补税额”：反映纳税人本期因税务、财政、审计部门检查而实际入库的增值税额，包括按一般计税方法计算并实际缴纳的查补增值税额和按简易计税方法计算并实际缴纳的查补增值税额。

（五十二）第38栏“期末未缴查补税额”：“本月数”反映纳税人接受纳税检查后应在本期期末缴纳而未缴纳的查补增值税额。按表中所列公式计算填写，“本年累计”与“本月数”相同。

表 3－1－2

增值税纳税申报表附列资料（一）

（本期销售情况明细）

税款所属时间：　　年　月　日至　　年　月　日

纳税人名称：（公章）　　　　　　　　　　　　　　　　　金额单位：元至角分

项目及栏次				开具税控增值税专用发票		开具其他发票		未开具发票		纳税检查调整		合计			应税服务扣除项目本期实际扣除金额	扣除后	
				销售额	销项（应纳）税额	销售额	销项（应纳）税额	销售额	销项（应纳）税额	销售额	销项（应纳）税额	销售额	销项（应纳）税额	价税合计		含税（免税）销售额	销项（应纳）税额
				1	2	3	4	5	6	7	8	9＝1＋3＋5＋7	10＝2＋4＋6＋8	11＝9＋10	12	13＝11－12	14＝13÷（100%＋税率或征收率）×税率或征收率
一、一般计税方法计税	全部征税项目	17%税率的货物及加工修理修配劳务	1											—	—	—	—
		17%税率的有形动产租赁服务	2														
		13%税率	3											—	—	—	—
		11%税率	4														
		6%税率	5														
	其中：即征即退项目	即征即退货物及加工修理修配劳务	6	—	—	—	—	—	—	—	—			—	—	—	—
		即征即退应税服务	7	—	—	—	—	—	—	—	—						

续表

项目及栏次		开具税控增值税专用发票		开具其他发票		未开具发票		纳税检查调整		合计			应税服务扣除项目本期实际扣除金额	扣除后	
		销售额	销项（应纳）税额	销售额	销项（应纳）税额	销售额	销项（应纳）税额	销售额	销项（应纳）税额	销售额	销项（应纳）税额	价税合计		含税（免税）销售额	销项（应纳）税额
		1	2	3	4	5	6	7	8	9＝1＋3＋5＋7	10＝2＋4＋6＋8	11＝9＋10	12	13＝11－12	14＝13÷（100%＋税率或征收率）×税率或征收率
二、简易计税方法计税 全部征税项目 6%征收率	8							—	—			—	—	—	—
二、简易计税方法计税 全部征税项目 5%征收率	9							—	—			—	—	—	—
二、简易计税方法计税 全部征税项目 4%征收率	10							—	—			—	—	—	—
二、简易计税方法计税 全部征税项目 3%征收率的货物及加工修理修配劳务	11							—	—			—	—	—	—
二、简易计税方法计税 全部征税项目 3%征收率的应税服务	12							—	—						
二、简易计税方法计税 全部征税项目 预征率　%	13							—	—						
二、简易计税方法计税 其中：即征即退项目 即征即退货物及加工修理修配劳务	14	—	—	—	—	—	—	—	—			—	—	—	—
二、简易计税方法计税 其中：即征即退项目 即征即退应税服务	15	—	—	—	—	—	—	—	—						
三、免抵退税 货物及加工修理修配劳务	16	—	—		—		—	—	—		—		—	—	—
三、免抵退税 应税服务	17	—	—		—		—	—	—		—				—

续表

项目及栏次			开具税控增值税专用发票		开具其他发票		未开具发票		纳税检查调整		合计			应税服务扣除项目本期实际扣除金额	扣除后	
			销售额	销项（应纳）税额	销售额	销项（应纳）税额	销售额	销项（应纳）税额	销售额	销项（应纳）税额	销售额	销项（应纳）税额	价税合计		含税（免税）销售额	销项（应纳）税额
			1	2	3	4	5	6	7	8	9 = 1 + 3 + 5 + 7	10 = 2 + 4 + 6 + 8	11 = 9 + 10	12	13 = 11 − 12	14 = 13 ÷（100% + 税率或征收率）× 税率或征收率
四、免税	货物及加工修理修配劳务	18				—		—	—	—		—	—	—	—	—
	应税服务	19	—	—		—		—	—	—		—				—

填表说明：

（一）“税款所属时间”、“纳税人名称”的填写同主表。

（二）各列说明

1. 第 1 至 2 列“开具税控增值税专用发票”：反映本期开具防伪税控“增值税专用发票”、“货物运输业增值税专用发票”和税控“机动车销售统一发票”的情况。

2. 第 3 至 4 列“开具其他发票”：反映除上述三种发票以外本期开具的其他发票的情况。

3. 第 5 至 6 列“未开具发票”：反映本期未开具发票的销售情况。

4. 第 7 至 8 列“纳税检查调整”：反映经税务、财政、审计部门检查并在本期调整的销售情况。

5. 第 9 至 11 列“合计”：按照表中所列公式填写。

营业税改征增值税的纳税人，应税服务有扣除项目的，第 1 至 11 列应填写扣除之前的征（免）税销售额、销项（应纳）税额和价税合计额。

6. 第 12 列“应税服务扣除项目本期实际扣除金额”：营业税改征增值税的纳税人，应税服务有扣除项目的，按《附列资料（三）》第 5 列对应各行次数据填写；应税服务无扣除项目的，本列填写“0”。其他纳税人不填写。

营业税改征增值税的纳税人，应税服务按规定汇总计算缴纳增值税的分支机构，当期应税服务有扣除项目的，填入本列第 13 行。

7. 第 13 列“扣除后”“含税（免税）销售额”：营业税改征增值税的纳税人，应税服务有扣除项目的，本列各行次 = 第 11 列对应各行次 − 第 12 列对应各行次。其他纳税人不填写。

8. 第 14 列“扣除后”“销项（应纳）税额”：营业税改征增值税的纳税人，应税服务有扣除项目的，按以下要求填写本列，其他纳税人不填写。

（1）应税服务按照一般计税方法计税

本列各行次 = 第 13 列 ÷（100% + 对应行次税率）× 对应行次税率

本列第 7 行“按一般计税方法计税的即征即退应税服务”不按本列的说明填写。具体填写要求见“各行说明”第 2 条第（2）项第③点的说明。

（2）应税服务按照简易计税方法计税

本列各行次 = 第 13 列 ÷（100% + 对应行次征收率）× 对应行次征收率

本列第 13 行“预征率 %”不按本列的说明填写。具体填写要求见“各行说明”第 4 条第（2）项。

（3）应税服务实行免抵退税或免税的，本列不填写。

（三）各行说明

1. 第 1 至 5 行“一、一般计税方法计税”“全部征税项目”各行：按不同税率和项目分别填写按一般计税方法计算增值税的全部征税项目。有即征即退征税项目的纳税人，本部分数据中既包括即征即退征税项目，又包括不享受即征即退政策的一般征税项目。

2. 第 6 至 7 行“一、一般计税方法计税”“其中：即征即退项目”各行：只反映按一般计税方法计算增值税的即征即退项目。按照税法规定不享受即征即退政策的纳税人，不填写本行。即征即退项目是全部征税项目的其中数。

（1）第 6 行“即征即退货物及加工修理修配劳务”：反映按一般计税方法计算增值税且享受即征即退政策的货物和加工修理修配劳务。本行不包括应税服务的内容。

① 本行第 9 列“合计”“销售额”栏：反映按一般计税方法计算增值税且享受即征即退政策的货物及加工修理修配劳务的不含税销售额。该栏不按第 9 列所列公式计算，应按照税法规定据实填写。

② 本行第 10 列“合计”“销项（应纳）税额”栏：反映按一般计税方法计算增值税且享受即征即退政策的货物及加工修理修配劳务的销项税额。该栏不按第 10 列所列公式计算，应按照税法规定据实填写。

（2）第 7 行“即征即退应税服务”：反映按一般计税方法计算增值税且享受即征即退政策的应税服务。本行不包括货物及加工修理修配劳务的内容。

① 本行第 9 列“合计”“销售额”栏：反映按一般计税方法计算增值税且享受即征即退政策的应税服务的不含税销售额。应税服务有扣除项目的，按扣除之前的不含税销售额填写。该栏不按第 9 列所列公式计算，应按照税法规定据实填写。

② 本行第 10 列“合计”“销项（应纳）税额”栏：反映按一般计税方法计算增值税且享受即征即退政策的应税服务的销项税额。应税服务有扣除项目的，按扣除之前的销项税额填写。该栏不按第 10 列所列公式计算，应按照税法规定据实填写。

③ 本行第 14 列“扣除后”“销项（应纳）税额”栏：反映按一般计税方法征收增值税且享受即征即退政策的应税服务实际应计提的销项税额。应税服务有扣除项目的，按扣除之后的销项税额填写；应税服务无扣除项目的，按本行第 10 列填写。该栏不按第 14 列所列公式计算，应按照税法规定据实填写。

3. 第 8 至 12 行“二、简易计税方法计税”“全部征税项目”各行：按不同征收率和项目分别填写按简易计税方法计算增值税的全部征税项目。有即征即退征税项目的纳税人，本部分数据中既包括即征即退项目，也包括不享受即征即退政策的一般征税项目。

4. 第 13 行“二、简易计税方法计税”“预征率 %”：反映营业税改征增值税的纳税人，应税服务按规定汇总计算缴纳增值税的分支机构预征增值税销售额、预征增值税应纳税额。

（1）本行第 1 至 6 列按照销售额和销项税额的实际发生数填写。

（2）本行第 14 列，纳税人按“应预征缴纳的增值税 = 应预征增值税销售额 × 预征率”公式计算后据实填写。

5. 第14至15行“二、简易计税方法计税”“其中：即征即退项目”各行：只反映按简易计税方法计算增值税的即征即退项目。按照税法规定不享受即征即退政策的纳税人，不填写本行。即征即退项目是全部征税项目的其中数。

（1）第14行“即征即退货物及加工修理修配劳务”：反映按简易计税方法计算增值税且享受即征即退政策的货物及加工修理修配劳务。本行不包括应税服务的内容。

① 本行第9列“合计”“销售额”栏：反映按简易计税方法计算增值税且享受即征即退政策的货物及加工修理修配劳务的不含税销售额。该栏不按第9列所列公式计算，应按照税法规定据实填写。

② 本行第10列“合计”“销项（应纳）税额”栏：反映按简易计税方法计算增值税且享受即征即退政策的货物及加工修理修配劳务的应纳税额。该栏不按第10列所列公式计算，应按照税法规定据实填写。

（2）第15行“即征即退应税服务”：反映按简易计税方法计算增值税且享受即征即退政策的应税服务。本行不包括货物及加工修理修配劳务的内容。

① 本行第9列“合计”“销售额”栏：反映按简易计税方法计算增值税且享受即征即退政策的应税服务的不含税销售额。应税服务有扣除项目的，按扣除之前的不含税销售额填写。该栏不按第9列所列公式计算，应按照税法规定据实填写。

② 本行第10列“合计”“销项（应纳）税额”栏：反映按简易计税方法计算增值税且享受即征即退政策的应税服务的应纳税额。应税服务有扣除项目的，按扣除之前的应纳税额填写。该栏不按第10列所列公式计算，应按照税法规定据实填写。

③ 本行第14列“扣除后”“销项（应纳）税额”栏：反映按简易计税方法计算增值税且享受即征即退政策的应税服务实际应计提的应纳税额。应税服务有扣除项目的，按扣除之后的应纳税额填写；应税服务无扣除项目的，按本行第10列填写。

6. 第16行“三、免抵退税”“货物及加工修理修配劳务”：反映适用免、抵、退税政策的出口货物、加工修理修配劳务。

7. 第17行“三、免抵退税”“应税服务”：反映适用免、抵、退税政策的应税服务。

8. 第18行“四、免税”“货物及加工修理修配劳务”：反映按照税法规定免征增值税的货物及劳务和适用零税率的出口货物及劳务，但零税率的销售额中不包括适用免、抵、退税办法的出口货物及劳务。

9. 第19行“四、免税”“应税服务”：反映按照税法规定免征增值税的应税服务和适用零税率的应税服务，但零税率的销售额中不包括适用免、抵、退税办法的应税服务。

表 3-1-3　　增值税纳税申报表附列资料（二）

（本期进项税额明细）

税款所属时间：　年　月　日至　年　月　日

纳税人名称：（公章）

金额单位：元至角分

一、申报抵扣的进项税额				
项　目	栏　次	份数	金额	税额
（一）认证相符的税控增值税专用发票	1 =2 +3			
其中：本期认证相符且本期申报抵扣	2			
前期认证相符且本期申报抵扣	3			
（二）其他扣税凭证	4 =5 +6 +7 +8			
其中：海关进口增值税专用缴款书	5			
农产品收购发票或者销售发票	6			
代扣代缴税收缴款凭证	7		—	
运输费用结算单据	8			
	9	—	—	—
	10	—	—	—
（三）外贸企业进项税额抵扣证明	11	—	—	
当期申报抵扣进项税额合计	12 =1 +4 +11			

二、进项税额转出额		
项　目	栏　次	税额
本期进项税转出额	13 =14 至 23 之和	
其中：免税项目用	14	
非应税项目用、集体福利、个人消费	15	
非正常损失	16	
简易计税方法征税项目用	17	
免抵退税办法不得抵扣的进项税额	18	
纳税检查调减进项税额	19	
红字专用发票通知单注明的进项税额	20	
上期留抵税额抵减欠税	21	
上期留抵税额退税	22	
其他应作进项税额转出的情形	23	

续表

三、待抵扣进项税额				
项　目	栏　次	份数	金额	税额
（一）认证相符的税控增值税专用发票	24	—	—	—
期初已认证相符但未申报抵扣	25			
本期认证相符且本期未申报抵扣	26			
期末已认证相符但未申报抵扣	27			
其中：按照税法规定不允许抵扣	28			
（二）其他扣税凭证	29 = 30 至 33 之和			
其中：海关进口增值税专用缴款书	30			
农产品收购发票或者销售发票	31			
代扣代缴税收缴款凭证	32		—	
运输费用结算单据	33			
	34			
四、其他				
项　目	栏　次	份数	金额	税额
本期认证相符的税控增值税专用发票	35			
代扣代缴税额	36	—	—	

填表说明：

（一）“税款所属时间”、“纳税人名称”的填写同主表。

（二）第 1 至 12 栏“一、申报抵扣的进项税额”：分别反映纳税人按税法规定符合抵扣条件，在本期申报抵扣的进项税额。

1. 第 1 栏“（一）认证相符的税控增值税专用发票”：反映纳税人取得的认证相符本期申报抵扣的防伪税控“增值税专用发票”、“货物运输业增值税专用发票”和税控“机动车销售统一发票”的情况。该栏应等于第 2 栏“本期认证相符且本期申报抵扣”与第 3 栏“前期认证相符且本期申报抵扣”数据之和。

2. 第 2 栏“其中：本期认证相符且本期申报抵扣”：反映本期认证相符且本期申报抵扣的防伪税控“增值税专用发票”、“货物运输业增值税专用发票”和税控“机动车销售统一发票”的情况。本栏是第 1 栏的其中数，本栏只填写本期认证相符且本期申报抵扣的部分。

3. 第 3 栏“前期认证相符且本期申报抵扣”：反映前期认证相符且本期申报抵扣的防伪税控“增值税专用发票”、“货物运输业增值税专用发票”和税控“机动车销售统一发票”的情况。辅导期纳税人依据税务机关告知的稽核比对结果通知书及明细清单注明的稽核相符的税控增值税专用发票填写本栏。本栏是第 1 栏的其中数，只填写前期认证相符且本期申报抵扣的部分。

4. 第 4 栏“（二）其他扣税凭证”：反映本期申报抵扣的除税控增值税专用发票之外的其他扣税凭证的情况。具体包括海关进口增值税专用缴款书、农产品收购发票或者销售发票（含农产品核定扣除的进项税额）、代扣代缴税收缴款凭证和运输费用结算单据。该栏应等于第 5 至 8 栏之和。

5. 第 5 栏“海关进口增值税专用缴款书”：反映本期申报抵扣的海关进口增值税专用缴款书的情况。

按规定执行海关进口增值税专用缴款书先比对后抵扣的，纳税人需依据税务机关告知的稽核比对结果通知书及明细清单注明的稽核相符的海关进口增值税专用缴款书填写本栏。

6. 第6栏“农产品收购发票或者销售发票”：反映本期申报抵扣的农产品收购发票和农产品销售普通发票的情况。执行农产品增值税进项税额核定扣除办法的，填写当期允许抵扣的农产品增值税进项税额，不填写“份数”、“金额”。

7. 第7栏“代扣代缴税收缴款凭证”：填写本期按规定准予抵扣的中华人民共和国税收缴款凭证上注明的增值税额。

8. 第8栏“运输费用结算单据”：反映按规定本期可以申报抵扣的交通运输费用结算单据的情况。

9. 第11栏“（三）外贸企业进项税额抵扣证明”：填写本期申报抵扣的税务机关出口退税部门开具的《出口货物转内销证明》列明允许抵扣的进项税额。

10. 第12栏“当期申报抵扣进项税额合计”：反映本期申报抵扣进项税额的合计数。按表中所列公式计算填写。

（三）第13至23栏“二、进项税额转出额”各栏：分别反映纳税人已经抵扣但按规定应在本期转出的进项税额明细情况。

1. 第13栏“本期进项税额转出额”：反映已经抵扣但按规定应在本期转出的进项税额合计数。按表中所列公式计算填写。

2. 第14栏“免税项目用”：反映用于免征增值税项目，按规定应在本期转出的进项税额。

3. 第15栏“非应税项目、集体福利、个人消费用”：反映用于非增值税应税项目、集体福利或者个人消费，按规定应在本期转出的进项税额。

4. 第16栏“非正常损失”：反映纳税人发生非正常损失，按规定应在本期转出的进项税额。

5. 第17栏“简易计税方法征税项目用”：反映用于按简易计税方法征税项目，按规定应在本期转出的进项税额。

营业税改征增值税的纳税人，应税服务按规定汇总计算缴纳增值税的分支机构，当期应由总机构汇总的进项税额也填入本栏。

6. 第18栏“免抵退税办法不得抵扣的进项税额”：反映按照免、抵、退税办法的规定，由于征税税率与退税税率存在税率差，在本期应转出的进项税额。

7. 第19栏“纳税检查调减进项税额”：反映税务、财政、审计部门检查后而调减的进项税额。

8. 第20栏“红字专用发票通知单注明的进项税额”：填写主管税务机关开具的《开具红字增值税专用发票通知单》、《开具红字货物运输业增值税专用发票通知单》等注明的在本期应转出的进项税额。

9. 第21栏“上期留抵税额抵减欠税”：填写本期经税务机关同意，使用上期留抵税额抵减欠税的数额。

10. 第22栏“上期留抵税额退税”：填写本期经税务机关批准的上期留抵税额退税额。

11. 第23栏“其他应作进项税额转出的情形”：反映除上述进项税额转出情形外，其他应在本期转出的进项税额。

（四）第24至34栏“三、待抵扣进项税额”各栏：分别反映纳税人已经取得，但按税法规定不符合抵扣条件，暂不予在本期申报抵扣的进项税额情况及按税法规定不允许抵扣的进项税额情况。

1. 第24至28栏均包括防伪税控“增值税专用发票”、“货物运输业增值税专用发票”和税控“机动车销售统一发票”的情况。

2. 第25栏“期初已认证相符但未申报抵扣”：反映前期认证相符，但按照税法规定暂不予抵扣及不允许抵扣，结存至本期的税控增值税专用发票情况。辅导期纳税人填写认证相符但未收到稽核比对结果的税控增值税专用发票期初情况。

3. 第26栏“本期认证相符且本期未申报抵扣”：反映本期认证相符，但按税法规定暂不予抵扣及不允许抵扣，而未申报抵扣的税控增值税专用发票情况。辅导期纳税人填写本期认证相符但未收到稽核比对结果的税控增值税专用发票情况。

4. 第27栏“期末已认证相符但未申报抵扣”：反映截至本期期末，按照税法规定仍暂不予抵扣及不允许抵扣且已认证相符的税控增值税专用发票情况。辅导期纳税人填写截至本期期末已认证相符但未收到稽核比对结果的税控增值税专用发票期末情况。

5. 第28栏“其中：按照税法规定不允许抵扣”：反映截至本期期末已认证相符但未申报抵扣的税控增值税专用发票中，按照税法规定不允许抵扣的税控增值税专用发票情况。

6. 第29栏“（二）其他扣税凭证”：反映截至本期期末仍未申报抵扣的除税控增值税专用发票之外的其他扣税凭证情况。具体包括海关进口增值税专用缴款书、农产品收购发票或者销售发票、代扣代缴税收缴款凭证和运输费用结算单据。该栏应等于第30至33栏之和。

7. 第30栏“海关进口增值税专用缴款书”：反映已取得但截至本期期末仍未申报抵扣的海关进口增值税专用缴款书情况，包括纳税人未收到稽核比对结果的海关进口增值税专用缴款书情况。

8. 第31栏“农产品收购发票或者销售发票”：反映已取得但截至本期期末仍未申报抵扣的农产品收购发票和农产品销售普通发票情况。

9. 第32栏“代扣代缴税收缴款凭证”：反映已取得但截至本期期末仍未申报抵扣的代扣代缴税收缴款凭证情况。

10. 第33栏“运输费用结算单据”：反映已取得但截至本期期末仍未申报抵扣的运输费用结算单据情况。

（五）第35至36栏“四、其他”各栏

1. 第35栏“本期认证相符的税控增值税专用发票”：反映本期认证相符的防伪税控“增值税专用发票”、“货物运输业增值税专用发票”和税控“机动车销售统一发票”的情况。

2. 第36栏“代扣代缴税额”：填写纳税人根据《中华人民共和国增值税暂行条例》第十八条扣缴的应税劳务增值税额与根据营业税改征增值税有关政策规定扣缴的应税服务增值税额之和。

表3-1-4　　增值税纳税申报表附列资料（三）

（应税服务扣除项目明细）

税款所属时间：　　年　月　日至　　年　月　日

纳税人名称：（公章）　　　　　　　　　　　　　　　　金额单位：元至角分

项目及栏次	本期应税服务价税合计额（免税销售额）	应税服务扣除项目				
		期初余额	本期发生额	本期应扣除金额	本期实际扣除金额	期末余额
	1	2	3	4=2+3	5（5≤1且5≤4）	6=4-5
17%税率的有形动产租赁服务						
11%税率的应税服务						
6%税率的应税服务						
3%征收率的应税服务						
免抵退税的应税服务						
免税的应税服务						

填表说明：

（一）本表由营业税改征增值税应税服务有扣除项目的纳税人填写。其他纳税人不填写。

（二）“税款所属时间”、“纳税人名称”的填写同主表。

（三）第1列“本期应税服务价税合计额（免税销售额）”：营业税改征增值税的应税服务属于征税项目的，填写扣除之前的本期应税服务价税合计额；营业税改征增值税的应税服务属于免抵退税或免税项目的，填写扣除之前的本期应税服务免税销售额。本列各行次等于《附列资料（一）》第11列对应行次。

营业税改征增值税的纳税人，应税服务按规定汇总计算缴纳增值税的分支机构，本列各行次之和等于《附列资料（一）》第11列第13行。

（四）第2列“应税服务扣除项目”“期初余额”：填写应税服务扣除项目上期期末结存的金额，试点实施之日的税款所属期填写“0”。本列各行次等于上期《附列资料（三）》第6列对应行次。

（五）第3列“应税服务扣除项目”“本期发生额”：填写本期取得的按税法规定准予扣除的应税服务扣除项目金额。

（六）第4列“应税服务扣除项目”“本期应扣除金额”：填写应税服务扣除项目本期应扣除的金额。

本列各行次＝第2列对应各行次＋第3列对应各行次

（七）第5列“应税服务扣除项目”“本期实际扣除金额”：填写应税服务扣除项目本期实际扣除的金额。

本列各行次≤第4列对应各行次且本列各行次≤第1列对应各行次。

（八）第6列“应税服务扣除项目”“期末余额”：填写应税服务扣除项目本期期末结存的金额。

本列各行次＝第4列对应各行次－第5列对应各行次

表3－1－5　　增值税纳税申报表附列资料（四）

（税额抵减情况表）

税款所属时间：　年　月　日至　年　月　日

纳税人名称：（公章）　　　　金额单位：元至角分

序号	抵减项目	期初余额	本期发生额	本期应抵减税额	本期实际抵减税额	期末余额
		1	2	3＝1＋2	4≤3	5＝3－4
1	增值税税控系统专用设备费及技术维护费					
2	分支机构预征缴纳税款					
3						
4						
5						
6						

填表说明：

本表第1行由发生增值税税控系统专用设备费用和技术维护费的纳税人填写，反映纳税人增值税税控系统专用设备费用和技术维护费按规定抵减增值税应纳税额的情况。本表第2行由营业税改征增值税纳税人，应税服务按规定汇总计算缴纳增值税的总机构填写，反映其分支机构预征缴纳税款抵减总机构应纳增值税税额的情况。其他纳税人不填写本表。

表3－1－6　　固定资产进项税额抵扣情况表

纳税人名称（公章）：　　填表日期：　年　月　日　　金额单位：元至角分

项　目	当期申报抵扣的固定资产进项税额	申报抵扣的固定资产进项税额累计
增值税专用发票		
海关进口增值税专用缴款书		
合　计		

填表说明：

本表反映纳税人在《附列资料（二）》“一、申报抵扣的进项税额”中固定资产的进项税额。本表按增值税专用发票、海关进口增值税专用缴款书分别填写。

税控《机动车销售统一发票》填入增值税专用发票栏内。

2. 网上纳税申报程序

纳税人成为增值税一般纳税人后，可以申请开通网上纳税申报，网上报送电子报表。纳税申报实行电子信息采集的纳税人，除向主管税务机关报送上述必报资料的电子数据外，还需要报送纸介的《增值税纳税申报表（适用增值税一般纳税人）》（主表及附表）。

增值税一般纳税人在纳税申报期截止日期的前一个工作日内，可以通过互联网登录到网上申报系统，填写增值税纳税申报表主表、附表及其附列资料，审核确认无误通过“纳税申报”模块在线提交电子报表。

（1）进入发票资料模块进行具体纳税操作。

① 发票领用存→下载信息→保存。

② 进项发票→远程导入→保存。

③ 销项发票→导入或手工添加→保存。

④ 普通发票→导入或手工添加→保存。

⑤ 运费、进口、其他发票录入→保存。

⑥ 进项税转出→保存。

同时，对以上发票进行逻辑审核。

（2）填写其他报表。先打开《增值税纳税申报表附列资料（一）》（本期销售情况明细）、《增值税纳税申报表附列资料（二）》（本期进项税额明细）进行填写完毕后保存；再打开《增值税纳税申报表》填写完毕后保存；填写资产负债表、损益表，进行保存。其他的报表可以自动生成。

（3）发送网上所填报的增值税各种报表。所有报表全选后，单击发送即可。

（4）查看发送的报表是否申报处理成功，然后把报税资料打印出来。

（5）纳税申报提交成功后，纳税人持IC卡到税务机关抄报税。网上纳税申报流程结束。

三、实训内容

1. 背景资料

企业名称：曙光电器有限公司

纳税人识别号：220523300667430

企业组织机构代码：21056091

企业税务登记证号：22078230055281

注册地址及电话：东阳市浑南新区三纬路 119 号　024－6785219

法定代表人：于洪，身份证号码为 210196012232208

财务负责人：陈力丹

办税人员：李欣

注册资本：8 000 万元

开户银行及账号：中国工商银行东阳分行　80622105379220

国税局税务登记类型：增值税一般纳税人

经营范围：电热油汀、电暖器、取暖器及暖风机等系列产品的生产及销售

选用的会计政策：《企业会计准则》，存货按实际成本计价核算。

2. 业务资料

曙光电器有限公司 2014 年 5 月发生的业务如下：

【业务 1】5 月 2 日，从宏达电器厂购进成型模具一批，取得防伪税控系统开具的增值税专用发票，该发票已经通过税务机关的认证，发票上注明价款 200 000 元，增值税税款 34 000 元，原材料已经验收入库，款项已经支付。（所附原始单据包括增值税专用发票发票联、抵扣联；中国工商银行转账支票存根；收料单）。

根据上述业务，进行账务处理，填制记账凭证 1 张。

通 用 记 账 凭 证

2014 年 5 月 2 日　　　　凭证编号________

摘　要	会计科目		√	借方金额										√	贷方金额									
	总账科目	明细科目		千	百	十	万	千	百	十	元	角	分		千	百	十	万	千	百	十	元	角	分
支付宏达电器厂货款	原材料					2	0	0	0	0	0	0	0											
	应交税费	应交增值税（进项税额）					3	4	0	0	0	0	0											
	银行存款																2	3	4	0	0	0	0	0
附单据　3　张	合　　计					2	3	4	0	0	0	0	0				2	3	4	0	0	0	0	0

会计主管：陈力丹　　　记账：李欣　　　审核：邵婷婷　　　制单：田祺

【业务2】5月5日，以直接收款的方式向当代电器商城销售 DNC2 型储能式电暖器 1 000 台（不含税售价每台480元），开出的增值税发票上注明的价款为480 000元，增值税税款为81 600元，货物已经发出并且已经收到。该批电暖气成本为320 000元。（所附原始单据包括增值税专用发票记账联；中国工商银行进账单；产品出库单）。

根据上述原始凭证，进行账务处理，填制通用记账凭证2张。

通用记账凭证

2014年5月5日　　　　凭证编号________

摘要	会计科目		√	借方金额										√	贷方金额									
	总账科目	明细科目		千	百	十	万	千	百	十	元	角	分		千	百	十	万	千	百	十	元	角	分
销售货物	银行存款					5	6	1	6	0	0	0	0											
	主营业务收入																4	8	0	0	0	0	0	0
	应交税费	应交增值税（销项税额）																8	1	6	0	0	0	0
附单据 2 张	合计					5	6	1	6	0	0	0	0				5	6	1	6	0	0	0	0

会计主管：陈力丹　　记账：李欣　　审核：邵婷婷　　制单：田祺

同时结转销售成本：

通用记账凭证

2014年5月5日　　　　凭证编号________

摘要	会计科目		√	借方金额										√	贷方金额									
	总账科目	明细科目		千	百	十	万	千	百	十	元	角	分		千	百	十	万	千	百	十	元	角	分
结转销售成本	主营业务成本					3	2	0	0	0	0	0	0											
	库存商品																3	2	0	0	0	0	0	0
附单据 1 张	合计					3	2	0	0	0	0	0	0				3	2	0	0	0	0	0	0

会计主管：陈力丹　　记账：李欣　　审核：邵婷婷　　制单：田祺

【业务3】5月8日，以直接收款的方式向新柳电器商城销售暖风机200台，不含税售价为每台420元，随同产品一起出售的包装箱20个，不含税售价为每个100元，货物已经发出，并且已经开具增值税专用发票，但款项尚未收到。该批暖风机的生产成本为78 000元。（所附原始单据包括增值税专用发票记账联；产品出库单）。

根据上述业务，计算销项税额并进行账务处理，填制通用记账凭证2张。

销项税额 $=200\times420\times17\%+20\times100\times17\%=14\ 280+340=14\ 620$（元）

通用记账凭证

2014年5月8日　　　　凭证编号________

摘要	会计科目		√	借方金额										√	贷方金额									
	总账科目	明细科目		千	百	十	万	千	百	十	元	角	分		千	百	十	万	千	百	十	元	角	分
销售暖风机	应收账款					1	0	0	6	2	0	0	0											
	主营业务收入																	8	4	0	0	0	0	0
	其他业务收入																		2	0	0	0	0	0
	应交税费	应交增值税（销项税额）																1	4	6	2	0	0	0
附单据 1 张	合计					1	0	0	6	2	0	0	0				1	0	0	6	2	0	0	0

会计主管：陈力丹　　记账：李欣　　审核：邵婷婷　　制单：田祺

同时结转销售成本：

通用记账凭证

2014年5月8日　　　　凭证编号________

摘要	会计科目		√	借方金额										√	贷方金额									
	总账科目	明细科目		千	百	十	万	千	百	十	元	角	分		千	百	十	万	千	百	十	元	角	分
结转销售成本	主营业务成本						7	8	0	0	0	0	0											
	库存商品																	7	8	0	0	0	0	0
附单据 1 张	合计						7	8	0	0	0	0	0					7	8	0	0	0	0	0

会计主管：陈力丹　　记账：李欣　　审核：邵婷婷　　制单：田祺

【业务4】5月9日，从百盛商厦（小规模纳税人）购进办公用品一批，取得普通发票，价税合计为52 000元，款项已经支付。（所附原始单据包括普通发票发票联；中国工商银行转账支票存根；收料单）。

根据上述业务，进行账务处理，填制通用记账凭证1张。

通用记账凭证

2014年5月9日　　　　凭证编号________

摘要	会计科目		√	借方金额										√	贷方金额									
	总账科目	明细科目		千	百	十	万	千	百	十	元	角	分		千	百	十	万	千	百	十	元	角	分
购买办公用品	管理费用						5	2	0	0	0	0	0											
	银行存款																	5	2	0	0	0	0	0
附单据 3 张	合计						5	2	0	0	0	0	0					5	2	0	0	0	0	0

会计主管：陈力丹　　记账：李欣　　审核：邵婷婷　　制单：田祺

【业务5】5月10日，从南光有限公司购进电子原材料一批，取得防伪税控系统开具的增值税专用发票，发票上注明价款280 000元，增值税税款47 600元。从运输单位取得增值税专用发票一张，发票上注明运费3 000元，增值税税款330元。发票已经通过税务机关的认证。原材料已经入库，款项已支付。（所附原始单据包括增值税专用发票发票联、抵扣联；中国工商银行转账支票存根；收料单）。

根据上述业务，进行账务处理，填制通用记账凭证1张。

通用记账凭证

2014年5月10日　　　　凭证编号________

摘要	会计科目		√	借方金额										√	贷方金额									
	总账科目	明细科目		千	百	十	万	千	百	十	元	角	分		千	百	十	万	千	百	十	元	角	分
购买电子原材料	原材料					2	8	3	0	0	0	0	0											
	应交税费	应交增值税（进项税额）					4	7	9	3	0	0	0											
	银行存款																3	3	0	9	3	0	0	0
附单据 3 张	合　计					3	3	0	9	3	0	0	0				3	3	0	9	3	0	0	0

会计主管：陈力丹　　记账：李欣　　审核：邵婷婷　　制单：田祺

【业务6】5月12日，采取分期收款方式销售暖风机2 000台（每台不含税售价320元），不含税价款640 000元。货已发出，合同约定本月20日及下月20日各收取一半的货款及增值税税款，但本月尚未收到货款，未开出增值税专用发票。该批暖风机的生产成本580 000元（所附原始单据包括分期收款销售合同，产品出库单）。

根据上述业务，进行账务处理，填制通用记账凭证3张。

5月12日发出货物时：

通用记账凭证

2014年5月12日　　　　凭证编号________

摘要	会计科目		√	借方金额										√	贷方金额									
	总账科目	明细科目		千	百	十	万	千	百	十	元	角	分		千	百	十	万	千	百	十	元	角	分
销售暖风机	分期收款发出商品					5	8	0	0	0	0	0	0											
	库存商品																5	8	0	0	0	0	0	0
附单据 2 张	合　计					5	8	0	0	0	0	0	0				5	8	0	0	0	0	0	0

会计主管：陈力丹　　记账：李欣　　审核：邵婷婷　　制单：田祺

5 月 20 日，确认销售收入，发生增值税纳税义务：

通用记账凭证

2014 年 5 月 20 日　　　　凭证编号________

摘要	会计科目		√	借方金额										√	贷方金额									
	总账科目	明细科目		千	百	十	万	千	百	十	元	角	分		千	百	十	万	千	百	十	元	角	分
销售暖风机	应收账款					3	7	4	4	0	0	0	0											
	主营业务收入																3	2	0	0	0	0	0	0
	应交税费	应交增值税（销项税额）																5	4	4	0	0	0	0
附单据 2 张	合　计					3	7	4	4	0	0	0	0				3	7	4	4	0	0	0	0

会计主管：陈力丹　　记账：李欣　　审核：邵婷婷　　制单：田祺

结转成本：

通用记账凭证

2014 年 5 月 20 日　　　　凭证编号________

摘要	会计科目		√	借方金额										√	贷方金额									
	总账科目	明细科目		千	百	十	万	千	百	十	元	角	分		千	百	十	万	千	百	十	元	角	分
结转成本	主营业务成本					2	9	0	0	0	0	0	0											
	分期收款发出商品																2	9	0	0	0	0	0	0
附单据 2 张	合　计					2	9	0	0	0	0	0	0				2	9	0	0	0	0	0	0

会计主管：陈力丹　　记账：李欣　　审核：邵婷婷　　制单：田祺

【业务 7】5 月 13 日，将自产的 15 台 DNC2 型储能式电暖器用于本企业管理部门使用，该批电暖气成本价为每台 320 元（所附原始单据包括产品出库单）。

根据上述业务，计算销项税额进行账务处理，填制通用记账凭证 1 张。

销项税额 = 15 × 480 × 17% = 1 224（元）

通用记账凭证

2014 年 5 月 13 日　　　　凭证编号________

摘要	会计科目		√	借方金额										√	贷方金额									
	总账科目	明细科目		千	百	十	万	千	百	十	元	角	分		千	百	十	万	千	百	十	元	角	分
领用电暖气	应付职工薪酬							8	4	2	4	0	0											
	库存商品																		7	2	0	0	0	0
	应交税费	应交增值税（销项税额）																	1	2	2	4	0	0
附单据 1 张	合计							8	4	2	4	0	0						8	4	2	4	0	0

会计主管：陈力丹　　记账：李欣　　审核：邵婷婷　　制单：田祺

【业务 8】5 月 15 日，缴纳上月应纳增值税税额 120 000 元，取得银行转来的税收缴款书收据联（所附原始单据包括税收缴款书收据联）。

根据上述业务，进行账务处理，填制通用记账凭证 1 张。

通用记账凭证

2014 年 5 月 15 日　　　　凭证编号________

摘要	会计科目		√	借方金额										√	贷方金额									
	总账科目	明细科目		千	百	十	万	千	百	十	元	角	分		千	百	十	万	千	百	十	元	角	分
缴纳 4 月份增值税	应交税费	未交增值税				1	2	0	0	0	0	0	0											
	银行存款																1	2	0	0	0	0	0	0
附单据 1 张	合计					1	2	0	0	0	0	0	0				1	2	0	0	0	0	0	0

会计主管：陈力丹　　记账：李欣　　审核：邵婷婷　　制单：田祺

【业务 9】5 月 15 日，从凤华钢铁公司购入钢材一批用于修建厂房，取得防伪税控系统开具的增值税专用发票，发票上注明价款 150 000 元，增值税税款 25 500 元，支付运费 2 000 元。原材料已经入库，款项已经支付（所附原始单据包括增值税专用发票发票联、抵扣联；中国工商银行转账支票存根；收料单）。

根据上述业务，进行账务处理，填制通用记账凭证 1 张。

通用记账凭证

2014 年 5 月 15 日　　　　　　凭证编号________

摘要	会计科目		√	借方金额										√	贷方金额									
	总账科目	明细科目		千	百	十	万	千	百	十	元	角	分		千	百	十	万	千	百	十	元	角	分
购买钢材	工程物资					1	7	7	5	0	0	0	0											
	银行存款																1	7	7	5	0	0	0	0
附单据 3 张	合计					1	7	7	5	0	0	0	0				1	7	7	5	0	0	0	0

会计主管：陈力丹　　　记账：李欣　　　审核：邵婷婷　　　制单：田祺

【业务 10】委托华美电器商城代销电热油汀取暖器，5 月 2 日发出 1 000 台电热油汀取暖器，代销价格为每台 780 元（不含增值税）。5 月 16 日，受托代销的 1 000 台电热油汀取暖器已全部售出，曙光电器有限公司于当日收到代销款并开出增值税专用发票；华美电器商城按受托代销商品的 6% 计提手续费 46 800 元，给曙光电器公司开出手续费发票。该批电热油汀取暖器商品实际成本为 700 000 元（所附原始单据包括增值税专用发票记账联；中国工商银行进账单；代销清单；产品出库单）。

根据上述业务，计算销项税额进行账务处理，填制通用记账凭证 4 张。

销项税额 $=1\ 000\times780\times17\%=132\ 600$（元）

发出商品时：

通用记账凭证

2014 年 5 月 16 日　　　　　　凭证编号________

摘要	会计科目		√	借方金额										√	贷方金额									
	总账科目	明细科目		千	百	十	万	千	百	十	元	角	分		千	百	十	万	千	百	十	元	角	分
发出商品	委托代销商品					7	0	0	0	0	0	0	0											
	库存商品																7	0	0	0	0	0	0	0
附单据 2 张	合计					7	0	0	0	0	0	0	0				7	0	0	0	0	0	0	0

会计主管：陈力丹　　　记账：李欣　　　审核：邵婷婷　　　制单：田祺

收到代销清单时：

通用记账凭证

2014 年 5 月 16 日　　　　凭证编号________

摘要	会计科目		√	借方金额										√	贷方金额									
	总账科目	明细科目		千	百	十	万	千	百	十	元	角	分		千	百	十	万	千	百	十	元	角	分
收到代销清单	银行存款					8	6	5	8	0	0	0	0											
	销售费用						4	6	8	0	0	0	0											
	主营业务收入																7	8	0	0	0	0	0	0
	应交税费	应交增值税（销项税额）															1	3	2	6	0	0	0	0
附单据 3 张	合	计				9	1	2	6	0	0	0	0				9	1	2	6	0	0	0	0

会计主管：陈力丹　　　　记账：李欣　　　　审核：邵婷婷　　　　制单：田祺

结转成本：

通用记账凭证

2014 年 5 月 16 日　　　　凭证编号________

摘要	会计科目		√	借方金额										√	贷方金额									
	总账科目	明细科目		千	百	十	万	千	百	十	元	角	分		千	百	十	万	千	百	十	元	角	分
结转成本	主营业务成本					7	0	0	0	0	0	0	0											
	委托代销商品																7	0	0	0	0	0	0	0
附单据 2 张	合	计				7	0	0	0	0	0	0	0				7	0	0	0	0	0	0	0

会计主管：陈力丹　　　　记账：李欣　　　　审核：邵婷婷　　　　制单：田祺

【业务 11】5 月 17 日，从大华钢铁有限公司购进不需安装的机器设备一台，取得防伪税控系统开具的增值税专用发票，发票上注明价款 40 000 元，增值税税款 6 800 元。支付运输单位运费取得增值税专用发票一张，发票上注明运费 2 000 元，增值税税款 220 元。发票已经通过税务机关的认证。货款及运费已支付，设备已投入使用（所附原始单据包括增值税专用发票发票联、抵扣联；中国工商银行转账支票存根；固定资产验收单）。

根据上述业务，计算进项税额进行账务处理，填制通用记账凭证 1 张。

进项税额 = 6 800 + 220 = 7 020（元）

通用记账凭证

2014 年 5 月 17 日　　　　凭证编号________

摘　　要	会计科目		√	借方金额										√	贷方金额									
	总账科目	明细科目		千	百	十	万	千	百	十	元	角	分		千	百	十	万	千	百	十	元	角	分
购买机器设备	固定资产						4	1	7	8	0	0	0											
	应交税费	应交增值税（进项税额）						7	0	2	0	0	0											
	银行存款																	4	8	8	0	0	0	0
附单据　3　张	合　　计						4	8	8	0	0	0	0					4	8	8	0	0	0	0

会计主管：陈力丹　　记账：李欣　　审核：邵婷婷　　制单：田祺

【业务 12】5 月 18 日，从盛大五金工具厂购进原材料一批，用于电热油汀的生产。取得防伪税控系统开具的增值税专用发票，该发票已经通过税务机关的认证，发票上注明价款 300 000 元，增值税税款 51 000 元，开出商业承兑汇票一张（所附原始单据包括增值税专用发票发票联、抵扣联；商业承兑汇票；收料单）。

根据上述业务，进行账务处理，填制通用记账凭证 1 张。

通用记账凭证

2014 年 5 月 17 日　　　　凭证编号________

摘　　要	会计科目		√	借方金额										√	贷方金额									
	总账科目	明细科目		千	百	十	万	千	百	十	元	角	分		千	百	十	万	千	百	十	元	角	分
购买原材料	原材料					3	0	0	0	0	0	0	0											
	应交税费	应交增值税（进项税额）					5	1	0	0	0	0	0											
	应付票据																3	5	1	0	0	0	0	0
附单据　3　张	合　　计					3	5	1	0	0	0	0	0				3	5	1	0	0	0	0	0

会计主管：陈力丹　　记账：李欣　　审核：邵婷婷　　制单：田祺

【业务 13】5 月 22 日，采取以旧换新的方式进行促销，活动内容是在 22 日至 27 日的促销期间消费者在其任何一个专卖店购买该厂生产的 DNC2 型储能式电暖气，均可用原电暖气折抵现金 100 元。活动期间，销售 DNC2 型储能式电暖气 50 台，收购旧电暖气折抵价款共 5 000 元（所附原始单据包括中国工商银行进账单；销货清单）。

根据上述业务，计算销项税额并进行账务处理，填制通用记账凭证 2 张。

销项税额 = 50 × 480 × 17% = 4 080（元）

通 用 记 账 凭 证

2014 年 5 月 22 日　　　　凭证编号________

摘要	会计科目		√	借方金额										√	贷方金额									
	总账科目	明细科目		千	百	十	万	千	百	十	元	角	分		千	百	十	万	千	百	十	元	角	分
销售电暖器	银行存款						2	3	0	8	0	0	0											
	原材料	旧电暖气						5	0	0	0	0	0											
	主营业务收入																	2	4	0	0	0	0	0
	应交税费	应交增值税（销项税额）																	4	0	8	0	0	0
附单据 2 张	合计						2	8	0	8	0	0	0					2	8	0	8	0	0	0

会计主管：陈力丹　　记账：李欣　　审核：邵婷婷　　制单：田祺

【业务 14】5 月 23 日，销售使用过的机器设备一台，含税销售收入为 117 000 元，开具普通发票。该设备是 2011 年购入的，账面原值为 290 000 元，已提折旧 70 000 元，账面净值为 220 000 元（所附原始单据包括普通发票记账联；中国工商银行进账单）。

根据上述业务，计算销项税额并进行账务处理，填制通用记账凭证 2 张。

销项税额 = 117 000 ÷ 1. 17 × 17% = 17 000（元）

将出售固定资产转入清理时：

通 用 记 账 凭 证

2014 年 5 月 23 日　　　　凭证编号________

摘要	会计科目		√	借方金额										√	贷方金额									
	总账科目	明细科目		千	百	十	万	千	百	十	元	角	分		千	百	十	万	千	百	十	元	角	分
销售使用过机器设备	固定资产清理					2	2	0	0	0	0	0	0											
	累计折旧						7	0	0	0	0	0	0											
	固定资产																2	9	0	0	0	0	0	0
附单据 2 张	合计					2	9	0	0	0	0	0	0				2	9	0	0	0	0	0	0

会计主管：陈力丹　　记账：李欣　　审核：邵婷婷　　制单：田祺

收回残值变价收入开具增值税专用发票时：

通用记账凭证

2014 年 5 月 23 日　　　　凭证编号________

摘要	会计科目		√	借方金额										√	贷方金额									
	总账科目	明细科目		千	百	十	万	千	百	十	元	角	分		千	百	十	万	千	百	十	元	角	分
收回残值变价收入	银行存款					1	1	7	0	0	0	0	0											
	固定资产清理																1	0	0	0	0	0	0	0
	应交税费	应交增值税（销项税额）																1	7	0	0	0	0	0
附单据 2 张	合　计					1	1	7	0	0	0	0	0				1	1	7	0	0	0	0	0

会计主管：陈力丹　　记账：李欣　　审核：邵婷婷　　制单：田祺

【业务 15】5 月 25 日，支付本月生产用电的电费，取得防伪税控系统开具的增值税专用发票，该发票已经通过税务机关的认证，发票上注明价款 102 000 元，增值税税款 17 340 元，款项已经支付（所附原始单据包括增值税专用发票发票联、抵扣联；中国工商银行转账支票存根）。

根据上述业务，进行账务处理，填制通用记账凭证 2 张。

通用记账凭证

2014 年 5 月 25 日　　　　凭证编号________

摘要	会计科目		√	借方金额										√	贷方金额									
	总账科目	明细科目		千	百	十	万	千	百	十	元	角	分		千	百	十	万	千	百	十	元	角	分
支付生产用电电费	制造费用					1	0	2	0	0	0	0	0											
	应交税费	应交增值税（进项税额）					1	7	3	4	0	0	0											
	银行存款																1	1	9	3	4	0	0	0
附单据 2 张	合　计					1	1	9	3	4	0	0	0				1	1	9	3	4	0	0	0

会计主管：陈力丹　　记账：李欣　　审核：邵婷婷　　制单：田祺

【业务 16】5 月 26 日，通过市民政局向市福利院无偿捐赠 HM6 型节能式电暖器 10 台，实际生产成本 3 000 元，该批产品无同类售价（所附原始单据包括商品出库单；商品捐赠合同）。

根据上述业务，计算销项税额并进行账务处理，填制通用记账凭证 1 张。

组成计税价格 = 3 000 × (1 + 10%) = 3 300（元）

销项税额 = 3 300 × 17% = 561（元）

通 用 记 账 凭 证

2014 年 5 月 26 日　　　　凭证编号________

摘　要	会计科目		√	借方金额										√	贷方金额									
	总账科目	明细科目		千	百	十	万	千	百	十	元	角	分		千	百	十	万	千	百	十	元	角	分
捐赠节能型电暖气	营业外支出	捐赠支出						3	5	6	1	0	0											
	库存商品																		3	0	0	0	0	0
	应交税费	应交增值税（销项税额）																		5	6	1	0	0
附单据　2　张	合　计							3	5	6	1	0	0						3	5	6	1	0	0

会计主管：陈力丹　　　　记账：李欣　　　　审核：邵婷婷　　　　制单：田祺

【业务 17】5 月 28 日，发生火灾，损失上月从金辉五金工具厂购进原材料一批，购入时取得的增值税专用发票注明的价税合计金额 46 800 元。（所附原始单据包括存货盘点表）

根据上述业务，计算销项税额并进行账务处理，填制通用记账凭证 1 张。

转出的进项税额 = 46 800 ÷ 1.17 × 17% = 6 800（元）

通 用 记 账 凭 证

2014 年 5 月 28 日　　　　凭证编号________

摘　要	会计科目		√	借方金额										√	贷方金额									
	总账科目	明细科目		千	百	十	万	千	百	十	元	角	分		千	百	十	万	千	百	十	元	角	分
损失原材料	待处理财产损溢	待处理流动资产损溢					4	6	8	0	0	0	0											
	原材料																	4	0	0	0	0	0	0
	应交税费	应交增值税																	6	8	0	0	0	0
附单据　1　张	合　计						4	6	8	0	0	0	0					4	6	8	0	0	0	0

会计主管：陈力丹　　　　记账：李欣　　　　审核：邵婷婷　　　　制单：田祺

【业务 18】5 月 28 日，支付本月生产用水的水费，取得防伪税控系统开具的增值税专用发票，该发票已经通过税务机关的认证，发票上注明价款 68 000 元，增值税税款 11 560

元，款项已经支付（所附原始单据包括增值税专用发票发票联、抵扣联；中国工商银行转账支票存根）。

根据上述业务，进行账务处理，填制通用记账凭证 1 张。

通用记账凭证

2014 年5 月28 日　　　　　　　　　　凭证编号________

摘要	会计科目		√	借方金额										√	贷方金额									
	总账科目	明细科目		千	百	十	万	千	百	十	元	角	分		千	百	十	万	千	百	十	元	角	分
支付生产用水水费	制造费用						6	8	0	0	0	0	0											
	应交税费	应交增值税（进项税额）					1	1	5	6	0	0	0											
	银行存款																	7	9	5	6	0	0	0
附单据 2 张	合计						7	9	5	6	0	0	0					7	9	5	6	0	0	0

会计主管：陈力丹　　　　记账：李欣　　　　审核：邵婷婷　　　　制单：田祺

【业务 19】5 月 29 日，清理出租、出借包装物，将百盛超市逾期未退回包装物押金 2 340 元予以没收（所附原始单据包括普通发票；包装物押金逾期记账单）。

根据上述业务，计算销项税额并进行账务处理，填制通用记账凭证 1 张。

销项税额 $= 2\,340 \div 1.17 \times 17\% = 340$（元）

通用记账凭证

2014 年5 月28 日　　　　　　　　　　凭证编号________

摘要	会计科目		√	借方金额										√	贷方金额									
	总账科目	明细科目		千	百	十	万	千	百	十	元	角	分		千	百	十	万	千	百	十	元	角	分
没收包装物押金	其他应付款							2	3	4	0	0	0											
	其他业务收入																		2	0	0	0	0	0
	应交税费	应交增值税（销项税额）																		3	4	0	0	0
附单据 2 张	合计							2	3	4	0	0	0						2	3	4	0	0	0

会计主管：陈力丹　　　　记账：李欣　　　　审核：邵婷婷　　　　制单：田祺

【业务 20】5 月 31 日，根据【业务 1】至【业务 19】，计算本月增值税应纳税额并进行账务处理。

根据上述业务，计算应纳税额并进行账务处理，填制通用记账凭证1张。

销项税额合计＝81 600＋14 620＋54 400＋1 224＋132 600＋4 080＋17 000＋561＋340＝306 425（元）

进项税额合计＝34 000＋47 600＋330＋6 800＋220＋51 000＋17 340＋11 560＝168 850（元）

进项税额转出＝6 800（元）

应纳税额＝306 425－（168 850－6 800）＝144 375（元）

月末结转账务处理如下：

通用记账凭证

2014年5月31日　　　　凭证编号＿＿＿＿

摘　要	会计科目		√	借方金额										√	贷方金额									
	总账科目	明细科目		千	百	十	万	千	百	十	元	角	分		千	百	十	万	千	百	十	元	角	分
结转本月应纳增值税	应交税费	应交增值税（转出未交增值税）				1	4	4	3	7	5	0	0											
	应交税费	未交增值税															1	4	4	3	7	5	0	0
附单据　　张	合　　计					1	4	4	3	7	5	0	0				1	4	4	3	7	5	0	0

会计主管：陈力丹　　　　记账：李欣　　　　审核：邵婷婷　　　　制单：田祺

3. 实训成果

《增值税纳税申报表附列资料（表一）》——《本期销售情况明细》（见表3－1－7）；

《增值税纳税申报表附列资料（表二）》——《本期进项税额明细》（见表3－1－8）；

《增值税纳税申报表》（见表3－1－9）。

表 3－1－7

增值税纳税申报表附列资料（一）

（本期销售情况明细）

税款所属时间：2014 年 5 月 1 日至 2014 年 5 月 31 日

纳税人名称：（公章）曙光电器有限公司　　　　金额单位：元至角分

项目及栏次				开具税控增值税专用发票		开具其他发票		未开具发票		纳税检查调整		合计			应税服务扣除项目本期实际扣除金额	扣除后	
				销售额	销项（应纳）税额	销售额	销项（应纳）税额	销售额	销项（应纳）税额	销售额	销项（应纳）税额	销售额	销项（应纳）税额	价税合计		含税（免税）销售额	销项（应纳）税额
				1	2	3	4	5	6	7	8	9＝1＋3＋5＋7	10＝2＋4＋6＋8	11＝9＋10	12	13＝11－12	14＝13÷（100%＋税率或征收率）×税率或征收率
一、一般计税方法计税	全部征税项目	17%税率的货物及加工修理修配劳务	1	1 346 000. 00	228 820. 00	102 000. 00	17 340. 00	354 500. 00	60 265. 00			1 802 500. 00	306 425. 00	—	—	—	—
		17%税率的有形动产租赁服务	2														
		13%税率	3											—	—	—	—
		11%税率	4														
		6%税率	5														
	其中：即征即退项目	即征即退货物及加工修理修配劳务	6	—	—	—	—	—	—	—	—			—	—	—	—
		即征即退应税服务	7	—	—	—	—	—	—	—	—						

续表

项目及栏次				开具税控增值税专用发票		开具其他发票		未开具发票		纳税检查调整		合计			应税服务扣除项目本期实际扣除金额	扣除后	
				销售额	销项（应纳）税额	销售额	销项（应纳）税额	销售额	销项（应纳）税额	销售额	销项（应纳）税额	销售额	销项（应纳）税额	价税合计		含税（免税）销售额	销项（应纳）税额
				1	2	3	4	5	6	7	8	9 = 1 + 3 + 5 + 7	10 = 2 + 4 + 6 + 8	11 = 9 + 10	12	13 = 11 − 12	14 = 13 ÷ (100% + 税率或征收率) × 税率或征收率
二、简易计税方法计税	全部征税项目	6% 征收率	8							—	—			—	—	—	—
		5% 征收率	9							—	—			—	—	—	—
		4% 征收率	10							—	—			—	—	—	—
		3% 征收率的货物及加工修理修配劳务	11							—	—			—	—	—	—
		3% 征收率的应税服务	12							—	—						
		预征率　%	13							—	—						
	其中：即征即退项目	即征即退货物及加工修理修配劳务	14	—	—	—	—	—	—	—	—			—	—	—	—
		即征即退应税服务	15	—	—	—	—	—	—	—	—						
三、免抵退税		货物及加工修理修配劳务	16	—	—		—		—	—	—		—	—	—	—	—
		应税服务	17	—	—		—		—	—	—		—				—
四、免税		货物及加工修理修配劳务	18				—		—	—	—		—	—	—	—	—
		应税服务	19	—	—		—		—	—	—		—				—

表 3-1-8 **增值税纳税申报表附列资料（二）**

（本期进项税额明细）

税款所属时间：2014 年 5 月 1 日至 2014 年 5 月 31 日

纳税人名称：（公章）曙光电器有限公司 金额单位：元至角分

一、申报抵扣的进项税额				
项　目	栏　次	份数	金额	税额
（一）认证相符的税控增值税专用发票	1 = 2 + 3	8	990 000.00	168 300.00
其中：本期认证相符且本期申报抵扣	2	8	990 000.00	168 300.00
前期认证相符且本期申报抵扣	3	0	0.00	0.00
（二）其他扣税凭证	4 = 5 + 6 + 7 + 8		5 000.00	550.00
其中：海关进口增值税专用缴款书	5		0.00	0.00
农产品收购发票或者销售发票	6		0.00	0.00
代扣代缴税收缴款凭证	7		—	0.00
运输费用结算单据	8	2	5 000.00	550.00
	9	—	—	—
	10	—	—	—
（三）外贸企业进项税额抵扣证明	11	—	—	0.00
当期申报抵扣进项税额合计	12 = 1 + 4 + 11	8	995 000.00	168 850.00

二、进项税额转出额		
项　目	栏　次	税额
本期进项税转出额	13 = 14 至 23 之和	6 800.00
其中：免税项目用	14	0.00
非应税项目用、集体福利、个人消费	15	0.00
非正常损失	16	6 800.00
简易计税方法征税项目用	17	0.00
免抵退税办法不得抵扣的进项税额	18	0.00

续表

二、进项税额转出额		
项　目	栏　次	税额
纳税检查调减进项税额	19	0.00
红字专用发票通知单注明的进项税额	20	0.00
上期留抵税额抵减欠税	21	0.00
上期留抵税额退税	22	0.00
其他应作进项税额转出的情形	23	0.00

三、待抵扣进项税额				
项　目	栏　次	份数	金额	税额
（一）认证相符的税控增值税专用发票	24	—	—	—
期初已认证相符但未申报抵扣	25	0	0.00	0.00
本期认证相符且本期未申报抵扣	26	0	0.00	0.00
期末已认证相符但未申报抵扣	27	0	0.00	0.00
其中：按照税法规定不允许抵扣	28	0	0.00	0.00
（二）其他扣税凭证	29=30至33之和	0	0.00	0.00
其中：海关进口增值税专用缴款书	30	0	0.00	0.00
农产品收购发票或者销售发票	31	0	0.00	0.00
代扣代缴税收缴款凭证	32	0	—	0.00
运输费用结算单据	33	0	0.00	0.00
	34	0	0.00	0.00

四、其他				
项　目	栏　次	份数	金额	税额
本期认证相符的税控增值税专用发票	35	6	995 000.00	168 850.00
代扣代缴税额	36	—	—	0.00

表 3－1－9

增值税纳税申报表

（一般纳税人适用）

根据国家税收法律法规及增值税相关规定制定本表。纳税人不论有无销售额，均应按税务机关核定的纳税期限填写本表，并向当地税务机关申报。

税款所属时间：自 2014 年 5 月 1 日至 2014 年 5 月 31 日　　填表日期：2014 年 6 月 15 日　　金额单位：元至角分

<table>
<tr><td>纳税人识别号</td><td colspan="5">2 2 0 5 2 3 3 0 0 6 6 7 4 3 0</td><td colspan="3">所属行业：制造</td></tr>
<tr><td>纳税人名称</td><td>曙光电器有限公司（公章）</td><td>法定代表人姓名</td><td>于洪</td><td>注册地址</td><td>东阳市浑南新区 119 号</td><td>生产经营地址</td><td>东阳市浑南新区 119 号</td></tr>
<tr><td>开户银行及账号</td><td colspan="2">中国工商银行东阳分行 80622105379220</td><td>登记注册类型</td><td colspan="2">有限责任公司</td><td>电话号码</td><td>024－6785219</td></tr>
</table>

<table>
<tr><td colspan="2" rowspan="2">项　目</td><td rowspan="2">栏　次</td><td colspan="2">一般货物、劳务和应税服务</td><td colspan="2">即征即退货物、劳务和应税服务</td></tr>
<tr><td>本月数</td><td>本年累计</td><td>本月数</td><td>本年累计</td></tr>
<tr><td rowspan="10">销售额</td><td>（一）按适用税率计税销售额</td><td>1</td><td>1 802 500.00</td><td></td><td></td><td></td></tr>
<tr><td>其中：应税货物销售额</td><td>2</td><td>1 802 500.00</td><td></td><td></td><td></td></tr>
<tr><td>应税劳务销售额</td><td>3</td><td>0.00</td><td></td><td></td><td></td></tr>
<tr><td>纳税检查调整的销售额</td><td>4</td><td>0.00</td><td></td><td></td><td></td></tr>
<tr><td>（二）按简易办法计税销售额</td><td>5</td><td>0.00</td><td></td><td></td><td></td></tr>
<tr><td>其中：纳税检查调整的销售额</td><td>6</td><td>0.00</td><td></td><td></td><td></td></tr>
<tr><td>（三）免、抵、退办法出口销售额</td><td>7</td><td>0.00</td><td></td><td>—</td><td>—</td></tr>
<tr><td>（四）免税销售额</td><td>8</td><td>0.00</td><td></td><td>—</td><td>—</td></tr>
<tr><td>其中：免税货物销售额</td><td>9</td><td>0.00</td><td></td><td>—</td><td>—</td></tr>
<tr><td>免税劳务销售额</td><td>10</td><td>0.00</td><td></td><td>—</td><td>—</td></tr>
</table>

续表

项目		栏次	一般货物、劳务和应税服务		即征即退货物、劳务和应税服务	
			本月数	本年累计	本月数	本年累计
税款计算	销项税额	11	306 425.00			
	进项税额	12	168 850.00			
	上期留抵税额	13	0.00			—
	进项税额转出	14	6 800.00			
	免、抵、退应退税额	15	0.00		—	—
	按适用税率计算的纳税检查应补缴税额	16	0.00	—		—
	应抵扣税额合计	17 = 12 + 13 - 14 - 15 + 16	162 050.00	—		—
	实际抵扣税额	18（如 17 < 11，则为 17，否则为 11）	162 050.00			
	应纳税额	19 = 11 - 18	144 375.00			
	期末留抵税额	20 = 17 - 18	0.00			—
	简易计税办法计算的应纳税额	21	0.00			
	按简易计税办法计算的纳税检查应补缴税额	22	0.00		—	—
	应纳税额减征额	23	0.00			
	应纳税额合计	24 = 19 + 21 - 23	144 375.00			

续表

	项目	栏次	一般货物、劳务和应税服务		即征即退货物、劳务和应税服务	
			本月数	本年累计	本月数	本年累计
税款缴纳	期初未缴税额（多缴为负数）	25	0.00			
	实收出口开具专用缴款书退税额	26	0.00		—	—
	本期已缴税额	27 = 28 + 29 + 30 + 31	0.00			
	① 分次预缴税额	28	0.00	—		—
	② 出口开具专用缴款书预缴税额	29	0.00	—	—	—
	③ 本期缴纳上期应纳税额	30	120 000.00			
	④ 本期缴纳欠缴税额	31	0.00			
	期末未缴税额（多缴为负数）	32 = 24 + 25 + 26 − 27	144 375.00			
	其中：欠缴税额（≥0）	33 = 25 + 26 − 27	0.00	—		—
	本期应补（退）税额	34 = 24 − 28 − 29	144 375.00	—		—
	即征即退实际退税额	35	—	—		
	期初未缴查补税额	36	0.00		—	—
	本期入库查补税额	37	0.00		—	—
	期末未缴查补税额	38 = 16 + 22 + 36 − 37	0.00		—	—

授权声明	如果你已委托代理人申报，请填写下列资料： 为代理一切税务事宜，现授权 （地址）　　为本纳税 人的代理申报人，任何与本 申报表有关的往来文件，都可寄予此人。 授权人签字：	申报人声明	本纳税申报表是根据国家税收法律法规及相关规定填报的，我确定它是真实的、可靠的、完整的。 声明人签字：

主管税务机关：　　　　接收人：　　　　接收日期：

四、技能训练

1. 背景资料

企业名称：红星水泥有限公司

纳税人识别号：220100652801169

企业组织机构代码：110208066

企业税务登记证号：22033626156633

注册地址及电话：东阳市和平区太原街119号　024－3405860

法定代表人：张天明，身份证号码为210196510092280

财务负责人：李楠

办税人员：王丽雯

注册资本：5 000万元

开户银行及账号：招商银行东阳分行　32880160422200

国税局税务登记类型：增值税一般纳税人

经营范围：水泥、水泥制品等系列产品的生产及销售

选用的会计政策：《企业会计准则》，存货按实际成本计价核算。

2. 业务资料

红星水泥有限公司2014年3月发生的业务如下：

（1）“应交税费——应交增值税”明细账期初借方余额50 000元。

（2）3月2日，从胜利矿粉厂购进石灰石、粉煤灰，矿粉等一批，取得防伪税控系统开具的增值税专用发票，该发票已经通过税务机关的认证，发票上注明价款500 000元，增值税税款85 000元。原材料已经验收入库，货款及运费已付讫。

（3）3月6日，从华美包装制品有限公司购进水泥袋、集装袋、吨袋等包装袋一批，取得防伪税控系统开具的增值税专用发票，发票上注明价款200 000元，增值税税款34 000元；取得铁路运输部门开具的运费增值税专用发票一张，金额8 000元，增值税税款880元。发票已经通过税务机关的认证，包装袋已经验收入库，货款及运费已付讫。

（4）3月10日，从路明模具机械厂购进生产高速水泥制品模具一批，取得防伪税控系统开具的增值税专用发票，该发票已经通过税务机关的认证，发票上注明价款90 000元，增值税税款15 300元。货款已付，模具已验收入库。

（5）3月13日，以直接收款的方式销售通用水泥1 000吨（每吨400元），开出的增值税发票上注明的价款为400 000元，增值税税款为68 000元。货物已经发出，货款已收，同时收取运费20 000元。

（6）3月15日，采取分期收款方式销售复合硅酸盐水泥2 000吨（不含增值税销售价格每吨550元）。合同约定本月25日收取50%的货款及相应的增值税税款。

（7）3月18日，从宏利采石场（小规模纳税人）购进天然沙、石子一批，取得普通发票，价税合计5 000元。

（8）3月20日，采取直接收款的方式向个体户销售普通硅酸盐水泥一批，取得含增值税销售收入33 100元，收取运费2 000元。货款已收，开具普通发票。

(9) 3 月 22 日，将 10 吨自产复合硅酸盐水泥用于本企业厂房建设。该批水泥不含增值税销售价格每吨 550 元，成本价位每吨 300 元。

(10) 3 月 24 日，购进水泥生产线一条，取得防伪税控系统开具的增值税专用发票，该发票已经通过税务机关的认证，发票上注明价款 100 000 元，增值税税款 17 000 元，款项尚未支付。

(11) 3 月 25 日，支付本月生产用电的水费，取得防伪税控系统开具的增值税专用发票，该发票已经通过税务机关的认证，发票上注明价款 80 000 元，增值税税款 13 600 元，款项已经支付。

(12) 3 月 28 日，支付本月生产用水的水费，取得防伪税控系统开具的增值税专用发票，该发票已经通过税务机关的认证，发票上注明价款 59 000 元，增值税税款 10 030 元，款项已经支付。

(13) 3 月 29 日，清理出租、出借包装物，将逾期未退回包装物押金 8 600 元予以没收。

(14) 3 月 30 日，为养老院加工水泥板一批，并通过市民政局无偿捐赠。该批水泥板的实际生产成本 30 000 元，该批产品无同类产品价格。

3. 技能要求

(1) 计算红星水泥有限公司 2014 年 3 月应缴纳的增值税税税额。

(2) 做出上述相关业务的账务处理。

(3) 填写《本期销售情况明细》(见表 3-1-2)、《本期进项税额明细》(见表 3-1-3) 及《增值税纳税申报表》(见表 3-1-1) 并办理增值税纳税申报。

任务二　增值税小规模纳税人核算与纳税申报

知识目标：

◆ 熟悉增值税征税范围、纳税人、税率

◆ 掌握增值税小规模纳税人应纳税额计算

◆ 掌握增值税纳税期限、纳税义务发生时间、纳税地点

能力目标：

◆ 能进行增值税小规模纳税人应纳税额计算

◆ 能进行增值税小规模纳税人涉税业务会计核算

◆ 能办理增值税小规模纳税人纳税申报

情景导航

新韵商贸有限公司系增值税小规模纳税人，主要从事商品的批发零售经营。当地税务机关核定按月缴纳增值税，执行《企业会计准则》，存货按实际成本计价核算。该公司 2014 年 1 月零售商品一批。

那么，该公司应纳的增值税是多少？应如何办理增值税纳税申报？

一、任务描述

根据新韵商贸有限公司1月份发生业务的原始凭证，计算当月应纳的增值税税额，填制增值税小规模纳税人涉税记账凭证，并进行增值税小规模纳税人的纳税申报。

二、相关知识点

（一）增值税小规模纳税人、征收率

1. 小规模纳税人

从事货物生产或者提供应税劳务的，以及以从事货物生产或者提供应税劳务为主，并兼营货物批发或者零售的年应征增值税销售额（以下简称“应税销售额”）在50万元以下（含本数，下同）的纳税人为小规模纳税人；上述规定以外的，年应税销售额在80万元以下的纳税人为小规模纳税人。

从事应税服务的年应征增值税销售额（以下简称“应税服务年销售额”），未超过规定标准的纳税人为小规模纳税人。应税服务年销售额超过规定标准的其他个人不属于一般纳税人。应税服务年销售额超过规定标准但不经常提供应税服务的单位和个体工商户可选择按照小规模纳税人纳税。

小规模纳税人会计核算健全，能够提供准确税务资料的，可以向主管税务机关申请资格认定，不作为小规模纳税人。除国家税务总局另有规定外，纳税人一经认定为一般纳税人后，不得转为小规模纳税人。

2. 征收率

小规模纳税人增值税征收率为3%。

（二）增值税小规模纳税人应纳税额计算

1. 应纳税额的计算公式

小规模纳税人销售货物或提供应税劳务或提供应税服务，实行按照销售额和征收率计算应纳税额的简易办法，并不得抵扣进项税额。其计算公式为：

$$应纳税额 = 销售额 \times 征收率$$

公式中销售额与增值税一般纳税人计算应纳增值税的销售额规定内容一致，是销售货物或提供应税劳务或提供应税服务向购买方收取的全部价款和价外费用，但不包括按征收率收取的增值税税额。

2. 含税销售额的换算

小规模纳税人销售货物或者提供应税劳务或者提供应税服务采用销售额和应纳税额合并定价方法的，按下列公式计算销售额：

$$销售额 = \frac{含税销售额}{1 + 征收率}$$

3. 小规模纳税人销售使用过的物品应纳税额的计算

小规模纳税人（除其他个人外）销售自己使用过的固定资产和旧货，按下列公式确定销售额和应纳税额：

$$销售额 = \frac{含税销售额}{1+3\%}$$

$$应纳税额 = 销售额 \times 2\%$$

小规模纳税人销售自己使用过的除固定资产以外的物品，计算如下：

$$销售额 = \frac{含税销售额}{1+3\%}$$

$$应纳税额 = 销售额 \times 3\%$$

4. 主管税务机关为小规模纳税人代开发票应纳税额的计算

小规模纳税人销售货物或提供应税劳务，可以申请主管税务机关代开发票。主管税务机关为小规模纳税人（包括小规模纳税人中的企业、企业性单位及其他小规模纳税人）代开专用发票，应在专用发票“单价”栏和“金额”栏分别填写不含增值税税额的单价和销售额，因此，其应纳税额按销售额依照征收率计算。

5. 小规模纳税人购进税控收款机的进项税额的抵扣

增值税小规模纳税人购置税控收款机，经主管税务机关审核批准后，可凭购进税控收款机取得的增值税专用发票，按照发票上注明的增值税税额，抵免当期应纳增值税，或者按照购进税控收款机取得的普通发票上注明的价款，依下列公式计算可抵免税额：

$$可抵免税额 = 价款 \div (1+17\%) \times 17\%$$

当期应纳税额不足抵免的，未抵免部分可在下期继续抵免。

（三）增值税小规模纳税人的纳税申报

1. 直接上门纳税申报

小规模纳税人由于没有进项税额抵扣，目前采用的是简易申报，其申报流程相对一般纳税人而言比较简单。小规模纳税人在规定的申报时间内，提供相关的报税资料到国税机关办税服务大厅进项纳税申报即可。

（1）纳税申报需要报送的资料。

① 主表及附表。《增值税纳税申报表（小规模纳税人适用）》（具体见表3-2-1）及《增值税纳税申报表（小规模纳税人适用）附列资料》（具体见表3-2-2）。

小规模纳税人提供应税服务，在确定应税服务销售额时，按照有关规定可以从取得的全部价款和价外费用中扣除价款的，需填报《增值税纳税申报表（小规模纳税人适用）附列资料》。其他情况不填写该附列资料。

② 特定资料。《机动车销售统一发票领用存月报表》（具体见表3-2-3），以及已开具的统一发票存根联（机动车经销企业报送）；按月报送《机动车辆销售统一发票清单》（具体见表3-2-4）及其电子信息（机动车经销企业报送）；按月报送《机动车辆经销企业销售明细表》（具体见表2-2-5）及其电子信息（机动车经销企业报送）；推行税控收款机

的纳税人需报送税控收款机 IC 卡；增值税税收优惠附报资料。

（2）纳税申报表及特定资料的填制。小规模纳税人纳税申报需填写《增值税纳税申报表（小规模纳税人适用）》（具体见表 3－2－1）。此外，增值税纳税人销售使用过的固定资产、销售免税货物或提供免税劳务的，也使用本表，以及《增值税纳税申报表（小规模纳税人适用）附列资料》（具体见表 3－2－2）。

表 3－2－1　　增值税纳税申报表

（小规模纳税人适用）

纳税人识别号：

纳税人名称（公章）：　　　　　　　　　　　　金额单位：元至角分

税款所属期：　　年　月　日至　　年　月　日　　　　　　填表日期：　　年　月　日

	项目	栏次	本期数		本年累计	
			应税货物及劳务	应税服务	应税货物及劳务	应税服务
一、计税依据	（一）应征增值税不含税销售额	1				
	税务机关代开的增值税专用发票不含税销售额	2				
	税控器具开具的普通发票不含税销售额	3				
	（二）销售使用过的应税固定资产不含税销售额	4（4≥5）		—		—
	其中：税控器具开具的普通发票不含税销售额	5		—		—
	（三）免税销售额	6（6≥7）				
	其中：税控器具开具的普通发票销售额	7				
	（四）出口免税销售额	8（8≥9）				
	其中：税控器具开具的普通发票销售额	9				
二、税款计算	本期应纳税额	10				
	本期应纳税额减征额	11				
	应纳税额合计	12＝10－11				
	本期预缴税额	13			—	—
	本期应补（退）税额	14＝12－13			—	—

续表

<table>
<tr><td rowspan="7">纳税人或代理人声明：
本纳税申报表是根据国家税收法律法规及相关规定填报的，我确定它是真实的、可靠的、完整的。</td><td colspan="2">如纳税人填报，由纳税人填写以下各栏：</td></tr>
<tr><td>办税人员：</td><td>财务负责人：</td></tr>
<tr><td>法定代表人：</td><td>联系电话：</td></tr>
<tr><td colspan="2">如委托代理人填报，由代理人填写以下各栏：</td></tr>
<tr><td>代理人名称（公章）：</td><td>经办人：</td></tr>
<tr><td></td><td></td></tr>
<tr><td></td><td>联系电话：</td></tr>
</table>

主管税务机关：　　　　　　　　接收人：　　　　　　　　接收日期：

填表说明：

本表“应税货物及劳务”与“应税服务”各项目应分别填写。

（一）“税款所属期”是指纳税人申报的增值税应纳税额的所属时间，应填写具体的起止年、月、日。

（二）“纳税人识别号”栏，填写纳税人的税务登记证号码。

（三）“纳税人名称”栏，填写纳税人单位名称全称。

（四）第1栏“应征增值税不含税销售额”：填写应税货物及劳务、应税服务的不含税销售额，不包括销售使用过的应税固定资产和销售旧货的不含税销售额、免税销售额、出口免税销售额、查补销售额。

应税服务有扣除项目的纳税人，本栏填写扣除后的不含税销售额，与当期《增值税纳税申报表（小规模纳税人适用）附列资料》第8栏数据一致。

（五）第2栏“税务机关代开的增值税专用发票不含税销售额”：填写税务机关代开的增值税专用发票销售额合计。

（六）第3栏“税控器具开具的普通发票不含税销售额”：填写税控器具开具的应税货物及劳务、应税服务的普通发票注明的金额换算的不含税销售额。

（七）第4栏“销售使用过的应税固定资产不含税销售额”：填写销售自己使用过的应税固定资产和销售旧货的不含税销售额，销售额＝含税销售额/（1＋3%）。

（八）第5栏“税控器具开具的普通发票不含税销售额”：填写税控器具开具的销售自己使用过的应税固定资产和销售旧货的普通发票金额换算的不含税销售额。

（九）第6栏“免税销售额”：填写销售免征增值税应税货物及劳务、免征增值税应税服务的销售额。应税服务有扣除项目的纳税人，填写扣除之前的销售额。

（十）第7栏“税控器具开具的普通发票销售额”：填写税控器具开具的销售免征增值税应税货物及劳务、免征增值税应税服务的普通发票销售额。

（十一）第8栏“出口免税销售额”：填写出口免征增值税应税货物及劳务、出口免征增值税应税服务的销售额。应税服务有扣除项目的纳税人，填写扣除之前的销售额。

（十二）第9栏“税控器具开具的普通发票销售额”：填写税控器具开具的出口免征增值税应税货物及劳务、出口免征增值税应税服务的普通发票销售额。

（十三）第10栏“本期应纳税额”：填写本期按征收率计算缴纳的应纳税额。

（十四）第11栏“本期应纳税额减征额”：填写纳税人本期按照税法规定减征的增值税应纳税额。包含可在增值税应纳税额中全额抵减的增值税税控系统专用设备费用以及技术维护费，可在增值税应纳税额中抵免的购置税控收款机的增值税税额。其抵减、抵免增值税应纳税额情况，需填报《增值税纳税申报表附列资料（四）》（税额抵减情况表）予以反映。无抵减、抵免情况的纳税人，不填报此表。

当本期减征额小于或等于第10栏“本期应纳税额”时，按本期减征额实际填写；当本期减征额大于第10栏“本期应纳税额”时，按本期第10栏填写，本期减征额不足抵减部分结转下期继续抵减。

（十五）第13栏“本期预缴税额”：填写纳税人本期预缴的增值税额，但不包括查补缴纳的增值税额。

表 3-2-2　　增值税纳税申报表（小规模纳税人适用）附列资料

税款所属期：　　年　月　日至　　年　月　日　　　　　　　　　填表日期：　　年　月　日

纳税人名称（公章）：　　　　　　　　　　　　　　　　　　　　金额单位：元至角分

应税服务扣除额计算			
期初余额	本期发生额	本期扣除额	期末余额
1	2	3（3≤1+2之和，且3≤5）	4=1+2-3
应税服务计税销售额计算			
全部含税收入	本期扣除额	含税销售额	不含税销售额
5	6=3	7=5-6	8=7÷1.03

填表说明：

本附列资料由应税服务有扣除项目的纳税人填写，各栏次均不包含免征增值税应税服务数额。

（一）“税款所属期”是指纳税人申报的增值税应纳税额的所属时间，应填写具体的起止年、月、日。

（二）“纳税人名称”栏，填写纳税人单位名称全称。

（三）第1栏“期初余额”：填写应税服务扣除项目上期期末结存的金额，试点实施之日的税款所属期填写“0”。

（四）第2栏“本期发生额”：填写本期取得的按税法规定准予扣除的应税服务扣除项目金额。

（五）第3栏“本期扣除额”：填写应税服务扣除项目本期实际扣除的金额。

第3栏“本期扣除额”≤第1栏“期初余额”+第2栏“本期发生额”之和，且第3栏“本期扣除额”≤5栏“全部含税收入”

（六）第4栏“期末余额”：填写应税服务扣除项目本期期末结存的金额。

（七）第5栏“全部含税收入”：填写纳税人提供应税服务取得的全部价款和价外费用数额。

（八）第6栏“本期扣除额”：填写本附列资料第3项“本期扣除额”栏数据。

第6栏“本期扣除额”=第3栏“本期扣除额”

（九）第7栏“含税销售额”：填写应税服务的含税销售额。

第7栏“含税销售额”=第5栏“全部含税收入”-第6栏“本期扣除额”

（十）第8栏“不含税销售额”：填写应税服务的不含税销售额。

第8栏“不含税销售额”=第7栏“含税销售额”÷1.03，与《增值税纳税申报表（小规模纳税人适用）》第1栏“应征增值税不含税销售额”“本期数”“应税服务”栏数据一致。

表3-2-3　　　　《机动车销售统一发票领用存月报表》

纳税人名称：　　　　　　　　　　　　　　　　　　　　　　纳税人识别号：

项目	期初库存		本期领购		本期开具		本期交回未开具数量		本期作废或遗失		期末库存	
	1	2	3	4	5	6	7	8	9	10	11	12
机动车销售统一发票	份数	起止号码	份数	起止号码	份数	起止号码	份数	起止号码	份数	起止号码	份数	起止号码

填表说明：

1. 本表为开具机动车销售统一发票的纳税人填写；
2. 本表“本期交回未开具数量”为税务机关本期收缴或缴销的发票；
3. 本表“本期作废或遗失”为本期作废和遗失的发票；
4. 本表“起止号码”为发票号码的起止号码。

表3-2-4　　　　《动车销售统一发票清单》

企业名称：　　　　　　　　　　纳税人识别号：　　　　　所属期限：　年　月　日

序号	发票代码	发票号码	生产企业名称	厂牌型号	车架号码或车辆识别代码	价费合计金额
合计	—	—	—		—	

填表说明：

1. 本表“企业名称”和“纳税人识别号”为“机动车销售统一发票”机动车辆生产企业或经销企业名称和纳税人识别号。

2. 本表“所属期限”为申报当期，与申报表的所属期限一致。

3. 本表“序号”按自然码排序。

4. 本表“发票代码”为“机动车销售统一发票”右上角标明的第一行12位数字。

5. 本表“发票号码”为“机动车销售统一发票”右上角标明的第二行8位数字。

6. 本表“制造商名称”为机动车辆生产企业名称（全称）。

7. 本表“厂牌型号”、“车架号码或车辆识别代码”为车辆合格证上注明的“厂牌型号”、“车架号码或车辆识别代码”。车辆识别代码应填写完整的17位代码。

8. 本表“价费合计金额”为“机动车销售统一发票”上注明的“价费合计金额”。

表 3－2－5　　　　　　　机动车经销企业销售明细表

税款所属期：　年　月

纳税人识别号：　　　　　　　　　　　　　　　　　　　　　　合计：

填表单位：　　　　　　　　　　　　　　　　　　　　　　　　金额单位：元（列至角分）

序号	进货渠道		购车人姓名	厂牌型号	车辆识别号	价税合计
	名称	纳税人识别号				
1						
2						
3						
4						
5						
6						
7						
8						
9						
10						

2. 增值税小规模纳税人网上纳税申报

实行网上纳税申报的小规模纳税人应当在法定的纳税申报期内通过网上申报系统申报缴纳增值税。

（1）网上申报具体流程。

① 登录当地国家税务局国税网上申报系统，单击“网上办税”，输入小规模纳税人用户名和密码进入网上办税系统。

② 依次单击“申报征收”、“进入申报”，再输入申报所属时期起止后，在单击“进入申报”，按照纸质申报表的内容填写网上申报系统中的申报表，并按照系统提示进行申报。

③ 申报完成后，按照系统提示在网上通过 ETS 划缴税款。

④ 按照系统提示打印纳税申报表。

⑤ 检查网上申报和扣缴税款是否成功。纳税人进行网上申报和扣缴税款后，应通过网上“申报征收－查询”功能，输入查询所属期，然后按“查询”按钮，核对当期申报和扣税是否成功，如系统无法查询相关申报或扣缴税款结果，纳税人应在法定纳税期限内到主管国税机关的办税服务厅上门办理纳税申报，否则将按《税收征管法》及其实施细则的有关规定处理。

（2）网上申报纸质资料。小规模纳税人根据各月申报情况填写《小规模纳税人网上申报增值税分月汇总表》，并与各月加盖公章的纸质《增值税纳税申报表（适用小规模纳税人）》连同《发票领用存月报表》、《资产负债表》以及《损益表》等资料装订成册后，填写报送主管税务机关留存。

（3）网上申报纸质资料报送时间。网上成功申报的，小规模纳税人增值税网上申报资料每半年一次，具体报送时间为：第 1～6 月份纸质纳税资料报送时间为当年的 8 月 31 日前；第 7～12 月份纸质纳税资料报送时间为次年的 4 月 30 日前。纳税人须到主管税务机关办税服务厅报送纳税资料。如有在年度内办理注销税务登记的，在申请注销同时，把当年1月至办结注销手续当月的相关申报表等纳税纸质资料装订成册后报送主管税务机关留存。

网上不能成功申报的，小规模纳税人应于法定的申报期内到主管税务机关进行直接上门申报。

三、实训内容

1. 背景资料

企业名称：新韵商贸有限公司

纳税人识别号：210101100212361

企业组织机构代码：02428861

法定代表人：林辉，身份证号码为210120197207219910

财务负责人：葛义磊

办税人员：孙莉莉

注册资本：80万元

开户银行及账号：中国农业银行东阳分行　34216677105680

注册地址及电话：东阳市江城大街19号　024－3132211

国税局税务登记类型：增值税小规模纳税人

经营范围：商品的批发零售

选用的会计政策：《企业会计准则》，存货按实际成本计价核算。

2. 业务资料

新韵商贸有限公司2014年1月发生的业务如下：

【业务1】1月2日，购进文件柜、资料架等办公用品一批，共支出48 000元，取得普通发票，办公用品已入库（所附原始单据包括普通发票发票联；中国工商银行转账支票存根；收料单）。

根据上述业务，进行账务处理，填制通用记账凭证1张。

通用记账凭证

2014年1月2日　　　　凭证编号＿＿＿＿

摘要	会计科目		√	借方金额										√	贷方金额									
	总账科目	明细科目		千	百	十	万	千	百	十	元	角	分		千	百	十	万	千	百	十	元	角	分
购进办公用品	库存商品						4	8	0	0	0	0	0											
	银行存款																	4	8	0	0	0	0	0
附单据　3　张	合　计						4	8	0	0	0	0	0					4	8	0	0	0	0	0

会计主管：葛义磊　　记账：孙莉莉　　审核：李志华　　制单：刘民

【业务2】1月10日，购进肥皂、洗衣粉等日用品一批，共支出50 000元，取得普通发票，日用品已入库（所附原始单据包括普通发票发票联；中国工商银行转账支票存根；收料单）。

根据上述业务，进行账务处理，填制通用记账凭证1张。

通用记账凭证

2014年1月10日　　　　凭证编号________

摘要	会计科目		√	借方金额										√	贷方金额									
	总账科目	明细科目		千	百	十	万	千	百	十	元	角	分		千	百	十	万	千	百	十	元	角	分
购进日用品	库存商品						5	0	0	0	0	0	0											
	银行存款																	5	0	0	0	0	0	0
附单据 3 张	合计						5	0	0	0	0	0	0					5	0	0	0	0	0	0

会计主管：葛义磊　　　记账：孙莉莉　　　审核：李志华　　　制单：刘民

【业务3】1月18日，销售电脑夹、文件柜、资料册等办公用品一批，取得含税销售收入82 400元，利用税控器具普通发票已开，共计12张。货款已经入账（所附原始单据包括普通发票记账联；中国工商银行进账单）。

根据上述业务，计算应纳税额并进行账务处理，填制通用记账凭证1张。

应纳税额 $=82\ 400\div 1.03\times 3\% =2\ 400$（元）

通用记账凭证

2014年1月18日　　　　凭证编号________

摘要	会计科目		√	借方金额										√	贷方金额									
	总账科目	明细科目		千	百	十	万	千	百	十	元	角	分		千	百	十	万	千	百	十	元	角	分
销售办公用品	银行存款						8	2	4	0	0	0	0											
	主营业务收入																	8	0	0	0	0	0	0
	应交税费	应交增值税																	2	4	0	0	0	0
附单据 13 张	合计						8	2	4	0	0	0	0					8	2	4	0	0	0	0

会计主管：葛义磊　　　记账：孙莉莉　　　审核：李志华　　　制单：刘民

【业务4】1月20日，销售肥皂、洗衣粉等日用品一批，取得含税销售收入97 850元，利用税控器具普通发票已开，共计8张。货款已经入账（所附原始单据包括普通发票记账联；中国工商银行进账单）。

根据上述业务，计算应纳税额并进行账务处理，填制通用记账凭证1张。

应纳税额 $=97\ 850\div 1.03\times 3\% =2\ 850$（元）

通用记账凭证

2014 年 1 月 20 日　　　　凭证编号________

摘要	会计科目		√	借方金额										√	贷方金额									
	总账科目	明细科目		千	百	十	万	千	百	十	元	角	分		千	百	十	万	千	百	十	元	角	分
销售日用品	银行存款						9	7	8	5	0	0	0											
	主营业务收入																	9	5	0	0	0	0	0
	应交税费	应交增值税																	2	8	5	0	0	0
附单据 9 张	合 计						9	7	8	5	0	0	0					9	7	8	5	0	0	0

会计主管：葛义磊　　　　记账：孙莉莉　　　　审核：李志华　　　　制单：刘民

【业务5】1 月 25 日，销售牙刷、毛巾等日用品一批，取得不含税销售额为 9 000 元，由税务机关代开的增值税专用发票（所附原始单据包括增值税专用发票记账联；中国工商银行进账单）。

根据上述业务，计算应纳税额并进行账务处理，填制通用记账凭证 2 张。

应纳税额 = 9 000 × 3% = 270（元）

通用记账凭证

2014 年 1 月 25 日　　　　凭证编号________

摘要	会计科目		√	借方金额										√	贷方金额									
	总账科目	明细科目		千	百	十	万	千	百	十	元	角	分		千	百	十	万	千	百	十	元	角	分
销售日用品	银行存款							9	2	7	0	0	0											
	主营业务收入																		9	0	0	0	0	0
	应交税费	应交增值税																		2	7	0	0	0
附单据 2 张	合 计							9	2	7	0	0	0						9	2	7	0	0	0

会计主管：葛义磊　　　　记账：孙莉莉　　　　审核：李志华　　　　制单：刘民

通用记账凭证

2014 年 1 月 25 日　　　　凭证编号________

摘要	会计科目		√	借方金额										√	贷方金额									
	总账科目	明细科目		千	百	十	万	千	百	十	元	角	分		千	百	十	万	千	百	十	元	角	分
税务机关代开发票	应交税费	应交增值税							2	7	0	0	0											
	银行存款																			2	7	0	0	0
附单据 2 张	合 计								2	7	0	0	0							2	7	0	0	0

会计主管：葛义磊　　　　记账：孙莉莉　　　　审核：李志华　　　　制单：刘民

【业务6】1月26日，销售公司已经使用过的汽车，取得含增值税销售收入66 950元，利用税控器具普通发票已开1张。该汽车作为固定资产管理，原值90 000元，已经计提折旧15 000元（所附原始单据包括普通发票记账联；中国工商银行进账单）。

根据上述原始凭证，计算应纳税额并进行账务处理，填制通用记账凭证3张。

（1）将汽车转入固定资产清理。

通 用 记 账 凭 证

2014年1月26日　　　　凭证编号______

摘　要	会计科目		√	借方金额										√	贷方金额									
	总账科目	明细科目		千	百	十	万	千	百	十	元	角	分		千	百	十	万	千	百	十	元	角	分
销售旧汽车	固定资产清理						7	5	0	0	0	0	0											
	累计折旧						1	5	0	0	0	0	0											
	固定资产																							
																		9	0	0	0	0	0	0
附单据　2　张	合　计						9	0	0	0	0	0	0					9	0	0	0	0	0	0

会计主管：葛义磊　　记账：孙莉莉　　审核：李志华　　制单：刘民

（2）收取销售汽车的款项。

应纳税额 $=66\ 950 \div 1.03 \times 2\% = 65\ 000 \times 2\% = 1\ 300$（元）

通 用 记 账 凭 证

2014年1月26日　　　　凭证编号______

摘　要	会计科目		√	借方金额										√	贷方金额									
	总账科目	明细科目		千	百	十	万	千	百	十	元	角	分		千	百	十	万	千	百	十	元	角	分
销售旧汽车	银行存款						6	6	9	5	0	0	0											
	固定资产清理																	6	5	6	5	0	0	0
	应交税费	应交增值税																	1	3	0	0	0	0
附单据　2　张	合　计						6	6	9	5	0	0	0					6	6	9	5	0	0	0

会计主管：葛义磊　　记账：孙莉莉　　审核：李志华　　制单：刘民

（3）结转固定资产清理损益。

通 用 记 账 凭 证

2014年1月26日　　　　凭证编号______

摘　要	会计科目		√	借方金额										√	贷方金额									
	总账科目	明细科目		千	百	十	万	千	百	十	元	角	分		千	百	十	万	千	百	十	元	角	分
销售旧汽车	营业外支出							9	3	5	0	0	0											
	固定资产清理																		9	3	5	0	0	0
附单据　2　张	合　计							9	3	5	0	0	0						9	3	5	0	0	0

会计主管：葛义磊　　记账：孙莉莉　　审核：李志华　　制单：刘民

3. 实训成果

填制增值税纳税申报表（见表3-2-6）。

表3-2-6　　增值税纳税申报表

（小规模纳税人适用）

纳税人识别号：| 2 | 1 | 0 | 1 | 0 | 1 | 1 | 0 | 0 | 2 | 1 | 2 | 3 | 6 | 1 | | | | | |

纳税人名称（公章）：新韵商贸有限公司　　金额单位：元至角分

税款所属期：2014年1月1日至2014年1月31日　　填表日期：2014年2月15日

	项　目	栏　次	本期数		本年累计	
			应税货物及劳务	应税服务	应税货物及劳务	应税服务
一、计税依据	（一）应征增值税不含税销售额	1	184 000.00			
	税务机关代开的增值税专用发票不含税销售额	2	9 000.00			
	税控器具开具的普通发票不含税销售额	3	175 000.00			
	（二）销售使用过的应税固定资产不含税销售额	4（4≥5）	65 000.00	—		—
	其中：税控器具开具的普通发票不含税销售额	5	65 000.00	—		—
	（三）免税销售额	6（6≥7）	0.00			
	其中：税控器具开具的普通发票销售额	7	0.00			
	（四）出口免税销售额	8（8≥9）	0.00			
	其中：税控器具开具的普通发票销售额	9	0.00			
二、税款计算	本期应纳税额	10	6 820.00			
	本期应纳税额减征额	11	0.00			
	应纳税额合计	12=10-11	6 820.00			
	本期预缴税额	13	270.00		—	—
	本期应补（退）税额	14=12-13	6 550.00		—	—

纳税人或代理人声明： 本纳税申报表是根据国家税收法律法规及相关规定填报的，我确定它是真实的、可靠的、完整的。	如纳税人填报，由纳税人填写以下各栏：	
	办税人员：	财务负责人：
	法定代表人：	联系电话：
	如委托代理人填报，由代理人填写以下各栏：	
	代理人名称（公章）：	经办人：
		联系电话：

主管税务机关：　　接收人：　　接收日期：

四、技能训练

1. 背景资料

企业名称：新月面包有限公司

纳税人识别号：260459052315500

企业组织机构代码：04153321

法定代表人：王迪，身份证号码为210197008222204

财务负责人：高莹莹

办税人员：袁一飞

注册资本：50万元

开户银行及账号：中国农业银行北岭分行　216002500033

注册地址及电话：北岭市宾江路98号　0415－6162428

国税局税务登记类型：增值税小规模纳税人

经营范围：主营面包的生产批发零售，兼营月饼、糕点等系列食品

选用的会计政策：《企业会计准则》，存货按实际成本计价核算。

2. 业务资料

新月面包有限公司2014年3月发生的业务如下：

（1）3月5日，购进面粉一批，共支出52 000元，取得普通发票，面粉已入库。

（2）3月6日，购进食用油一批，共支出46 000元，取得普通发票，食用油已入库。

（3）3月10日，销售面包一批，取得含税销售收入82 000元，利用税控器具普通发票已开，共计14张。货款已经入账。

（4）3月10日，购进食品添加剂、白糖一批，共支出26 000元，取得普通发票，食品添加剂、白糖已入库。

（5）3月16日，销售蛋糕一批，取得含税销售收入43 000元，利用税控器具普通发票已开，共计9张。货款已经入账。

（6）3月20日，销售饼干一批，取得不含税销售额为15 000元，由税务机关代开的增值税专用发票。

（7）3月25日，销售公司已经使用过的汽车，取得含增值税销售收入52 000元，利用税控器具普通发票已开1张。该汽车作为固定资产管理，原值90 000元，已经计提折旧28 000元。

（8）3月28日，将本厂新研制的点心作为样品赠送给多家超市，供顾客品尝。该批点心无同类货物的销售价格，生产成本为7 000元。

3. 技能要求

（1）计算新月面包有限公司2014年3月应缴纳的增值税税额。

（2）做出上述相关业务的账务处理。

（3）填写《增值税纳税申报表》（见表3－2－1）并办理增值税纳税申报。

项目四

消费税纳税实训

任务　消费税核算与纳税申报

知识目标：

◆ 熟悉消费税纳税人、税目税率

◆ 掌握消费税应纳税额计算

◆ 掌握消费税纳税期限、纳税义务发生时间、纳税地点

能力目标：

◆ 能进行消费税应纳税额计算

◆ 能进行消费税涉税业务会计核算

◆ 能办理消费税纳税申报

情景导航

红河卷烟厂系增值税一般纳税人，主要从事卷烟的生产、加工与销售。该公司 2014 年 4 月销售各类卷烟一批。当地税务机关核定按月缴纳增值税和消费税，执行《企业会计准则》，存货按实际成本计价核算。

那么，该公司在一个纳税期限内应纳的消费税是多少？应如何进行消费税的纳税申报？

一、任务描述

根据红河卷烟厂 4 月份发生业务的原始凭证，计算 4 月份应纳的消费税税额，填制消费税涉税记账凭证，并进行消费税的纳税申报。

二、相关知识点

（一）消费税纳税人及税目、税率

1. 纳税人

在中华人民共和国境内生产、委托加工和进口应税消费品的单位和个人，以及国务院确定的销售规定的消费品的其他单位和个人，为消费税的纳税人。

其中，单位是指企业、行政单位、事业单位、军事单位、社会团体及其他单位；个人是指个体工商户及其他个人。

消费税的纳税人具体包括：

（1）生产销售（包括自用）应税消费品的，以生产销售的单位和个人为纳税人。

（2）委托加工应税消费品的，以委托加工的单位和个人为纳税人。

（3）进口应税消费品的，以进口的单位和个人为纳税人。

（4）零售金银首饰、铂金首饰、钻石及钻石饰品的，以零售的单位和个人为纳税人。

（5）批发卷烟的，以批发的单位和个人为纳税人。

2. 税目、税率

现行消费税共设置14个税目18个子目6个细目。具体包括：

（1）烟。凡是以烟叶为原料加工生产的产品，不论使用何种辅料，均属于本税目的征收范围，包括卷烟（进口卷烟、白包卷烟、手工卷烟和未经国务院批准纳入计划的企业及个人生产的卷烟）、雪茄烟和烟丝。

（2）酒及酒精。酒是酒精度在1°以上的各种酒类饮料；酒精又名乙醇是指用蒸馏或合成方法生产的酒精度在95°以上的无色透明液体。酒类包括白酒、黄酒、啤酒和其他酒；酒精包括各种工业酒精、医用酒精和食用酒精。

对饮食业、商业、娱乐业举办的啤酒屋（啤酒坊）利用啤酒生产设备生产的啤酒，应当征收消费税。

（3）化妆品。本税目征收范围包括各类美容、修饰类化妆品、高档护肤类化妆品和成套化妆品。

美容、修饰类化妆品是指香水、香水精、香粉、口红、指甲油、胭脂、眉笔、唇笔、蓝眼油、眼睫毛以及成套化妆品。

舞台、戏剧、影视演员化妆用的上妆油、卸装油、油彩不属于本税目的征收范围。

高档护肤类化妆品征收范围另行制定。

（4）贵重首饰及珠宝玉石。凡以金、银、白金、宝石、珍珠、钻石、翡翠、珊瑚、玛瑙等高贵稀有物质以及其他金属、人造宝石等制作的各种纯金银首饰及镶嵌首饰和经采掘、打磨、加工的各种珠宝玉石都属于本税目的征收范围。

（5）鞭炮、焰火。包括各种鞭炮、焰火。体育上用的发令纸、鞭炮药引线，不按本税目征收。

（6）成品油。包括汽油、柴油、石脑油、溶剂油、航空煤油、润滑油、燃料油七个子目。

① 汽油。汽油是指用原油或其他原料加工生产的辛烷值不小于66的可用作汽油发动机

燃料的各种轻质油。含铅汽油是指铅含量每升超过0.013克的汽油。

② 柴油。柴油是指用原油或其他原料加工生产的凝点或倾点在-50℃~30℃的可用作柴油发动机燃料的各种轻质油和以柴油成分为主、经调和精制可用作柴油发动机燃料的非标油。

③ 石脑油。石脑油又叫轻汽油、化工轻油，是以原油或其他原料加工生产的用于化工原料的轻质油。

④ 溶剂油。溶剂油是用原油或其他原料加工生产的用于涂料、油漆、食用油、印刷油墨、皮革、农药、橡胶、化妆品生产和机械清洗、胶粘行业的轻质油。

⑤ 航空煤油。航空煤油也叫喷气燃料，是用原油或其他原料加工生产的用作喷气发动机和喷气推进系统燃料的各种轻质油。

⑥ 润滑油。润滑油是用原油或其他原料加工生产的用于内燃机、机械加工过程的润滑产品。润滑油分为矿物性润滑油、植物性润滑油、动物性润滑油和化工原料合成润滑油。

⑦ 燃料油。燃料油也称重油、渣油，是用原油或其他原料加工生产，主要用于电厂发电、锅炉用燃料、加热炉燃料、冶金和其他工业炉燃料。

(7) 汽车轮胎。汽车轮胎是指用于各种汽车、挂车、专用车和其他机动车上的内外胎，不包括农用拖拉机、收割机、手扶拖拉机的专用轮胎。

(8) 小汽车。汽车是指由动力驱动，具有四个或四个以上车轮的非轨道承载的车辆，包括小轿车、越野车和小客车。

(9) 摩托车。包括轻便摩托车和摩托车。

(10) 高尔夫球及球具。高尔夫球及球具是指从事高尔夫球运动所需的各种专用装备，包括高尔夫球、高尔夫球杆及高尔夫球包（袋）等。

(11) 高档手表。高档手表是指销售价格（不含增值税）每只在10 000元（含）以上的各类手表。

(12) 游艇。游艇是指长度大于8米小于90米，船体由玻璃钢、钢、铝合金、塑料等多种材料制作，可以在水上移动的水上浮载体。按照动力划分，游艇分为无动力艇、帆艇和机动艇。

(13) 木制一次性筷子。木制一次性筷子又称卫生筷子，是指以木材为原料经过锯段、浸泡、旋切、刨切、烘干、筛选、打磨、倒角、包装等环节加工而成的各类一次性使用的筷子。

(14) 实木地板。实木地板是指以木材为原料，经锯割、干燥、刨光、截断、开榫、涂漆等工序加工而成的块状或条状的地面装饰材料。

消费税税率形式，是根据应税消费品的不同特点，分别采用比例税率、定额税率、比例税率和定额税率相结合的复合税率形式征税，具体税率见表4-1。

表4-1　　消费税税目税率表

税目	税率
一、烟	
1. 卷烟	
(1) 甲类卷烟	56%加0.003元/支
(2) 乙类卷烟	36%加0.003元/支
商业批发卷烟	5%
2. 雪茄烟	36%
3. 烟丝	30%

续表

税　目	税　率
二、酒及酒精	
1. 白酒	20%加0.5元/500克（或者500毫升）
2. 黄酒	240元/吨
3. 啤酒	
（1）甲类啤酒	250元/吨
（2）乙类啤酒	220元/吨
4. 其他酒	10%
5. 酒精	5%
三、化妆品	30%
四、贵重首饰及珠宝玉石	
1. 金银首饰、铂金首饰和钻石及钻石饰品	5%
2. 其他贵重首饰和珠宝玉石	10%
五、鞭炮、焰火	15%
六、成品油	
1. 汽油	
（1）含铅汽油	1.40元/升
（2）无铅汽油	1.00元/升
2. 柴油	0.80元/升
3. 航空煤油	0.80元/升
4. 石脑油	1.00元/升
5. 溶剂油	1.00元/升
6. 润滑油	1.00元/升
7. 燃料油	0.80元/升
七、汽车轮胎	3%
八、摩托车	
1. 汽缸容量（排气量，下同）在250毫升（含250毫升）以下的	3%
2. 汽缸容量在250毫升以上的	10%
九、小汽车	
1. 乘用车	
（1）汽缸容量（排气量，下同）在1.0升（含1.0升）以下的	1%
（2）汽缸容量在1.0升以上至1.5升（含1.5升）的	3%
（3）汽缸容量在1.5升以上至2.0升（含2.0升）的	5%
（4）汽缸容量在2.0升以上至2.5升（含2.5升）的	9%
（5）汽缸容量在2.5升以上至3.0升（含3.0升）的	12%
（6）汽缸容量在3.0升以上至4.0升（含4.0升）的	25%
（7）汽缸容量在4.0升以上的	40%
2. 中轻型商用客车	5%

续表

税　　目	税　　率
十、高尔夫球及球具	10%
十一、高档手表	20%
十二、游艇	10%
十三、木制一次性筷子	5%
十四、实木地板	5%

纳税人兼营不同税率的应税消费品，应当分别核算不同税率应税消费品的销售额、销售数量；未分别核算销售额、销售数量，或者将不同税率的应税消费品组成成套消费品销售的，从高适用税率。

（二）消费税计算

1. 从价定率征收消费税应纳税额的计算

在从价定率办法下，纳税人按照应税消费品的销售额和适用税率计算应纳税额。其计算公式为：

$$应纳税额 = 应税消费品的销售额 \times 比例税率$$

（1）生产销售应税消费品应纳税额的计算。

① 销售额的一般规定。销售额是指纳税人销售应税消费品向购买方所收取的全部价款和价外费用。

价外费用是指价外向购买方收取的手续费、补贴、基金、集资费、返还利润、奖励费、违约金、滞纳金、延期付款利息、赔偿金、代收款项、代垫款项、包装费、包装物租金、储备费、优质费、运输装卸费以及其他各种性质的价外收费。但下列项目不包括在内：

同时符合以下条件的代垫运输费用：承运部门的运输费用发票开具给购买方的；纳税人将该项发票转交给购买方的。

同时符合以下条件代为收取的政府性基金或者行政事业性收费：由国务院或者财政部批准设立的政府性基金，由国务院或者省级人民政府及其财政、价格主管部门批准设立的行政事业性收费；收取时开具省级以上财政部门印制的财政票据；所收款项全额上缴财政。

② 含增值税销售额的换算。应税消费品的销售额，不包括应向购货方收取的增值税税款。如果纳税人应税消费品的销售额中未扣除增值税税款，或者因不得开具增值税专用发票而发生价款和增值税税款合并收取的，在计算消费税时，应当换算为不含增值税税款的销售额。其换算公式为：

$$销售额 = \frac{含税销售额}{1 + 增值税税率或征收率}$$

③ 包装物的规定。纳税人销售应税消费品连同包装物销售的，无论包装物是否单独计价，也不论在会计上如何核算，均应并入应税消费品的销售额中征收消费税。

如果包装物不作价随同产品销售，而是收取押金，此项押金则不应并入应税消费品的销售额中征税。但对因逾期未收回的包装物不再退还的或者已收取的时间超过12个月的押金，应并入应税消费品的销售额，按照应税消费品的适用税率缴纳消费税；对既作价随同应税消费品销售，又另外收取的包装物押金，凡纳税人在规定的期限内不予退还的，均应并入应税消费品的销售额，按照应税消费品的适用税率征收消费税。

酒类产品生产企业销售酒类产品（黄酒、啤酒除外）而收取的包装物押金，无论押金是否返还以及在会计上如何核算，均需并入酒类产品销售额中，依酒类产品适用税率征收消费税。

④ 纳税人通过自设非独立核算门市部销售的自产应税消费品，应当按照门市部对外销售数量或者销售额计算征收消费税。

⑤ 纳税人用于换取生产资料和消费资料，投资入股和抵偿债务等方面的应税消费品，应当以纳税人同类应税消费品的最高销售价格作为计税依据计算征收消费税。

（2）自产自用应税消费品应纳税额的计算。纳税人自产自用应税消费品，用于连续生产应税消费品的，不纳税；用于其他方面的，在移送使用时缴纳消费税。纳税时，销售额的确定分为两种情况：

① 有同类消费品销售价格的，按纳税人生产的同类消费品的销售价格作为计税销售额。其计算公式为：

$$销售额 = 自产自用数量 \times 同类消费品销售单价$$

同类消费品的销售价格是指纳税人或代收代缴义务人当月销售的同类消费品的销售价格；如果当月同类消费品各期销售价格高低不同，应按销售数量加权平均计算。但销售的应税消费品有下列情况之一者，不得列入加权平均计算：销售价格明显偏低又无正当理由的；无销售价格的。如果当月无销售或当月未完结，应按照同类消费品上月或最近月份的销售价格计算纳税。

② 没有同类消费品销售价格的，以组成计税价格作为计税销售额。其计算公式为：

$$组成计税价格 = \frac{成本 + 利润}{1 - 比例税率}$$

公式中，成本是指应税消费品的产品生产成本。利润是指根据应税消费品的全国平均成本利润率计算的利润。应税消费品全国平均成本利润率由国家税务总局统一规定。平均成本利润率见表4－2。

表4－2　　　　平均成本利润率

货物名称	利润率（%）	货物名称	利润率（%）
1. 甲类卷烟	10	4. 烟丝	5
2. 乙类卷烟	5	5. 粮食白酒	10
3. 雪茄烟	5	6. 薯类白酒	5

续表

货物名称	利润率（%）	货物名称	利润率（%）
7. 其他酒	5	14. 高尔夫球及球具	10
8. 酒精	5	15. 高档手表	20
9. 化妆品	5	16. 游艇	10
10. 鞭炮、焰火	5	17. 木制一次性筷子	5
11. 贵重首饰及珠宝玉石	6	18. 实木地板	5
12. 汽车轮胎	5	19. 乘用车	8
13. 摩托车	6	20. 中轻型商用客车	5

（3）委托加工应税消费品应纳税额的计算。纳税人委托加工的应税消费品，应按照受托方生产的同类消费品的销售价格计算纳税；没有同类消费品销售价格的，按照组成计税价格计算纳税。

① 受托方有同类消费品销售价格的，按照受托方同类消费品的销售价格计算纳税。其计算公式为：

$$计税销售额=委托加工收回数量\times同类消费品销售单价$$

$$应纳消费税=计税销售额\times比例税率$$

② 受托方没有同类消费品销售价格的，按照组成计税价格计算纳税。其计算公式为：

$$组成计税价格=\frac{材料成本+加工费}{1-比例税率}$$

公式中，材料成本是指委托方所提供加工材料的实际成本。委托加工应税消费品的纳税人，必须在委托加工合同上如实注明（或以其他方式提供）材料成本，凡未提供材料成本的、受托方主管税务机关有权核定其材料成本。加工费是指受托方加工应税消费品向委托方所收取的全部费用（包括代垫辅助材料的实际成本）。

委托方将收回的应税消费品，以不高于受托方的计税价格出售的，为直接出售，不再缴纳消费税；委托方以高于受托方的计税价格出售的，不属于直接出售，需按照规定申报缴纳消费税，在计税时准予扣除受托方已代收代缴的消费税。如果用于连续生产应税消费品，已纳消费税可以抵扣。

纳税人委托个体经营者加工的应税消费品，于委托方收回后在委托方所在地纳税。

（4）进口应税消费品应纳税额的计算。进口的实行从价定率办法征收消费税的应税消费品，一律按照组成计税价格计算纳税。其计算公式为：

$$组成计税价格=\frac{关税完税价格+关税}{1-比例税率}$$

关税完税价格是指海关核定的关税完税价格。

（5）已纳消费税扣除的计算。为避免重复征税，税法规定，对以外购应税消费品和委托加工收回的应税消费品继续生产应税消费品销售的，可以将外购应税消费品和委托加工收回应税消费品已纳的消费税予以扣除。

① 扣除范围如下：

以外购（或委托加工收回）已税烟丝为原料生产的卷烟；

以外购（或委托加工收回）已税化妆品为原料生产的化妆品；

以外购（或委托加工收回）已税珠宝玉石为原料生产的贵重首饰及珠宝玉石；

以外购（或委托加工收回）已税鞭炮焰火为原料生产的鞭炮焰火；

以外购（或委托加工收回）已税汽车轮胎生产的汽车轮胎；

以外购（或委托加工收回）已税摩托车生产的摩托车；

以外购（或委托加工收回）已税杆头、杆身和握把为原料生产的高尔夫球杆；

以外购（或委托加工收回）已税木制一次性筷子为原料生产的木制一次性筷子；

以外购（或委托加工收回）已税实木地板为原料生产的实木地板；

以外购（或委托加工收回）已税石脑油为原料生产的应税消费品；

以外购（或委托加工收回）已税润滑油为原料生产的润滑油。

② 外购应税消费品已纳税款扣除的计算。

由于某些应税消费品是用外购已缴纳消费税的应税消费品连续生产出来的，在对这些连续生产出来的应税消费品计征消费税时，可按当期生产领用数量计算准予扣除外购的应税消费品已纳的消费税税款。其计算公式为：

$$\text{当期准予扣除的外购应税消费品已纳税款}=\text{当期准予扣除的外购应税消费品买价}\times\text{外购应税消费品适用税率}$$

$$\text{当期准予扣除的外购应税消费品买价}=\text{期初库存的外购应税消费品的买价}+\text{当期购进的应税消费品的买价}-\text{期末库存的外购应税消费品的买价}$$

③ 委托加工收回的应税消费品已纳税款扣除的计算。委托加工的应税消费品因为已由受托方代收代缴了消费税，因此，委托方将加工收回的应税消费品用于连续生产应税消费品的，其在委托加工环节已纳的消费税款，准予从连续生产的应税消费品应纳消费税税额中，按当期生产领用的数量计算扣除。其计算公式为：

$$\text{当期准予扣除的委托加工应税消费品已纳税款}=\text{期初库存的委托加工应税消费品已纳税款}+\text{当期收回的委托加工应税消费品已纳税款}-\text{期末库存的委托加工应税消费品已纳税款}$$

2. 从量定额征收消费税应纳税额的计算

在从量定额办法下，纳税人按照应税消费品的课税数量和单位税额计算应纳税额。其计算公式为：

$$\text{应纳税额}=\text{应税消费品的课税数量}\times\text{单位税额}$$

（1）课税数量的确定。

① 销售应税消费品的，课税数量为应税消费品的销售数量。

② 自产自用应税消费品的，课税数量为应税消费品的移送使用数量。

③ 委托加工应税消费品的，课税数量为纳税人收回的应税消费品数量。

④ 进口应税消费品的，课税数量为海关核定的应税消费品进口征税数量。

（2）计量单位的换算标准。为了规范不同产品的计量单位，以准确地计算应纳消费税额，税法规定了不同应税消费品计量单位的换算标准，具体见表4－3。

表4－3　计量单位的换算标准

名　称	计量单位的换算标准
黄酒	1吨＝962升
啤酒	1吨＝988升
汽油	1吨＝1 388升
柴油	1吨＝1 176升
航空煤油	1吨＝1 246升
石脑油	1吨＝1 385升
溶剂油	1吨＝1 282升
润滑油	1吨＝1 126升
燃料油	1吨＝1 015升

3. 复合计税方法应纳消费税的计算

现行消费税对卷烟、白酒采用复合计税办法。纳税人按照应税消费品的课税数量乘以单位税额再加上应税消费品的销售额乘以适用税率计算应纳税额。其计算公式为：

应纳税额＝应税消费品的课税数量×单位税额＋应税消费品的销售额×比例税率

卷烟、白酒从价定率的计税依据为销售额；没有同类消费品销售价格的，按组成计税价格计税。

① 自产自用应税消费品组成计税价格公式为：

$$组成计税价格=\frac{成本+利润+自产自用数量\times定额税率}{1-比例税率}$$

② 委托加工应税消费品组成计税价格公式为：

$$组成计税价格=\frac{材料成本+加工费+委托加工数量\times定额税率}{1-比例税率}$$

③ 进口应税消费品组成计税价格公式为：

$$组成计税价格=\frac{关税完税价格+关税+进口数量\times定额税率}{1-比例税率}$$

（三）消费税纳税义务发生时间

（1）纳税人采取赊销和分期收款结算方式的，为书面合同约定的收款日期的当天，书面合同没有约定收款日期或者无书面合同的，为发出应税消费品的当天；

（2）纳税人采取预收货款结算方式的，为发出应税消费品的当天；

（3）纳税人采取托收承付和委托银行收款方式的，为发出应税消费品并办妥托收手续的当天；

（4）纳税人采取其他结算方式的，为收讫销售款或者取得索取销售款凭据的当天；

（5）纳税人自产自用应税消费品的，为移送使用的当天；

（6）纳税人委托加工应税消费品的，为纳税人提货的当天；

（7）纳税人进口应税消费品的，为报关进口的当天。

（四）消费税纳税期限

消费税的纳税期限分别为：1 日、3 日、5 日、10 日、15 日、1 个月或者 1 个季度。纳税人的具体纳税期限，由主管税务机关根据纳税人应纳税额的大小分别核定；不能按照固定期限纳税的，可以按次纳税。

纳税人以 1 个月或者 1 个季度为 1 个纳税期的，自期满之日起 15 日内申报纳税；以 1 日、3 日、5 日、10 日或者 15 日为 1 个纳税期的，自期满之日起 5 日内预缴税款，于次月 1 日起 15 日内申报纳税并结清上月应纳税款。纳税人进口应税消费品，应当自海关填发海关进口消费税专用缴款书之日起 15 日内缴纳税款。

（五）消费税纳税地点

（1）纳税人销售的应税消费品，以及自产自用的应税消费品，除国务院财政、税务主管部门另有规定外，应当向纳税人机构所在地或者居住地的主管税务机关申报纳税。

纳税人的总机构与分支机构不在同一县（市）的，应当分别向各自机构所在地的主管税务机关申报纳税；经财政部、国家税务总局或者其授权的财政、税务机关批准，可以由总机构汇总向总机构所在地的主管税务机关申报纳税。

（2）纳税人到外县（市）销售或者委托外县（市）代销自产应税消费品的，于应税消费品销售后，向机构所在地或者居住地主管税务机关申报纳税。

（3）委托加工的应税消费品，除另有规定外，由受托方向其所在地主管税务机关申报纳税。

委托个人加工的应税消费品，由委托方向其机构所在地或者居住地主管税务机关申报纳税。

（4）进口的应税消费品，由进口人或代理人向报关地海关申报纳税。

（六）消费税纳税申报

1. 纳税申报方式

目前消费税主要采用上门申报的直接申报方式和网上申报的电子申报方式。

2. 纳税申报需要报送的资料

（1）烟类消费税纳税人纳税申报需要报送的资料。《烟类应税消费品消费税纳税申报表》；月报附表包括《本期准予扣除税额计算表》、《本期代收代缴税额计算表》；年报表为《卷烟销售明细表》。

（2）酒类消费税纳税人纳税申报需要报送的资料。《酒及酒精消费税纳税申报表》；月报附表包括《本期准予抵减税额计算表》、《本期代收代缴税额计算表》；年报表为《生产经营情况表》。

（3）成品油消费税纳税人纳税申报需要报送的资料。《成品油消费税纳税申报表》；月报附报包括《本期准予扣除税额计算表》、《本期减（免）税额计算表》、《本期代收代缴税额计算表》、《准予扣除消费税凭证明细表》、《成品油销售明细表》。

（4）小汽车消费税纳税人纳税申报需要报送的资料。《小汽车消费税纳税申报表》；月报附表包括《本期代收代缴税额计算表》；年报表为《生产经营情况表》。

（5）其他应税品消费税纳税人纳税申报需要报送的资料。《其他应税消费品消费税纳税申报表》，《其他应税消费品消费税纳税申报表》仅供化妆品、贵重首饰及珠宝玉石、鞭炮焰火、汽车轮胎、摩托车、高尔夫球及球具、高档手表、游艇、木制一次性筷子、实木地板等消费税纳税人使用；月报附表包括《本期准予扣除税额计算表》、《本期代收代缴税额计算表》、《准予扣除消费税凭证明细表》；年报表为《生产经营情况表》。

以上申报主表及月报附表于每月办理消费税纳税申报时填报；年报表于每年度终了后填写，次年一月份办理消费税纳税申报时报送。

3. 纳税申报表的填制

（1）烟类应税消费品纳税申报表。烟类应税消费品申报表主表《烟类应税消费品消费税纳税申报表》（具体见表4－4－1）；附表《本期准予扣除税额计算表》（具体见表4－4－2）、《本期代收代缴税额计算表》（具体见表4－4－3）及《卷烟销售明细表》（具体见表4－4－4）。

表4－4－1　　　　烟类应税消费品消费税纳税申报表

税款所属期：　　年　月　日至　　年　月　日

纳税人名称（公章）：

纳税人识别号：

填表日期：　年　月　日　　单位：卷烟万支、雪茄烟支、烟丝千克；金额单位：元（列至角分）

项目 应税消费品名称	适用税率		销售数量	销售额	应纳税额
	定额税率	比例税率			
卷烟	30元/万支	56%			
卷烟	30元/万支	36%			
雪茄烟	—	36%			
烟丝	—	30%			
合计	—	—	—	—	

续表

<table>
<tr><td></td><td rowspan="4">声明
此纳税申报表是根据国家税收法律的规定填报的，我确定它是真实的、可靠的、完整的。
经办人（签章）：
财务负责人（签章）：
联系电话：</td></tr>
<tr><td>本期准予扣除税额：</td></tr>
<tr><td>本期减（免）税额：</td></tr>
<tr><td>期初未缴税额：</td></tr>
<tr><td>本期缴纳前期应纳税额：</td><td rowspan="4">（如果你已委托代理人申报，请填写）
授权声明
为代理一切税务事宜，现授权（地址）______ ______为本纳税人的代理申报人，任何与本申报表有关的往来文件，都可寄予此人。
授权人签章：</td></tr>
<tr><td>本期预缴税额：</td></tr>
<tr><td>本期应补（退）税额：</td></tr>
<tr><td>期末未缴税额：</td></tr>
</table>

以下由税务机关填写

受理人（签章）：　　　　受理日期：　　年　月　日　　　　受理税务机关（章）：

填表说明：

1. 本表仅限烟类消费税纳税人使用。

2. 本表“销售数量”为《中华人民共和国消费税暂行条例》、《中华人民共和国消费税暂行条例实施细则》及其他法规、规章规定的当期应申报缴纳消费税的烟类应税消费品销售（不含出口免税）数量。

3. 本表“销售额”为《中华人民共和国消费税暂行条例》、《中华人民共和国消费税暂行条例实施细则》及其他法规、规章规定的当期应申报缴纳消费税的烟类应税消费品销售（不含出口免税）收入。

4. 根据《中华人民共和国消费税暂行条例》和《财政部　国家税务总局关于调整烟类产品消费税政策的通知》（财税［2001］91号）的规定，本表“应纳税额”计算公式如下：

（1）卷烟

应纳税额 = 销售数量 × 定额税率 + 销售额 × 比例税率

（2）雪茄烟、烟丝

应纳税额 = 销售额 × 比例税率

5. 本表“本期准予扣除税额”按本表附件一的本期准予扣除税款合计金额填写。

6. 本表“本期减（免）税额”不含出口退（免）税额。

7. 本表“期初未缴税额”填写本期期初累计应缴未缴的消费税额，多缴为负数。其数值等于上期“期末未缴税额”。

8. 本表“本期缴纳前期应纳税额”填写本期实际缴纳入库的前期消费税额。

9. 本表“本期预缴税额”填写纳税申报前已预先缴纳入库的本期消费税额。

10. 本表“本期应补（退）税额”计算公式如下，多缴为负数：

本期应补（退）税额 = 应纳税额（合计栏金额）− 本期准予扣除税额 − 本期减（免）税额 − 本期预缴税额

11. 本表“期末未缴税额”计算公式如下，多缴为负数：

期末未缴税额 = 期初未缴税额 + 本期应补（退）税额 − 本期缴纳前期应纳税额

12. 本表为A4竖式，所有数字小数点后保留两位。一式二份，一份纳税人留存，一份税务机关留存。

表 4－4－2　　　　　　　　本期准予扣除税额计算表

税款所属期：　　年　月　日至　　年　月　日

纳税人名称（公章）：

纳税人识别号：□□□□□□□□□□□□□□□□□□□□

填表日期：　　年　月　日　　　　　　　　　　　　　　　　　金额单位：元（列至角分）

一、当期准予扣除的委托加工烟丝已纳税款计算
1. 期初库存委托加工烟丝已纳税款：
2. 当期收回委托加工烟丝已纳税款：
3. 期末库存委托加工烟丝已纳税款：
4. 当期准予扣除的委托加工烟丝已纳税款：
二、当期准予扣除的外购烟丝已纳税款计算
1. 期初库存外购烟丝买价：
2. 当期购进烟丝买价：
3. 期末库存外购烟丝买价：
4. 当期准予扣除的外购烟丝已纳税款：
三、本期准予扣除税款合计：

填表说明：

1. 本表作为《烟类应税消费品消费税纳税申报表》的附报资料，由外购或委托加工收回烟丝后连续生产卷烟的纳税人填报。

2. 根据《国家税务总局关于用外购和委托加工收回的应税消费品连续生产应税消费品征收消费税问题的通知》（国税发［1995］94 号）的规定，本表“当期准予扣除的委托加工烟丝已纳税款”计算公式如下：

当期准予扣除的委托加工烟丝已纳税款＝期初库存委托加工烟丝已纳税款＋当期收回委托加工烟丝已纳税款－期末库存委托加工烟丝已纳税款

3. 根据《国家税务总局关于用外购和委托加工收回的应税消费品连续生产应税消费品征收消费税问题的通知》（国税发［1995］94 号）的规定，本表“当期准予扣除的外购烟丝已纳税款”计算公式如下：

当期准予扣除的外购烟丝已纳税款＝（期初库存外购烟丝买价＋当期购进烟丝买价－期末库存外购烟丝买价）×外购烟丝适用税率（30%）

4. 本表“本期准予扣除税款合计”为本期外购及委托加工收回烟丝后连续生产卷烟准予扣除烟丝已纳税款的合计数，应与《烟类应税消费品消费税纳税申报表》中对应项目一致。

5. 本表为 A4 竖式，所有数字小数点后保留两位。一式二份，一份纳税人留存，一份税务机关留存。

表 4-4-3 **本期代收代缴税额计算表**

税款所属期：　　年　月　日至　　年　月　日

纳税人名称（公章）：

纳税人识别号：□□□□□□□□□□□□□□□□□□□□

填表日期：　　年　月　日　　　　　　　　　　　　　　　　　　　　金额单位：元（列至角分）

项目 \ 应税消费品名称		卷烟	卷烟	雪茄烟	烟丝	合计
适用税率	定额税率	30 元/万支	30 元/万支	—	—	—
	比例税率	45%	30%	25%	30%	—
受托加工数量						—
同类产品销售价格						—
材料成本						—
加工费						—
组成计税价格						
本期代收代缴税款						

填表说明：

1. 本表作为《烟类应税消费品消费税纳税申报表》的附报资料，由烟类应税消费品受托加工方填报。
2. 本表“受托加工数量”的计量单位为卷烟为万支，雪茄烟为支，烟丝为千克。
3. 本表“同类产品销售价格”为受托方同类产品销售价格。
4. 根据《中华人民共和国消费税暂行条例》的规定，本表“组成计税价格”的计算公式如下：

组成计税价格 =（材料成本 + 加工费）÷（1 − 消费税税率）

5. 根据《中华人民共和国消费税暂行条例》的规定，本表“本期代收代缴税款”的计算公式如下：

（1）当受托方有同类产品销售价格时，

本期代收代缴税款 = 同类产品销售价格 × 受托加工数量 × 适用税率 + 受托加工数量 × 适用税率

（2）当受托方没有同类产品销售价格时，

本期代收代缴税款 = 组成计税价格 × 适用税率 + 受托加工数量 × 适用税率

6. 本表为 A4 竖式，所有数字小数点后保留两位。一式二份，一份纳税人留存，一份税务机关留存。

表4－4－4　**卷烟销售明细表**

所属期：　年　月　日至　年　月　日

纳税人名称（公章）：

纳税人识别号：□□□□□□□□□□□□□□□□□□□□

填表日期：　年　月　日　　单位：万支、元、元/条（200支）

卷烟牌号	烟支包装规格	产量	销量	消费税计税价格	销售额	备注
合计	—			—	—	—

填表说明：

1. 本表为年报，作为《烟类应税消费品消费税纳税申报表》的附报资料，由卷烟消费税纳税人于年度终了后填写，次年1月份办理消费税纳税申报时报送。同时报送本表的Excel格式电子文件。

2. 本表"消费税计税价格"为计算缴纳消费税的卷烟价格。已核定消费税计税价格的卷烟，实际销售价格高于核定消费税计税价格的，填写实际销售价格；实际销售价格低于核定消费税计税价格的，填写核定消费税计税价格；同时，在备注栏中填写核定消费税计税价格的文号。未核定消费税计税价格的，以及出口、委托加工收回后直接销售的卷烟，填写实际销售价格。在同一所属期内该栏数值发生变化的，应分行填写，并在备注栏中标注变动日期。

3. 已核定消费税计税价格但已停产卷烟、新牌号新规格卷烟、交易价格变动牌号卷烟、出口卷烟、委托加工收回后直接销售卷烟分别在备注栏中注明"停产"、"新牌号"、"价格变动"、"出口"、"委托加工收回后直接销售"字样。新牌号新规格卷烟需同时在备注栏中注明投放市场的月份。委托加工收回后直接销售卷烟需同时注明受托加工方企业名称。

4. 本表"销售额"按照以下公式计算填写：

销售额＝销量×消费税计税价格

5. 本表为A4横式，所有数字小数点后保留两位。一式二份，一份纳税人留存，一份税务机关留存。

（2）酒类应税消费品纳税申报表

酒及酒精应税消费品申报表主表《酒及酒精消费税纳税申报表》（具体见表4－5－1）；附表《本期准予抵减税额计算表》（具体见表4－5－2）、《本期代收代缴税额计算表》（具体见表4－5－3）及《生产经营情况表》（具体见表4－5－4）。

表 4-5-1　　　　　　酒及酒精消费税纳税申报表

税款所属期：　年　月　日至　年　月　日

纳税人名称（公章）：

纳税人识别号：

填表日期：　年　月　日　　　　　　　　　　金额单位：元（列至角分）

项目 应税消费品名称	适用税率		销售数量	销售额	应纳税额
	定额税率	比例税率			
粮食白酒	0.5 元/斤	20%			
薯类白酒	0.5 元/斤	20%			
啤酒	250 元/吨	—			
啤酒	220 元/吨	—			
黄酒	240 元/吨	—			
其他酒	—	10%			
酒精	—	5%			
合计	—	—	—	—	

本期准予抵减税额：	声明 此纳税申报表是根据国家税收法律的规定填报的，我确定它是真实的、可靠的、完整的。 经办人（签章）： 财务负责人（签章）： 联系电话：
本期减（免）税额：	
期初未缴税额：	
本期缴纳前期应纳税额：	（如果你已委托代理人申报，请填写） 授权声明 为代理一切税务事宜，现授权 ______（地址）______ 为本纳税人的代理申报人，任何与本申报表有关的往来文件，都可寄予此人。 授权人签章：
本期预缴税额：	
本期应补（退）税额：	
期末未缴税额：	

以下由税务机关填写

受理人（签章）：　　　受理日期：　年　月　日　　　受理税务机关（章）

填表说明：

1. 本表仅限酒及酒精消费税纳税人使用。

2. 本表“销售数量”为《中华人民共和国消费税暂行条例》、《中华人民共和国消费税暂行条例实施细则》及其他法规、规章规定的当期应申报缴纳消费税的酒及酒精销售（不含出口免税）数量。计量单位：粮食白酒和薯类白酒为斤（如果实际销售商品按照体积标注计量单位，应按500毫升为1斤换算），啤酒、黄酒、其他酒和酒精为吨。

3. 本表“销售额”为《中华人民共和国消费税暂行条例》、《中华人民共和国消费税暂行条例实施细则》及其他法规、规章规定的当期应申报缴纳消费税的酒及酒精销售（不含出口免税）收入。

4. 根据《中华人民共和国消费税暂行条例》和《财政部　国家税务总局关于调整酒类产品消费税政策的通知》（财税［2001］84号）的规定，本表“应纳税额”计算公式如下：

（1）粮食白酒、薯类白酒

应纳税额 = 销售数量 × 定额税率 + 销售额 × 比例税率

（2）啤酒、黄酒

应纳税额 = 销售数量 × 定额税率

（3）其他酒、酒精

应纳税额 = 销售额 × 比例税率

5. 本表“本期准予抵减税额”按本表附件一的本期准予抵减税款合计金额填写。

6. 本表“本期减（免）税额”不含出口退（免）税额。

7. 本表“期初未缴税额”填写本期期初累计应缴未缴的消费税额，多缴为负数。其数值等于上期“期末未缴税额”。

8. 本表“本期缴纳前期应纳税额”填写本期实际缴纳入库的前期消费税额。

9. 本表“本期预缴税额”填写纳税申报前已预先缴纳入库的本期消费税额。

10. 本表“本期应补（退）税额”计算公式如下，多缴为负数：

本期应补(退)税额 = 应纳税额(合计栏金额) − 本期准予抵减税额 − 本期减(免)税额 − 本期预缴税额

11. 本表“期末未缴税额”计算公式如下，多缴为负数：

期末未缴税额 = 期初未缴税额 + 本期应补（退）税额 − 本期缴纳前期应纳税额

12. 本表为A4竖式，所有数字小数点后保留两位。一式二份，一份纳税人留存，一份税务机关留存。

表4－5－2　　本期准予抵减税额计算表

税款所属期：　　年　月　日至　　年　月　日

纳税人名称（公章）：

纳税人识别号：| | | | | | | | | | | | | | | | | | | |

填表日期：　年　月　日　　　　单位：吨、元（列至角分）

一、当期准予抵减的外购啤酒液已纳税款计算
1. 期初库存外购啤酒液数量：
2. 当期购进啤酒液数量：
3. 期末库存外购啤酒液数量：
4. 当期准予抵减的外购啤酒液已纳税款：
二、当期准予抵减的进口葡萄酒已纳税款：
三、本期准予抵减税款合计：

附：准予抵减消费税凭证明细

啤酒（增值税专用发票）	号码	开票日期	数量	单价	定额税率（元/吨）
	合计	—		—	—
葡萄酒（海关进口消费税专用缴款书）	号码	开票日期	数量	完税价格	税款金额
	合计	—			

填表说明：

1. 本表作为《酒及酒精消费税纳税申报表》的附报资料，由以外购啤酒液为原料连续生产啤酒的纳税人或以进口葡萄酒为原料连续生产葡萄酒的纳税人填报。

2. 根据《国家税务总局关于用外购和委托加工收回的应税消费品连续生产应税消费品征收消费税问题的通知》（国税发［1995］94号）和《国家税务总局关于啤酒集团内部企业间销售（调拨）啤酒液征收消费税问题的批复》（国税函［2003］382号）的规定，本表“当期准予抵减的外购啤酒液已纳税款”计算公式如下：

当期准予抵减的外购啤酒液已纳税款 =（期初库存外购啤酒液数量 + 当期购进啤酒液数量 − 期末库存外购啤酒液数量）× 外购啤酒液适用定额税率

其中，外购啤酒液适用定额税率由购入方取得的销售方销售啤酒液所开具的增值税专用发票上记载的单价确定。适用定额税率不同的，应分别核算外购啤酒液数量和当期准予抵减的外购啤酒液已纳税款，并在表中填写合计数。

3. 根据《国家税务总局关于印发〈葡萄酒消费税管理办法（试行）〉的通知》（国税发［2006］66号）的规定，本表“当期准予抵减的进口葡萄酒已纳税款”为纳税人进口葡萄酒取得的《海关进口消费税专用缴款书》注明的消费税款。

4. 本表“本期准予抵减税款合计”应与《酒及酒精消费税纳税申报表》中对应项目一致。

5. 以外购啤酒液为原料连续生产啤酒的纳税人应在“附：准予抵减消费税凭证明细”栏据实填写购入啤酒液取得的增值税专用发票上载明的“号码”、“开票日期”、“数量”、“单价”等项目内容。

6. 以进口葡萄酒为原料连续生产葡萄酒的纳税人应在“附：准予抵减消费税凭证明细”栏据实填写进口消费税专用缴款书上载明的“号码”、“开票日期”、“数量”、“完税价格”、“税款金额”等项目内容。

7. 本表为A4竖式，所有数字小数点后保留两位。一式二份，一份纳税人留存，一份税务机关留存。

表 4-5-3　　　　　　　　**本期代收代缴税额计算表**

税款所属期：　　年　月　日至　　年　月　日

纳税人名称（公章）：

纳税人识别号：□□□□□□□□□□□□□□□□□□□□

填表日期：　　年　月　日　　　　　　　　　　　　　　　　金额单位：元（列至角分）

项目 \ 应税消费品名称		粮食白酒	薯类白酒	啤酒	啤酒	黄酒	其他酒	酒精	合计
适用税率	定额税率	0.5 元/斤	0.5 元/斤	250 元/吨	220 元/吨	240 元/吨	—	—	—
	比例税率	20%	20%	—	—	—	10%	5%	—
受托加工数量									—
同类产品销售价格						—			—
材料成本						—			—
加工费						—			—
组成计税价格						—			—
本期代收代缴税款									

填表说明：

1. 本表作为《酒及酒精消费税纳税申报表》的附报资料，由酒及酒精受托加工方填报。
2. 本表“受托加工数量”的计量单位是：粮食白酒和薯类白酒为斤（如果实际销售商品按照体积标注计量单位，应按 500 毫升为 1 斤换算），啤酒、黄酒、其他酒和酒精为吨。
3. 本表“同类产品销售价格”为受托方同类产品销售价格。
4. 根据《中华人民共和国消费税暂行条例》的规定，本表“组成计税价格”的计算公式如下：
组成计税价格 =（材料成本 + 加工费）÷（1 − 消费税税率）
5. 根据《中华人民共和国消费税暂行条例》的规定，本表“本期代收代缴税款”的计算公式如下：
（1）当受托方有同类产品销售价格时
本期代收代缴税款 = 同类产品销售价格 × 受托加工数量 × 适用税率 + 受托加工数量 × 适用税率
（2）当受托方没有同类产品销售价格时
本期代收代缴税款 = 组成计税价格 × 适用税率 + 受托加工数量 × 适用税率
6. 本表为 A4 竖式，所有数字小数点后保留两位。一式二份，一份纳税人留存，一份税务机关留存。

表 4-5-4 **生产经营情况表**

税款所属期：　　年　月　日至　　年　月　日

纳税人名称（公章）：

纳税人识别号：

填表日期：　　年　月　日　　　　　　　　　　　　金额单位：元（列至角分）

应税消费品名称 / 项目	粮食白酒	薯类白酒	啤酒（适用税率 250 元/吨）	啤酒（适用税率 220 元/吨）	黄酒	其他酒	酒精
生产数量							
销售数量							
委托加工收回酒及酒精直接销售数量							
委托加工收回酒及酒精直接销售额							
出口免税销售数量							
出口免税销售额							

填表说明：

1. 本表为年报，作为《酒及酒精消费税纳税申报表》的附报资料，由酒及酒精消费税纳税人于年度终了后填写，次年 1 月份办理消费税纳税申报时报送。

2. 本表"生产数量"，填写本期生产的产成品数量。

3. 本表"销售数量"填写要求同《酒及酒精消费税纳税申报表》。

4. 本表"出口免税销售数量"和"出口免税销售额"为享受出口免税政策的应税消费品销售数量和销售额。

5. 本表计量单位：粮食白酒和薯类白酒为斤（如果实际销售商品按照体积标注计量单位，应按 500 毫升为 1 斤换算），啤酒、黄酒、其他酒和酒精为吨。

6. 本表为 A4 竖式，所有数字小数点后保留两位。一式二份，一份纳税人留存，一份税务机关留存。

（3）成品油应税消费品纳税申报表

成品油应税消费品申报表主表《成品油消费税纳税申报表》（具体见表 4-6-1）；附表《本期准予扣除税额计算表》（具体见表 4-6-2）、《本期减（免）税额计算表》（具体见表 4-6-3）、《本期代收代缴税额计算表》（具体见表 4-6-4）、《成品油销售明细表》（具体见表 4-6-5）及《准予扣除消费税凭证明细表》（具体见表 4-6-6）。

表 4-6-1　　成品油消费税纳税申报表

税款所属期：　年　月　日至　年　月　日

纳税人名称（公章）：

纳税人识别号：

填表日期：　年　月　日　　　　计量单位：升；金额单位：元（列至角分）

项目 应税消费品名称	适用税率（元/升）	销售数量	应纳税额
含铅汽油	1.4		
无铅汽油	1		
柴油	0.8		
石脑油	1		
溶剂油	1		
润滑油	1		
燃料油	0.8		
航空煤油	0.8		
合计	—	—	

本期减（免）税额：	声明 此纳税申报表是根据国家税收法律的规定填报的，我确定它是真实的、可靠的、完整的。 声明人签字：
期初留抵税额：	
本期准予抵扣税额：	
本期应抵扣税额：	
期初未缴税额：	
期末留抵税额：	
本期实际抵扣税额：	
本期缴纳前期应纳税额：	（如果你已委托代理人申报，请填写） 授权声明 为代理一切税务事宜，现授权＿＿＿＿（地址）＿＿＿＿＿＿为本纳税人的代理申报人，任何与本申报表有关的往来文件，都可寄予此人。 授权人签章：
本期预缴税额：	
本期应补（退）税额：	
期末未缴税额：	

以下由税务机关填写

受理人（签章）：　　受理日期：　年　月　日　　受理税务机关（章）：

填表说明：

1. 本表仅限成品油消费税纳税人使用。

2. 本表"销售数量"为当期应当申报缴纳消费税的成品油应税消费品销售数量。生产企业用自产汽油生产的乙醇汽油，销售数量为当期销售的乙醇汽油所耗用的汽油数量。

3. 本表"应纳税额"计算公式如下：应纳税额 = 销售数量 × 适用税率

4. 本表"期初留抵税额"数值等于上期"期末留抵税额"。

5. 本表"本期准予扣除税额"按本表附1的本期准予扣除税款合计金额填写。

6. 本表"本期应抵扣税额"计算公式如下：

本期应抵扣税额 = 期初留抵税额 + 本期准予抵扣税额

7. 本表"本期减（免）税额"按本表附2的本期减（免）税额合计金额填写。不含暂缓征收的项目。

8. 本表"期初未缴税额"填写本期期初应缴未缴的消费税额，多缴为负数。其数值等于上期"期末未缴税额"。

9. 本表"期末留抵税额"计算公式如下，其值大于零时按实际数值填写，小于等于零时填写零：

期末留抵税额 = 本期应抵扣税额 - 应纳税额(合计栏金额) + 本期减(免)税额

10. 本表"本期实际抵扣税额"计算公式为：

本期实际抵扣税额 = 本期应抵扣税额 - 期末留抵税额

11. 本表"本期缴纳前期应纳税额"填写本期实际入库的前期消费税税额。

12. 本表"本期预缴税额"填写纳税申报前已预先缴纳入库的本期消费税额。

13. 本表"本期应补（退）税额"计算公式如下，多缴为负数：

本期应补(退)税额 = 应纳税额(合计栏金额) - 本期减(免)税额 - 本期实际抵扣税额 - 本期预缴税额

14. 本表"期末未缴税额"计算公式如下，多缴为负数：

期末未缴税额 = 期初未缴税额 + 本期应补（退）税额 - 本期缴纳前期应纳税额

15. 本表为A4竖式，所有数字小数点后保留两位。一式二份，一份纳税人留存，一份税务机关留存。

表 4-6-2 **本期准予扣除税额计算表**

税款所属期：　　年　月　日至　　年　月　日

纳税人名称（公章）：

纳税人识别号：□□□□□□□□□□□□□□□□□□□□

填表日期：　　年　月　日　　　　　　　　　计量单位：升；　金额单位：元（列至角分）

项目 \ 应税消费品名称	含铅汽油	无铅汽油	柴油	石脑油	润滑油	燃料油
一、当期准予扣除的委托加工收回应税消费品已纳税款计算						
1. 期初库存委托加工应税消费品已纳税款						
2. 当期收回委托加工应税消费品已纳税款						
3. 期末库存委托加工应税消费品已纳税款						
4. 当期准予扣除的委托加工应税消费品已纳税款						

续表

应税消费品名称 项目	含铅汽油	无铅汽油	柴油	石脑油	润滑油	燃料油
二、当期准予扣除的外购应税消费品已纳税款计算						
1. 期初库存外购应税消费品数量						
2. 当期购进应税消费品数量						
3. 期末库存外购应税消费品数量						
4. 当期准予扣除的外购应税消费品数量						
5. 当期准予扣除的外购应税消费品税款						
三、当期准予扣除的进口应税消费品已纳税款计算						
1. 期初库存进口应税消费品已纳税款						
2. 当期进口应税消费品已纳税款						
3. 期末库存进口应税消费品已纳税款						
4. 当期准予扣除的进口应税消费品已纳税款						
四、本期准予扣除税款合计：						

填表说明：

1. 本表作为《成品油消费税纳税申报表》的附报资料，由外购、进口或委托加工收回含铅汽油、无铅汽油、柴油、石脑油、润滑油、燃料油后连续生产应税成品油的纳税人填写。

2. 本表“当期准予扣除的委托加工应税消费品已纳税款”计算公式如下：

当期准予扣除的委托加工含铅汽油、无铅汽油、柴油、石脑油、润滑油、燃料油已纳税款＝期初库存委托加工汽油、柴油、石脑油、润滑油、燃料油已纳税款＋当期委托加工收回汽油、柴油、石脑油、润滑油、燃料油已纳税款－期末库存委托加工汽油、柴油、石脑油、润滑油、燃料油已纳税款。

3. 本表“当期准予扣除的外购应税消费品已纳税款”计算公式如下：

当期准予扣除的含铅汽油、无铅汽油、柴油、石脑油、润滑油、燃料油已纳税款＝当期准予扣除外购汽油、柴油、石脑油、润滑油、燃料油数量×外购汽油、柴油、石脑油、润滑油、燃料油适用税率

当期准予扣除外购含铅汽油、无铅汽油、柴油、石脑油、润滑油、燃料油数量＝(期初库存外购汽油、柴油、石脑油、润滑油、燃料油数量＋当期购进汽油、柴油、石脑油、润滑油、燃料油数量－期末库存外购汽油、柴油、石脑油、润滑、燃料油油数量)

4. 本表“当期准予扣除的进口应税消费品已纳税款”计算公式如下：

当期准予扣除的含铅汽油、无铅汽油、柴油、石脑油、润滑油、燃料油已纳税款＝期初库存进口汽油、柴油、石脑油、润滑油、燃料油已纳税款＋当期进口汽油、柴油、石脑油、润滑油、燃料油已纳税款－期末库存进口汽油、柴油、石脑油、润滑油、燃料油已纳税款。

5. 本表“本期准予扣除税款合计”为本期外购、进口或委托加工收回含铅汽油、无铅汽油、柴油、石脑油、润滑油、燃料油数量后连续生产应税消费品准予扣除含铅汽油、无铅汽油、柴油、石脑油、润滑油、燃料油已纳税款的合计数，即本表项目一＋项目二＋项目三，应与《成品油消费税纳税申报表》中对应项目一致。

6. 本表为A4竖式，所有数字小数点后保留两位。一式二份，一份纳税人留存，一份税务机关留存。

表 4-6-3　　本期减（免）税额计算表

税款所属期：　　年　月　日至　　年　月　日

纳税人名称（公章）：

纳税人识别号：

填表日期：　年　月　日　　　　　　　　　　计量单位：升；　金额单位：元（列至角分）

项目＼应税消费品名称	含铅汽油	无铅汽油	柴油	石脑油	溶剂油	润滑油	燃料油	航空煤油	合计
适用税率（元/升）	1.4	1	0.8	1	1	1	0.8	0.8	—
本期减（免）数量									—
本期减（免）税额									

填表说明：

1. 本表作为《成品油消费税纳税申报表》的附报资料，由按照税法规定减免应税消费品消费税的纳税人填写。不含暂缓征收的项目。

2. 本表"本期减（免）税额"计算公式如下：

本期减（免）税额 = 本期减（免）数量 × 适用税率

3. 本表为 A4 竖式，所有数字小数点后保留两位。一式二份，一份纳税人留存，一份税务机关留存。

表 4-6-4　　本期代收代缴税额计算表

税款所属期：　　年　月　日至　　年　月　日

纳税人名称（公章）：

纳税人识别号：

填表日期：　年　月　日　　　　　　　　　　计量单位：升；　金额单位：元（列至角分）

项目＼应税消费品名称	含铅汽油	无铅汽油	柴油	石脑油	溶剂油	润滑油	燃料油	航空煤油	合计
适用税率（元/升）	1.4	1.0	0.8	1.0	1.0	1.0	0.8	0.8	—
受托加工数量									—
本期代收代缴税款									

填表说明：

1. 本表作为《成品油消费税纳税申报表》的附报资料，由成品油类应税消费品受托加工方填写。

2. 本表"受托加工数量"的计量单位为升。

3. 本表"本期代收代缴税款"计算公式为：

含铅汽油、无铅汽油、柴油、石脑油、溶剂油、润滑油和燃料油本期代收代缴税款 = 受托加工数量 × 适用税率

根据《财政部 国家税务总局关于调整和完善消费税政策的通知》（财税［2006］33 号）"航空煤油暂缓征收消费税"的规定，航空煤油暂不申报消费税。

4. 本表为 A4 竖式，所有数字小数点后保留两位。一式二份，一份纳税人留存，一份税务机关留存。

表4-6-5

成品油销售明细表

所属期：　　年　月　日至　　年　月　日

纳税人名称（公章）：

纳税人识别号：

填表日期：　　年　月　日　　　　数量单位：升；金额单位：元（列至角分）

成品油名称	发票代码	发票号码	销量	销售额	购货方纳税人名称	购货方纳税人识别号	备注
合计		—			—	—	—

填表说明：

1. 本表为月报，作为《成品油消费税纳税申报表》的附报资料，由成品油类消费税纳税人在办理申报时提供，填写所属期内在国内销售的所有油品的发票明细。

2. 本表“成品油名称”为销售货物发票上方注明的油品名称，同一油品集中填写，并有小计。

3. 本表为A4横式，所有数字小数点后保留两位。一式二份，一份纳税人留存，一份税务机关留存。

表 4－6－6　　准予扣除消费税凭证明细表

税款所属期：　　年　月　日至　　年　月　日

纳税人名称（公章）：

纳税人识别号：

填表日期：　　年　月　日　　　　　　　　计量单位：升；金额单位：元（列至角分）

应税消费品名称	凭证类别	凭证号码	开票日期	数量/升	金额	适用税率	消费税税额
合计	—	—					

填表说明：

1. 本表作为《成品油消费税纳税申报表》的附报资料，由外购或委托加工收回应税消费品后连续生产应税消费品的纳税人填报。

2. 本表“应税消费品名称”填写石脑油、润滑油、燃料油。

3. 本表“凭证类别”填写允许扣除凭证名称，如增值税专用发票、海关进口消费税专用缴款书、代扣代收税款凭证。

4. 本表“凭证号码”填写允许扣除凭证的号码。

5. 本表“开票日期”填写允许扣除凭证的开票日期。

6. 本表“数量”填写允许扣除凭证载明的应税消费品数量。

7. 本表“金额”填写允许扣除凭证载明的应税消费品金额。

8. 本表“适用税率”填写应税消费品的适用税率。

9. 本表“消费税税额”填写凭允许扣除凭证申报抵扣的消费税税额。

10. 本表为 A4 竖式。所有数字小数点后保留两位。一式二份，一份纳税人留存，一份税务机关留存。

（4）小汽车应税消费品纳税申报表。小汽车应税消费品申报表主表《小汽车消费税纳税申报表》（具体见表4－7－1）；附表《本期代收代缴税额计算表》（具体见表4－7－2）及《生产经营情况表》（具体见表4－7－3）。

表4－7－1　　小汽车消费税纳税申报表

税款所属期：　　年　月　日至　　年　月　日

纳税人名称（公章）：

纳税人识别号：

填表日期：　　年　月　日　　　　单位：辆、元（列至角分）

应税消费品名称 \ 项目		适用税率	销售数量	销售额	应纳税额
乘用车	汽缸容量≤1.5升	3%			
	1.5升＜汽缸容量≤2.0升	5%			
	2.0升＜汽缸容量≤2.5升	9%			
	2.5升＜汽缸容量≤3.0升	12%			
	3.0升＜汽缸容量≤4.0升	15%			
	汽缸容量＞4.0升	20%			
中轻型商用客车		5%			
合计		—	—	—	

	声明 此纳税申报表是根据国家税收法律的规定填报的，我确定它是真实的、可靠的、完整的。 经办人（签章）： 财务负责人（签章）： 联系电话：
本期准予扣除税额：	
本期减（免）税额：	
期初未缴税额：	

续表

<table>
<tr><td>本期缴纳前期应纳税额：</td><td rowspan="4">（如果你已委托代理人申报，请填写）
授权声明
为代理一切税务事宜，现授权______（地址）________________为本纳税人的代理申报人，任何与本申报表有关的往来文件，都可寄予此人。
授权人签章：</td></tr>
<tr><td>本期预缴税额：</td></tr>
<tr><td>本期应补（退）税额：</td></tr>
<tr><td>期末未缴税额：</td></tr>
</table>

以下由税务机关填写

受理人（签章）： 受理日期： 年 月 日 受理税务机关（章）：

填表说明：

1. 本表仅限小汽车消费税纳税人使用。

2. 纳税人生产的改装、改制车辆，应按照《财政部 国家税务总局关于调整和完善消费税政策的通知》（财税［2006］33号）中规定的适用税目、税率填写本表。

3. 本表“销售数量”为《中华人民共和国消费税暂行条例》、《中华人民共和国消费税暂行条例实施细则》及其他法规、规章规定的当期应申报缴纳消费税的小汽车类应税消费品销售（不含出口免税）数量。

4. 本表“销售额”为《中华人民共和国消费税暂行条例》、《中华人民共和国消费税暂行条例实施细则》及其他法规、规章规定的当期应申报缴纳消费税的小汽车类应税消费品销售（不含出口免税）收入。

5. 根据《中华人民共和国消费税暂行条例》的规定，本表“应纳税额”计算公式如下：

应纳税额 = 销售额 × 比例税率

6. 本表“本期减（免）税额”不含出口退（免）税额。

7. 本表“期初未缴税额”填写本期期初累计应缴未缴的消费税额，多缴为负数。其数值等于上期“期末未缴税额”。

8. 本表“本期缴纳前期应纳税额”填写本期实际缴纳入库的前期消费税额。

9. 本表“本期预缴税额”填写纳税申报前已预先缴纳入库的本期消费税额。

10. 本表“本期应补（退）税额”计算公式如下，多缴为负数：

本期应补(退)税额 = 应纳税额(合计栏金额) − 本期减(免)税额 − 本期预缴税额

11. 本表“期末未缴税额”计算公式如下，多缴为负数：

期末未缴税额 = 期初未缴税额 + 本期应补（退）税额 − 本期缴纳前期应纳税额

12. 本表为A4竖式，所有数字小数点后保留两位。一式二份，一份纳税人留存，一份税务机关留存。

表 4－7－2　　　　　　　　　　　本期代收代缴税额计算表

税款所属期：　　年　月　日至　　年　月　日

纳税人名称（公章）：

纳税人识别号：□□□□□□□□□□□□□□□□□□□□

填表日期：　　年　月　日　　　　　　　　　　　　　　　　　　金额单位：元（列至角分）

应税消费品名称 / 项目	乘用车：汽缸容量≤1.0 升	乘用车：1.0 升<汽缸容量≤1.5 升	乘用车：1.5 升<汽缸容量≤2.0 升	乘用车：2.0 升<汽缸容量≤2.5 升	乘用车：2.5 升<汽缸容量≤3.0 升	乘用车：3.0 升<汽缸容量≤4.0 升	乘用车：汽缸容量>4.0 升	中轻型商用客车	合计
适用税率	1%	3%	5%	9%	12%	25%	40%	5%	
受托加工数量									—
同类产品销售价格									—
材料成本									—
加工费									—
组成计税价格									—
本期代收代缴税款									

填表说明：

1. 本表作为《小汽车消费税纳税申报表》的附报资料，由小汽车受托加工方填写。

2. 生产和受托加工的改装、改制车辆，应按照《财政部 国家税务总局关于调整和完善消费税政策的通知》（财税［2006］33 号）中规定的适用税目、税率填写本表。

3. 本表“受托加工数量”的计量单位为辆。

4. 本表“同类产品销售价格”为受托方同类产品销售价格。

5. 根据《中华人民共和国消费税暂行条例》的规定，本表“组成计税价格”的计算公式如下：

组成计税价格＝（材料成本＋加工费）÷（1－消费税税率）

6. 根据《中华人民共和国消费税暂行条例》的规定，本表“本期代收代缴税款”的计算公式如下：

（1）当受托方有同类产品销售价格时

本期代收代缴税款＝同类产品销售价格×受托加工数量×适用税率

（2）当受托方没有同类产品销售价格时

本期代收代缴税款＝组成计税价格×适用税率

7. 本表为 A4 竖式，所有数字小数点后保留两位。一式二份，一份纳税人留存，一份税务机关留存。

表 4 - 7 - 3 **生产经营情况表**

税款所属期：　年　月　日至　年　月　日

纳税人名称（公章）：

纳税人识别号：□□□□□□□□□□□□□□□□□□□□

填表日期：　年　月　日　　　　金额单位：元（列至角分）

应税消费品名称 / 项目	乘用车：汽缸容量≤1.0 升	乘用车：1.0 升 < 汽缸容量≤1.5 升	乘用车：1.5 升 < 汽缸容量≤2.0 升	乘用车：2.0 升 < 汽缸容量≤2.5 升	乘用车：2.5 升 < 汽缸容量≤3.0 升	乘用车：3.0 升 < 汽缸容量≤4.0 升	乘用车：汽缸容量 >4.0 升	中轻型商用客车
生产数量								
销售数量								
委托加工收回应税消费品直接销售数量								
委托加工收回应税消费品直接销售额								
出口免税销售数量								
出口免税销售额								

填表说明：

1. 本表为年报，作为《小汽车消费税纳税申报表》的附报资料，由纳税人于每年年度终了后填写，次年 1 月份办理消费税纳税申报时报送。

2. 纳税人生产的改装、改制车辆，应按照《财政部 国家税务总局关于调整和完善消费税政策的通知》中规定的适用税目、税率填写本表。

3. 本表"应税消费品"、"销售数量"填写要求同《小汽车消费税纳税申报表》。

4. 本表"生产数量"，填写本期生产的产成品数量。

5. 本表"出口免税销售数量"和"出口免税销售额"为享受出口免税政策的应税消费品销售数量和销售额。

6. 本表为 A4 竖式。所有数字小数点后保留两位。一式二份，一份纳税人留存，一份税务机关留存。

（5）其他应税消费品纳税申报表。其他应税消费品申报表主表《其他应税消费税纳税申报表》（具体见表 4 - 8 - 1）；附表《本期准予扣除税额计算表》（具体见表 4 - 8 - 2）、《准予扣除消费税凭证明细表》（具体见表 4 - 8 - 3）、《本期代收代缴税额计算表》（具体见表 4 - 8 - 4）及《生产经营情况表》（具体见表 4 - 8 - 5）。

表 4－8－1　　　　　　其他应税消费品消费税纳税申报表

税款所属期：　年　月　日至　年　月　日

纳税人名称（公章）：

纳税人识别号：

填表日期：　年　月　日　　　　金额单位：元（列至角分）

项目 应税消费品名称	适用税率	销售数量	销售额	应纳税额
合计	—	—	—	

<table>
<tr><td></td><td rowspan="4">声明

此纳税申报表是根据国家税收法律的规定填报的，我确定它是真实的、可靠的、完整的。

经办人（签章）：
财务负责人（签章）：
联系电话：</td></tr>
<tr><td>本期准予抵减税额：</td></tr>
<tr><td>本期减（免）税额：</td></tr>
<tr><td>期初未缴税额：</td></tr>
<tr><td>本期缴纳前期应纳税额：</td><td rowspan="4">（如果你已委托代理人申报，请填写）
授权声明

为代理一切税务事宜，现授权______（地址）______为本纳税人的代理申报人，任何与本申报表有关的往来文件，都可寄予此人。
授权人签章：</td></tr>
<tr><td>本期预缴税额：</td></tr>
<tr><td>本期应补（退）税额：</td></tr>
<tr><td>期末未缴税额：</td></tr>
</table>

以下由税务机关填写

受理人（签章）：　　受理日期：　年　月　日　　受理税务机关（章）：

填表说明：

1. 本表限化妆品、贵重首饰及珠宝玉石、鞭炮焰火、汽车轮胎、摩托车、高尔夫球及球具、高档手表、游艇、木制一次性筷子、实木地板等消费税纳税人使用。

2. 本表“应税消费品名称”和“适用税率”按照以下内容填写：

化妆品：30%；贵重首饰及珠宝玉石：10%；金银首饰（铂金首饰、钻石及钻石饰品）：5%；鞭炮焰火：15%；汽车轮胎（除子午线轮胎外）：3%；汽车轮胎（限子午线轮胎）：3%（免税）；摩托车（排量>250毫升）：10%；摩托车（排量≤250毫升）：3%；高尔夫球及球具：10%；高档手表：20%；游艇：10%；木制一次性筷子：5%；实木地板：5%。

3. 本表“销售数量”为《中华人民共和国消费税暂行条例》、《中华人民共和国消费税暂行条例实施细则》及其他法规、规章规定的当期应申报缴纳消费税的应税消费品销售（不含出口免税）数量。计量单位是：汽车轮胎为套；摩托车为辆；高档手表为只；游艇为艘；实木地板为平方米；木制一次性筷子为万双；化妆品、贵重首饰及珠宝玉石（含金银首饰、铂金首饰、钻石及钻石饰品）、鞭炮焰火、高尔夫球及球具按照纳税人实际使用的计量单位填写并在本栏中注明。

4. 本表“销售额”为《中华人民共和国消费税暂行条例》、《中华人民共和国消费税暂行条例实施细则》及其他法规、规章规定的当期应申报缴纳消费税的应税消费品销售（不含出口免税）收入。

5. 根据《中华人民共和国消费税暂行条例》的规定，本表“应纳税额”计算公式如下：

应纳税额 = 销售额 × 适用税率

6. 本表“本期准予扣除税额”按本表附件一的本期准予扣除税款合计金额填写。

7. 本表“本期减（免）税额”不含出口退（免）税额。

8. 本表“期初未缴税额”填写本期期初累计应缴未缴的消费税额，多缴为负数。其数值等于上期“期末未缴税额”。

9. 本表“本期缴纳前期应纳税额”填写本期实际缴纳入库的前期消费税额。

10. 本表“本期预缴税额”填写纳税申报前已预先缴纳入库的本期消费税额。

11. 本表“本期应补（退）税额”计算公式如下，多缴为负数：

本期应补（退）税额 = 应纳税额（合计栏金额） - 本期准予扣除税额 - 本期减（免）税额 - 本期预缴税额

12. 本表“期末未缴税额”计算公式如下，多缴为负数：

期末未缴税额 = 期初未缴税额 + 本期应补（退）税额 - 本期缴纳前期应纳税额

13. 本表为A4竖式，所有数字小数点后保留两位。一式二份，一份纳税人留存，一份税务机关留存。

表 4 –8 –2 　　　　　　　　**本期准予扣除税额计算表**

税款所属期：　　年　月　日至　　年　月　日

纳税人名称（公章）：

纳税人识别号：□□□□□□□□□□□□□□□□□□□□

填表日期：　　年　月　日　　　　　　　　　　　　　　　　金额单位：元（列至角分）

<table>
<tr><td colspan="2">应税消费品名称
项目</td><td></td><td></td><td></td><td>合计</td></tr>
<tr><td rowspan="4">当期准予扣除的委托加工应税消费品已纳税款计算</td><td>期初库存委托加工应税消费品已纳税款</td><td></td><td></td><td></td><td>—</td></tr>
<tr><td>当期收回委托加工应税消费品已纳税款</td><td></td><td></td><td></td><td>—</td></tr>
<tr><td>期末库存委托加工应税消费品已纳税款</td><td></td><td></td><td></td><td>—</td></tr>
<tr><td>当期准予扣除委托加工应税消费品已纳税款</td><td></td><td></td><td></td><td></td></tr>
<tr><td rowspan="5">当期准予扣除的外购应税消费品已纳税款计算</td><td>期初库存外购应税消费品买价</td><td></td><td></td><td></td><td>—</td></tr>
<tr><td>当期购进应税消费品买价</td><td></td><td></td><td></td><td>—</td></tr>
<tr><td>期末库存外购应税消费品买价</td><td></td><td></td><td></td><td>—</td></tr>
<tr><td>外购应税消费品适用税率</td><td></td><td></td><td></td><td>—</td></tr>
<tr><td>当期准予扣除外购应税消费品已纳税款</td><td></td><td></td><td></td><td></td></tr>
<tr><td colspan="2">本期准予扣除税款合计</td><td></td><td></td><td></td><td></td></tr>
</table>

填表说明：

1. 本表作为《其他应税消费品消费税纳税申报表》的附报资料，由外购或委托加工收回应税消费品后连续生产应税消费品的纳税人填报。

2. 本表“应税消费品名称”填写化妆品、珠宝玉石、鞭炮焰火、汽车轮胎、摩托车（排量 >250 毫升）、摩托车（排量≤250 毫升）、高尔夫球及球具、木制一次性筷子、实木地板。

3. 根据《国家税务总局关于用外购和委托加工收回的应税消费品连续生产应税消费品征收消费税问题的通知》（国税发［1995］94 号）的规定，本表“当期准予扣除的委托加工应税消费品已纳税款”计算公式如下：

当期准予扣除的委托加工应税消费品已纳税款 = 期初库存委托加工应税消费品已纳税款 + 当期收回委托加工应税消费品已纳税款 – 期末库存委托加工应税消费品已纳税款

4. 根据《国家税务总局关于用外购和委托加工收回的应税消费品连续生产应税消费品征收消费税问题的通知》（国税发［1995］94 号）的规定，本表“当期准予扣除的外购应税消费品已纳税款”计算公式如下：

当期准予扣除的外购应税消费品已纳税款 =（期初库存外购应税消费品买价 + 当期购进应税消费品买价 – 期末库存外购应税消费品买价）× 外购应税消费品适用税率

5. 本表“本期准予扣除税款合计”为本期外购及委托加工收回应税消费品后连续生产应税消费品准予扣除应税消费品已纳税款的合计数，应与《其他应税消费品消费税纳税申报表》中对应项目一致。

6. 本表为 A4 竖式，所有数字小数点后保留两位。一式二份，一份纳税人留存，一份税务机关留存。

表 4-8-3　　　　　　　　　　　　　　**准予扣除消费税凭证明细表**

税款所属期：　　年　月　日至　　年　月　日

纳税人名称（公章）：

纳税人识别号：□□□□□□□□□□□□□□□□□□□□

填表日期：　　年　月　日　　　　　　　　　　　　　　　　金额单位：元（列至角分）

应税消费品名称	凭证类别	凭证号码	开票日期	数量	金额	适用税率	消费税税额
合计	—	—	—	—	—	—	

填表说明：

1. 本表作为《其他应税消费品消费税纳税申报表》的附报资料，由外购或委托加工收回应税消费品后连续生产应税消费品的纳税人填报。

2. 本表“应税消费品名称”填写高尔夫球及球具、木制一次性筷子、实木地板。

3. 本表“凭证类别”填写准予扣除凭证名称，如增值税专用发票、海关进口消费税专用缴款书、代扣代收税款凭证。

4. 本表“凭证号码”填写准予扣除凭证的号码。

5. 本表“开票日期”填写准予扣除凭证的开票日期。

6. 本表“数量”填写准予扣除凭证载明的应税消费品数量，并在本栏中注明计量单位。

7. 本表“金额”填写准予扣除凭证载明的应税消费品金额。

8. 本表“适用税率”填写应税消费品的适用税率。

9. 本表“消费税税额”填写凭该准予扣除凭证申报抵扣的消费税税额。

10. 本表为 A4 竖式，所有数字小数点后保留两位。一式二份，一份纳税人留存，一份税务机关留存。

表 4 -8 -4　　本期代收代缴税额计算表

税款所属期：　　年　月　日至　　年　月　日

纳税人名称（公章）：

纳税人识别号：

填表日期：　年　月　日　　　　金额单位：元（列至角分）

应税消费品名称 / 项目					合计
适用税率					—
受托加工数量					—
同类产品销售价格					—
材料成本					—
加工费					—
组成计税价格					—
本期代收代缴税款					

填表说明：

1. 本表作为《其他应税消费品消费税纳税申报表》的附报资料，由应税消费品受托加工方填报。

2. 本表“应税消费品名称”和“税率”按照以下内容填写：

化妆品：30%；贵重首饰及珠宝玉石：10%；金银首饰（铂金首饰、钻石及钻石饰品）：5%；鞭炮焰火：15%；汽车轮胎：3%；摩托车（排量 >250 毫升）：10%；摩托车（排量 ≤250 毫升）：3%；高尔夫球及球具：10%；高档手表：20%；游艇：10%；木制一次性筷子：5%；实木地板：5%。

3. 本表“受托加工数量”的计量单位是：汽车轮胎为套；摩托车为辆；高档手表为只；游艇为艘；实木地板为平方米；木制一次性筷子为万双；化妆品、贵重首饰及珠宝玉石（含金银首饰、铂金首饰、钻石及钻石饰品）、鞭炮焰火、高尔夫球及球具按照受托方实际使用的计量单位填写并在本栏中注明。

4. 本表“同类产品销售价格”为受托方同类产品销售价格。

5. 根据《中华人民共和国消费税暂行条例》的规定，本表“组成计税价格”的计算公式如下：

组成计税价格 =（材料成本 + 加工费）÷（1 - 消费税税率）

6. 根据《中华人民共和国消费税暂行条例》的规定，本表“本期代收代缴税款”的计算公式如下：

（1）当受托方有同类产品销售价格时

本期代收代缴税款 = 同类产品销售价格 × 受托加工数量 × 适用税率

（2）当受托方没有同类产品销售价格时

本期代收代缴税款 = 组成计税价格 × 适用税率

7. 本表为 A4 竖式，所有数字小数点后保留两位。一式二份，一份纳税人留存，一份税务机关留存。

表 4-8-5　生产经营情况表

税款所属期：　　年　月　日至　　年　月　日

纳税人名称（公章）：

纳税人识别号：

填表日期：　年　月　日　　　　　　　　　　　　　　　　　　　　金额单位：元（列至角分）

项目＼应税消费品名称				
生产数量				
销售数量				
委托加工收回应税消费品直接销售数量				
委托加工收回应税消费品直接销售额				
出口免税销售数量				
出口免税销售额				

填表说明：

1. 本表为年报，作为《其他应税消费品消费税纳税申报表》的附报资料，由纳税人于年度终了后填写，次年1月份办理消费税纳税申报时报送。

2. 本表"应税消费品"、"销售数量"填写要求同《其他应税消费品消费税纳税申报表》。

3. 本表"生产数量"，填写本期生产的产成品数量，计量单位应与销售数量一致。

4. 本表"出口免税销售数量"和"出口免税销售额"为享受出口免税政策的应税消费品销售数量和销售额。

5. 本表计量单位：汽车轮胎为套；摩托车为辆；高档手表为只；游艇为艘；实木地板为平方米；木制一次性筷子为万双；化妆品、贵重首饰及珠宝玉石（含金银首饰、铂金首饰、钻石及钻石饰品）、鞭炮焰火、高尔夫球及球具按照纳税人实际使用的计量单位填写并在本栏中注明。

6. 本表为A4竖式。所有数字小数点后保留两位。一式二份，一份纳税人留存，一份税务机关留存。

三、实训内容

1. 背景资料

企业名称：红河卷烟厂

纳税人识别号：210101100665263

企业组织机构代码：02466698

法定代表人：王刚，身份证号码为21012019671220208

企业类型：有限责任公司

财务负责人：孙宏阳

办税人员：陈静

注册资本：5 000 万元

开户银行及账号：中国工商银行盛阳分行　34216677101876

注册地址及电话：盛阳市浑南新区飞云路 19 号　024－3135678

国税局税务登记类型：增值税一般纳税人

经营范围：卷烟的生产、加工与销售

2. 业务资料

红河卷烟厂 2014 年 4 月发生的业务如下：

【业务 1】4 月 2 日，从明中卷烟厂购进已税烟丝 40 吨，用于当月甲类卷烟和乙类卷烟的生产，烟丝每吨不含税单价 25 000 元，取得防伪税控系统开具的增值税专用发票，发票上注明价款 1 000 000 元，增值税税款 170 000 元，款项已经支付，烟丝已验收入库，期初无库存外购烟丝。（所附原始单据包括增值税专用发票发票联、抵扣联；中国工商银行转账支票存根；收料单）

根据上述业务，进行账务处理，填制记账凭证 1 张。

通 用 记 账 凭 证

2014 年 4 月 2 日　　　　凭证编号＿＿＿＿

摘　　要	会计科目		√	借方金额										√	贷方金额									
	总账科目	明细科目		千	百	十	万	千	百	十	元	角	分		千	百	十	万	千	百	十	元	角	分
支付明中卷烟厂货款	原材料				1	0	0	0	0	0	0	0	0											
	应交税费	应交增值税（进项税额）				1	7	0	0	0	0	0	0											
	银行存款															1	1	7	0	0	0	0	0	0
附单据　3　张	合　　计				1	1	7	0	0	0	0	0	0			1	1	7	0	0	0	0	0	0

会计主管：孙宏阳　　　　记账：陈静　　　　审核：于明　　　　制单：王泽

【业务 2】4 月 5 日，发出外购的烟叶一批，委托星星烟丝厂加工烟丝，发出材料实际成本为 120 000 元，开出烟叶出库单。（所附原始单据包括领料单）

发出材料时，进行账务处理，填制记账凭证 1 张。

通用记账凭证

2014 年 4 月 5 日　　　　凭证编号______

摘要	会计科目		√	借方金额										√	贷方金额									
	总账科目	明细科目		千	百	十	万	千	百	十	元	角	分		千	百	十	万	千	百	十	元	角	分
发出外购烟叶一批，委托加工烟丝	委托加工物资					1	2	0	0	0	0	0	0											
	原材料																1	2	0	0	0	0	0	0
附单据 1 张	合　计					1	2	0	0	0	0	0	0				1	2	0	0	0	0	0	0

会计主管：孙宏阳　　记账：陈静　　审核：于明　　制单：王泽

【业务 3】4 月 14 日，星星烟丝厂烟丝全部加工完毕，提货时，星星烟丝厂收取加工费和代垫辅料并开具增值税专用发票上注明价款 90 000 元，税额 15 300 元。星星烟丝厂无同类烟丝的销售价格，上述款项已经支付。（所附原始单据包括增值税专用发票发票联、抵扣联；中国工商银行转账支票存根；代收代缴消费税收据）。

星星烟丝厂应代收代缴的消费税 =（120 000 + 90 000）÷（1 − 30%）× 30% = 90 000（元）

支付加工费时，进行账务处理，填制记账凭证 1 张。

通用记账凭证

2014 年 4 月 14 日　　　　凭证编号______

摘要	会计科目		√	借方金额										√	贷方金额									
	总账科目	明细科目		千	百	十	万	千	百	十	元	角	分		千	百	十	万	千	百	十	元	角	分
收回委托加工的烟丝	委托加工物资	烟丝					9	0	0	0	0	0	0											
	应交税费	应交增值税（进项税额）					1	5	3	0	0	0	0											
	应交税费	应交消费税					9	0	0	0	0	0	0											
	银行存款																1	9	5	3	0	0	0	0
附单据 3 张	合　计					1	9	5	3	0	0	0	0				1	9	5	3	0	0	0	0

会计主管：孙宏阳　　记账：陈静　　审核：于明　　制单：王泽

【业务 4】4 月 14 日，收回已经加工完毕的烟丝验收入库，委托加工收回的全部烟丝用于当月甲类卷烟和乙类卷烟的生产。（所附原始单据包括委托加工产品入库单）

根据“委托加工物资”账户和委托加工产品入库单，填制 1 张通用记账凭证。

通用记账凭证

2014年4月14日　　　　凭证编号______

摘要	会计科目		√	借方金额										√	贷方金额									
	总账科目	明细科目		千	百	十	万	千	百	十	元	角	分		千	百	十	万	千	百	十	元	角	分
收回委托加工的烟丝并验收入库	原材料	烟丝				3	0	0	0	0	0	0	0											
	委托加工物资	烟丝															3	0	0	0	0	0	0	0
附单据 1 张	合　计					3	0	0	0	0	0	0	0				3	0	0	0	0	0	0	0

会计主管：孙宏阳　　记账：陈静　　审核：于明　　制单：王泽

【业务5】4月15日，缴纳3月份消费税420 000元，取得以下完税凭证。（所附原始单据包括中华人民共和国税收通用缴款书）

根据税收缴款书进行完税账务处理，填制1张付款凭证。

通用记账凭证

2014年4月15日　　　　凭证编号______

摘要	会计科目		√	借方金额										√	贷方金额									
	总账科目	明细科目		千	百	十	万	千	百	十	元	角	分		千	百	十	万	千	百	十	元	角	分
缴纳3月份消费税	应交税费	应交消费税				4	2	0	0	0	0	0	0											
	银行存款																4	2	0	0	0	0	0	0
附单据 1 张	合　计					4	2	0	0	0	0	0	0				4	2	0	0	0	0	0	0

会计主管：孙宏阳　　记账：陈静　　审核：于明　　制单：王泽

【业务6】4月3日，以直接收款方式销售乙类卷烟100标准箱，不含税售价每标准条60元，开具的增值税专用发票上注明的价款为1 500 000元，增值税税款为255 000元。货款已通过银行转账收讫。（所附原始单据包括增值税专用发票记账联；中国工商银行进账单）

根据上述业务，进行账务处理，填制记账凭证2张。

该笔销售业务应纳的消费税 $=100\times50\ 000\times0.003+1\ 500\ 000\times36\%=15\ 000+540\ 000=555\ 000$（元）

通用记账凭证

2014 年 4 月 3 日　　　　　　凭证编号________

摘要	会计科目		√	借方金额										√	贷方金额									
	总账科目	明细科目		千	百	十	万	千	百	十	元	角	分		千	百	十	万	千	百	十	元	角	分
销售乙类卷烟	银行存款				1	7	5	5	0	0	0	0	0											
	主营业务收入															1	5	0	0	0	0	0	0	0
	应交税费	应交增值税（销项税额）															2	5	5	0	0	0	0	0
附单据 2 张	合　计				1	7	5	5	0	0	0	0	0			1	7	5	5	0	0	0	0	0

会计主管：孙宏阳　　记账：陈静　　审核：于明　　制单：王泽

通用记账凭证

2014 年 4 月 3 日　　　　　　凭证编号________

摘要	会计科目		√	借方金额										√	贷方金额									
	总账科目	明细科目		千	百	十	万	千	百	十	元	角	分		千	百	十	万	千	百	十	元	角	分
销售乙类卷烟	营业税金及附加					5	5	5	0	0	0	0	0											
	应交税费	应交消费税															5	5	5	0	0	0	0	0
附单据 2 张	合　计					5	5	5	0	0	0	0	0				5	5	5	0	0	0	0	0

会计主管：孙宏阳　　记账：陈静　　审核：于明　　制单：王泽

【业务 7】4 月 15 日，将本厂生产的 100 条乙类卷烟作为礼品赠送客户，其生产成本为 5 000 元。（所附原始单据包括库存产品出库单）

根据上述业务计算应纳消费税和增值税销项税额，并进行账务处理，填制记账凭证 1 张。

应纳消费税 $=100\times60\times36\%+100\times200\times0.003=2\ 160+60=2\ 220$（元）

应纳销项税额 $=100\times60\times17\%=1\ 020$（元）

通用记账凭证

2014年4月15日　　　　凭证编号________

摘要	会计科目		√	借方金额										√	贷方金额									
	总账科目	明细科目		千	百	十	万	千	百	十	元	角	分		千	百	十	万	千	百	十	元	角	分
卷烟赠送客户	管理费用	业务招待费						8	2	4	0	0	0											
	库存商品																		5	0	0	0	0	0
	应交税费	应交增值税（销项税额）																	1	0	2	0	0	0
	应交税费	应交消费税																	2	2	2	0	0	0
附单据 1 张	合　　计							8	2	4	0	0	0						8	2	4	0	0	0

会计主管：孙宏阳　　记账：陈静　　审核：于明　　制单：王泽

【业务8】4月18日，以直接收款方式销售甲类卷烟25标准箱，不含税售价每标准条80元，开具的增值税专用发票上注明的价款为500 000元，增值税税款为85 000元。货款已通过银行转账收讫。（所附原始单据包括增值税专用发票记账联；中国工商银行进账单）

根据上述业务，进行账务处理，填制记账凭证2张。

该笔销售业务应纳的消费税 $= 25 \times 50\ 000 \times 0.003 + 500\ 000 \times 56\% = 3\ 750 + 280\ 000 = 283\ 750$（元）

通用记账凭证

2014年4月18日　　　　凭证编号________

摘要	会计科目		√	借方金额										√	贷方金额									
	总账科目	明细科目		千	百	十	万	千	百	十	元	角	分		千	百	十	万	千	百	十	元	角	分
销售甲类卷烟	银行存款					5	8	5	0	0	0	0	0											
	主营业务收入																5	0	0	0	0	0	0	0
	应交税费	应交增值税（销项税额）																8	5	0	0	0	0	0
附单据 2 张	合　　计					5	8	5	0	0	0	0	0				5	8	5	0	0	0	0	0

会计主管：孙宏阳　　记账：陈静　　审核：于明　　制单：王泽

通用记账凭证

2014 年 4 月 18 日　　　　凭证编号________

摘要	会计科目		√	借方金额										√	贷方金额									
	总账科目	明细科目		千	百	十	万	千	百	十	元	角	分		千	百	十	万	千	百	十	元	角	分
销售甲类卷烟	营业税金及附加					2	8	3	7	5	0	0	0											
	应交税费	应交消费税															2	8	3	7	5	0	0	0
附单据 2 张	合计					2	8	3	7	5	0	0	0				2	8	3	7	5	0	0	0

会计主管：孙宏阳　　记账：陈静　　审核：于明　　制单：王泽

【业务9】4 月 18 日，接受宝华卷烟厂委托，加工一批特种烟丝，宝华卷烟厂发来烟叶一批，成本为 80 000 元，加工材料已全部交到生产车间进行加工。4 月 25 日宝华卷烟厂定制的特种烟丝 2 吨加工完毕，全部发给宝华卷烟厂，收取加工费 60 000 元，增值税 10 200 元，并开具增值税专用发票一张。本厂无同类烟丝的销售价格。（所附原始单据包括委托加工合同；增值税专用发票记账联；中国工商银行进账单）

根据上述业务，计算应代收代缴的消费税并进行账务处理，填制记账凭证 2 张。

应代收代缴的消费税 =（80 000 +60 000）÷（1 −30%）×30% =60 000（万元）

通用记账凭证

2014 年 4 月 18 日　　　　凭证编号________

摘要	会计科目		√	借方金额										√	贷方金额									
	总账科目	明细科目		千	百	十	万	千	百	十	元	角	分		千	百	十	万	千	百	十	元	角	分
受托加工特种烟丝一批	银行存款						7	0	2	0	0	0	0											
	主营业务收入																	6	0	0	0	0	0	0
	应交税费	应交增值税（销项税额）																1	0	2	0	0	0	0
附单据 2 张	合计						7	0	2	0	0	0	0					7	0	2	0	0	0	0

会计主管：孙宏阳　　记账：陈静　　审核：于明　　制单：王泽

通用记账凭证

2014 年 4 月 18 日　　　　凭证编号________

摘要	会计科目		√	借方金额										√	贷方金额									
	总账科目	明细科目		千	百	十	万	千	百	十	元	角	分		千	百	十	万	千	百	十	元	角	分
受托加工特种烟丝一批	银行存款						6	0	0	0	0	0	0											
	应交税费	应交消费税																6	0	0	0	0	0	0
附单据 2 张	合　计						6	0	0	0	0	0	0					6	0	0	0	0	0	0

会计主管：孙宏阳　　记账：陈静　　审核：于明　　制单：王泽

【业务 10】根据上述业务，计算本月应纳消费税额和应代收代缴的消费税。填制 4 月份消费税纳税申报表。

根据上述业务，计算应纳消费税额和应代收代缴的消费税。

（1）应代收代缴的消费税 = (80 000 + 60 000) ÷ (1 − 30%) × 30% = 60 000（万元）

（2）外购和委托加工收回烟丝连续生产卷烟准予扣除已纳消费税

= 1 000 000 × 30% + (120 000 + 90 000) ÷ (1 − 30%) × 30% = 300 000 + 90 000 = 390 000（元）

（3）销售及自产自用卷烟应纳消费税 = 555 000 + 2 220 + 283 750 − 390 000 = 450 970（元）

3. 实训成果

《烟类应税消费品消费税纳税申报表》（见表 4－9－1）；

《本期准予扣除税额计算表》（见表 4－9－2）；

《本期代收代缴税额计算表》（见表 4－9－3）。

表 4－9－1　烟类应税消费品消费税纳税申报表

税款所属期：2014 年 4 月 1 日至 2014 年 4 月 30 日

纳税人名称（公章）：红河卷烟厂

纳税人识别号：| 2 | 1 | 0 | 1 | 0 | 1 | 1 | 0 | 0 | 6 | 6 | 5 | 2 | 6 | 3 | | | | | |

填表日期：2014 年 5 月 15 日　　单位：卷烟万支、雪茄烟支、烟丝千克；金额单位：元（列至角分）

项目 / 应税消费品名称	适用税率		销售数量	销售额	应纳税额
	定额税率	比例税率			
卷烟	30 元/万支	56%	125	500 000.00	283 750.00
卷烟	30 元/万支	36%	502	1 506 000.00	557 220.00
雪茄烟	—	36%	0	0.00	0.00
烟丝	—	30%	0	0.00	0.00
合计	—	—	—	—	840 970.00

续表

	声明 此纳税申报表是根据国家税收法律的规定填报的，我确定它是真实的、可靠的、完整的。 经办人（签章）： 财务负责人（签章）： 联系电话：
本期准予扣除税额：390 000.00	
本期减（免）税额：0.00	
期初未缴税额：420 000.00	
本期缴纳前期应纳税额：420 000.00	（如果你已委托代理人申报，请填写） 授权声明 为代理一切税务事宜，现授权______（地址）______为本纳税人的代理申报人，任何与本申报表有关的往来文件，都可寄予此人。 授权人签章：
本期预缴税额：0.00	
本期应补（退）税额：450 970.00	
期末未缴税额：450 970.00	

以下由税务机关填写

受理人（签章）：　　　　受理日期：　　年　月　日　　　　受理税务机关（章）：

表 4-9-2　　　　本期准予扣除税额计算表

税款所属期：2014 年 4 月 1 日至 2014 年 4 月 30 日

纳税人名称（公章）：红河卷烟厂

纳税人识别号：2 1 0 1 0 1 1 0 0 6 6 5 2 6 3

填表日期：2014 年 5 月 15 日　　　　金额单位：元（列至角分）

一、当期准予扣除的委托加工烟丝已纳税款计算
1. 期初库存委托加工烟丝已纳税款：0.00
2. 当期收回委托加工烟丝已纳税款：90 000.00
3. 期末库存委托加工烟丝已纳税款：0.00
4. 当期准予扣除的委托加工烟丝已纳税款：90 000.00
二、当期准予扣除的外购烟丝已纳税款计算
1. 期初库存外购烟丝买价：0.00
2. 当期购进烟丝买价：1 000 000.00
3. 期末库存外购烟丝买价：0.00
4. 当期准予扣除的外购烟丝已纳税款：300 000.00
三、本期准予扣除税款合计：390 000.00

表 4－9－3　　　　　　　　本期代收代缴税额计算表

税款所属期：2014 年 4 月 1 日至 2014 年 4 月 30 日

纳税人名称（公章）：红河卷烟厂

纳税人识别号：| 2 | 1 | 0 | 1 | 0 | 1 | 1 | 0 | 0 | 6 | 6 | 5 | 2 | 6 | 3 | | | | | |

填表日期：2014 年 5 月 15 日　　　　　　　　　　　　　　　金额单位：元（列至角分）

项目 \ 应税消费品名称		卷烟	卷烟	雪茄烟	烟丝	合计
适用税率	定额税率	30 元/万支	30 元/万支	—	—	—
	比例税率	45%	30%	25%	30%	—
受托加工数量					2 000.00	—
同类产品销售价格					0.00	—
材料成本					80 000.00	—
加工费					60 000.00	—
组成计税价格					200 000.00	—
本期代收代缴税款					60 000.00	60 000.00

四、技能训练

（一）酒类应税消费品纳税申报

1. 背景资料

企业名称：鸿达酒业有限公司

纳税人识别号：210101100665263

企业组织机构代码：02466698

法定代表人：李大明，身份证号码为 210120197207212208

财务负责人：孙力君，身份证号码为 210120196812032002

办税人员：王静，身份证号码为 210120198704181220

注册资本：2 000 万元

经营期限：2007 年 6 月 20 日至 2017 年 6 月 20 日

开户银行及账号：中国工商银行盛阳分行　34216677101876

注册地址及电话：盛阳市浑南新区飞云路 19 号　024－3135678

职工人数：120 人

经营范围：各类酒及相关制品

2. 业务资料

鸿达酒业有限公司 2014 年 5 月发生的业务如下：

（1）销售粮食白酒 20 吨，每吨不含税售价 6 200 元，另收取品牌使用费 2.34 万元，全部款项存入银行。

（2）销售散装粮食白酒5吨，每吨含税售价1 170元，全部款项存入银行。

（3）将新研制的粮食白酒2吨作为样品分送给客户，生产成本30 000元，无同类售价，成本利润率10%。

（4）发出材料一批，委托五龙酒厂加工酒精5吨，发出材料成本为54 000元（不含税），五龙酒厂开具的普通发票上注明加工费6 000元，其中包括代垫辅助材料款1 000元，五龙酒厂无同类消费品售价。

（5）将收回的酒精全部用于连续生产套装礼品白酒10吨，每吨售价5 000元（不含税），当月全部销售。酒精税率为5%。

（6）销售啤酒30吨，每吨3 000元。

3. 技能要求

（1）做出上述相关业务的账务处理。

（2）计算鸿达酒业有限公司2014年5月应缴纳的消费税税额。

（3）填写《酒及酒精消费税纳税申报表》（见表4－5－1）、《本期准予抵减税额计算表》（见表4－5－2）及《生产经营情况表》（见表4－5－4）并办理消费税纳税申报。

（二）其他应税消费品纳税申报

1. 背景资料

企业名称：碧妆有限公司

纳税人识别号：2108809005533202

法定代表人：王语琪，身份证号码为21099019661222342

财务负责人：姜大山

办税人员：王嘉丽

开户银行及账号：中国工商银行东海分行　22000882321532

注册地址及电话：东海市大东区九纬路100号　024－2208800

国税局税务登记类型：增值税一般纳税人

经营范围：化妆品的生产及销售

2. 业务资料

碧妆有限公司2014年6月业务资料如下：

（1）本期期初库存化妆品价值53 000元。

（2）6月5日，购进已税化妆品2 000盒，每盒不含税单价50元，取得防伪税控系统开具的增值税专用发票，发票上注明价款100 000元，增值税税款17 000元，款项已经支付，化妆品已验收入库。

（3）6月6日，发出外购的A型香料一批2 000千克，委托依丽日用化工厂加工香水精，发出材料实际成本为60 000元，支付不含增值税的加工费3 000元。依丽日用化工厂无同类香水精的销售价格。9月14日，香水精全部加工完毕，并验收入库，加工费用等已经支付，取得依丽日用化工厂开具的增值税专用发票一张。

（4）6月16日，将收回的香水精的一半用于对外销售，每瓶售价12 000元（不含税价），货款已经通过银行收讫；一半用于生产香水，已领用投入生产。

（5）6月18日，销售耗用外购化妆品生产的成套化妆品2 000盒（不含税售价每盒300元），开具的增值税专用发票上注明的价款为600 000元，增值税税款为102 000元。货款已通过银行转账收讫。

（6）6月19日，将本厂生产的化妆品成套500盒作为礼品赠送客户，其生产成本为90 000元。

（7）6月20日，碧妆有限公司为茗海化妆品厂加工化妆品一批，数量1 000盒。受托加工的化妆品材料成本为40 000元。收取的加工费8 000元。碧妆有限公司没有同类化妆品的销售价格。

（8）6月25日，销售系列香水2 000瓶，开具的增值税专用发票上注明的价款为800 000元，增值税税款为136 000元。货款已通过银行转账收讫。

（9）月末库存外购化妆品价值20 000元。

3. 技能要求

（1）做出上述相关业务的账务处理。

（2）计算碧妆有限公司2014年6月应缴纳的消费税税额。

（3）填写《其他应税消费税纳税申报表》（见表4-8-1）、《本期准予扣除税额计算表》（见表4-8-2）及《本期代收代缴税额计算表》（见表4-8-4）并办理消费税纳税申报。

项目五

营业税纳税实训

任务　营业税核算与纳税申报

知识目标：

◆ 熟悉营业税征税范围、纳税人、税目税率

◆ 掌握营业税应纳税额计算

◆ 掌握营业税纳税期限、纳税义务发生时间、纳税地点

能力目标：

◆ 能进行营业税应纳税额计算

◆ 能进行营业税涉税业务会计核算

◆ 能办理营业税纳税申报

情景导航

东方旅游开发有限公司是一家大型综合性企业，公司旗下有旅游景区管理、酒店、歌舞厅、旅行社、房地产开发等部门，经营范围较广，业务涉及文化业、服务业、交通运输业、娱乐业等行业，该公司统一核算，统一纳税。

那么，该公司在一个纳税期限内应纳营业税是多少？应如何进行营业税的纳税申报？

一、任务描述

根据东方旅游开发有限公司2013年10月发生的有关业务及其取得的营业收入，计算该公司10月份应纳的营业税税额，并进行营业税的纳税申报。

二、相关知识点

（一）营业税征税范围、纳税人、税目税率

1. 征税范围

营业税的征税范围是在中华人民共和国境内提供应税劳务、转让无形资产和销售不动产。

在中华人民共和国境内（以下简称境内）提供应税劳务、转让无形资产或者销售不动产，是指：

（1）提供或者接受应税劳务的单位或者个人在境内；

（2）所转让的无形资产（不含土地使用权）的接受单位或者个人在境内；

（3）所转让或者出租土地使用权的土地在境内；

（4）所销售或者出租的不动产在境内。

提供应税劳务、转让无形资产或者销售不动产，是指有偿提供应税劳务、有偿转让无形资产或者有偿转让不动产所有权的行为。有偿是指取得货币、货物或者其他经济利益。

其中，应税劳务是指属于建筑业、金融保险业、通信业、文化体育业、娱乐业、服务业税目征收范围的劳务。单位或者个体工商户聘用的员工为本单位或者雇主提供应税劳务，不属于营业税征税范围。

此外，营业税征税范围几种特殊行为的处理如下：

（1）视同发生应税行为。纳税人有下列情形之一的，视同发生应税行为，征收营业税：

① 单位或者个人将不动产或者土地使用权无偿赠送其他单位或者个人。

② 单位或者个人自己新建建筑物后销售，其所发生的自建行为。

（2）混合销售行为。对于从事货物的生产、批发或零售的企业、企业性单位和个体工商户，包括以从事货物的生产、批发或零售为主，兼营增值税非应税劳务的企业、企业性单位和个体工商户的混合销售行为，视为销售货物，不缴纳营业税；其他单位和个人的混合销售行为，视为提供营业税应税劳务，缴纳营业税。但是，对提供建筑业劳务的同时销售自产货物的混合销售行为以及财政部、国家税务总局规定的其他情形，应当分别核算应税劳务的营业额和货物的销售额，其应税劳务的营业额缴纳营业税，货物销售额缴纳增值税；未分别核算的，由主管税务机关分别核定其应税劳务的营业额和货物的销售额。

（3）兼营行为。纳税人兼营应税行为与货物或非应税劳务的，应当分别核算应税行为的营业额和货物或者非应税劳务的销售额，其应税行为营业额缴纳营业税，货物或者非应税劳务销售额不缴纳营业税；未分别核算的，由主管税务机关核定其应税行为营业额。

2. 纳税人和扣缴义务人

（1）纳税人。在我国境内提供应税劳务、转让无形资产或者销售不动产的单位和个人，是营业税的纳税人。单位是指企业、行政单位、事业单位、军事单位、社会团体及其他单位。个人是指个体工商户和其他个人。

此外，营业税纳税人还有特殊规定：单位以承包、承租、挂靠方式经营的，承包人、承租人、挂靠人（以下统称承包人）发生应税行为，承包人以发包人、出租人、被挂靠人（以下统称发包人）名义对外经营并由发包人承担相关法律责任的，以发包人为纳税人；否则以承包人为纳税人。

（2）扣缴义务人

① 中华人民共和国境外的单位或者个人在境内提供应税劳务、转让无形资产或者销售不动产，在境内未设有经营机构的，以其境内代理人为扣缴义务人；在境内没有代理人的，以受让方或者购买方为扣缴义务人。

② 国务院财政、税务主管部门规定的其他扣缴义务人。

3. 税目、税率

营业税按行业、项目的不同，共设置了八个税目。主要包括：

（1）建筑业。建筑业，是指建筑安装工程作业。本税目的征收范围包括：建筑、安装、修缮、装饰、其他工程作业。

（2）金融保险业。金融保险业，是指经营金融、保险的业务。本税目的征收范围包括：金融、保险。

（3）通信业。通信业，是指用各种电传设备传输电信号来传递信息的业务，包括电报、电传、电话、电话机安装、电信物品销售及其他电信业务。

（4）文化体育业。文化体育业，是指经营文化、体育活动的业务。本税目的征收范围包括：文化业、体育业。

（5）娱乐业。娱乐业，是指为娱乐活动提供场所和服务的业务。本税目征收范围包括：经营歌厅、舞厅、卡拉 OK 歌舞厅、音乐茶座、台球、高尔夫球、保龄球场、游艺场、网吧等娱乐场所，以及娱乐场所为顾客进行娱乐活动提供服务的业务。

（6）服务业。服务业，是指利用设备、工具、场所、信息或技能为社会提供服务的业务。本税目的征收范围包括：代理业、旅店业、饮食业、旅游业、仓储业、租赁业、其他服务业，但不包括部分现代服务业。

（7）转让无形资产。转让无形资产，是指纳税人以取得货币、货物或其他经济利益为前提，转让无形资产的所有权或使用权的行为。本税目的征收范围包括：转让土地使用权、转让商标权、转让专利权、转让非专利技术、转让著作权、转让商誉。

（8）销售不动产。销售不动产，是指有偿转让不动产所有权的行为。本税目的征收范围包括：销售建筑物或构筑物，销售其他土地附着物。

国务院决定自 2013 年 8 月 1 日起，将除铁路运输外其余的交通运输业和部分现代服务业“营业税改征增值税”试点在全国范围内推开。从 2014 年 1 月 1 日起，将铁路运输和邮政服务业纳入“营业税改征增值税”试点。至此，交通运输业全部征收增值税，不再征收营业税。

现行营业税区分不同行业和项目，设计了 3 档比例税率。具体税率见表 5－1。

表 5-1 营业税税目税率表

税 目	税率（%）
一、建筑业	3
二、金融保险业	5
三、通信业	3
四、文化体育业	3
五、娱乐业	5~20
六、服务业	5
七、转让无形资产	5
八、销售不动产	5

纳税人兼有不同税目的应税劳务、转让无形资产或者销售不动产，应当分别核算不同税目的营业额、转让额、销售额；未分别核算的，从高适用税率。

（二）营业税计算

纳税人提供应税劳务、转让无形资产或者销售不动产，按照营业额和规定的税率计算应纳税额。应纳税额计算公式：

应纳税额 = 营业额 × 税率

营业税的计税依据为营业额。

1. 营业额的基本规定

营业额，是指纳税人提供应税劳务、转让无形资产或者销售不动产收取的全部价款和价外费用。价外费用包括收取的手续费、补贴、基金、集资费、返还利润、奖励费、违约金、滞纳金、延期付款利息、赔偿金、代收款项、代垫款项、罚息及其他各种性质的价外收费，但不包括同时符合以下条件代为收取的政府性基金或者行政事业性收费：

（1）由国务院或者财政部批准设立的政府性基金，由国务院或者省级人民政府及其财政、价格主管部门批准设立的行政事业性收费。

（2）收取时开具省级以上财政部门印制的财政票据。

（3）所收款项全额上缴财政。

纳税人发生应税行为，如果将价款与折扣额在同一张发票上注明的，以折扣后的价款为营业额；如果将折扣额另开发票的，不论其在财务上如何处理，均不得从营业额中扣除。

纳税人的营业额计算缴纳营业税后因发生退款减除营业额的，应当退还已缴纳营业税税款或者从纳税人以后的应缴纳营业税税额中减除。

纳税人以人民币以外的货币结算营业额的，其营业额的人民币折合率可以选择营业额发生的当天或者当月 1 日的人民币汇率中间价。纳税人应当在事先确定采用何种折合率，确定后 1 年内不得变更。

2. 营业额的特别规定

（1）建筑业。建筑业的总承包人将建筑工程分包给其他单位的，以其取得的全部价款和价外费用扣除其支付给其他单位的分包款后的余额为营业额。

纳税人提供建筑劳务（不包括装饰劳务），其营业额应当包括工程所用原材料、设备及其他物资和动力的价款在内。但不包括建设方提供的设备的价款。

（2）金融保险业。

① 贷款业务的营业额为贷款全部利息收入。包括各种加息、罚息收入等。

② 金融商品转让业务，以卖出价减去买入价后的余额为营业额，买入价原则上按照实际成本加权平均法进行核算。计算公式为：

$$\text{某种金融商品加权平均单位成本}=\frac{\text{期初结存金融商品的实际成本}+\text{本期购进金融商品的实际成本}}{\text{期初结存金融商品数量}+\text{本期购进金融商品数量}}$$

$$\text{本期卖出该种金融商品实际成本}=\text{本期卖出该种金融商品加权平均单位成本}\times\text{卖出金融商品数量}$$

③ 金融经纪业务和其他金融业务（指受托代他人经营金融活动的业务。如委托、代理、咨询业务等）的营业额为手续费（佣金）类的全部收入，包括价外收取的代垫、代付、加价等，不得作任何扣除。

④ 保险公司办理初保业务的营业额为向对方收取的全部价款，即向被保险人收取的全部保险费。

保险公司如采用收取储金方式取得经济利益的（即以被保险人所交保险资金的利息收入作为保费收入，保险期满后将保险资金本金返还被保险人），其“储金业务”的营业额，为纳税人在纳税期内的储金平均余额乘以人民银行公布的一年期存款的月利率。储金平均余额为纳税期期初储金余额与期末余额之和乘以50%。

（3）通信业。电信部门以集中受理方式为集团客户提供跨省的出租电路业务，由受理地区的电信部门按差额纳税；对参与提供跨省电信业务的电信单位，按各自取得的收入纳税。

（4）文化体育业。单位或个人进行演出，以全部票价收入或者包场收入减去付给提供演出场所的单位、演出公司或者经纪人的费用后的余额为营业额。

（5）服务业。

① 纳税人从事旅游业务的，以其取得的全部价款和价外费用扣除替旅游者支付给其他单位或者个人的住宿费、餐费、交通费、旅游景点门票和支付给其他接团旅游企业的旅游费后的余额为营业额。

② 从事物业管理的单位，以物业管理全部收入减去代业主支付的水电费、燃气费为营业额。

③ 对单位和个人在旅游景区经营旅游游船、观光电梯、观光电车、景区环保客运车所取得的收入，应按“服务业—旅游业”征收营业税。

（6）娱乐业。娱乐业的营业额为经营娱乐业向顾客收取的全部价款和价外费用，包括门票费、台位费、点歌费、烟酒、饮料、茶水、鲜花、小吃等收费及经营娱乐业的其他各项收费。

（7）转让土地使用权和销售不动产。单位和个人销售其购置的不动产、转让其受让的土地使用权，以全部收入减去不动产的购置原价或土地使用权的受让原价后的余额为营业额。

单位和个人销售或转让抵债所得的不动产或土地使用权，以全部收入减去抵债时该项不动产或土地使用权的作价后的余额为营业额。

（三）营业税纳税义务发生时间

营业税纳税义务发生时间为纳税人提供应税劳务、转让无形资产或者销售不动产并收讫营业收入款项或者取得索取营业收入款项凭据的当天。国务院财政、税务主管部门另有规定的，从其规定。

所称取得索取营业收入款项凭据的当天，为书面合同确定的付款日期的当天；未签订书面合同或者书面合同未确定付款日期的，为应税行为完成的当天。

具体规定如下：

（1）纳税人转让土地使用权或者销售不动产，采取预收款方式的，其纳税义务发生时间为收到预收款的当天。

（2）纳税人提供建筑业或者租赁业劳务，采取预收款方式的，其纳税义务发生时间为收到预收款的当天。

（3）单位和个人将不动产或者土地使用权无偿赠送其他单位或者个人的，其纳税义务发生时间为不动产所有权、土地使用权转移的当天。

（4）纳税人自建建筑物销售，为销售自建建筑物的纳税义务发生时间。

（四）营业税的纳税期限

营业税的纳税期限分别为 5 日、10 日、15 日、1 个月或者 1 个季度。纳税人的具体纳税期限，由主管税务机关根据纳税人应纳税额的大小分别核定；不能按照固定期限纳税的，可以按次纳税。

纳税人以 1 个月或者 1 个季度为一个纳税期的，自期满之日起 15 日内申报纳税；以 5 日、10 日或者 15 日为一个纳税期的，自期满之日起 5 日内预缴税款，于次月 1 日起 15 日内申报纳税并结清上月应纳税款。

扣缴义务人解缴税款的期限，比照上述规定执行。

银行、财务公司、信托投资公司、信用社、外国企业常驻代表机构的纳税期限为 1 个季度。

保险业的纳税期限为 1 个月。

（五）营业税的纳税地点

营业税的纳税地点原则上采取属地征收的方法，就是纳税人在经营行为发生地缴纳应纳税款。具体规定如下：

（1）纳税人提供应税劳务，应当向应税劳务发生地的主管税务机关申报纳税。

（2）纳税人转让土地使用权，应当向土地所在地主管税务机关申报纳税。纳税人转让其他无形资产，应当向其机构所在地的主管税务机关申报纳税。

（3）单位和个人出租土地使用权、不动产的营业税纳税地点为土地、不动产所在地；单位和个人出租物品、设备等动产的营业税纳税地点为出租单位机构所在地或个人居住地。

(4) 纳税人销售不动产，应当向不动产所在地主管税务机关申报纳税。

(5) 纳税人提供的应税劳务发生在外县（市），应向应税劳务发生地的主管税务机关申报纳税；如未向应税劳务发生地申报纳税的，由其机构所在地或者居住地主管税务机关补征税款。

(6) 纳税人承包的工程跨省、自治区、直辖市的，向其机构所在地主管税务机关申报纳税。

(7) 纳税人在本省、自治区、直辖市范围内发生应税行为，其纳税地点需要调整的，由省、自治区、直辖市人民政府所属税务机关确定。

(8) 建筑业纳税人及扣缴义务人应按照下列规定确定建筑业营业税的纳税地点：

① 纳税人提供建筑业应税劳务，其营业税纳税地点为建筑业应税劳务的发生地。

② 纳税人从事跨省工程的，应向其机构所在地主管地方税务机关申报纳税。

③ 纳税人在本省、自治区、直辖市和计划单列市范围内提供建筑业应税劳务的，其营业税纳税地点需要调整的，由省、自治区、直辖市和计划单列市税务机关确定。

④ 扣缴义务人代扣代缴的建筑业营业税税款的解缴地点为该工程建筑业应税劳务发生地。

⑤ 扣缴义务人代扣代缴跨省工程的，其建筑业营业税税款的解缴地点为被扣缴纳税人的机构所在地。

⑥ 纳税人提供建筑业劳务，应按月就其本地和异地提供建筑业应税劳务取得的全部收入向其机构所在地主管税务机关进行纳税申报，就其本地提供建筑业应税劳务取得的收入缴纳营业税；同时，自应申报之月（含当月）起 6 个月内向机构所在地主管税务机关提供其异地建筑业应税劳务收入的完税凭证，否则，应就其异地提供建筑业应税劳务取得的收入向其机构所在地主管税务机关缴纳营业税。

⑦ 上述本地提供的建筑业应税劳务是指独立核算纳税人在其机构所在地主管税务机关税收管辖范围内提供的建筑业应税劳务；上述异地提供的建筑业应税劳务是指独立核算纳税人在其机构所在地主管税务机关税收管辖范围以外提供的建筑业应税劳务。

(9) 在中华人民共和国境内的电信单位提供电信业务的营业税纳税地点为电信单位机构所在地。

（六）营业税的征收机关

各银行总行、各保险总公司集中缴纳的营业税部分归中央政府，由国家税务局征收管理；其余部分归地方政府，由地方税务局征收管理。

（七）营业税的纳税申报

营业税由国家税务局和地方税务局征收管理，纳税人应当按照国家税务局和地方税务局的要求进行纳税申报。

1. 申报方式

纳税人申报纳税的方式主要有直接申报、邮寄申报、电子申报等。

2. 纳税申报需要报送的资料

（1）查账征收的营业税纳税人纳税申报需要提供的资料。《营业税纳税申报表》（适用于查账征收的营业税纳税人）；财务、会计报表及其说明材料；主管税务机关规定的其他申报资料。

（2）金融保险业营业税纳税人纳税申报需要提供的资料。《营业税纳税申报表》（适用于查账征收的营业税纳税人）；《金融保险业营业税纳税申报表》；《贷款（含贴现、押汇、透支等）利息收入明细表》、《外汇转贷利息收入明细表》、《委托贷款利息收入明细表》、《融资租赁收入明细表》、《自营买卖股票价差收入明细表》、《自营买卖债券价差收入明细表》、《自营买卖外汇价差收入明细表》、《自营买卖其他金融商品价差收入明细表》、《金融经纪业务及其他金融业务收入月汇总明细表》、《保费收入明细表》、《储金业务收入明细表》以及主管税务机关规定的其他资料。纳税人可根据自身情况填写各项内容，没有开展的业务是否需要报相应的空表由各省税务机关根据实际情况决定。

（3）建筑业营业税纳税人纳税申报需要提供的资料。《营业税纳税申报表》（适用于查账征收的营业税纳税人）；《建筑业营业税纳税申报表》；《异地提供建筑业劳务税款缴纳情况申报表》（异地提供建筑业劳务的）；已开发票的明细电子数据 U 盘（自开票纳税人）；《建筑业工程项目情况登记表》、《工程竣工结算报告》或《工程结算报告》（项目结算申报）。

按照纳税人发生营业税应税行为所属的税目，同时发生两种或两种以上税目应税行为的，应同时填报相应的纳税申报表附表；凡使用税控收款机的纳税人应同时报送税控收款机 IC 卡。

3. 纳税申报表的填写

为加强营业税的征收管理，国家税务总局制定了全国统一的《营业税纳税人纳税申报办法》，自 2006 年 3 月 1 日起，娱乐业、服务业、建筑业营业税纳税人，除经税务机关核准实行简易申报方式外；通信业、文化体育业、转让无形资产和销售不动产的营业税纳税人目前仍按照各地的申报办法进行纳税申报；金融保险业营业税纳税人目前仍按照《国家税务总局关于印发〈金融保险业营业税申报管理办法〉的通知》进行纳税申报。目前，营业税纳税申报表分为以下几种情况：《营业税纳税申报表（适用于查账征收的营业税纳税人）》（具体见表 5－2）；《娱乐业营业税纳税申报表（适用于娱乐业营业税纳税人）》（具体见表 5－3）；《服务业营业税纳税申报表（适用于服务业营业税纳税人）》（具体见表 5－4－1）、《服务业减除项目金额明细申报表》（具体见表 5－4－2）；《建筑业营业税纳税申报表（适用于建筑业营业税纳税人）》（具体见表 5－5－1）、《异地提供建筑业劳务税款缴纳情况申报表》（具体见表 5－5－2）。

表 5－2

营业税纳税申报表

（适用于查账征收的营业税纳税人）

纳税人识别号：

纳税人名称（公章）：

税款所属时间：自　　年　月　日至　　年　月　日　　　填表日期：　　年　月　日　　　　　金额单位：元（列至角分）

税目	营业额				税率（%）	本期税款计算			税款缴纳								
											本期已缴税额				本期应缴税额计算		
	应税收入	应税减除项目金额	应税营业额	免税收入		小计	本期应纳税额	免（减）税额	期初欠缴税额	前期多缴税额	小计	已缴本期应纳税额	本期已被扣缴税额	本期已缴欠缴税额	小计	本期期末应缴税额	本期期末应缴欠缴税额
1	2	3	4＝2－3	5	6	7＝8＋9	8＝（4－5）×6	9＝5×6	10	11	12＝13＋14＋15	13	14	15	16＝17＋18	17＝8－13－14	18＝10－11－15
交通运输业																	
建筑业																	
邮电通信业																	
服务业																	
娱乐业																	
金融保险业																	
文化体育业																	
销售不动产																	
转让无形资产																	
合计																	

续表

<table>
<tr><td rowspan="3">税目</td><td colspan="4">营业额</td><td rowspan="3">税率（%）</td><td colspan="3">本期税款计算</td><td colspan="9">税款缴纳</td></tr>
<tr><td rowspan="2">应税收入</td><td rowspan="2">应税减除项目金额</td><td rowspan="2">应税营业额</td><td rowspan="2">免税收入</td><td rowspan="2">小计</td><td rowspan="2">本期应纳税额</td><td rowspan="2">免（减）税额</td><td rowspan="2">期初欠缴税额</td><td rowspan="2">前期多缴税额</td><td colspan="4">本期已缴税额</td><td colspan="3">本期应缴税额计算</td></tr>
<tr><td>小计</td><td>已缴本期应纳税额</td><td>本期已被扣缴税额</td><td>本期已缴欠缴税额</td><td>小计</td><td>本期期末应缴税额</td><td>本期期末应缴欠缴税额</td></tr>
<tr><td>1</td><td>2</td><td>3</td><td>4 = 2 - 3</td><td>5</td><td>6</td><td>7 = 8 + 9</td><td>8 = (4 - 5) × 6</td><td>9 = 5 × 6</td><td>10</td><td>11</td><td>12 = 13 + 14 + 15</td><td>13</td><td>14</td><td>15</td><td>16 = 17 + 18</td><td>17 = 8 - 13 - 14</td><td>18 = 10 - 11 - 15</td></tr>
<tr><td rowspan="2">代扣代缴项目</td><td></td><td></td><td></td><td></td><td></td><td></td><td></td><td></td><td></td><td></td><td></td><td></td><td></td><td></td><td></td><td></td><td></td></tr>
<tr><td></td><td></td><td></td><td></td><td></td><td></td><td></td><td></td><td></td><td></td><td></td><td></td><td></td><td></td><td></td><td></td><td></td></tr>
<tr><td>总计</td><td></td><td></td><td></td><td></td><td></td><td></td><td></td><td></td><td></td><td></td><td></td><td></td><td></td><td></td><td></td><td></td><td></td></tr>
<tr><td colspan="6">纳税人或代理人声明：</td><td colspan="12">如纳税人填报，由纳税人填写以下各栏：</td></tr>
<tr><td colspan="6" rowspan="3">此纳税申报表是根据国家税收法律的规定填报的，我确定它是真实的、可靠的、完整的。</td><td>办税人员（签章）</td><td colspan="2"></td><td>财务负责人（签章）</td><td></td><td colspan="2">法定代表人（签章）</td><td colspan="2"></td><td>联系电话</td><td colspan="2"></td></tr>
<tr><td colspan="12">如委托代理人填报，由代理人填写以下各栏：</td></tr>
<tr><td>代理人名称</td><td colspan="2"></td><td>经办人（签章）</td><td></td><td colspan="2">联系电话</td><td colspan="2"></td><td>代理人（公章）</td><td colspan="2"></td></tr>
</table>

以下由税务机关填写：

受理人：　　　　　　　　　　　　　　　受理日期：　　年　月　日　　　　　　　　　　　　　受理税务机关（签章）：

本表为 A4 横式一式三份，一份纳税人留存，一份主管税务机关留存，一份征收部门留存。

填表说明：

1. 根据《中华人民共和国税收征收管理法》及其实施细则、《中华人民共和国营业税暂行条例》的有关规定，制定本表。
2. 本表适用于除经主管税务机关核准实行简易申报方式以外的所有营业税纳税人（以下简称纳税人）。

3. 本表“纳税人识别号”栏，填写税务机关为纳税人确定的识别号，即：税务登记证号码。

4. 本表“纳税人名称”栏，填写纳税人单位名称全称，并加盖公章，不得填写简称。

5. 本表“税款所属期”填写纳税人申报的营业税应纳税额的所属时间，应填写具体的起止年、月、日。

6. 本表“填表日期”填写纳税人填写本表的具体日期。

7. 本表“娱乐业”行应区分不同的娱乐业税率填报申报事项。

8. 本表“代扣代缴项目”行应填报纳税人本期按照现行规定发生代扣代缴行为所应申报的事项，分不同税率填报。

9. 本表所有栏次数据均不包括本期纳税人经税务机关、财政、审计部门检查以及纳税人自查发生的相关数据。

10. 本表第2栏“应税收入”填写纳税人本期因提供营业税应税劳务、转让无形资产或者销售不动产所取得的全部价款和价外费用（包括免税收入），分营业税税目填报，该栏数据为各相应税目营业税纳税申报表中“应税收入”栏的“合计”数。纳税人提供营业税应税劳务、转让无形资产或者销售不动产发生退款或因财务会计核算办法改变冲减营业额时，不在本栏次调减，在第11栏“前期多缴税额”栏次内直接调减税额。

11. 本表第3栏“应税减除项目金额”应填写纳税人本期提供营业税应税劳务、转让无形资产或者销售不动产所取得的应税收入中按规定可扣除的项目金额，分营业税税目填报，该栏数据为相应税目营业税纳税申报表中“应税减除项目金额”栏（或“应税减除项目金额”栏中“小计”项）的“合计”数。

12. 本表第5栏“免税收入”应填写纳税人本期提供营业税应税劳务、转让无形资产或者销售不动产所取得的应税收入中不需税务机关审批可直接免缴税款的应税收入或已经税务机关批准的免税项目应税收入，分营业税税目填报，该栏数据为相应税目营业税纳税申报表中“免税收入”栏的“合计”数。

13. 本表第10栏“期初欠缴税额”填写截至本期（不含本期），纳税人经过纳税申报或报告、批准延期缴纳、税务机关核定等确定应纳税额后，超过法律、行政法规规定或者税务机关依照法律、行政法规规定确定的税款缴纳期限未缴纳的税款，分营业税税目填报，该栏数据为相应税目营业税纳税申报表中“期初欠缴税额”栏的“合计”数。

14. 本表第11栏“前期多缴税额”填写纳税人截至本期（不含本期）多缴纳的营业税税额分营业税税目填报，该栏数据为相应税目营业税纳税申报表中“前期多缴税额”栏的“合计”数。

15. 本表第13栏“已缴本期应纳税额”填写纳税人已缴的本期应纳营业税税额。该栏数据为相应税目营业税纳税申报表中“已缴本期应纳税额”栏的“合计”数。

16. 本表第14栏“本期已被扣缴税额”填写纳税人本期发生纳税义务，按现行税法规定被扣缴义务人扣缴的营业税税额。该栏数据为相应税目营业税纳税申报表中“本期已被扣缴税额”栏的“合计”数。

17. 本表第15栏“本期已缴欠缴税额”填写纳税人本期缴纳的前期欠税，包括本期缴纳的前期经过纳税申报或报告、批准延期缴纳、税务机关核定等确定应纳税额后，超过法律、行政法规规定或者税务机关依照法律、行政法规规定确定的税款缴纳期限未缴纳的税款。该栏数据为相应税目营业税纳税申报表中“本期已缴欠缴税额”栏的“合计”数。

表 5 – 3

娱乐业营业税纳税申报表

（适用于娱乐业营业税纳税人）

纳税人识别号：

纳税人名称（公章）：

税款所属时间：自　　年　月　日至　　年　月　日　　填表日期：　　年　月　日　　　　金额单位：元（列至角分）

应税项目		营业额				税率（%）	本期税款计算			税款缴纳							
												本期已缴税额			本期应缴税额计算		
		应税收入	应税减除项目金额	应税营业额	免税收入		小计	本期应纳税额	免（减）税额	期初欠缴税额	前期多缴税额	小计	已缴本期应纳税额	本期已缴欠缴税额	小计	本期期末应缴税额	本期期末应缴欠缴税额
1		2	3	4 = 2 – 3	5	6	7 = 8 + 9	8 = （4 – 5）× 6	9 = 5 × 6	10	11	12 = 13 + 14	13	14	15 = 16 + 17	16 = 8 – 13	17 = 10 – 11 – 14
歌厅																	
舞厅																	
卡拉OK歌舞厅	夜总会																
	练歌房																
	恋歌房																
音乐茶座	酒　吧																
高尔夫球																	
台球、保龄球																	
游艺场																	
网　吧																	

续表

应税项目	营业额				税率（%）	本期税款计算			税款缴纳							
											本期已缴税额			本期应缴税额计算		
	应税收入	应税减除项目金额	应税营业额	免税收入		小计	本期应纳税额	免（减）税额	期初欠缴税额	前期多缴税额	小计	已缴本期应纳税额	本期已缴欠缴税额	小计	本期期末应缴税额	本期期末应缴欠缴税额
1	2	3	4 = 2 − 3	5	6	7 = 8 + 9	8 = (4 − 5) × 6	9 = 5 × 6	10	11	12 = 13 + 14	13	14	15 = 16 + 17	16 = 8 − 13	17 = 10 − 11 − 14
其他																
合计																

以下由税务机关填写：

受理人：　　　　受理日期：　　年　月　日　　　　受理税务机关（签章）：

本表为 A4 横式一式三份，一份纳税人留存，一份主管税务机关留存，一份征收部门留存。

填表说明：

1. 本表适用于所有除经主管税务机关核准实行简易申报方式以外的娱乐业营业税纳税人（以下简称“纳税人”）。

2. 本表“纳税人识别号”栏，填写税务机关为纳税人确定的识别号，即：税务登记证号码。

3. 本表“纳税人名称”栏，填写纳税人单位名称全称，并加盖公章，不得填写简称。

4. 本表“税款所属期”填写纳税人申报的营业税应纳税额的所属时间，应填写具体的起止年、月、日。

5. 本表“填表日期”填写纳税人填写本表的具体日期。

6. 本表所有栏次数据均不包括本期纳税人经税务机关、财政、审计部门检查以及纳税人自查发生的相关数据。

7. 本表第 2 栏“应税收入”填写纳税人本期因提供娱乐业营业税应税劳务所取得的全部价款和价外费用（包括免税收入）。纳税人发生退款或因财务会计核算办法改变冲减营业额时，不在本栏次调减，在第 11 栏“前期多缴税额”栏次内直接调减税额。

8. 本表第 3 栏“应税减除项目金额”应填写纳税人本期提供营业税应税劳务所取得的娱乐业应税收入中按规定可扣除的项目金额。

9. 本表第 5 栏“免税收入”填写纳税人本期取得的娱乐业应税收入中所含的不需税务机关审批可直接免缴税款的应税收入或已经税务机关批准的免税项目应税收入。

10. 本表第 10 栏“期初欠缴税额”填写截至本期（不含本期），纳税人经过纳税申报或报告、批准延期缴纳、税务机关核定等确定应纳税额后，超过法律、行政法规规定或者税务机关依照法律、行政法规规定确定的税款缴纳期限未缴纳的税款截至本期（不含本期）尚未缴纳的全部营业税应缴税额。

11. 本表第 11 栏“前期多缴税额”填写纳税人截至本期（不含本期）多缴纳的营业税税额。

12. 本表第 13 栏“已缴本期应纳税额”填写纳税人已缴的本期应纳营业税税额。

13. 本表第 14 栏“本期已缴欠缴税额”填写纳税人本期缴纳的前期欠税，包括本期缴纳的前期经过纳税申报或报告、批准延期缴纳、税务机关核定等确定应纳税额后，超过法律、行政法规规定或者税务机关依照法律、行政法规规定确定的税款缴纳期限未缴纳的税款。

表 5－4－1

服务业营业税纳税申报表

（适用于服务业营业税纳税人）

纳税人识别号：

纳税人名称（公章）：

税款所属时间：自　　年　月　日至　　年　月　日　　　填表日期：　　年　月　日　　　金额单位：元（列至角分）

应税项目	营业额				税率（%）	本期税款计算			税款缴纳							
									期初欠缴税额	前期多缴税额	本期已缴税额			本期应缴税额计算		
	应税收入	应税减除项目金额	应税营业额	免税收入		小计	本期应纳税额	免（减）税额			小计	已缴本期应纳税额	本期已缴欠缴税额	小计	本期期末应缴税额	本期期末应缴欠缴税额
1	2	3	4＝2－3	5	6	7＝8＋9	8＝（4－5）×6	9＝5×6	10	11	12＝13＋14	13	14	15＝16＋17	16＝8－13	17＝10－11－14
旅店业																
饮食业																
旅游业																
仓储业																
租赁业																
广告业																
代理业																
其他服务业：其他																
合计																

应税项目	营业额				税率（%）	本期税款计算			税款缴纳								
											本期已缴税额			本期应缴税额计算			
	应税收入	应税减除项目金额	应税营业额	免税收入		小计	本期应纳税额	免（减）税额	期初欠缴税额	前期多缴税额	小计	已缴本期应纳税额	本期已缴欠缴税额	小计	本期期末应缴税额	本期期末应缴欠缴税额
1	2	3	4 = 2 − 3	5	6	7 = 8 + 9	8 = (4 − 5) × 6	9 = 5 × 6	10	11	12 = 13 + 14	13	14	15 = 16 + 17	16 = 8 − 13	17 = 10 − 11 − 14

以下由税务机关填写：

受理人：　　　　　　受理日期：　　年　月　日　　　　　　受理税务机关（签章）：

本表为 A4 横式一式三份，一份纳税人留存，一份主管税务机关留存，一份征收部门留存。

填表说明：

1. 本表适用于所有除经主管税务机关核准实行简易申报方式以外的服务业营业税纳税人（以下简称“纳税人”）。
2. 本表“纳税人识别号”栏，填写税务机关为纳税人确定的识别号，即：税务登记证号码。
3. 本表“纳税人名称”栏，填写纳税人单位名称全称，并加盖公章，不得填写简称。
4. 本表“税款所属期”填写纳税人申报的营业税应纳税额的所属时间，应填写具体的起止年、月、日。
5. 本表“填表日期”填写纳税人填写本表的具体日期。
6. 本表所有栏次数据均不包括本期纳税人经税务机关、财政、审计部门检查以及纳税人自查发生的相关数据。
7. 本表第 2 栏“应税收入”填写纳税人本期因提供服务业应税劳务所取得的全部价款和价外费用（包括免税收入）。纳税人发生退款或因财务会计核算办法改变冲减营业额时，不在本栏次调减，在第 11 栏“前期多缴税额”栏次内直接调减税额。
8. 本表第 3 栏“应税减除项目金额”应填写纳税人本期提供营业税应税劳务所取得的服务业应税收入中按规定可扣除的项目金额，分不同应税项目填写，该栏数据为附件 5《服务业减除项目金额明细申报表》中相应“应税项目”的“金额小计”数。
9. 本表第 5 栏“免税收入”填写纳税人本期取得的服务业应税收入中所含的不需税务机关审批可直接免缴税款的应税收入或已经税务机关批准的免税项目应税收入。
10. 本表第 10 栏“期初欠缴税额”填写截至本期（不含本期），纳税人经过纳税申报或报告、批准延期缴纳、税务机关核定等确定应纳税额后，超过法律、行政法规规定或者税务机关依照法律、行政法规规定确定的税款缴纳期限未缴纳的税款。
11. 本表第 11 栏“前期多缴税额”填写纳税人截至本期（不含本期）多缴纳的营业税税额。
12. 本表第 13 栏“已缴本期应纳税额”填写纳税人已缴的本期应纳营业税税额。
13. 本表第 14 栏“本期已缴欠缴税额”填写纳税人本期缴纳的前期欠税，包括本期缴纳的前期经过纳税申报或报告、批准延期缴纳、税务机关核定等确定应纳税额后，超过法律、行政法规规定或者税务机关依照法律、行政法规规定确定的税款缴纳期限未缴纳的税款。

表 5－4－2

服务业减除项目金额明细申报表

纳税人识别号：

纳税人名称（公章）：

税款所属时间：自　　年　月　日至　　年　月　日　　填表日期：　　年　月　日　　金额单位：元（列至角分）

应税项目	项目	减除项目名称及金额							金额小计
旅游业	减除项目名称								—
	金额								
广告业	减除项目名称								—
	金额								
代理业	减除项目								—
	金额								
	减除项目								—
	金额								
	减除项目								—
	金额								
	减除项目								—
	金额								
	减除项目								—
	金额								
合计	金额	—	—	—	—	—	—	—	

填表说明：1. 该表填列服务业应税收入中按照营业税有关规定允许减除的项目名称及金额；2. 每个应税项目按照减除项目名称分别填列允许减除的金额，“小计”金额为该应税项目所有减除项目金额的合计数；3. 代理业应区分不同代理事项允许减除的项目填写“减除项目名称”、“金额”和“小计金额”；4. 本表“合计”行的“金额小计”数应与附4《服务业营业税纳税申报表》第3栏“应税减除项目金额”的“合计”数相等。

以下由税务机关填写：

受理人：　　受理日期：　　年　月　日　　受理税务机关（签章）：

本表为 A4 横式一式三份，一份纳税人留存，一份主管税务机关留存，一份征收部门留存。

表 5－5－1

建筑业营业税纳税申报表

（适用于建筑业营业税纳税人）

纳税人识别号：

纳税人名称（公章）：

税款所属时间：自　　年　月　日至　　年　月　日　　　填表日期：　　年　月　日　　　　金额单位：元（列至角分）

申报项目	应税项目	营业额							税率（%）	本期税款计算			税款缴纳								
		应税收入	应税减除项目金额				应税营业额	免税收入		小计	本期应纳税额	免（减）税额	期初欠缴税额	前期多缴税额	本期已缴税额				本期应缴税额计算		
			小计	支付给分（转）包人工程价款	减除设备价款	其他减除项目金额									小计	已缴本期应纳税额	本期已被扣缴税额	本期已缴欠缴税额	小计	本期期末应缴税额	本期期末应缴欠缴税额
1	2	3	4＝5＋6＋7	5	6	7	8＝3－4	9	10	11＝12＋13	12＝(8－9)×10	13＝9×10	14	15	16＝17＋18＋19	17	18	19	20＝21＋22	21＝12－17－18	22＝14－15－19
本地提供建筑业应税劳务申报事项	建筑																				
	安装																				
	修缮																				
	装饰																				
	其他工程作业																				
	自建行为																				
	合计																				
	代扣代缴项目																				
	总计																				

续表

申报项目	应税项目	营业额							税率（%）	本期税款计算			税款缴纳								
		应税收入	应税减除项目金额				应税营业额	免税收入		小计	本期应纳税额	免（减）税额	期初欠缴税额	前期多缴税额	本期已缴税额				本期应缴税额计算		
			小计	支付给分（转）包人工程价款	减除设备价款	其他减除项目金额									小计	已缴本期应纳税额	本期已被扣缴税额	本期已缴欠缴税额	小计	本期期末应缴税额	本期期末应缴欠缴税额
1	2	3	4 = 5 + 6 + 7	5	6	7	8 = 3 − 4	9	10	11 = 12 + 13	12 = (8 − 9) × 10	13 = 9 × 10	14	15	16 = 17 + 18 + 19	17	18	19	20 = 21 + 22	21 = 12 − 17 − 18	22 = 14 − 15 − 19
异地提供建筑业应税劳务申报事项	建筑																				
	安装																				
	修缮																				
	装饰																				
	其他工程作业																				
	自建行为																				
	合计																				
代扣代缴项目																					
总计																					

以下由税务机关填写：

受理人：　　　　受理日期：　　年　月　日　　　　受理税务机关（签章）：

本表为 A4 横式一式三份，一份纳税人留存，一份主管税务机关留存，一份征收部门留存。

填表说明：

1. 本表适用于所有除经主管税务机关核准实行简易申报方式以外的建筑业营业税纳税人（以下简称“纳税人”）。
2. 本表“纳税人识别号”栏，填写税务机关为纳税人确定的识别号，即：税务登记证号码。
3. 本表“纳税人名称”栏，填写纳税人单位名称全称，并加盖公章，不得填写简称。

4. 本表“税款所属期”填写纳税人申报的营业税应纳税额的所属时间，应填写具体的起止年、月、日。

5. 本表“填表日期”填写纳税人填写本表的具体日期。

6. 本表所有栏次数据均不包括本期纳税人经税务机关、财政、审计部门检查以及纳税人自查发生的相关数据。

7. 本表第1栏“本地提供建筑业应税劳务申报事项”填写独立核算纳税人在其机构所在地主管税务机关税收管辖权限范围内因提供建筑业应税劳务所发生的相关应申报事项，包括纳税人本身及其所属非独立核算单位所发生的全部应申报事项。

本表第1栏“异地提供建筑业应税劳务申报事项”填写独立核算纳税人在其机构所在地主管税务机关税收管辖权限范围以外因提供建筑业应税劳务所发生的相关应申报事项，包括纳税人本身及其所属非独立核算单位所发生的全部应申报事项。

8. 本表第2栏中“自建行为”行是在纳税人自建建筑物后销售或对外赠与时应就自建建筑物提供建筑业劳务的相应申报事项。

9. 本表第2栏中“代扣代缴项目”行应填报纳税人本身及其所属非独立核算单位按照现行规定发生代扣代缴行为所应申报的事项。

10. 本表第3栏“应税收入”填写纳税人本身及其所属非独立核算单位本期因提供建筑业应税劳务所取得的全部价款和价外费用（包括总包收入、分包收入、转包收入和免税收入），分本地、异地按照不同应税项目填报；其中，“代扣代缴项目”行应填报支付给分（转）包人的全部价款和价外费用（包括免税收入），按照本地、异地分别填报。纳税人发生退款或因财务会计核算办法改变冲减营业额时，不在本栏次调减，在第15栏“前期多缴税额”栏次内直接调减税额。

全部价款和价外费用（含免税收入）填写该项工程所包含的料、工、费、利润和税金等全部工程造价，其中“料”包括全部材料价款、动力价款和其他物资价款。

11. 本表第5栏“支付给分（转）包人工程价款”填写纳税人本身及其所属非独立核算单位本期支付给分（转）包人的全部价款和价外费用，按照本地、异地分别填报。

12. 本表第6栏“减除设备价款”填写纳税人本身及其所属非独立核算单位本期提供建筑业劳务所取得的应税收入中按照现行规定可以减除的设备价款，不包含因发生扣缴义务支付给分（转）包人的工程价款中所包含的设备价款，分本地、异地按照不同应税项目填报；其中，“代扣代缴项目”行应填报支付给分（转）包人的工程价款中按照现行规定可以减除的设备价款，按照本地、异地分别填报。纳税人应按照建筑业劳务发生地的税务机关所确定的设备减除范围填报本栏。

13. 本表第7栏“其他减除项目金额”填写纳税人本身及其所属非独立核算单位本期提供建筑业应税劳务所取得的应税收入中按照现行规定其他可减除的款项金额，不包含因发生扣缴义务支付给分（转）包人的工程价款中所包含的其他可减除的款项金额，分本地、异地按照不同应税项目填报；其中，“代扣代缴项目”行应填报支付给分（转）包人的工程价款中按照现行规定其他可减除的款项金额，按照本地、异地分别填报。

14. 本表第9栏“免税收入”填写纳税人本身及其所属非独立核算单位本期提供建筑业应税劳务取得应税收入中所含的不需税务机关审批可直接免缴税款的应税收入或已经税务机关批准的免税项目应税收入，分本地、异地按照不同应税项目填报；其中，“代扣代缴项目”行应填报支付给分（转）包人的工程价款中所含的不需税务机关审批可直接免缴税款的应税收入或已经税务机关批准的免税项目应税收入，按照本地、异地分别填报。

15. 本表第14栏“期初欠缴税额”填写截至本期（不含本期），纳税人本身及其所属非独立核算单位经过纳税申报或报告、批准延期缴纳、税务机关核定等确定应纳税额后，超过法律、行政法规规定或者税务机关依照法律、行政法规规定确定的税款缴纳期限未缴纳的税款，按本地、异地分别填入“合计”行本栏次；其中，“代扣代缴项目”行应填报截至本期（不含本期）经过纳税申报或报告、批准延期缴纳、税务机关核定等确定应纳税额后，超过法律、行政法规规定或者税务机关依照法律、行政法规规定确定的税款解缴期限未解缴的税款，按本地、异地分别填报。

16. 本表第15栏“前期多缴税额”填写纳税人本身及其所属非独立核算单位截至本期（不含本期）多缴纳的营业税税额，按本地、异地分别填入“合计”行本栏次；其中，“代扣代缴项目”行应填报截至本期（不含本期）多扣缴的建筑业营业税税额，按本地、异地分别填报。

17. 本表第17栏“已缴本期应纳税额”填写纳税人已缴的本期应纳建筑业营业税税额。

18. 本表第18栏“本期已被扣缴税额”填写纳税人本身及其所属非独立核算单位在本期因提供建筑业应税劳务而被扣缴的建筑业营业税税额，分本地、异地按照不同应税项目填报。

19. 本表第19栏“本期已缴欠缴税额”填写纳税人本身及其所属非独立核算单位本期缴纳的前期欠税，包括本期缴纳的前期经过纳税申报或报告、批准延期缴纳、税务机关核定等确定应纳税额后，超过法律、行政法规规定或者税务机关依照法律、行政法规规定确定的税款缴纳期限未缴纳的税款，按本地、异地分别填入“合计”行本栏次；其中，“代扣代缴项目”行应填报纳税人本身及其所属非独立核算单位在本期已解缴的前期欠税，包括本期解缴的前期经过纳税申报或报告、批准延期缴纳、税务机关核定等确定应纳税额后，超过法律、行政法规规定或者税务机关依照法律、行政法规规定确定的税款解缴期限未解缴的税款，按本地、异地分别填报。

表 5-5-2 异地提供建筑业劳务税款缴纳情况申报表

纳税人识别号：

纳税人名称（公章）：

税款所属时间：自　　年　月　日至　　年　月　日　　　填表日期：　　年　月　日　　　　　　金额单位：元（列至角分）

应税项目	本期应纳税额情况		本期收到扣缴税款通知书情况					本期收到税收缴款书情况				本期收到减免税批准文书情况			
	应缴纳税款金额	税收缴款凭证号	本期已被代扣代缴税额	税收缴款凭证号	税款所属时间		扣缴单位纳税人识别号	已入库税收缴款书所列营业税税额	已入库税收缴款凭证号	税款所属时间		核准减免税税额	税务减免批准文书号	批准文书有效期	
					起始月份	终止月份				起始月份	终止月份			起始月份	终止月份
1	2	3	4	5	6	7	8	9	10	11	12	13	14	15	16
合计															

续表

应税项目	本期应纳税额情况		本期收到扣缴税款通知书情况					本期收到税收缴款书情况				本期收到减免税批准文书情况			
	应缴纳税款金额	税收缴款凭证号	本期已被代扣代缴税额	税收缴款凭证号	税款所属时间		扣缴单位纳税人识别号	已入库税收缴款书所列营业税税额	已入库税收缴款凭证号	税款所属时间		核准减免税税额	税务减免批准文书号	批准文书有效期	
					起始月份	终止月份				起始月份	终止月份			起始月份	终止月份
1	2	3	4	5	6	7	8	9	10	11	12	13	14	15	16
代扣代缴项目															
总计															

以下由税务机关填写：

受理人：　　　　受理日期：　年　月　日　　　　受理税务机关（签章）：

本表为 A4 横式一式三份，一份纳税人留存，一份主管税务机关留存，一份征收部门留存。

填表说明：

1. 本表适用于所有在中华人民共和国境内提供了“异地”建筑业劳务的营业税纳税人（以下简称“纳税人”）。经主管税务机关核准实行简易申报方式的纳税人，不填报此表。

这里的“异地”是指独立核算纳税人机构所在地主管税务机关税收管辖权限范围以外的所有行政区域（下同）。

适用本表的纳税人应自发生“异地”建筑业纳税义务的次月 10 日内，以及在收到该项税款异地完税凭证的次月进行纳税申报时，随同纳税申报资料一同报送本表。纳税人应自申报之月（含当月）起 6 个月内向主管税务机关提供其异地建筑业应税劳务收入的完税凭证。

例如：甲公司为重庆 A 区建筑业企业，2005 年 3 月在本辖区内提供建筑业劳务取得收入产生应缴纳营业税 10 万元，在大连市提供应税劳务取得收入产生应缴纳营业税 10 万元，4 月在天津市提供应税劳务取得收入产生应缴纳营业税 5 万元。该公司 4 月 10 日前在大连市缴纳营业税 6 万元，4 月 20 日在重庆收到大连的完税凭证；10 月 10 日前在天津市缴纳营业税 5 万元，在大连市缴纳营业税 4 万元，7 月 10 日在重庆收到两市的完税凭证。则其申报营业税应为：在本辖区内的 10 万元及在大连市的 10 万元应在 4 月 10 日前分本、异地在《建筑业营业税纳税申报表》中填报，同时，将在大连申报的 10 万元填入《异地提供建筑业劳务税款缴纳情况申报表》的“应缴纳税款金额”栏一同申报；在 10 月份进行纳税申报时，应将在大连市已缴纳的建筑营业税 6 万元和天津市申报的应缴营业税 5 万元填入《异地提供建筑业劳务税款缴纳情况申报表》，随同相关申报资料一同向重庆市主管税务机关申报；而在 10 月份在天津已缴纳的 5 万元及大连已缴纳的 4 万元，则应在 8 月份进行纳税申报时，将其填入《异地提供建筑业劳务税款缴纳情况申报表》中，随同相关申报资料一同向重庆市主管税务机关申报，因为该单位是在 7 月份才收到“两地”的完税凭证的。这时，如果这两笔税款在同一张凭证上，“税款所属时间”则应填写为 2005 年 3 月 1 日至 2005 年 4 月 30 日，如分别在各自的完税凭证上，则分别按各自的税款所属时间填报。

该表中的“本期”皆指收到完税凭证的当月，如上例的“本期”应分别为 4 月和 7 月。

本表以每张完税凭证为单位，分行填报。

2. 本表“纳税人识别号”栏，填写税务机关为纳税人确定的识别号，即：税务登记证号码。

3. 本表“纳税人名称”栏，填写纳税人单位名称全称，并加盖公章，不得填写简称。

4. 本表“税款所属时间”是指纳税人申报的营业税应纳税额的所属时间，应填写具体的起止年、月、日。(如上例)

5. 本表“填表日期”指纳税人填写本表的具体日期。

6. 本表第1栏“应税项目”应以纳税人在“异地”提供的具体建筑业劳务项目填报，具体项目应按建筑、安装、修缮、装饰、其他工程作业和自建行为进行分类，其中的“自建行为”是指在纳税人在“异地”自建建筑物后销售或对外赠与时应就自建建筑物提供建筑业劳务进行纳税申报的相应事项。

7. 本表第1栏中“代扣代缴项目”行应填报纳税人本身及其所属非独立核算单位按照现行规定在“异地”发生代扣代缴行为所应申报的事项。其中的“第4至8栏”应填写纳税人作为扣缴义务人因代扣代缴税款而开具的代扣代收税款凭证所列的税额、凭证号、税款所属期及被扣缴单位税务代码；“第9至12栏”应填写纳税人已缴纳代扣税款的税收缴款书上所列的税额、凭证号、税款所属期；“第13至16栏”应填写因被扣缴单位经主管税务机关批准享受减免税政策所取得的减免税审批文书的批准文书号码、有效日期以及当月的减免税额。

8. 本表第2栏“应缴纳税款金额”栏应填写纳税人本身及其所属非独立核算单位提供建筑业应税劳务取得应税营业额在本期内所产生的全部应缴纳税款金额，其数据应与《建筑业营业税纳税申报表》第12栏“本期应纳税额”“异地提供建筑业应税劳务申报事项”行中相对“应税项目”行的数据相关（每个应税项目只有一张税收缴款书或完税凭证时，应该“相等”；有多张时，应该是其合计金额）。

9. 本表第3栏“税收缴款凭证号”是指纳税人在“异地”进行本期纳税申报时所取得的税收缴款书号码。

10. 本表第4栏“本期已被代扣代缴税额”是指纳税人本身及其所属非独立核算单位因在“异地”分（承）包工程在本期内收到的完税凭证上注明的被总承包人或建设单位所扣缴的建筑业营业税税额。

11. 本表第5栏“税收缴款凭证号”是指纳税人本身及其所属非独立核算单位因在“异地”分（承）包工程而被总承包人或建设单位扣缴建筑业营业税时取得的完税凭证号码。

12. 本表第6栏“起始月份”和第7栏“终止月份”是指纳税人本身及其所属非独立核算单位因在“异地”分（承）包工程而被总承包人或建设单位扣缴建筑业营业税时，取得的完税凭证上所记载的税款所属期起止月份。

13. 本表第8栏“扣缴单位纳税人识别号”是指纳税人本身及其所属非独立核算单位因在“异地”分（承）包工程而被总承包人或建设单位扣缴税款时，其扣缴义务人的税务登记证号码。

14. 本表第9栏“已入库税收缴款书所列营业税税额”是指纳税人本身及其所属非独立核算单位本期收到的在“异地”申报缴纳建筑业营业税而取得完税凭证所记载的营业税税额。

15. 本表第10栏“已入库税收缴款凭证号”是指纳税人本身及其所属非独立核算单位因在“异地”申报缴纳建筑业营业税而取得的完税凭证号码。

16. 本表第11栏“起始月份”和第12栏“终止月份”是指纳税人本身及其所属非独立核算单位因在“异地”申报缴纳建筑业营业税而取得完税凭证所记载的税款所属期起止月份。

17. 本表第13栏“核准减免税税额”是指纳税人本身及其所属非独立核算单位在“异地”提供建筑业应税劳务，因享受税收优惠政策而获得劳务发生地主管税务机关核准的减免营业税税额。

18. 本表第14栏“税务减免批准文书号”是指纳税人本身及其所属非独立核算单位在“异地”提供建筑业应税劳务，因享受税收优惠政策而取得的减免税批准文书的文件号。

19. 本表第15栏“起始月份”和第16栏“终止月份”是指纳税人本身及其所属非独立核算单位在“异地”提供建筑业应税劳务，因享受税收优惠政策而取得的减免税批准文件所记载的享受减免税期限的起止月份。

三、实训内容

1. 背景资料

企业名称：东方旅游开发有限公司

企业类型：股份有限责任公司

纳税人识别号：210101200523846

企业组织机构代码：02467321

法定代表人：王东方，身份证号码：210102195507193841

财务负责人：项波，身份证号码：120102197008258433

办税人员：陈紫薇，身份证号码：210125198012054216

注册资本：1 亿元

开户银行及账号：中国工商银行云山分行　34216677227853

注册地址及电话：云山市大西区文化路 25 号　024－5678323

地税局税务登记类型：营业税纳税人

经营范围：酒店、餐饮、旅游、房地产开发等

2. 业务资料

东方旅游开发有限公司是一家大型综合性企业，旗下有天云山旅游景区管理部、客房部、餐饮部、歌舞厅、旅行社、房地产开发公司等部门，经营范围广，业务涉及文化体育业、服务业、娱乐业、房地产开发等行业。各部门账目日清月结，公司统一核算，统一纳税。2013 年 10 月该公司发生的有关经营业务及收入如下：

【业务 1】2013 年 10 月 1 日～10 月 31 日，东方旅游开发公司所属的天云山旅游景区管理部共取得旅游景点门票收入 800 万元。

旅游景区在每天景点大门停止售票后，由大门售票员根据门票存根等凭证，编制“门票收入日报表”与所收现金一并交财务部门。

门票收入日报表

日期：2013 年 10 月 1 日　　　　　　　　　　　　　　　　　　单位：元

项目	应收金额	实收金额	溢款（+）缺款（-）	备注
门票收入	400 000.00	400 000.00		
合计	400 000.00	400 000.00		

财务部依据景点大门售票员报送的“门票收入日报表”，列明应收金额 400 000 元，实收库存现金 400 000 元，将库存现金解存银行，取得银行解款单回单（略）。

根据上述原始凭证，进行账务处理，填制通用记账凭证 2 张。

通用记账凭证

2013 年 10 月 1 日　　　　　　　　　　凭证编号______

摘　要	会计科目		√	借方金额										√	贷方金额									
	总账科目	明细科目		千	百	十	万	千	百	十	元	角	分		千	百	十	万	千	百	十	元	角	分
景点门票收入	库存现金					4	0	0	0	0	0	0	0											
	主营业务收入																4	0	0	0	0	0	0	0
附单据　1　张	合　　计					4	0	0	0	0	0	0	0				4	0	0	0	0	0	0	0

会计主管：项波　　　　记账：陈紫薇　　　　审核：郑嘉林　　　　制单：曹芳

通用记账凭证

2013 年 10 月 1 日　　　　　　　　　　凭证编号______

摘　要	会计科目		√	借方金额										√	贷方金额									
	总账科目	明细科目		千	百	十	万	千	百	十	元	角	分		千	百	十	万	千	百	十	元	角	分
将景点门票收入存入银行	银行存款					4	0	0	0	0	0	0	0											
	库存现金																4	0	0	0	0	0	0	0
附单据　1　张	合　　计					4	0	0	0	0	0	0	0				4	0	0	0	0	0	0	0

会计主管：项波　　　　记账：陈紫薇　　　　审核：郑嘉林　　　　制单：曹芳

10 月 2 日 ~10 月 31 日记账凭证类似以上 2 张表，不一一列出。

汇总 2013 年 10 月 1 日 ~10 月 31 日天云山旅游景区管理部共取得旅游景点门票收入 800 万元。

根据上述记账凭证，进行汇总，填制通用记账凭证 1 张。

通用记账凭证

2013 年 10 月 31 日　　　　　　　　　　凭证编号______

摘　要	会计科目		√	借方金额										√	贷方金额									
	总账科目	明细科目		千	百	十	万	千	百	十	元	角	分		千	百	十	万	千	百	十	元	角	分
景点门票收入	银行存款				8	0	0	0	0	0	0	0	0											
	主营业务收入															8	0	0	0	0	0	0	0	0
附单据　2　张	合　　计				8	0	0	0	0	0	0	0	0			8	0	0	0	0	0	0	0	0

会计主管：项波　　　　记账：陈紫薇　　　　审核：郑嘉林　　　　制单：曹芳

计算应纳营业税：

应纳税额 = 8 000 000 × 3% = 240 000（元）

10 月 31 日填制计提营业税记账凭证（不考虑城市维护建设税、教育费附加）

通 用 记 账 凭 证

2013 年 10 月 31 日　　　　凭证编号________

摘　　要	会计科目		√	借方金额										√	贷方金额									
	总账科目	明细科目		千	百	十	万	千	百	十	元	角	分		千	百	十	万	千	百	十	元	角	分
计提营业税	营业税金及附加					2	4	0	0	0	0	0	0											
	应交税费	应交营业税															2	4	0	0	0	0	0	0
附单据　1　张	合　　计					2	4	0	0	0	0	0	0				2	4	0	0	0	0	0	0

会计主管：项波　　　　记账：陈紫薇　　　　审核：郑嘉林　　　　制单：曹芳

【业务 2】2013 年 10 月 1 日 ~10 月 31 日，东方旅游开发公司天云山旅游景区管理部共取得景区缆车索道客运收入 250 万元。

旅游景区在每天晚上 8 时缆车停运后，由缆车售票员根据索道票据存根等凭证，编制“索道车票收入日报表”与所收现金一并交财务部门。

索道车票收入日报表

日期：2013 年 10 月 1 日　　　　单位：元

项　目	应收金额	实收金额	溢款（+）缺款（-）	备注
索道车票收入	150 000.00	150 000.00		
合计	150 000.00	150 000.00		

财务部依据缆车售票员报送的“索道车票收入日报表”，列明应收金额 150 000 元，实收库存现金 150 000 元，将库存现金解存银行，取得银行解款单回单（略）。

根据上述原始凭证，进行账务处理，填制通用记账凭证 2 张。

通 用 记 账 凭 证

2013 年 10 月 1 日　　　　凭证编号________

摘　　要	会计科目		√	借方金额										√	贷方金额									
	总账科目	明细科目		千	百	十	万	千	百	十	元	角	分		千	百	十	万	千	百	十	元	角	分
索道车票收入	库存现金					1	5	0	0	0	0	0	0											
	主营业务收入																1	5	0	0	0	0	0	0
附单据　2　张	合　　计					1	5	0	0	0	0	0	0				1	5	0	0	0	0	0	0

会计主管：项波　　　　记账：陈紫薇　　　　审核：郑嘉林　　　　制单：曹芳

通用记账凭证

2013 年 10 月 1 日　　　　凭证编号______

摘　要	会计科目		√	借方金额										√	贷方金额									
	总账科目	明细科目		千	百	十	万	千	百	十	元	角	分		千	百	十	万	千	百	十	元	角	分
将索道车票收入存入银行	银行存款					1	5	0	0	0	0	0	0											
	库存现金																1	5	0	0	0	0	0	0
附单据 2 张	合　计					1	5	0	0	0	0	0	0				1	5	0	0	0	0	0	0

会计主管：项波　　　　记账：陈紫薇　　　　审核：郑嘉林　　　　制单：曹芳

10 月 2 日 ~10 月 31 日记账凭证类似以上 2 张表，不一一列出。

汇总 2013 年 10 月 1 日 ~10 月 31 日天云山旅游景区管理部共取得景区缆车索道客运收入 250 万元。

根据上述记账凭证，进行汇总，填制通用记账凭证 1 张。

通用记账凭证

2013 年 10 月 31 日　　　　凭证编号______

摘　要	会计科目		√	借方金额										√	贷方金额									
	总账科目	明细科目		千	百	十	万	千	百	十	元	角	分		千	百	十	万	千	百	十	元	角	分
索道车票收入	银行存款				2	5	0	0	0	0	0	0	0			2	5	0	0	0	0	0	0	0
	主营业务收入																							
附单据 2 张	合　计				2	5	0	0	0	0	0	0	0			2	5	0	0	0	0	0	0	0

会计主管：项波　　　　记账：陈紫薇　　　　审核：郑嘉林　　　　制单：曹芳

计算应纳营业税：

应纳税额 =2 500 000 ×5% =125 000（元）

10 月 31 日填制计提营业税记账凭证（不考虑城市维护建设税、教育费附加）

通 用 记 账 凭 证

2013 年 10 月 31 日　　　　凭证编号________

摘　　要	会计科目		√	借方金额										√	贷方金额								
	总账科目	明细科目		千	百	十	万	千	百	十	元	角	分		千	百	十	万	千	百	十	元	角	分
计提营业税	营业税金及附加					1	2	5	0	0	0	0	0										
	应交税费	应交营业税															1	2	5	0	0	0	0	0
附单据　1　张	合　　计					1	2	5	0	0	0	0	0				1	2	5	0	0	0	0	0

会计主管：项波　　　　记账：陈紫薇　　　　审核：郑嘉林　　　　制单：曹芳

【业务 3】为展示华夏文明风采和独特的地方文化民俗风情，天云山旅游景区内还投资建造了民俗文化村，游客在村里可以欣赏专业水平的民族歌舞表演等项目。2013 年 10 月 1 日～10 月 31 日，民俗文化村项目表演收入 160 万元。

民俗文化村在每天村内表演停止售票后，由售票员根据门票存根等凭证，编制“表演门票收入日报表”与所收现金一并交财务部门。

表演门票收入日报表

日期：2013 年 10 月 1 日　　　　单位：元

项　目	应收金额	实收金额	溢款（+）缺款（-）	备注
表演门票收入	100 000. 00	100 000. 00		
合计	100 000. 00	100 000. 00		

财务部依据村内表演门票售票员报送的“表演门票收入日报表”，列明应收金额 100 000 元，实收库存现金 100 000 元，将库存现金解存银行，取得银行解款单回单（略）。

根据上述原始凭证，进行账务处理，填制通用记账凭证 2 张。

通 用 记 账 凭 证

2013 年 10 月 1 日　　　　凭证编号________

摘　　要	会计科目		√	借方金额										√	贷方金额								
	总账科目	明细科目		千	百	十	万	千	百	十	元	角	分		千	百	十	万	千	百	十	元	角	分
表演门票收入	库存现金					1	0	0	0	0	0	0	0										
	主营业务收入																1	0	0	0	0	0	0	0
附单据　2　张	合　　计					1	0	0	0	0	0	0	0				1	0	0	0	0	0	0	0

会计主管：项波　　　　记账：陈紫薇　　　　审核：郑嘉林　　　　制单：曹芳

通用记账凭证

2013 年 10 月 1 日　　　　凭证编号________

摘　要	会计科目		√	借方金额										√	贷方金额									
	总账科目	明细科目		千	百	十	万	千	百	十	元	角	分		千	百	十	万	千	百	十	元	角	分
将表演门票收入存入银行	银行存款					1	0	0	0	0	0	0	0											
	库存现金																1	0	0	0	0	0	0	0
附单据　2　张	合　　计					1	0	0	0	0	0	0	0				1	0	0	0	0	0	0	0

会计主管：项波　　　　记账：陈紫薇　　　　审核：郑嘉林　　　　制单：曹芳

10 月 2 日 ~10 月 31 日记账凭证类似以上 2 张表，不一一列出。

汇总 2013 年 10 月 1 日 ~10 月 31 日天云山旅游景区管理部共取得民俗文化村表演门票收入 160 万元。

根据上述记账凭证，进行汇总，填制通用记账凭证 1 张。

通用记账凭证

2013 年 10 月 31 日　　　　凭证编号________

摘　要	会计科目		√	借方金额										√	贷方金额									
	总账科目	明细科目		千	百	十	万	千	百	十	元	角	分		千	百	十	万	千	百	十	元	角	分
表演门票收入	银行存款				1	6	0	0	0	0	0	0	0											
	主营业务收入															1	6	0	0	0	0	0	0	0
附单据　2　张	合　　计				1	6	0	0	0	0	0	0	0			1	6	0	0	0	0	0	0	0

会计主管：项波　　　　记账：陈紫薇　　　　审核：郑嘉林　　　　制单：曹芳

计算应纳营业税：

应纳税额 =1 600 000×3% =48 000（元）

月末填制计提营业税记账凭证（不考虑城市维护建设税、教育费附加）

通 用 记 账 凭 证

2013 年 10 月 31 日　　　　　　　　　　凭证编号________

摘要	会计科目		√	借方金额										√	贷方金额									
	总账科目	明细科目		千	百	十	万	千	百	十	元	角	分		千	百	十	万	千	百	十	元	角	分
计提营业税	营业税金及附加						4	8	0	0	0	0	0											
	应交税费	应交营业税																4	8	0	0	0	0	0
附单据 1 张	合　计						4	8	0	0	0	0	0					4	8	0	0	0	0	0

会计主管：项波　　　　记账：陈紫薇　　　　审核：郑嘉林　　　　制单：曹芳

【业务4】东方旅游开发公司与新新公司签订合作协议，以天云山景区内一处价值3 000万元的房产使用权与新新公司合作经营酒店（酒店名为天云山大酒店，房屋产权仍属东方旅游开发公司所有），按约定东方旅游开发公司每月收取30万元的固定收入。10月10日款项已转账收讫（所附原始单据包括中国工商银行进账单；合作协议）。

根据上述原始凭证，进行账务处理，填制通用记账凭证1张。

通 用 记 账 凭 证

2013 年 10 月 10 日　　　　　　　　　　凭证编号________

摘要	会计科目		√	借方金额										√	贷方金额									
	总账科目	明细科目		千	百	十	万	千	百	十	元	角	分		千	百	十	万	千	百	十	元	角	分
收取天云山大酒店租金收入	银行存款					3	0	0	0	0	0	0	0											
	其他业务收入																3	0	0	0	0	0	0	0
附单据 1 张	合　计					3	0	0	0	0	0	0	0				3	0	0	0	0	0	0	0

会计主管：项波　　　　记账：陈紫薇　　　　审核：郑嘉林　　　　制单：曹芳

计算应纳营业税：

应纳税额 = 300 000 × 5% = 15 000（元）

填制计提营业税记账凭证（不考虑城市维护建设税、教育费附加）

通用记账凭证

2013 年 10 月 10 日　　　　　　　　凭证编号________

摘要	会计科目		√	借方金额										√	贷方金额									
	总账科目	明细科目		千	百	十	万	千	百	十	元	角	分		千	百	十	万	千	百	十	元	角	分
计提营业税	营业税金及附加						1	5	0	0	0	0	0											
	应交税费	应交营业税																1	5	0	0	0	0	0
附单据 1 张	合　计						1	5	0	0	0	0	0					1	5	0	0	0	0	0

会计主管：项波　　　记账：陈紫薇　　　审核：郑嘉林　　　制单：曹芳

【业务 5】10 月 12 日，东方旅游开发公司与华远公司签订协议，准予其生产的旅游产品进入东方旅游开发公司所属天云山旅游景区内非独立核算的小商店（小规模纳税人）销售，一次性收取进场费 15 万元。10 月 13 日款项已转账收讫，东方旅游开发公司开具服务业统一发票（所附原始单据包括中国工商银行进账单，服务业统一发票记账联）。

根据上述原始凭证，进行账务处理，填制通用记账凭证 1 张。

通用记账凭证

2013 年 10 月 13 日　　　　　　　　凭证编号________

摘要	会计科目		√	借方金额										√	贷方金额									
	总账科目	明细科目		千	百	十	万	千	百	十	元	角	分		千	百	十	万	千	百	十	元	角	分
华远进场费收入	银行存款					1	5	0	0	0	0	0	0											
	主营业务收入																1	5	0	0	0	0	0	0
附单据 2 张	合　计					1	5	0	0	0	0	0	0				1	5	0	0	0	0	0	0

会计主管：项波　　　记账：陈紫薇　　　审核：郑嘉林　　　制单：曹芳

计算应纳营业税：

应纳税额 = 150 000 × 5% = 7 500（元）

填制计提营业税记账凭证（不考虑城建税、教育费附加）

通用记账凭证

2013 年 10 月 13 日　　　　凭证编号______

摘　要	会计科目		√	借方金额										√	贷方金额									
	总账科目	明细科目		千	百	十	万	千	百	十	元	角	分		千	百	十	万	千	百	十	元	角	分
计提营业税	营业税金及附加							7	5	0	0	0	0											
	应交税费	应交营业税																	7	5	0	0	0	0
附单据 1 张	合　计							7	5	0	0	0	0						7	5	0	0	0	0

会计主管：项波　　　记账：陈紫薇　　　审核：郑嘉林　　　制单：曹芳

【业务 6】2013 年 10 月 1 日～10 月 31 日，东方旅游开发公司位于市内的四星级酒店东方宾馆客房部的住宿费收入为 300 万元。

客房部在每天下午 3 点结算住宿费收入，由前台收银员根据开出的服务业发票记账联等凭证，编制“客房部住宿费收入日报表”，填写库存现金解款单将住宿费存至银行，凭银行解款单回单向财务部门报账（回单略）。

客房部住宿费收入日报表

日期：2013 年 10 月 1 日　　　　单位：元

项　目	应收金额	实收金额	溢款（+）缺款（－）	备注
住宿费收入	200 000.00	200 000.00		
合计	200 000.00	200 000.00		

根据上述原始凭证，进行账务处理，填制通用记账凭证 1 张。

通用记账凭证

2013 年 10 月 1 日　　　　凭证编号______

摘　要	会计科目		√	借方金额										√	贷方金额									
	总账科目	明细科目		千	百	十	万	千	百	十	元	角	分		千	百	十	万	千	百	十	元	角	分
住宿费收入	银行存款					2	0	0	0	0	0	0	0											
	主营业务收入																2	0	0	0	0	0	0	0
附单据 2 张	合　计					2	0	0	0	0	0	0	0				2	0	0	0	0	0	0	0

会计主管：项波　　　记账：陈紫薇　　　审核：郑嘉林　　　制单：曹芳

10 月 2 日 ~10 月 31 日记账凭证类似上表，不一一列出。

汇总 2013 年 10 月 1 日 ~10 月 31 日东方宾馆客房部共取得的住宿费收入为 300 万元。

根据上述记账凭证，进行汇总，填制通用记账凭证 1 张。

通 用 记 账 凭 证

2013 年 10 月 31 日　　　　凭证编号______

摘要	会计科目		√	借方金额										√	贷方金额									
	总账科目	明细科目		千	百	十	万	千	百	十	元	角	分		千	百	十	万	千	百	十	元	角	分
住宿费收入	银行存款				3	0	0	0	0	0	0	0	0											
	主营业务收入															3	0	0	0	0	0	0	0	0
附单据 2 张	合　计				3	0	0	0	0	0	0	0	0			3	0	0	0	0	0	0	0	0

会计主管：项波　　　　记账：陈紫薇　　　　审核：郑嘉林　　　　制单：曹芳

计算应纳营业税：

应纳税额 = 3 000 000 × 5% = 150 000（元）

10 月 31 日填制计提营业税记账凭证（不考虑城建税、教育费附加）

通 用 记 账 凭 证

2013 年 10 月 31 日　　　　凭证编号______

摘要	会计科目		√	借方金额										√	贷方金额									
	总账科目	明细科目		千	百	十	万	千	百	十	元	角	分		千	百	十	万	千	百	十	元	角	分
计提营业税	营业税金及附加					1	5	0	0	0	0	0	0											
	应交税费	应交营业税															1	5	0	0	0	0	0	0
附单据 1 张	合　计					1	5	0	0	0	0	0	0				1	5	0	0	0	0	0	0

会计主管：项波　　　　记账：陈紫薇　　　　审核：郑嘉林　　　　制单：曹芳

【业务 7】2013 年 10 月 1 日 ~10 月 31 日，餐饮部的中餐厅收入 120 万元，西餐厅收入 80 万元。

餐饮部在每天营业结束后，由前台收银员根据“收款登记表”等凭证，编制“餐饮部餐饮收入日报表”，填写库存现金解款单将餐饮收入存至银行，凭银行解款单回单向财务部门报账（回单略）。

餐饮部餐饮收入日报表

日期：2013 年 10 月 1 日　　　　单位：元

项　目	应收金额	实收金额	溢款（+）缺款（-）	备注
1. 中餐厅收入	50 000.00	50 000.00		
2. 西餐厅收入	30 000.00	30 000.00		
合计	80 000.00	80 000.00		

根据上述原始凭证，进行账务处理，填制通用记账凭证 1 张。

通 用 记 账 凭 证

2013 年 10 月 31 日　　　　凭证编号________

摘　要	会计科目		√	借方金额										√	贷方金额									
	总账科目	明细科目		千	百	十	万	千	百	十	元	角	分		千	百	十	万	千	百	十	元	角	分
餐饮收入	银行存款						8	0	0	0	0	0	0											
	主营业务收入																	8	0	0	0	0	0	0
附单据 2 张	合　　计						8	0	0	0	0	0	0					8	0	0	0	0	0	0

会计主管：项波　　　　记账：陈紫薇　　　　审核：郑嘉林　　　　制单：曹芳

10 月 2 日 ~10 月 31 日记账凭证类似上表，不一一列出。

汇总 2013 年 10 月 1 日 ~10 月 31 日东方宾馆餐饮部共取得的餐饮收入为 200 万元。

根据上述记账凭证，进行汇总，填制通用记账凭证 1 张。

通 用 记 账 凭 证

2013 年 10 月 31 日　　　　凭证编号________

摘　要	会计科目		√	借方金额										√	贷方金额									
	总账科目	明细科目		千	百	十	万	千	百	十	元	角	分		千	百	十	万	千	百	十	元	角	分
餐饮收入	银行存款				2	0	0	0	0	0	0	0	0											
	主营业务收入															2	0	0	0	0	0	0	0	0
附单据 2 张	合　　计				2	0	0	0	0	0	0	0	0			2	0	0	0	0	0	0	0	0

会计主管：项波　　　　记账：陈紫薇　　　　审核：郑嘉林　　　　制单：曹芳

计算应纳营业税：

应纳税额 = 2 000 000 × 5% = 100 000（元）

10 月 31 日填制计提营业税记账凭证（不考虑城建税、教育费附加）

通用记账凭证

2013年10月31日　　　　凭证编号______

摘要	会计科目		√	借方金额										√	贷方金额									
	总账科目	明细科目		千	百	十	万	千	百	十	元	角	分		千	百	十	万	千	百	十	元	角	分
计提营业税	营业税金及附加					1	0	0	0	0	0	0	0											
	应交税费	应交营业税															1	0	0	0	0	0	0	0
附单据 1 张	合　计					1	0	0	0	0	0	0	0				1	0	0	0	0	0	0	0

会计主管：项波　　记账：陈紫薇　　审核：郑嘉林　　制单：曹芳

【业务8】2013年10月1日~10月31日，歌舞厅的KTV包房收入78万元，舞厅收入17万元。

歌舞厅在每天营业结束后，由收银员根据“收款核对表”等凭证，编制“歌舞厅营业收入日报表”，填写库存现金解款单将餐饮收入存至银行，凭银行解款单回单向财务部门报账（回单略）。

歌舞厅营业收入日报表

日期：2013年10月1日　　　　单位：元

项　目	应收金额	实收金额	溢款（+）缺款（-）	备注
1. KTV包房收入	30 000.00	30 000.00		
2. 舞厅收入	10 000.00	10 000.00		
合计	40 000.00	40 000.00		

根据上述原始凭证，进行账务处理，填制通用记账凭证1张。

通用记账凭证

2013年10月1日　　　　凭证编号______

摘要	会计科目		√	借方金额										√	贷方金额									
	总账科目	明细科目		千	百	十	万	千	百	十	元	角	分		千	百	十	万	千	百	十	元	角	分
歌舞厅收入	银行存款						4	0	0	0	0	0	0											
	主营业务收入																	4	0	0	0	0	0	0
附单据 2 张	合　计						4	0	0	0	0	0	0					4	0	0	0	0	0	0

会计主管：项波　　记账：陈紫薇　　审核：郑嘉林　　制单：曹芳

10月2日~10月31日记账凭证类似上表，不一一列出。

汇总2013年10月1日~10月31日东方宾馆歌舞厅共取得的KTV包房收入78万元，舞厅收入17万元。

根据上述记账凭证，进行汇总，填制通用记账凭证1张。

通用记账凭证

2013年10月31日　　　　凭证编号______

摘要	会计科目		√	借方金额										√	贷方金额									
	总账科目	明细科目		千	百	十	万	千	百	十	元	角	分		千	百	十	万	千	百	十	元	角	分
歌舞厅收入	银行存款					9	5	0	0	0	0	0	0											
	主营业务收入																9	5	0	0	0	0	0	0
附单据 2 张	合计					9	5	0	0	0	0	0	0				9	5	0	0	0	0	0	0

会计主管：项波　　记账：陈紫薇　　审核：郑嘉林　　制单：曹芳

计算应纳营业税：

应纳税额 = 780 000 × 20% = 156 000（元）

应纳税额 = 170 000 × 20% = 34 000（元）

10月31日填制计提营业税记账凭证（不考虑城建税、教育费附加）

通用记账凭证

2013年10月31日　　　　凭证编号______

摘要	会计科目		√	借方金额										√	贷方金额									
	总账科目	明细科目		千	百	十	万	千	百	十	元	角	分		千	百	十	万	千	百	十	元	角	分
计提营业税	营业税金及附加					1	9	0	0	0	0	0	0											
	应交税费	应交营业税															1	9	0	0	0	0	0	0
附单据 1 张	合计					1	9	0	0	0	0	0	0				1	9	0	0	0	0	0	0

会计主管：项波　　记账：陈紫薇　　审核：郑嘉林　　制单：曹芳

【业务9】2013年10月1日~10月31日，东方宾馆健身房台球收入4万元，保龄球收入14万元。

健身房在每天营业结束后，由前台收银员根据“收款登记表”等凭证，编制“健身房营业收入日报表”，填写库存现金解款单将营业收入存至银行，凭银行解款单回单向财务部门报账（回单略）。

健身房营业收入日报表

日期：2013 年 10 月 1 日　　　　　　　　　　　　　　　　　　　　单位：元

项　目	应收金额	实收金额	溢款（+）缺款（-）	备注
1. 台球收入	2 000.00	2 000.00		
2. 保龄球收入	8 000.00	8 000.00		
合计	10 000.00	10 000.00		

根据上述原始凭证，进行账务处理，填制通用记账凭证 1 张。

通 用 记 账 凭 证

2013 年 10 月 1 日　　　　　　　　凭证编号________

摘　要	会计科目		√	借方金额										√	贷方金额									
	总账科目	明细科目		千	百	十	万	千	百	十	元	角	分		千	百	十	万	千	百	十	元	角	分
台球保龄球收入	银行存款						1	0	0	0	0	0	0											
	主营业务收入																	1	0	0	0	0	0	0
附单据　2　张	合　　计						1	0	0	0	0	0	0					1	0	0	0	0	0	0

会计主管：项波　　　　记账：陈紫薇　　　　审核：郑嘉林　　　　制单：曹芳

10 月 2 日 ~10 月 31 日记账凭证类似上表，不一一列出。

汇总 2013 年 10 月 1 日 ~10 月 31 日东方宾馆台球保龄球共取得的营业收入为 18 万元。根据上述记账凭证，进行汇总，填制通用记账凭证 1 张。

通 用 记 账 凭 证

2013 年 10 月 31 日　　　　　　　　凭证编号________

摘　要	会计科目		√	借方金额										√	贷方金额									
	总账科目	明细科目		千	百	十	万	千	百	十	元	角	分		千	百	十	万	千	百	十	元	角	分
台球保龄球收入	银行存款					1	8	0	0	0	0	0	0											
	主营业务收入																1	8	0	0	0	0	0	0
附单据　2　张	合　　计					1	8	0	0	0	0	0	0				1	8	0	0	0	0	0	0

会计主管：项波　　　　记账：陈紫薇　　　　审核：郑嘉林　　　　制单：曹芳

计算应纳营业税：

应纳税额 = 180 000 × 5% = 9 000（元）

10 月 31 日填制计提营业税记账凭证（不考虑城建税、教育费附加）

通用记账凭证

2013 年 10 月 31 日　　　　　　　　凭证编号______

摘　要	会计科目		√	借方金额										√	贷方金额									
	总账科目	明细科目		千	百	十	万	千	百	十	元	角	分		千	百	十	万	千	百	十	元	角	分
计提营业税	营业税金及附加							9	0	0	0	0	0											
	应交税费	应交营业税																	9	0	0	0	0	0
附单据　1　张	合　计							9	0	0	0	0	0						9	0	0	0	0	0

会计主管：项波　　　　记账：陈紫薇　　　　审核：郑嘉林　　　　制单：曹芳

【业务 10】2013 年 10 月 1 日 ~10 月 31 日，服务中心的桑拿洗浴收入 45 万元，美容厅收入 24 万元，发廊收入 10 万元，车辆停车保管费收入 8 万元。

服务中心在每天营业结束后，由收费员根据"收款登记表"等凭证，编制"服务中心营业收入日报表"，填写库存现金解款单将营业收入存至银行，凭银行解款单回单向财务部门报账（回单略）。

服务中心营业收入日报表

日期：2013 年 10 月 1 日　　　　　　　　单位：元

项　目	应收金额	实收金额	溢款（+）缺款（-）	备注
1. 桑拿收入	20 000.00	20 000.00		
2. 美容收入	10 000.00	10 000.00		
3. 发廊收入	4 000.00	4 000.00		
4. 车辆保管收入	6 000.00	6 000.00		
合计	40 000.00	40 000.00		

根据上述原始凭证，进行账务处理，填制通用记账凭证 1 张。

通用记账凭证

2013 年 10 月 1 日　　　　　　　　凭证编号______

摘　要	会计科目		√	借方金额										√	贷方金额									
	总账科目	明细科目		千	百	十	万	千	百	十	元	角	分		千	百	十	万	千	百	十	元	角	分
服务中心收入	银行存款						4	0	0	0	0	0	0											
	主营业务收入																	4	0	0	0	0	0	0
附单据　2　张	合　计						4	0	0	0	0	0	0					4	0	0	0	0	0	0

会计主管：项波　　　　记账：陈紫薇　　　　审核：郑嘉林　　　　制单：曹芳

10月2日~10月31日记账凭证类似上表，不一一列出。

汇总2013年10月1日~10月31日东方宾馆服务中心的桑拿洗浴收入为45万元，美容厅收入为24万元，发廊收入为10万元，车辆停车保管费收入8为万元，合计87万元。

根据上述记账凭证，进行汇总，填制通用记账凭证1张。

通用记账凭证

2013年10月31日　　　　凭证编号______

摘　要	会计科目		√	借方金额										√	贷方金额									
	总账科目	明细科目		千	百	十	万	千	百	十	元	角	分		千	百	十	万	千	百	十	元	角	分
服务中心收入	银行存款					8	7	0	0	0	0	0	0											
	主营业务收入																8	7	0	0	0	0	0	0
附单据　2　张	合　计					8	7	0	0	0	0	0	0				8	7	0	0	0	0	0	0

会计主管：项波　　　　记账：陈紫薇　　　　审核：郑嘉林　　　　制单：曹芳

计算应纳营业税：

应纳税额＝870 000×5%＝43 500（元）

10月31日填制计提营业税记账凭证（不考虑城建税、教育费附加）

通用记账凭证

2013年10月31日　　　　凭证编号______

摘　要	会计科目		√	借方金额										√	贷方金额									
	总账科目	明细科目		千	百	十	万	千	百	十	元	角	分		千	百	十	万	千	百	十	元	角	分
计提营业税	营业税金及附加						4	3	5	0	0	0	0											
	应交税费	应交营业税																4	3	5	0	0	0	0
附单据　1　张	合　计						4	3	5	0	0	0	0					4	3	5	0	0	0	0

会计主管：项波　　　　记账：陈紫薇　　　　审核：郑嘉林　　　　制单：曹芳

【业务11】东方宾馆服务中心为航空公司代售飞机票。2013年10月14日，服务中心与航空公司结算代售机票手续费，取得代售机票手续费收入5万元，款项已转账收讫。（所附原始单据包括中国工商银行进账单；代理合同）

根据上述原始凭证，进行账务处理，填制通用记账凭证1张。

通用记账凭证

2013 年 10 月 14 日　　　　凭证编号________

摘　要	会计科目		√	借方金额										√	贷方金额									
	总账科目	明细科目		千	百	十	万	千	百	十	元	角	分		千	百	十	万	千	百	十	元	角	分
代售机票手续费收入	银行存款						5	0	0	0	0	0	0											
	主营业务收入																	5	0	0	0	0	0	0
附单据 2 张	合　计						5	0	0	0	0	0	0					5	0	0	0	0	0	0

会计主管：项波　　记账：陈紫薇　　审核：郑嘉林　　制单：曹芳

计算应纳营业税：

应纳税额 =50 000 ×5% =2 500（元）

填制计提营业税记账凭证（不考虑城建税、教育费附加）

通用记账凭证

2013 年 10 月 14 日　　　　凭证编号________

摘　要	会计科目		√	借方金额										√	贷方金额									
	总账科目	明细科目		千	百	十	万	千	百	十	元	角	分		千	百	十	万	千	百	十	元	角	分
计提营业税	营业税金及附加							2	5	0	0	0	0											
	应交税费	应交营业税																	2	5	0	0	0	0
附单据 1 张	合　计							2	5	0	0	0	0						2	5	0	0	0	0

会计主管：项波　　记账：陈紫薇　　审核：郑嘉林　　制单：曹芳

【业务 12】2013 年 10 月 15 日，对 9 月份应纳的营业税进行纳税申报并进行电子转账缴税，缴纳营业税 85 万元，取得了银行电子缴税付款凭证（略）。

根据上述原始凭证，进行账务处理，填制通用记账凭证 1 张。

通用记账凭证

2013 年 10 月 15 日　　　　凭证编号________

摘　　要	会计科目		√	借方金额										√	贷方金额									
	总账科目	明细科目		千	百	十	万	千	百	十	元	角	分		千	百	十	万	千	百	十	元	角	分
缴 4 月营业税	应交税费	应交营业税				8	5	0	0	0	0	0	0											
	银行存款																8	5	0	0	0	0	0	0
附单据　1　张	合　　计					8	5	0	0	0	0	0	0				8	5	0	0	0	0	0	0

会计主管：项波　　　记账：陈紫薇　　　审核：郑嘉林　　　制单：曹芳

【业务 13】2013 年 10 月 16 日 ~10 月 23 日，东方旅游开发公司下属旅行社组团到韩国旅游。共有游客 50 人，每人收取费用 6 000 元，出境后改由韩国的旅行社接团，共支付给韩国的接团旅行社旅游费 200 000 元（所附原始单据包括服务业发票记账联，付款凭证等）。

根据上述原始凭证，进行账务处理，填制通用记账凭证 2 张。

通用记账凭证

2013 年 10 月 23 日　　　　凭证编号________

摘　　要	会计科目		√	借方金额										√	贷方金额									
	总账科目	明细科目		千	百	十	万	千	百	十	元	角	分		千	百	十	万	千	百	十	元	角	分
旅游费收入	银行存款					3	0	0	0	0	0	0	0											
	主营业务收入																1	0	0	0	0	0	0	0
	应付账款																2	0	0	0	0	0	0	0
附单据　2　张	合　　计					3	0	0	0	0	0	0	0				3	0	0	0	0	0	0	0

会计主管：项波　　　记账：陈紫薇　　　审核：郑嘉林　　　制单：曹芳

通用记账凭证

2013 年 10 月 23 日　　　　凭证编号________

摘　　要	会计科目		√	借方金额										√	贷方金额									
	总账科目	明细科目		千	百	十	万	千	百	十	元	角	分		千	百	十	万	千	百	十	元	角	分
支付境外接团费	应付账款	应付国外结算款				2	0	0	0	0	0	0	0											
	银行存款																2	0	0	0	0	0	0	0
附单据　2　张	合　　计					2	0	0	0	0	0	0	0				2	0	0	0	0	0	0	0

会计主管：项波　　　记账：陈紫薇　　　审核：郑嘉林　　　制单：曹芳

计算应纳营业税：

营业额：300 000 - 200 000 = 100 000（元）

应纳税额 = 100 000 × 5% = 5 000（元）

填制计提营业税记账凭证（不考虑城建税、教育费附加）

通 用 记 账 凭 证

2013 年 10 月 23 日　　　　凭证编号________

摘　要	会计科目		√	借方金额										√	贷方金额									
	总账科目	明细科目		千	百	十	万	千	百	十	元	角	分		千	百	十	万	千	百	十	元	角	分
计提营业税	营业税金及附加							5	0	0	0	0	0											
	应交税费	应交营业税																	5	0	0	0	0	0
附单据 1 张	合　计							5	0	0	0	0	0						5	0	0	0	0	0

会计主管：项波　　记账：陈紫薇　　审核：郑嘉林　　制单：曹芳

【业务 14】东方旅游开发公司所属的房地产开发公司在 2012 年拍下本市 A 地块进行房地产开发，规划在 A 地块上开发兴建 2 座住宅楼。2013 年 10 月 28 日，住宅楼开盘预售，当天取得预售房款 1 000 万元，款已转存银行账户，开出预收款收据。

根据上述业务，进行账务处理，填制通用记账凭证 1 张。

通 用 记 账 凭 证

2013 年 10 月 28 日　　　　凭证编号________

摘　要	会计科目		√	借方金额										√	贷方金额									
	总账科目	明细科目		千	百	十	万	千	百	十	元	角	分		千	百	十	万	千	百	十	元	角	分
房产销售收入	预收账款			1	0	0	0	0	0	0	0	0	0											
	主营业务收入														1	0	0	0	0	0	0	0	0	0
附单据 22 张	合　计			1	0	0	0	0	0	0	0	0	0		1	0	0	0	0	0	0	0	0	0

会计主管：项波　　记账：陈紫薇　　审核：郑嘉林　　制单：曹芳

计算应纳营业税：

应纳税额 = 10 000 000 × 5% = 500 000（元）

填制计提营业税记账凭证（不考虑城建税、教育费附加）

通用记账凭证

2013 年 10 月 28 日　　　　凭证编号＿＿＿

摘要	会计科目		√	借方金额										√	贷方金额									
	总账科目	明细科目		千	百	十	万	千	百	十	元	角	分		千	百	十	万	千	百	十	元	角	分
计提营业税	营业税金及附加					5	0	0	0	0	0	0	0											
	应交税费	应交营业税															5	0	0	0	0	0	0	0
附单据 1 张	合计					5	0	0	0	0	0	0	0				5	0	0	0	0	0	0	0

会计主管：项波　　记账：陈紫薇　　审核：郑嘉林　　制单：曹芳

【业务 15】2013 年 10 月 31 日，根据业务 1 至业务 14，计算东方旅游开发公司本月营业税的应纳税额并编制营业税应纳税额汇总计算表。

根据业务 1 至业务 14，填报 10 月份营业税纳税申报表。

营业税应纳税额汇总计算表

单位：元

税目		应税营业额	适用税率（%）	应纳税额
文化体育业		9 600 000.00	3	288 000.00
小计		9 600 000.00	—	288 000.00
服务业	旅店业	3 000 000.00	5	150 000.00
	饮食业	2 000 000.00	5	100 000.00
	租赁业	300 000.00	5	15 000.00
	旅游业	2 600 000.00	5	130 000.00
	代理业	5 000.00	5	2 500.00
	其他服务业	1 020 000.00	5	51 000.00
小计		8 970 000.00	—	448 500.00
娱乐业	舞厅	170 000.00	20	34 000.00
	卡拉 OK 歌舞厅	780 000.00	20	156 000.00
	台球、保龄球	180 000.00	5	9 000.00
小计		1 130 000.00	—	199 000.00
销售不动产		10 000 000.00	5	500 000.00
小计		10 000 000.00	—	500 000.00
合计		29 700 000.00	—	1 435 500.00

3. 实训成果

营业税纳税申报表（适用于查账征收的营业税纳税人）（见表 5－6）；

娱乐业营业税纳税申报表（适用于娱乐业营业税纳税人）（见表 5－7）；

服务业营业税纳税申报表（适用于服务业营业税纳税人）（见表 5－8－1）；

服务业减除项目金额明细申报表（见表 5－8－2）。

表 5－6

营业税纳税申报表

（适用于查账征收的营业税纳税人）

纳税人识别号：210101200523846

纳税人名称：（公章）东方旅游开发有限公司（公章）

税款所属时间：自 2013 年 10 月 1 日至 2013 年 10 月 31 日　　填表日期：2013 年 11 月 11 日　　金额单位：元（列至角分）

税目	营业额				税率（%）	本期税款计算			税款缴纳								
									期初欠缴税额	前期多缴税额	本期已缴税额				本期应缴税额计算		
	应税收入	应税减除项目金额	应税营业额	免税收入		小计	本期应纳税额	免（减）税额			小计	已缴本期应纳税额	本期已被扣缴税额	本期已缴欠缴税额	小计	本期期末应缴税额	本期期末应缴欠缴税额
1	2	3	4＝2－3	5	6	7＝8＋9	8＝（4－5）×6	9＝5×6	10	11	12＝13＋14＋15	13	14	15	16＝17＋18	17＝8－13－14	18＝10－11－15
交通运输业																	
建筑业	0.00	0.00	0.00	0.00	3	0.00	0.00	0.00	0.00	0.00	0.00	0.00	0.00	0.00	0.00	0.00	0.00
邮电通信业	0.00	0.00	0.00	0.00	3	0.00	0.00	0.00	0.00	0.00	0.00	0.00	0.00	0.00	0.00	0.00	0.00
服务业	9 170 000.00	200 000.00	8 970 000.00	0.00	5	448 500.00	448 500.00	0.00	0.00	0.00	0.00	0.00	0.00	0.00	448 500.00	448 500.00	0.00
娱乐业	170 000.00	0.00	170 000.00	0.00	20	34 000.00	34 000.00	0.00	0.00	0.00	0.00	0.00	0.00	0.00	34 000.00	34 000.00	0.00
	780 000.00	0.00	780 000.00	0.00	20	156 000.00	156 000.00	0.00	0.00	0.00	0.00	0.00	0.00	0.00	156 000.00	156 000.00	0.00
	180 000.00	0.00	180 000.00	0.00	5	9 000.00	9 000.00	0.00	0.00	0.00	0.00	0.00	0.00	0.00	9 000.00	9 000.00	0.00
金融保险业	0.00	0.00	0.00	0.00	5	0.00	0.00	0.00	0.00	0.00	0.00	0.00	0.00	0.00	0.00	0.00	0.00
文化体育业	9 600 000.00	0.00	9 600 000.00	0.00	3	288 000.00	288 000.00	0.00	0.00	0.00	0.00	0.00	0.00	0.00	288 000.00	288 000.00	0.00
销售不动产	10 000 000.00	0.00	10 000 000.00	0.00	5	500 000.00	500 000.00	0.00	0.00	0.00	0.00	0.00	0.00	0.00	500 000.00	500 000.00	0.00
转让无形资产	0.00	0.00	0.00	0.00	5	0.00	0.00	0.00	0.00	0.00	0.00	0.00	0.00	0.00	0.00	0.00	0.00
合计	29 920 000.00	200 000.00	29 720 000.00	0.00	—	1 436 100.00	1 436 100.00	0.00	0.00	0.00	0.00	0.00	0.00	0.00	0.00	0.00	0.00
代扣代缴项目																	

续表

税目	营业额				税率（%）	本期税款计算			税款缴纳								
	应税收入	应税减除项目金额	应税营业额	免税收入		小计	本期应纳税额	免（减）税额	期初欠缴税额	前期多缴税额	本期已缴税额				本期应缴税额计算		
											小计	已缴本期应纳税额	本期已被扣缴税额	本期已缴欠缴税额	小计	本期期末应缴税额	本期期末应缴欠缴税额
1	2	3	4 = 2 - 3	5	6	7 = 8 + 9	8 = (4 - 5) × 6	9 = 5 × 6	10	11	12 = 13 + 14 + 15	13	14	15	16 = 17 + 18	17 = 8 - 13 - 14	18 = 10 - 11 - 15
总计	29 900 000.00	200 000.00	29 700 000.00	0.00		1 435 500.00	1 435 500.00	0.00	0.00	0.00	0.00	0.00	0.00	0.00	1 435 500.00	1 435 500.00	0.00

纳税人或代理人声明：

此纳税申报表是根据国家税收法律的规定填报的，我确定它是真实的、可靠的、完整的。

如纳税人填报，由纳税人填写以下各栏：

办税人员（签章）	陈紫薇	财务负责人（签章）	项波	法定代表人（签章）	王东方	联系电话	024 - 5678323

如委托代理人填报，由代理人填写以下各栏：

代理人名称		经办人（签章）		联系电话		代理人（公章）	

以下由税务机关填写：

受理人： 受理日期： 年 月 日 受理税务机关（签章）：

本表为 A4 横式一式三份，一份纳税人留存，一份主管税务机关留存，一份征收部门留存。

表 5 - 7

娱乐业营业税纳税申报表

（适用于娱乐业营业税纳税人）

纳税人识别号：210101200523846

纳税人名称（公章）：东方旅游开发有限公司（公章）

税款所属时间：自 2013 年 10 月 1 日至 2013 年 10 月 31 日 填表日期：2013 年 11 月 11 日 金额单位：元（列至角分）

应税项目	营业额				税率（%）	本期税款计算			税款缴纳							
	应税收入	应税减除项目金额	应税营业额	免税收入		小计	本期应纳税额	免（减）税额	期初欠缴税额	前期多缴税额	本期已缴税额			本期应缴税额计算		
											小计	已缴本期应纳税额	本期已缴欠缴税额	小计	本期期末应缴税额	本期期末应缴欠缴税额
1	2	3	4 = 2 - 3	5	6	7 = 8 + 9	8 = (4 - 5) × 6	9 = 5 × 6	10	11	12 = 13 + 14	13	14	15 = 16 + 17	16 = 8 - 13	17 = 10 - 11 - 14
歌厅	0.00	0.00	0.00	0.00		0.00	0.00	0.00	0.00	0.00	0.00	0.00	0.00	0.00	0.00	0.00
舞厅	170 000.00	0.00	170 000.00	0.00	20	34 000.00	34 000.00	0.00	0.00	0.00	0.00	0.00	0.00	34 000.00	34 000.00	0.00

应税项目		营业额				税率（%）	本期税款计算			税款缴纳							
												本期已缴税额			本期应缴税额计算		
		应税收入	应税减除项目金额	应税营业额	免税收入		小计	本期应纳税额	免（减）税额	期初欠缴税额	前期多缴税额	小计	已缴本期应纳税额	本期已缴欠缴税额	小计	本期期末应缴税额	本期期末应缴欠缴税额
1		2	3	4 =2 -3	5	6	7 =8 +9	8 =（4 -5）×6	9 =5 ×6	10	11	12 =13 +14	13	14	15 =16 +17	16 =8 -13	17 =10 -11 -14
卡拉OK歌舞厅	夜总会	0.00	0.00	0.00	0.00		0.00	0.00	0.00	0.00	0.00	0.00	0.00	0.00	0.00	0.00	0.00
	练歌房	0.00	0.00	0.00	0.00		0.00	0.00	0.00	0.00	0.00	0.00	0.00	0.00	0.00	0.00	0.00
	恋歌房	780 000.00	0.00	780 000.00	0.00	20	156 000.00	156 000.00	0.00	0.00	0.00	0.00	0.00	0.00	156 000.00	156 000.00	0.00
音乐茶座	酒　吧	0.00	0.00	0.00	0.00		0.00	0.00	0.00	0.00	0.00	0.00	0.00	0.00	0.00	0.00	0.00
高尔夫球		0.00	0.00	0.00	0.00		0.00	0.00	0.00	0.00	0.00	0.00	0.00	0.00	0.00	0.00	0.00
台球、保龄球		180 000.00	0.00	180 000.00	0.00	5	9 000.00	9 000.00	0.00	0.00	0.00	0.00	0.00	0.00	9 000.00	9 000.00	0.00
游艺场																	
网　吧		0.00	0.00	0.00	0.00		0.00	0.00	0.00	0.00	0.00	0.00	0.00	0.00	0.00	0.00	0.00
其他		0.00	0.00	0.00	0.00		0.00	0.00	0.00	0.00	0.00	0.00	0.00	0.00	0.00	0.00	0.00
合计		1 130 000.00	0.00	1 130 000.00	0.00	—	199 000.00	199 000.00	0.00	0.00	0.00	0.00	0.00	0.00	199 000.00	199 000.00	0.00

以下由税务机关填写：

受理人：　　　　　　　　　　　　受理日期：　年　月　日　　　　　　　　受理税务机关（签章）：

本表为 A4 横式一式三份，一份纳税人留存，一份主管税务机关留存，一份征收部门留存。

表 5－8－1

服务业营业税纳税申报表

（适用于服务业营业税纳税人）

纳税人识别号：210101200523846

纳税人名称（公章）：东方旅游开发有限公司（公章）

税款所属时间：自 2013 年 10 月 1 日至 2013 年 10 月 31 日　　填表日期：2013 年 11 月 11 日　　金额单位：元（列至角分）

应税项目	营业额				税率（%）	本期税款计算			税款缴纳							
									期初欠缴税额	前期多缴税额	本期已缴税额			本期应缴税额计算		
	应税收入	应税减除项目金额	应税营业额	免税收入		小计	本期应纳税额	免（减）税额			小计	已缴本期应纳税额	本期已缴欠缴税额	小计	本期期末应缴税额	本期期末应缴欠缴税额
1	2	3	4＝2－3	5	6	7＝8＋9	8＝(4－5)×6	9＝5×6	10	11	12＝13＋14	13	14	15＝16＋17	16＝8－13	17＝10－11－14
旅店业	3 000 000.00	0.00	3 000 000.00	0.00	5	150 000.00	150 000.00	0.00	0.00	0.00	0.00	0.00	0.00	150 000.00	150 000.00	0.00
饮食业	2 000 000.00	0.00	2 000 000.00	0.00	5	100 000.00	100 000.00	0.00	0.00	0.00	0.00	0.00	0.00	100 000.00	100 000.00	0.00
旅游业	2 800 000.00	200 000.00	2 600 000.00	0.00	5	130 000.00	130 000.00	0.00	0.00	0.00	0.00	0.00	0.00	130 000.00	130 000.00	0.00
仓储业	0.00	0.00	0.00	0.00		0.00	0.00	0.00	0.00	0.00	0.00	0.00	0.00	0.00	0.00	0.00
租赁业	300 000.00	0.00	300 000.00	0.00	5	15 000.00	15 000.00	0.00	0.00	0.00	0.00	0.00	0.00	15 000.00	15 000.00	0.00
广告业	0.00	0.00	0.00	0.00		0.00	0.00	0.00	0.00	0.00	0.00	0.00	0.00	0.00	0.00	0.00
代理业	50 000.00	0.00	50 000.00	0.00	5	2 500.00	2 500.00	0.00	0.00	0.00	0.00	0.00	0.00	2 500.00	2 500.00	0.00
其他服务业	1 020 000.00	0.00	1 020 000.00	0.00	5	51 000.00	51 000.00	0.00	0.00	0.00	0.00	0.00	0.00	51 000.00	51 000.00	0.00
合计	9 170 000.00	200 000.00	8 970 000.00	0.00	—	448 500.00	448 500.00	0.00	0.00	0.00	0.00	0.00	0.00	448 500.00	448 500.00	0.00

以下由税务机关填写：

受理人：　　受理日期：　年　月　日　　受理税务机关（签章）：

本表为 A4 横式一式三份，一份纳税人留存，一份主管税务机关留存，一份征收部门留存。

表 5-8-2

服务业减除项目金额明细申报表

纳税人识别号：210101200523846

纳税人名称（公章）：东方旅游开发有限公司（公章）

税款所属时间：自 2013 年 10 月 1 日至 2013 年 10 月 31 日　　填表日期：2013 年 11 月 11 日　　金额单位：元（列至角分）

应税项目	项目	减除项目名称及金额							金额小计
旅游业	减除项目名称	支付境外接团费							—
	金额	200 000.00							200 000.00
广告业	减除项目名称								—
	金额								
代理业	减除项目								—
	金额								
	减除项目								—
	金额								
	减除项目								—
	金额								
合计	金额	—	—	—	—	—	—	—	200 000.00

填表说明：1. 该表填列服务业应税收入中按照营业税有关规定允许减除的项目名称及金额；2. 每个应税项目按照减除项目名称分别填列允许减除的金额，“小计”金额为该应税项目所有减除项目金额的合计数；3. 代理业应区分不同代理事项允许减除的项目填写“减除项目名称”、“金额”和“小计金额”；4. 本表“合计”行的“金额小计”数应与附 4《服务业营业税纳税申报表》第 3 栏“应税减除项目金额”的“合计”数相等。

以下由税务机关填写：

受理人：　　受理日期：　年　月　日　　受理税务机关（签章）：

本表为 A4 横式一式三份，一份纳税人留存，一份主管税务机关留存，一份征收部门留存。

四、技能训练

1. 背景资料

企业名称：天星股份有限公司

纳税人识别号：210101200431055

企业组织机构代码：02456893

法定代表人：黄远征，身份证号码为222411196209223645

财务负责人：罗阳，身份证号码为210502197401302581

办税人员：朱小娟，身份证号码为320213198202134216

注册资本：8 000 万元

开户银行及账号：中国工商银行云阳分行　34216677156432

注册地址及电话：云阳市河西区和平路 18 号　024 - 2240666

地税局税务登记类型：营业税纳税人

经营范围：酒店、餐饮、旅游、房地产开发等

2. 业务资料

天星股份有限公司主要经营酒店业务，同时还取得某旅游景区 15 年的经营权，公司在旅游景区内投资兴建了民族风情街，举行文艺表演等项目。此外，公司旗下有客房部、餐饮部、歌舞厅、旅行社、房地产开发公司等部门，经营范围广，业务涉及文化业、服务业、娱乐业、房地产开发等行业。2014 年 5 月该公司发生的有关经营业务及收入如下：

(1) 2014 年 5 月 1 日 ~5 月 31 日，旅游景点门票收入 400 万元。其中：5 月 1 日旅游景点门票收入为 20 万元。

(2) 2014 年 5 月 1 日 ~5 月 31 日，景区缆车客运收入 150 万元。其中：5 月 1 日景区缆车客运收入为 10 万元。

(3) 2014 年 5 月 1 日 ~5 月 31 日，民族风情街文艺表演收入 60 万元。其中：5 月 1 日文艺表演收入为 3 万元。

(4) 天星公司下属房地产开发公司于 2012 年年底拍下本市 B 地块进行房地产开发，规划建造酒店式产权公寓。在经过一段时期的蓄客后，2014 年 5 月 8 日，公寓二期楼盘（现房）开盘对外销售，所推出的 80 套房源售罄，售楼收入 4 000 万元，公司开具预收款收据。

(5) 5 月 10 日，天星公司与鸿达公司签订协议，准予其生产的工艺品进入天星公司非独立核算的小商店（小规模纳税人）销售，一次性收取进场费 8 万元。

(6) 5 月 1 日 ~5 月 31 日，公司的酒店客房部共取得住宿费收入 160 万元。其中：5 月 1 日客房部住宿费收入为 80 万元。

(7) 5 月 1 日 ~5 月 31 日，餐饮部的中餐厅收入 60 万元，西餐厅收入 40 万元。其中：5 月 1 日中餐厅收入 4 万元，西餐厅收入 2 万元。

(8) 5 月 1 日 ~5 月 31 日，歌舞厅的歌厅收入 13 万元，舞厅收入 14 万元。其中：5 月 1 日歌厅收入 1 万元，舞厅收入 1 万元。

(9) 5 月 1 日 ~5 月 31 日，台球馆收入 2 万元，保龄球馆收入 8 万元。其中：5 月 1 日台球馆收入 1 000 元，保龄球馆收入 4 000 元。

（10）5 月 1 日 ~5 月 31 日，桑拿洗浴收入 20 万元，美容美发收入 14 万元。其中：5 月 1 日桑拿洗浴收入 12 000 元，美容美发收入 8 000 元。

（11）5 月 1 日 ~5 月 31 日，车辆停车保管费收入 6 万元，代售机票手续费收入 3 万元。其中：5 月 1 日车辆停车保管费收入 7 000 元，代售机票手续费收入 3 000 元。

（12）5 月 20 日 ~5 月 27 日，公司旅行社组团到日本旅游。共有游客 60 人，每人收费 7 000 元。出境后由日本的旅行社接团，并按每人 5 000 元付给日本接团旅行社旅游费。

3. 技能要求

（1）计算天星股份有限公司本月应缴纳的营业税税额。

（2）做出上述相关业务的账务处理。

（3）编制营业税纳税申报工作底稿。

（4）填写营业税纳税申报表（见表 5 - 2 至表 5 - 5）并办理营业税纳税申报。

项目六

企业所得税纳税实训

任务一　查账征收企业所得税核算与纳税申报

知识目标：

◆ 熟悉企业所得税征税范围、纳税人、税率

◆ 掌握查账征收企业所得税应纳税额计算

◆ 掌握企业所得纳税期限、纳税义务发生时间、纳税地点

能力目标：

◆ 能进行企业所得税涉税业务会计核算

◆ 能进行企业所得税应纳税额计算

◆ 能办理企业所得税纳税申报

情景导航

长海机械设备制造有限责任公司是一家以通用机械设计、制造和销售为主营业务的增值税一般纳税人。2012 年企业产生的各类经营业务形成的利润总额为 1 666.61 万元，按税法规定调整后的应税所得额为 1 978.34 万元，营业税金与附加为 67.39 万元，适用税率为 25%，企业按季预缴企业所得税，在当年纳税年度的下年度 3 月根据《税法》的规定，进行上年度企业所得税的汇算清缴。

那么，该公司应纳的企业所得税是多少？应如何办理企业所得税的汇算清缴？

一、任务描述

根据企业所得税查账征收的相关规定，结合企业的具体涉税业务，计算企业应缴纳的所得税，按照规定流程进行企业所得税税款的申报与缴纳。

二、相关知识点

（一）企业所得税纳税人、征税对象、税率

1. 纳税人

企业所得税纳税人是指在中华人民共和国境内的企业和其他取得收入的组织（以下统称“企业”）。个人独资企业、合伙企业不是企业所得税的纳税人。

企业分为居民企业和非居民企业。

居民企业，是指依法在中国境内成立，或者依照外国（地区）法律成立但实际管理机构在中国境内的企业。

非居民企业，是指依照外国（地区）法律成立且实际管理机构不在中国境内，但在中国境内设立机构、场所的，或者在中国境内未设立机构、场所，但有来源于中国境内所得的企业。

2. 征税对象

（1）居民企业的征税对象。居民企业应当就其来源于中国境内、境外的所得缴纳企业所得税。

（2）非居民企业的征税对象。非居民企业在中国境内设立机构、场所的，应当就其所设机构、场所取得的来源于中国境内的所得，以及发生在中国境外但与其所设机构、场所有实际联系的所得，缴纳企业所得税。

非居民企业在中国境内未设立机构、场所的，或者虽设立机构、场所但取得的所得与其所设机构、场所没有实际联系的，应当就其来源于中国境内的所得缴纳企业所得税。

3. 税率

（1）居民企业所得税率。

居民企业类型	税率	备　注
普通企业	25%	
小型微利企业	20%	工业企业，年度应纳税额不超过30万元，从业人数不超过100人，资产总额不超过3 000万元； 其他企业，年度应纳税额不超过30万元，从业人数不超过80人，资产总额不超过1 000万元。
国家重点支持的高新技术企业	15%	产品（或服务）属于《国家重点支持的高新技术领域》规定的范围； 研究开发费用占销售收入的比例不低于规定的比例； 产品（或服务）收入占企业总收入的比例不低于规定的比例； 科技人员占企业职工总数的比例不低于规定标准； 高新技术企业管理办法规定的其他条件。

（2）非居民企业所得税率。非居民企业在中国境内设立机构、场所的，应当就其所设机构、场所取得的来源于中国境内的所得，以及发生在中国境外但与其所设机构、场所有实际联系的所得，适用25%的税率。

非居民企业在中国境内未设立机构、场所的，或者虽设立机构、场所但取得的所得与其所设机构、场所没有实际联系的，其来源于中国境内的所得适用20%的税率。

（二）企业所得税的应纳税所得额

应纳税所得额是指按照税收法律的规定，企业每一纳税年度的收入总额，减除不征税收入、免税收入、各项扣除以及允许弥补以前年度亏损后的余额。基本公式为：

应纳税所得额 = 收入总额 - 不征税收入 - 免税收入 - 各项扣除 - 允许弥补以前年度亏损

1. 收入总额

收入总额是指企业以货币形式和非货币形式从各种来源取得的收入。其中收入的货币形式包括现金、存款、应收账款、应收票据、准备持有到期的债券投资以及债务豁免等；收入的非货币形式包括固定资产、生物资产、无形资产、股权投资、存货、不准备持有到期的债券投资、劳务以及权益等，企业以非货币形式取得的收入，按公允价值确定收入额。

收入总额包括销售货物收入；提供劳务收入；转让财产收入；股息、红利等权益性投资收益、利息收入；租金收入；特许权使用费收入；接受捐赠收入和其他收入九项。

2. 不征税收入

不征税收入包括财政拨款；依法收取并纳入财政管理的行政事业性收费、政府性基金；国务院规定的其他不征税收入。

3. 免税收入

免税收入包括国债利息收入；符合条件的居民企业之间的股息、红利等权益性投资收益；中国境内在中国境内设立机构、场所的非居民企业从居民企业取得与该机构、场所有实际联系的股息、红利等权益性投资收益；符合条件的非营利组织的收入。

4. 准予扣除的项目

准予扣除的项目是指企业实际发生的与取得收入相关的、合理的支出，包括成本、费用、税金、损失和其他支出。准予扣项目的范围和标准具体规定如下：

（1）借款利息。是指企业在生产经营活动中发生的合理的不需要资本化的借款费用。

① 非金融企业向金融企业借款的利息支出、金融企业的各项存款利息支出和同业拆借利息支出、企业经批准发行的债券利息支出。

② 非金融企业向非金融企业借款的利息支出，不超过按照金融企业同期同类贷款利率计算的部分。

（2）工资、薪金支出。是指企业按照股东大会、董事会、薪酬委员会或相关管理机构制定的工资薪金制度规定实际发放给员工的所有现金或非现金形式的劳动报酬。企业发生的合理工资薪金支出准予据实扣除。

（3）“三项”经费。是指企业用于职工福利、工会经费和职工教育经费。

企业发生的职工福利支出，不超过工资、薪金总额14%的部分，准予扣除。企业拨缴工会经费，不超过工资、薪金总额2%的部分，准予扣除。企业发生的职工教育经费支出，除国务院财政、税务主管部门另有规定外，不超过工资、薪金总额2.5%的部分，准予扣除；超过部分，准予在以后年度结转扣除。

（4）公益性捐赠。是指企业通过公益性社会团体或县以上人民政府及其部门，用于

《中华人民共和国公用事业捐赠法》规定的公益事业的捐赠。企业发生的公益性捐赠，在年度利润总额12%的部分，准予扣除。

（5）业务招待费。企业发生的与生产经营有关的业务招待费支出，按照发生额的60%扣除，但最高不得超过当年销售净额的5‰。

（6）新产品、新技术、新工艺研究开发费用。为形成无形资产直接计入当期损益的，在据实扣除的基础上，加计扣除50%；形成无形资产的，按照无形资产成本的150%扣除。

（7）广告费和业务宣传费。除另有规定外，企业发生的符合条件的广告费和宣传费支出，不超过当年销售（营业）收入15%的部分，准予扣除；超过部分，准予在以后纳税年度结转扣除。

（8）其他费用扣除规定。

① 各类社会保险基金和统筹基金。企业按照国务院有关主管部门或省级人民政府规定的范围和标准缴纳的各类社会保险基金和统筹基金，准予扣除。企业对投资者或职工支付的补充养老保险费、补充医疗保险费，在国务院财政、税务主管部门规定的范围和标准内，准予扣除。

② 保险费用。企业按规定缴纳的财产保险费，准予据实扣除；企业依照国家有关规定为职工缴纳的特殊工种职工人身安全保险费，准予扣除。企业为投资者或职工缴纳的商业保险费，除另有规定外，不得扣除。

③ 固定资产租赁费。以经营租赁方式租入固定资产发生的租赁费用，在租赁期间均匀摊销；以融资租赁方式租入固定资产发生的租赁费用，按构成租入固定资产价值的部分提取折旧，分期扣除。

④ 汇兑损失。企业发生的汇兑损失，除已经计入有关资产成本和向所有者分配利润相关的部分外，准予扣除。

⑤ 劳动保护支出。企业发生的合理劳动保护支出，准予扣除。

⑥ 环保专项基金。企业按照法律、行政法规有关规定提取的用于环境保护、生态保护等方面面的专项资金，准予扣除。上述专项资金提取后改变用途的，不得扣除。

5. 不允许扣除的项目

（1）向投资者支付的股息、红利等权益性投资收益款项；

（2）企业所得税税款；

（3）税收滞纳金；

（4）罚金、罚款和被没收财物的损失；

（5）非公益性捐赠和超过规定标准的公益性捐赠支出；

（6）赞助支出；

（7）未经核定的准备金支出；

（8）与取得收入无关的其他支出。

6. 亏损弥补

企业纳税年度发生的亏损，准予向以后年度结转，用以后年度的所得弥补，但结转年限不得超过5年。

7. 非居民企业纳税人应税所得额

（1）股息、红利等权益性投资收益和利息、租金、特殊权使用费所得，以收入全额为应纳税所得额。

（2）转让财产所得，以收入全额减除财产净值后的余额为应税所得额。

（3）其他所得参照前两项规定的方法计算应税所得额。

（三）资产的税务处理

1. 固定资产的税务处理

（1）固定资产的计税基础。

① 外购的固定资产，以购买的价款和支付的相关税费以及直接归属于使该资产达到预定用途发生的其他支出为计税基础。

② 自行建造的固定资产，以竣工结算前发生的支出为计税基础。

③ 融资租入的固定资产，以租赁合同约定的付款总额和承租人在签订租赁合同过程中发生的相关费用为基础，租赁合同为约定总付款金额的，以该资产在公允价值和承租人在签订租赁合同过程中发生的相关费用为基础。

④ 盘盈的固定资产，以同类固定资产的重置完全价值为计税基础。

⑤ 通过捐赠、投资、非货币性资产交换、债务重组等方式取得的固定资产，以该资产的公允价值和支付的相关税费为计税基础。

⑥ 改建的固定资产，除已足额提取折旧的固定资产和租入的固定资产外的其他固定资产，以改建过程中发生的改建支出增加计税基础。

（2）固定资产折旧的范围。在计算应纳税所得额时，企业按照规定计算的固定资产折旧，准予扣除。但下列固定资产不得计提折旧，具体包括：房屋、建筑物以外的未使用、不需用的固定资产；以经营方式租入的固定资产；以融资租赁方式租出的固定资产；已计提折旧继续使用的固定资产；与经营活动无关的固定资产；单独估价作为固定资产入账的土地；其他不得计提折旧的固定资产。

（3）固定资产折旧的计提方法。固定资产折旧起止时间，企业在固定资产投入使用月份的次月起计提折旧；停止使用的固定资产，自停止使用月份的次月起停止计提折旧。

固定资产折旧净残值，企业根据合理确定固定资产的净残值，一旦确定，不得变更。

（4）固定资产折旧的年限。除国务院财政、税务主管部门另有规定外，固定资产计算折旧的最低年限规定如下：房屋、建筑物为 20 年，飞机、火车、轮船、机器、机械和其他生产设备为 10 年，生产经营有关的器具、工具、家具等为 5 年，飞机、火车、轮船以外的运输工具为 4 年，电子设备为 3 年。

2. 无形资产的税务处理

无形资产是指企业为生产产品、提供劳务、出租或经营管理而持有的、无实物形态的非货币性长期资产，包括专利权、商标权、著作权、土地使用权、非专利技术、商誉等。除企业合并外，商誉不得作价入账。

（1）无形资产的计税基础。无形资产的计税基础为取得时的实际成本计价，具体如下：

① 外购无形资产，以购买价款和支付的相关税费以及直接归属使该项资产达到预定用途发生的其他支出为计税基础。

② 自行开发的无形资产，以开发规程中该资产符合资本化条件后至达到预定用途前发生的支出为计税基础。

③ 通过捐赠、投资、非货币性资产交换、债务重组等方式取得的无形资产，以该资产的公允价值和相关税费为计税基础。

（2）无形资产的摊销。

① 无形资产采用直线法摊销，摊销年限不得少于 10 年。

② 作为投资或受让的无形资产，有关法律规定或合同约定了使用年限的，按法律规定或约定的使用年限进行摊销。

③ 外购商誉的支出，在企业整体转让或清算时，准予扣除。

3. 生产性生物资产的税务处理

生产性生物资产是指企业为生产农产品、提供劳务或出租等持有的生物性资产，包括经济林、薪炭林、产畜和役畜等。

（1）计税基础。

① 外购的生产性生物资产，以购买价款和支付的相关税费为计税基础。

② 通过捐赠、投资、非货币性资产交换、债务重组等方式取得的生产性生物资产，按该净资产的公允价值和支付的相关税费为计税基础。

（2）折旧依据和方法。

① 按直线法计算折旧，准予扣除。

② 折旧时间为自生产性生物资产投入使用月份的次月起计提折旧，停止使用的次月起停止计提折旧。

③ 企业根据生产性生物资产的性质和使用情况，合理确定净残值。预计净残值一旦确定，不得变更。

④ 折旧年限，林木类生产性生物资产为 10 年，畜类生产性生物资产为 3 年。

4. 长期待摊费用的处理

长期待摊费用是指不能全部计入当年损益，应当以后年度内分期摊销的各项费用。

（1）长期待摊费用的范围。

① 已足额计提折旧的固定资产的改建支出。

② 租入固定资产的改建支出。

③ 固定资产的大修理支出。

④ 其他应作为长期待摊费用的支出。

（2）长期待摊费用摊销的方法：长期待摊费用采用直线法进行摊销。

（3）长期待摊费用摊销的年限：

① 已足额计提折旧的固定资产的改建支出，按固定资产尚可以使用的年限进行摊销。

② 租入固定资产的改建支出，按合同规定的剩余租赁期限分期摊销。

③ 固定资产的大修理支出，按固定资产尚可使用年限分歧摊销。

④ 其他应作为长期待摊费用的支出，自支出发生月份的次月起，分期摊销，摊销年限不得低于 3 年。

5. 存货的税务处理

存货是指企业持有以备出售的产品或商品，处在生产过程中的在产品、在生产或提供劳务过程中耗用的材料和物料等。

（1）存货的计税基础。以支付现金的方式取得的存货，以购买价款和支付的相关税费为成本。以支付现金以外的方式取得的存货，以存货的公允价值支付的相关税费为成本。生产性生物资产收获的农产品、以产出或采收过程中发生的材料费、人工费和分期摊销的间接费用等必要支出为成本。

（2）存货成本的计算方法：

① 企业销售或使用的存货的成本计算方法，可以在先进先出法、后进先出法、加权平均法和个别计价法中选择一种。计价方法一旦确定，不得随意变更。

② 企业转让以上资产，在计算企业应纳税所得额时，资产的净值允许扣除。

③ 除国务院财政、税务主管部门另有规定外，企业在重组过程中，应当在交易时确认有关资产的转让所得或损失，相关资产应当按照交易价格重新确定计税基础。

6. 投资资产的税务处理

投资资产是指企业对外进行权益性投资或债券性投资而形成的资产。

（1）投资资产的成本。以支付现金方式取得的资产，以购买价格为成本。以现金以外的方式取得的资产，以该资产的公允价值和支付的相关税费为成本。

（2）投资资产成本的扣除方法。企业对外投资持有期间，投资的成本在计算应税所得额时不得扣除；企业在转让或处置投资资产时，投资成本准予扣除。

（3）投资企业撤回或减少投资的税务处理。投资企业从被投资企业撤回或减收投资，其取得的资产中，相当于初始投资的部分，确认为投资收回；相当于被投资企业累计未分配利润和累计盈余公积按减少实收资本比例计算的部分，确认为股息所得；其余部分确认为投资资产转让所得。

被投资企业发生经营亏损，由被投资企业按规定结转弥补，投资企业不得调整减低投资成本，也不得将其确认为投资损失。

（四）企业所得税的税收优惠

1. 免征与减征税收优惠

（1）从事下列农、林、牧、渔项目所得的免征企业所得税：

蔬菜、谷物、薯类、油料、豆类、棉花、麻类、糖料、水果、坚果的种植；农作物新品种的选育；中药材的种植；林木的培育和种植；牲畜、家禽的饲养；林产品的采集；灌溉、农产品初加工、兽医、农技推广、农机作业和维修等农、林、牧、渔服务业项目；远洋捕捞。

（2）下列项目减半征收企业所得税：花卉、茶以及其他饮料作物和香料作物的种植；海水养殖、内陆养殖。

（3）企业从事国家重点扶持的公共基础设施项目的投资经营所得，自项目取得第一笔生产经营收所属的纳税年度起，第1～3年免征企业所得税，第4～6年减半征收企业所得税。

享受上述减免税收优惠的项目，在减免期间转让的，受让方自受让之日起，可以在剩余的期间内享受规定的减免税收优惠；减免期限届满后受让的，受让方不得就该项目重复享受减免税收优惠。

（4）符合条件的技术转让所得的税收优惠。

① 税收优惠内容。一个纳税年度内，居民企业符合条件的技术转让所得不超过500万元的部分，免征企业所得税；超过500万元的部分，减半征收企业所得税。

② 税收优惠条件。一是享受优惠的技术转让主体是企业所得税法规定的居民企业；二是技术转让属于财政部、国家税务总局规定的范围；三是境内技术转让经省级以上科技部门认定；四是向境外转让技术经省级以上商务部门认定；五是国务院税务主管部门规定的其他条件。

2. 高新技术企业的税收优惠

对符合条件的国家重点扶持的高新技术企业减按15%的税率征收企业所得税。

国家需要重点扶持的高新技术企业，是指拥有核心自主知识产权，并同时符合下列条件的企业：产品（服务）属于《国家重点支持的高新技术领域》规定的范围；研究开发费用占销售收入的比例不低于规定比例；高新技术产品（服务）收入占企业总收入的比例不低于规定比例；科技人员占企业职工总数的比例不低于规定比例及高新技术企业认定管理办法规定的其他条件。

3. 加计扣除税收优惠

（1）研发费用加计扣除。企业为开发新技术、新产品、新工艺发生的研究开发费用，未形成无形资产计入当期损益的，在按照规定据实扣除的基础上，按照研究开发费用的50%加计扣除；形成无形资产的，按照无形资产成本的150%摊销。

（2）安置残疾人员所支付的工资加计扣除。企业安置残疾人员的，在按照支付给残疾职工工资据实扣除的基础上，按照支付给残疾职工工资的100%加计扣除。

4. 创投企业的税收优惠

创业投资企业是指依照《创业投资企业管理暂行办法》（和《外商投资创业投资企业管理规定》）在中华人民共和国境内设立的专门从事创业投资活动的企业或其他经济组织。

创业投资企业采取股权投资方式投资于未上市的中小高新技术企业2年（24个月）以上，凡符合以下条件的，可以按照其对中小高新技术企业投资额的70%，在股权持有满2年的当年抵扣该创投企业的应纳税所得额；当年不足抵扣的，可以在以后纳税年度结转抵扣。

5. 加速折旧扣除

对于由于技术进步、产品更新换代较快的固定资产和常年处于强震动、高度腐蚀状态下的固定资产，可以采用缩短折旧年限或加速折旧的方法。

采用缩短折旧年限的，最低折旧年限不得低于规定折旧年限的60%，采用加速折旧的，可采用年数总和法或双倍余额递减法。

6. 税额抵免的税收优惠

企业购置并实际使用《环境保护专用设备企业所得税优惠目录》和《节能节水专用设备企业所得税优惠目录》和《安全生产专用设备企业所得税优惠目录》规定的环境保护、节能节水、安全生产等专用设备的，该专用设备的投资额的10%可以从企业中当年应纳税额中抵免，当年不足抵免的，可以在以后5个纳税年度结转抵免。

增值税一般纳税人购进固定资产发生的进项税额，如果允许抵扣，其专用设备投资额不包括增值税进项税额，如果不允许抵扣，其专用设备投资额包括增值税进项税额。企业购买专用设备取得的是普通发票，则专用设备投资额为普通发票上注明的金额。

7. 减计收入的税收优惠

企业以《资源综合利用企业所得税优惠目录》规定的资源为主要原材料，生产国家非限制和禁止并符合国家和行业相关标准的产品取得的收入，减按90%计入收入总额。

8. 民族自治地方的税收优惠

民族自治地方的自治机关对本民族自治地方的企业应缴纳的企业所得税中属于本地方分享部分，可以决定减征或免征。自治州、自治县决定减征或免征的，须报省、自治区、直辖市人民政府批准。

9. 西部大开发的税收优惠

对“西部地区”以及湖南省湘西土家族苗族自治州、湖北恩施土家族苗族自治州、吉林延边朝鲜族自治州实行企业所得税以下税收优惠：

（1）对设在上述区域内国家鼓励类产业企业，自2011年1月1日至2020年12月31日期间内，减按15%的税率征收企业所得税。

（2）对上述区域内2010年12与31日前新办的，可以享受企业所得税“两免三减半”优惠的交通、电力、水利、广播电视企业，其享受的“两免三减半”优惠继续享受到期满为止。

（3）对在上述区域内新办的交通、电力、水利、广播电视企业，上述项目业务收入在企业总输入70%以上的，可以享受企业所得税如下税收优惠政策：内资企业自开始生产经营之日起，第1年至第2年免征企业所得税，第3年至第5年减半征收企业所得税。

10. 非居民企业的税收优惠

（1）在中国境内未设立机构、场所，或虽设立机构、场所但取得的所得与其所设机构、场所没有实际联系的非居民企业，减按10%的税率征收企业所得税。

（2）该类企业取得下列收入免征企业所得税：外国政府向中国政府提供贷款所取得的所得；国际金融组织向中国政府和居民企业提供优惠贷款取得的利息所得；经国务院批准的其他所得。

（五）特别纳税调整

特别纳税调整是指企业与其关联方之间业务往来，不符合独立交易原则而减少企业或者其关联方应纳税收入或者应税所得额的，税务机关有权按照合理方法进行调整。

1. 关联企业与业务往来

（1）独立交易原则。独立交易原则是指没有关联关系的交易各方，按照公平成交价格或营业常规进行业务往来遵循的原则。对于企业与其关联方之间的业务往来，不符合独立交易原则而减少企业或关联方应纳收入或所得额的，税务机关按以下方法进行合理调整：

可比非受控价格法，是指按照没有关联关系的交易各方进行相同或相类似的业务往来的价格进行定价；

在销售价格法，是指按照从关联方购进的商品再销售给没有关联关系的交易方的价格，减除相同或类似业务的销售毛利润进行定价的方法；

成本加成法，是指成本加上合理的费用和利润进行定价的方法；

加以净利润法，是指按照没有关联关系的交易各方进行相同或相类似业务往来取得的净利润水平确定利润的方法；

利润分割法，是指将企业和关联方的合并利润或者亏损在各方之间采用合理标准进行分配的方法；

其他符合独立交易原则的方法。

（2）成本分摊协议。企业与其关联方共同开发、受让无形资产，或者共同提供、接受劳务发生的成本、在计算应纳税所得额应当按照独立交易原则达成成本分摊协议。

企业与其关联方分摊成本时，按成本与预期收益比的原则进行分摊，并在规定的期限内向税务机关提供相关资料，否则其自行分摊的成本不得在计算应纳税所得额时扣除。

2. 预约定价安排

预约定价安排是指企业就未来年度关联交易的定价原则和计算方法，向税务机关提出申请，与税务机关按照独立交易原则和计算方法，确定后达成的协议。

3. 关联业务往来报告与核定征收

（1）关联业务往来报告。是指企业向税务机关报送年度企业所得税纳税申报表时，应当将其与关联方之间的业务往来，附送年度关联业务往来报告表。

（2）核定征收。是指税务机关在进行关联业务调查时，企业及其关联方以及与关联业务调查有关的其他企业，应当按照规定提供相关资料。企业不提供与其关联方之间的业务往来资料，或者提供虚假、不完整的资料，未能真实反映其关联业务往来的，税务机关按以下方法和定期应纳税所得额：参照同类或类似的企业利润率水平核定；按照企业成本加合理费用和利润的方法核定；按照关联企业集团整体利润的合理比例核定；按照其他方法核定。

4. 避税港与受控外国公司

由居民企业，或者由居民企业合并中国居民控制的设立在实际税负明显低于我国基准税率（25%）水平50%的国家（或地区）的企业，并非由于合理的经营需要而对利润不做分配或者减少分配的，上述利润中应当归属于该居民企业的，应当计入该居民企业的当期收入。

5. 资本弱化条款

资本弱化是指企业通过加大借贷款（债权性筹资）而减少股份资本（权益性筹资）比例的方式增加税前扣除，以降低企业税负的一种行为。

企业从关联方接受的债权性投资与权益性投资的比例超过规定标准而发生的利息支出，不得在计算应纳税额时扣除。

6. 一般反避税条款

企业实施其他不具有合理商业目的的安排而减少其应纳税收入或所得额的，税务机关有权按照合理的方法调整。

（六）企业所得税应纳税额的计算

1. 居民企业应纳税额的计算

其基本计算公式为：

应纳税额 = 应纳税所得额 × 使用税率 − 减免税额 − 抵免税额

（1）直接计算法

应纳税所得额 = 收入总额 − 不征税收入 − 免税收入 − 各项扣除金额 − 弥补亏损

(2) 间接计算法

$$应纳税所得额=会计利润总额\pm纳税调整项目金额$$

纳税调整项目金额包括两方面内容：一是企业财务会计处理与税法规定不一致应予调整的金额；二是企业按照税法规定准予扣除的税收金额。

2. 境外所得扣除税额的计算

企业取得从下列所得已经在境外缴纳的所得税税额，可以从应按税额中抵免，抵免限额为该项所得依照企业所得税法的规定计算的应纳税额；超过抵免限额的部分，可以在以后5个纳税年度内，用每年度抵免限额抵免当年营地税额后的余额进行抵补。

(1) 居民企业来自于中国境外的应税所得额。

(2) 非居民企业在中国境内设立机构、场所，取得发生在中国境外但与该机构、场所有实际联系的应税所得。

(3) 抵免限额的计算：

$$抵免限额=\frac{中国境内、境外所得依照税法}{规定计算的应税总额}\times\frac{来源于某国(地区)的应纳税所得额}{中国境内、境外应税所得总额}$$

① 当纳税人在境外已纳所得税额小于或等于抵免限额，则按境外已纳所得税额抵免。

② 当纳税人在境外已纳所得税额大于抵免限额，则按抵免限额进行抵免，其超过部分，在不超过5年的期限内，用以后年度税款抵免限额的余额进行抵免。

3. 非居民企业应纳税额的计算

对于在中国境内未设立机构、场所的，或虽设立机构、场所但取得的所得与其所设机构、场所没有实际联系的非居民企业所得，按以下方法计算应纳所得税额：

(1) 股息、红利等权益性投资收益和利息、租金、特许权使用费所得，以收入全额为应纳税所得额。

(2) 转让财产所得，以收入全额减除财产净值后的余额为应纳税所得额。

(3) 其他所得，参照前两项规定的方法计算应纳税所得额。

资产净值是指财产的计税基础减除已经按照规定扣除的折旧、折耗、摊销、准备金后的余额。

（七）企业所得税纳税地点

(1) 除税收法律、行政法规另有规定外，居民企业以企业登记注册地为纳税地点；但登记注册地在境外的，以实际管理机构所在地为纳税地点。

(2) 居民企业在中国境内设立不具有法人资格的营业机构的，应当汇总计算并缴纳企业所得税。企业汇总计算并缴纳企业所得税时，应当统一核算应纳税所得额，具体办法由国务院财政、税务主管部门另行制定。

(3) 非居民企业在中国境内设立机构、场所的，应当就其所设机构、场所取得的来源于中国境内的所得，以及发生在中国境外但与其所设机构、场所有实际联系的所得，以机构、场所所在地为纳税地点。非居民企业在中国境内设立两个或者两个以上机构、场所的，经税务机关审核批准，可以选择由其主要机构、场所汇总缴纳企业所得税。非居民企业经批准汇总缴纳企业所得税后，需要增设、合并、迁移、关闭机构、场所或者停止机构、场所业务的，应当事先由负责汇总申报缴纳企业所得税的主要机构、场所向其所在地税务机关报告；需要变更汇总缴纳企业所得税的主要机构、场所的，依照前款规定办理。

（4）非居民企业在中国境内未设立机构、场所的，或者虽设立机构、场所，但取得的所得与其所设机构、场所没有实际联系的所得，以扣缴义务人所在地为纳税地点。

（5）除国务院另有规定外，企业之间不得合并缴纳企业所得税。

（八）企业所得税纳税期限

企业所得税实行按年计征、分月或分季预缴、年度汇算清缴、多退少补。

企业所得税的纳税年度，自公历1月1日起到12月31日止。纳税人在一个年度中间开业，或者由于合并、关闭等原因，使该纳税年度的实际经营期不足12个月的，应当以其实际经营期为一个纳税年度。纳税人清算时，以清算期间作为一个纳税年度。

纳税人在月份或者季度终了后15日内，向其机构所在地主管税务机关报送会计报表和预交所得税申报表，并在规定期限内预交所得税。预交方法一经确定，不得随意变更。企业所得税的年终汇算清缴，在年终后4个月内进行。纳税人应在年度终了后45天内，向其机构所在地主管税务机关报送会计决算报表和所得税申报表，办理年终汇算，少交的所得税税款，应在下一个年度内补交，多预交的所得税税款，可在下一个年度抵交。

企业在纳税年度无论盈利或亏损，都应依照规定的期限向税务机关报送预缴企业所得税纳税申报表，年度企业所得税纳税申报表、财务会计报告和税务机关规定应该报送的其他有关资料。

纳税人在年度中间合并、分立、终止时，应当在停止生产、经营之日起60日内，向所在地主管国税机关办理当期所得税汇算清缴。

对于纳税人的境外投资所得，可以在年终汇算时清缴。纳税人在纳税年度内，无论是盈利或亏损，均应按规定的期限办理纳税申报。

纳税人进行清算时，应当在进行工商注销登记之前，向当地主管税务机关进行所得税申报。

（九）企业所得税纳税申报

1. 纳税申报需要报送的资料

纳税人办理企业所得税年度纳税申报时，应如实填写和报送下列有关资料：

（1）企业所得税年度纳税申报表及其附表；

（2）财务报表；

（3）备案事项相关资料；

（4）总机构及分支机构基本情况、分支机构征税方式、分支机构的预缴税情况；

（5）委托中介机构代理纳税申报的，应出具双方签订的代理合同，并附送中介机构出具的包括纳税调整的项目、原因、依据、计算过程、调整金额等内容的报告；

（6）涉及关联方业务往来的，同时报送《中华人民共和国企业年度关联业务往来报告表》；

（7）主管税务机关要求报送的其他有关资料。

纳税人采用电子方式办理企业所得税年度纳税申报的，应按照有关规定保存有关资料或附报纸质纳税申报资料。

2. 企业所得税纳税申报表的填制

（1）预缴所得税申报表

查账征收企业预缴企业所得税时应填列《企业所得税月（季）度预缴纳税申报表（A类)》（具体见表6－1－1)

表6－1－1　　中华人民共和国企业所得税月（季）度预缴纳税申报表（A类)

税款所属期间：　　年　　月　　日至　　年　　月　　日

纳税人识别号：

纳税人名称：　　　　　　　　　　　　　　　　金额单位：　人民币元（列至角分）

行次	项目	本期金额	累计金额
1	一、按照实际利润额预缴		
2	营业收入		
3	营业成本		
4	利润总额		
5	加：特定业务计算的应纳税所得额		
6	减：不征税收入		
7	免税收入		
8	弥补以前年度亏损		
9	实际利润额（4行＋5行－6行－7行－8行）		
10	税率（25%）		
11	应纳所得税额		
12	减：减免所得税额		
13	减：实际已预缴所得税额	——	
14	减：特定业务预缴（征）所得税额		
15	应补（退）所得税额（11行－12行－13行－14行）	——	
16	减：以前年度多缴在本期抵缴所得税额		
17	本期实际应补（退）所得税额	——	
18	二、按照上一纳税年度应纳税所得额平均额预缴		
19	上一纳税年度应纳税所得额	——	
20	本月（季）应纳税所得额（19行×1/4或1/12)		
21	税率（25%）		
22	本月（季）应纳所得税额（20行×21行）		
23	三、按照税务机关确定的其他方法预缴		
24	本月（季）确定预缴的所得税额		
25	总分机构纳税人		

续表

行次	项目		本期金额	累计金额
26	总机构	总机构应分摊所得税额（15 行或 22 行或 24 行 × 总机构应分摊预缴比例）		
27		财政集中分配所得税额		
28		分支机构应分摊所得税额（15 行或 22 行或 24 行 × 分支机构应分摊比例）		
29		其中：总机构独立生产经营部门应分摊所得税额		
30		总机构已撤销分支机构应分摊所得税额		
31	分支机构	分配比例		
32		分配所得税额		
谨声明：此纳税申报表是根据《中华人民共和国企业所得税法》、《中华人民共和国企业所得税法实施条例》和国家有关税收规定填报的，是真实的、可靠的、完整的。				
法定代表人（签字）： 年 月 日				
纳税人公章：		代理申报中介机构公章：	主管税务机关受理专用章：	
会计主管：		经办人：		
		经办人执业证件号码：	受理人：	
填表日期： 年 月 日		代理申报日期： 年 月 日	受理日期： 年 月 日	

国家税务总局监制

填报说明：

一、本表适用于实行查账征收企业所得税的居民纳税人在月（季）度预缴企业所得税时使用。

二、表头项目

1.“税款所属期间”：为税款所属期月（季）度第一日至所属期月（季）度最后一日。

年度中间开业的，“税款所属期间”为当月（季）开始经营之日至所属月（季）度的最后一日。次月（季）度起按正常情况填报。

2.“纳税人识别号”：填报税务机关核发的税务登记证号码（15 位）。

3.“纳税人名称”：填报税务机关核发的税务登记证纳税人全称。

三、各列的填报

1. 第 1 行“按照实际利润额预缴”的纳税人，第 2 行至第 17 行的“本期金额”列，数据为所属月（季）度第一日至最后一日；“累计金额”列，数据为纳税人所属年度 1 月 1 日至所属月（季）度最后一日的累计数。

2. 第 18 行“按照上一纳税年度应纳税所得额平均额预缴”的纳税人，第 19 行至第 22 行的“本期金额”列，数据为所属月（季）度第一日至最后一日；“累计金额”列，数据为纳税人所属年度 1 月 1 日至所属月（季）度最后一日的累计数。

3. 第 23 行“按照税务机关确定的其他方法预缴”的纳税人，第 24 行的“本期金额”列，数据为所属月（季）度第一日至最后一日；“累计金额”列，数据为纳税人所属年度 1 月 1 日至所属月（季）度最后一日的累计数。

四、各行的填报

1. 第 1 行至第 24 行，纳税人根据其预缴申报方式分别填报。实行“按照实际利润额预缴”的纳税人填报第 2 行至第 17 行；实行“按照上一纳税年度应纳税所得额平均额预缴”的纳税人填报第 19 行至第 22

行；实行“按照税务机关确定的其他方法预缴”的纳税人填报第24行。

2. 第25行至第32行，由实行跨地区经营汇总计算缴纳企业所得税（以下简称汇总纳税）纳税人填报。汇总纳税纳税人的总机构在填报第1行至第24行的基础上，填报第26行至第30行；汇总纳税纳税人的分支机构填报第28行、第31行、第32行。

五、具体项目填报说明

1. 第2行“营业收入”：填报按照企业会计制度、企业会计准则等国家会计规定核算的营业收入。

2. 第3行“营业成本”：填报按照企业会计制度、企业会计准则等国家会计规定核算的营业成本。

3. 第4行“利润总额”：填报按照企业会计制度、企业会计准则等国家会计规定核算的利润总额。

4. 第5行“特定业务计算的应纳税所得额”：填报按照税收规定的特定业务计算的应纳税所得额。从事房地产开发业务的纳税人，本期取得销售未完工开发产品收入按照税收规定的预计计税毛利率计算的预计毛利额填入此行。

5. 第6行“不征税收入”：填报计入利润总额但属于税收规定不征税的财政拨款、依法收取并纳入财政管理的行政事业性收费以及政府性基金和国务院规定的其他不征税收入。

6. 第7行“免税收入”：填报计入利润总额但属于税收规定免税的收入或收益。

7. 第8行“弥补以前年度亏损”：填报按照税收规定可在企业所得税前弥补的以前年度尚未弥补的亏损额。

8. 第9行“实际利润额”：根据相关行次计算填报。第9行=第4行+第5行-第6行-第7行-第8行。

9. 第10行“税率（25%）”：填报企业所得税法规定的25%税率。

10. 第11行“应纳所得税额”：根据相关行次计算填报。第11行=第9行×第10行，且第11行≥0。当汇总纳税纳税人总机构和分支机构适用不同税率时，第11行≠第9行×第10行。

11. 第12行“减免所得税额”：填报按照税收规定当期实际享受的减免所得税额。第12行≤第11行。

12. 第13行“实际已预缴所得税额”：填报累计已预缴的企业所得税额，“本期金额”列不填。

13. 第14行“特定业务预缴（征）所得税额”：填报按照税收规定的特定业务已预缴（征）的所得税额，建筑企业总机构直接管理的项目部，按规定向项目所在地主管税务机关预缴的企业所得税填入此行。

14. 第15行“应补（退）所得税额”：根据相关行次计算填报。第15行=11行-12行-13行-14行，且第15行≤0时，填0，“本期金额”列不填。

15. 第16行“以前年度多缴在本期抵缴所得税额”：填报以前年度多缴的企业所得税税款尚未办理退税，并在本纳税年度抵缴的所得税额。

16. 第17行“本期实际应补（退）所得税额”：根据相关行次计算填报。第17行=15行-16行，且第17行≤0时，填0，“本期金额”列不填。

17. 第19行“上一纳税年度应纳税所得额”：填报上一纳税年度申报的应纳税所得额。“本期金额”列不填。

18. 第20行“本月（季）应纳税所得额”：根据相关行次计算填报。

按月度预缴纳税人：第20行=第19行×1/12

按季度预缴纳税人：第20行=第19行×1/4

19. 第21行“税率（25%）”：填报企业所得税法规定的25%税率。

20. 第22行“本月（季）应纳所得税额”：根据相关行次计算填报。第22行=第20行×第21行。

21. 第24行“本月（季）确定预缴所得税额”：填报税务机关认定的应纳税所得额计算出的本月（季）度应缴纳所得税额。

22. 第26行“总机构应分摊所得税额”：汇总纳税纳税人总机构，以本表（第1行至第24行）本月（季）度预缴所得税额为基数，按总机构应分摊的预缴比例计算出的本期预缴所得税额填报，并按预缴方式不同分别计算：

（1）“按实际利润额预缴”的汇总纳税纳税人总机构：

第15行×总机构应分摊预缴比例

（2）“按照上一纳税年度应纳税所得额的平均额预缴”的汇总纳税纳税人总机构：

第22行×总机构应分摊预缴比例

（3）“按照税务机关确定的其他方法预缴”的汇总纳税纳税人总机构：

第24行×总机构应分摊预缴比例

第26行计算公式中的“总机构应分摊预缴比例”：跨地区经营的汇总纳税纳税人，总机构应分摊的预缴比例填报25%；省内经营的汇总纳税纳税人，总机构应分摊的预缴比例按各省规定执行填报。

23. 第27行“财政集中分配所得税额”：汇总纳税纳税人的总机构，以本表（第1行至第24行）本月（季）度预缴所得税额为基数，按财政集中分配的预缴比例计算出的本期预缴所得税额填报，并按预缴方式不同分别计算：

（1）“按实际利润额预缴”的汇总纳税纳税人总机构：

第15行×财政集中分配预缴比例

（2）“按照上一纳税年度应纳税所得额的平均额预缴”的汇总纳税纳税人总机构：

第22行×财政集中分配预缴比例

（3）“按照税务机关确定的其他方法预缴”的汇总纳税纳税人总机构：

第24行×财政集中分配预缴比例

跨地区经营的汇总纳税纳税人，中央财政集中分配的预缴比例填报25%；省内经营的汇总纳税纳税人，财政集中分配的预缴比例按各省规定执行填报。

24. 第28行“分支机构应分摊所得税额”：汇总纳税纳税人总机构，以本表（第1行至第24行）本月（季）度预缴所得税额为基数，按分支机构应分摊的预缴比例计算出的本期预缴所得税额填报，并按不同预缴方式分别计算：

（1）“按实际利润额预缴”的汇总纳税纳税人总机构：

第15行×分支机构应分摊预缴比例

（2）“按照上一纳税年度应纳税所得额平均额预缴”的汇总纳税纳税人总机构：

第22行×分支机构应分摊预缴比例

（3）“按照税务机关确定的其他方法预缴”的汇总纳税纳税人总机构：

第24行×分支机构应分摊预缴比例

第28行计算公式中“分支机构应分摊预缴比例”：跨地区经营的汇总纳税纳税人，分支机构应分摊的预缴比例填报50%；省内经营的汇总纳税纳税人，分支机构应分摊的预缴比例按各省规定执行填报。

分支机构根据《中华人民共和国企业所得税汇总纳税分支机构所得税分配表》中的“分支机构分摊所得税额”填写本行。

25. 第29行“总机构独立生产经营部门应分摊所得税额”：填报汇总纳税纳税人总机构设立的具有独立生产经营职能、按规定视同分支机构的部门所应分摊的本期预缴所得税额。

26. 第30行“总机构已撤销分支机构应分摊所得税额”：填报汇总纳税纳税人撤销的分支机构，当年剩余期限内应分摊的、由总机构预缴的所得税额。

27. 第31行“分配比例”：填报汇总纳税纳税人分支机构依据《中华人民共和国企业所得税汇总纳税分支机构所得税分配表》中确定的分配比例。

28. 第32行“分配所得税额”：填报汇总纳税纳税人分支机构按分配比例计算应预缴的所得税额。第32行=第28行×第31行。

六、表内、表间关系

1. 表内关系

（1）第9行=第4+5-6-7-8行。

（2）第11行=第9×10行。当汇总纳税纳税人总机构和分支机构适用不同税率时，第11行≠第9×10行。

（3）第15行=第11-12-13-14行，且第15行≤0时，填0。

（4）第22行=第20×21行。

（5）第26=第15或22或24行×规定比例。

（6）第27行=第15或22或24行×规定比例。

（7）第28行=第15或22或24行×规定比例。

2. 表间关系

（1）第28行=《中华人民共和国企业所得税汇总纳税分支机构所得税分配表》中的“分支机构分摊所得税额”。

（2）第31、32行=《中华人民共和国企业所得税汇总纳税分支机构所得税分配表》中所对应行次中的“分配比例”、“分配税额”列。

(2) 年度纳税申报表

① 主表:《企业所得税年度纳税申报表(A类)》(具体见表6-1-2),主要适用于查账征收的居民企业。

表6-1-2　　中华人民共和国企业所得税年度纳税申报表(A类)

税款所属期间:　　年　　月　日至　　年　　月　　日

纳税人名称:

纳税人识别号:□□□□□□□□□□□□□□□□□□□□　　金额单位:元(列至角分)

类别	行次	项目	金额
利润总额计算	1	一、营业收入(填附表一)	
	2	减:营业成本(填附表二)	
	3	营业税金及附加	
	4	销售费用(填附表二)	
	5	管理费用(填附表二)	
	6	财务费用(填附表二)	
	7	资产减值损失	
	8	加:公允价值变动收益	
	9	投资收益	
	10	二、营业利润	
	11	加:营业外收入(填附表一)	
	12	减:营业外支出(填附表二)	
	13	三、利润总额(10+11-12)	
应纳税所得额计算	14	加:纳税调整增加额(填附表三)	
	15	减:纳税调整减少额(填附表三)	
	16	其中:不征税收入	
	17	免税收入	
	18	减计收入	
	19	减、免税项目所得	
	20	加计扣除	
	21	抵扣应纳税所得额	
	22	加:境外应税所得弥补境内亏损	
	23	纳税调整后所得(13+14-15+22)	
	24	减:弥补以前年度亏损(填附表四)	
	25	应纳税所得额(23-24)	

续表

类别	行次	项目	金额
应纳税额计算	26	税率（25%）	
	27	应纳所得税额（25×26）	
	28	减：减免所得税额（填附表五）	
	29	减：抵免所得税额（填附表五）	
	30	应纳税额（27－28－29）	
	31	加：境外所得应纳所得税额（填附表六）	
	32	减：境外所得抵免所得税额（填附表六）	
	33	实际应纳所得税额（30＋31－32）	
	34	减：本年累计实际已预缴的所得税额	
	35	其中：汇总纳税的总机构分摊预缴的税额	
	36	汇总纳税的总机构财政调库预缴的税额	
	37	汇总纳税的总机构所属分支机构分摊的预缴税额	
	38	合并纳税（母子体制）成员企业就地预缴比例	
	39	合并纳税企业就地预缴的所得税额	
	40	本年应补（退）的所得税额（33－34）	
附列资料	41	以前年度多缴的所得税额在本年抵减额	
	42	以前年度应缴未缴在本年入库所得税额	

纳税人公章：	代理申报中介机构公章：	主管税务机关受理专用章：
经办人：	经办人及执业证件号码：	受理人：
申报日期：　年　月　日	代理申报日期：　年　月　日	受理日期：　年　月　日

填报说明：

一、适用范围

本表适用于实行查账征收的企业所得税居民纳税人填报。

二、填报依据及内容

根据《中华人民共和国企业所得税法》及其实施条例的规定计算填报，并依据企业会计制度、企业会计准则等企业的《利润表》以及纳税申报表相关附表的数据填报。

三、有关项目填报说明

（一）表头项目

1. “税款所属期间”：正常经营的纳税人，填报公历当年1月1日至12月31日；纳税人年度中间开业的，填报实际生产经营之日的当月1日至同年12月31日；纳税人年度中间发生合并、分立、破产、停业等情况的，填报公历当年1月1日至实际停业或法院裁定并宣告破产之日的当月月末；纳税人年度中间开业且年度中间又发生合并、分立、破产、停业等情况的，填报实际生产经营之日的当月1日至实际停业或法院裁定并宣告破产之日的当月月末。

2. “纳税人识别号”：填报税务机关统一核发的税务登记证号码。

3. “纳税人名称”：填报税务登记证所载纳税人的全称。

（二）表体项目

本表是在企业会计利润总额的基础上，加减纳税调整额后计算出“纳税调整后所得”（应纳税所得额）。会计与税法的差异（包括收入类、扣除类、资产类等一次性和暂时性差异）通过纳税调整明细表（附表三）集中体现。本表包括利润总额的计算、应纳税所得额的计算、应纳税额的计算和附列资料四个部分。

1. “利润总额的计算”中的项目，适用《企业会计准则》的企业，其数据直接取自《利润表》；实行《企业会计制度》、《小企业会计制度》等会计制度的企业，其《利润表》中项目与本表不一致的部分，应当按照本表要求对《利润表》中的项目进行调整后填报。

该部分的收入、成本费用明细项目，适用《企业会计准则》、《企业会计制度》或《小企业会计制度》的纳税人，通过附表一（1）《收入明细表》和附表二（1）《成本费用明细表》反映；适用《企业会计准则》、《金融企业会计制度》的纳税人填报附表一（2）《金融企业收入明细表》、附表二（2）《金融企业成本费用明细表》的相应栏次；适用《事业单位会计准则》、《民间非营利组织会计制度》的事业单位、社会团体、民办非企业单位、非营利组织，填报附表一（3）《事业单位、社会团体、民办非企业单位收入项目明细表》和附表一（3）《事业单位、社会团体、民办非企业单位支出项目明细表》。

2. “应纳税所得额的计算”和“应纳税额的计算”中的项目，除根据主表逻辑关系计算出的指标外，其余数据来自附表。

3. “附列资料”包括用于税源统计分析的上年度税款在本年入库金额。

（三）行次说明

1. 第1行“营业收入”：填报纳税人主要经营业务和其他业务所确认的收入总额。本项目应根据“主营业务收入”和“其他业务收入”科目的发生额分析填列。一般企业通过附表一（1）《收入明细表》计算填列；金融企业通过附表一（2）《金融企业收入明细表》计算填列；事业单位、社会团体、民办非企业单位、非营利组织应填报附一（3）《事业单位、社会团体、民办非企业单位收入明细表》的“收入总额”，包括按税法规定的不征税收入。

2. 第2行“营业成本”项目，填报纳税人经营主要业务和其他业务发生的实际成本总额。本项目应根据“主营业务成本”和“其他业务成本”科目的发生额分析填列。一般企业通过附表二（1）《成本费用明细表》计算填列；金融企业通过附表二（2）《金融企业成本费用明细表》计算填列；事业单位、社会团体、民办非企业单位、非营利组织应根据填报附表一（3）《事业单位、社会团体、民办非企业单位收入明细表》和附表二（3）《事业单位、社会团体、民办非企业单位支出明细表》分析填报。

3. 第3行“营业税金及附加”：填报纳税人经营业务应负担的营业税、消费税、城市维护建设税、资源税、土地增值税和教育费附加等。本项目应根据“营业税金及附加”科目的发生额分析填列。

4. 第4行“销售费用”：填报纳税人在销售商品过程中发生的包装费、广告费等费用和为销售本企业商品而专设的销售机构的职工薪酬、业务费等经营费用。本项目应根据“销售费用”科目的发生额分析填列。

5. 第5行“管理费用”：填报纳税人为组织和管理生产经营发生的管理费用。本项目应根据“管理费用”科目的发生额分析填列。

6. 第6行“财务费用”：填报纳税人为筹集生产经营所需资金等而发生的筹资费用。本项目应根据“财务费用”科目的发生额分析填列。

7. 第7行“资产减值损失”：填报纳税人各项资产发生的减值损失。本项目应根据“资产减值损失”科目的发生额分析填列。

8. 第8行“公允价值变动收益”：填报纳税人按照相关会计准则规定应当计入当期损益的资产或负债公允价值变动收益，如交易性金融资产当期公允价值的变动额。本项目应根据“公允价值变动损益”科目的发生额分析填列，如为损失，本项目以“－”号填列。

9. 第9行“投资收益”：填报纳税人以各种方式对外投资所取得的收益。本行应根据“投资收益”科目的发生额分析填列，如为损失，用“－”号填列。企业持有的交易性金融资产处置和出让时，处置收益部分应当自“公允价值变动损益”项目转出，列入本行，包括境外投资应纳税所得额。

10. 第10行“营业利润”：填报纳税人当期的营业利润。根据上述行次计算填列。

11. 第11行“营业外收入”：填报纳税人发生的与其经营活动无直接关系的各项收入。除事业单位、社会团体、民办非企业单位外，其他企业通过附表一（1）《收入明细表》相关行次计算填报；金融企业通过附表一（2）《金融企业收入明细表》相关行次计算填报。

12. 第12行“营业外支出”：填报纳税人发生的与其经营活动无直接关系的各项支出。一般企业通过附表二（1）《成本费用明细表》相关行次计算填报；金融企业通过附表二（2）《金融企业成本费用明细表》相关行次计算填报。

13. 第13行“利润总额”：填报纳税人当期的利润总额。根据上述行次计算填列。金额等于第

10 + 11 - 12 行。

14. 第 14 行“纳税调整增加额”：填报纳税人未计入利润总额的应税收入项目、税收不允许扣除的支出项目、超出税收规定扣除标准的支出金额，以及资产类应纳税调整的项目，包括房地产开发企业按本期预售收入计算的预计利润等。纳税人根据附表三《纳税调整项目明细表》“调增金额”列下计算填报。

15. 第 15 行“纳税调整减少额”：填报纳税人已计入利润总额，但税收规定可以暂不确认为应税收入的项目，以及在以前年度进行了纳税调增，根据税收规定从以前年度结转过来在本期扣除的项目金额。包括不征税收入、免税收入、减计收入以及房地产开发企业已转销售收入的预售收入按规定计算的预计利润等。纳税人根据附表三《纳税调整项目明细表》“调减金额”列下计算填报。

16. 第 16 行“其中：不征税收入”：填报纳税人计入营业收入或营业外收入中的属于税收规定的财政拨款、依法收取并纳入财政管理的行政事业性收费、政府性基金以及国务院规定的其他不征税收入。

17. 第 17 行“其中：免税收入”：填报纳税人已并入利润总额中核算的符合税收规定免税条件的收入或收益，包括，国债利息收入；符合条件的居民企业之间的股息、红利等权益性投资收益；在中国境内设立机构、场所的非居民企业从居民企业取得与该机构、场所有实际联系的股息、红利等权益性投资收益；符合条件的非营利组织的收入。本行应根据“主营业务收入”、“其他业务收入”和“投资净收益”科目的发生额分析填列。

18. 第 18 行“其中：减计收入”：填报纳税人以《资源综合利用企业所得税优惠目录》规定的资源作为主要原材料，生产销售国家非限制和禁止并符合国家和行业相关标准的产品按 10% 的规定比例减计的收入。

19. 第 19 行“其中：减、免税项目所得”：填报纳税人按照税收规定应单独核算的减征、免征项目的所得额。

20. 第 20 行“其中：加计扣除”：填报纳税人当年实际发生的开发新技术、新产品、新工艺发生的研究开发费用，以及安置残疾人员和国家鼓励安置的其他就业人员所支付的工资。符合税收规定条件的，计算应纳税所得额按一定比例的加计扣除金额。

21. 第 21 行“其中：抵扣应纳税所得额”：填报创业投资企业采取股权投资方式投资于未上市的中小高新技术企业 2 年以上的，可以按照其投资额的 70% 在股权持有满 2 年的当年抵扣该创业投资企业的应纳税所得额；当年不足抵扣的，可以在以后纳税年度结转抵扣。

22. 第 22 行“加：境外应税所得弥补境内亏损”：依据《境外所得计征企业所得税暂行管理办法》的规定，纳税人在计算缴纳企业所得税时，其境外营业机构的盈利可以弥补境内营业机构的亏损。即当“利润总额”，加“纳税调整增加额”减“纳税调整减少额”为负数时，该行填报企业境外应税所得用于弥补境内亏损的部分，最大不得超过企业当年的全部境外应税所得；如为正数时，如以前年度无亏损额，本行填零；如以前年度有亏损额，取应弥补以前年度亏损额的最大值，最大不得超过企业当年的全部境外应税所得。

23. 第 23 行“纳税调整后所得”：填报纳税人当期经过调整后的应纳税所得额。金额等于本表第 13 + 14 - 15 + 22 行。当本行为负数时，即为可结转以后年度弥补的亏损额（当年可弥补的所得额）；如为正数时，应继续计算应纳税所得额。

24. 第 24 行“弥补以前年度亏损”：填报纳税人按税收规定可在税前弥补的以前年度亏损额。金额等于附表四《企业所得税弥补亏损明细表》第 6 行第 10 列。但不得超过本表第 23 行“纳税调整后所得”。

25. 第 25 行“应纳税所得额”：金额等于本表第 23 - 24 行。本行不得为负数，本表第 23 行或者依上述顺序计算结果为负数，本行金额填零。

26. 第 26 行“税率”：填报税法规定的税率 25%。

27. 第 27 行“应纳所得税额”：金额等于本表第 25 × 26 行。

28. 第 28 行“减免所得税额”：填列纳税人按税收规定实际减免的企业所得税额。包括小型微利企业、国家需要重点扶持的高新技术企业、享受减免税优惠过渡政策的企业，其实际执行税率与法定税率的差额，以及经税务机关审批或备案的其他减免税优惠。金额等于附表五《税收优惠明细表》第 33 行。

29. 第 29 行“抵免所得税额”：填列纳税人购置用于环境保护、节能节水、安全生产等专用设备的投资额，其设备投资额的 10% 可以从企业当年的应纳税额中抵免；当年不足抵免的，可以在以后 5 个纳税年度结转抵免。金额等于附表五《税收优惠明细表》第 40 行。

30. 第 30 行“应纳税额”：填报纳税人当期的应纳所得税额，根据上述有关的行次计算填列。金额等于本表第 27 - 28 - 29 行。

31. 第 31 行“境外所得应纳所得税额”：填报纳税人来源于中国境外的应纳税所得额（如分得的所得为税后利润应还原计算），按税法规定的税率（居民企业 25%）计算的应纳所得税额。金额等于附表六

《境外所得税抵免计算明细表》第10列合计数。

32. 第32行“境外所得抵免所得税额”：填报纳税人来源于中国境外的所得，依照税法规定计算的应纳所得税额，即抵免限额。

企业已在境外缴纳的所得税额，小于抵免限额的，“境外所得抵免所得税额”按其在境外实际缴纳的所得税额填列；大于抵免限额的，按抵免限额填列，超过抵免限额的部分，可以在以后五个年度内，用每年度抵免限额抵免当年应抵税额后的余额进行抵补。

可用境外所得弥补境内亏损的纳税人，其境外所得应纳税额公式中“境外应纳税所得额”项目和境外所得税税款扣除限额公式中“来源于某外国的所得”项目，为境外所得，不含弥补境内亏损部分。

33. 第33行“实际应纳所得税额”：填报纳税人当期的实际应纳所得税额。金额等于本表第30+31-32行。

34. 第34行“本年累计实际已预缴的所得税额”：填报纳税人按照税收规定本年已在月（季）累计预缴的所得税额。

35. 第35行“其中：汇总纳税的总机构分摊预缴的税额”：填报汇总纳税的总机构1至12月（或1至4季度）分摊的在当地入库预缴税额。附报《中华人民共和国汇总纳税分支机构分配表》。

36. 第36行“其中：汇总纳税的总机构财政调库预缴的税额”：填报汇总纳税的总机构1至12月（或1至4季度）分摊的缴入财政调节入库的预缴税额。附报《中华人民共和国汇总纳税分支机构分配表》。

37. 第37行“其中：汇总纳税的总机构所属分支机构分摊的预缴税额”：填报分支机构就地分摊预缴的税额。附报《中华人民共和国汇总纳税分支机构分配表》。

38. 第38行“合并纳税（母子体制）成员企业就地预缴比例”：填报经国务院批准的实行合并纳税（母子体制）的成员企业按规定就地预缴的比例。

39. 第39行“合并纳税企业就地预缴的所得税额”：填报合并纳税的成员企业就地应预缴的所得税额。根据“实际应纳税额”和“预缴比例”计算填列。金额等于本表第33×38行。

40. 第40行“本年应补（退）的所得税额”：填报纳税人当期应补（退）的所得税额。金额等于本表第33-34行。

41. 第41行“以前年度多缴的所得税在本年抵减额”：填报纳税人以前年度汇算清缴多缴的税款尚未办理退税的金额，且在本年抵缴的金额。

42. 第42行“上年度应缴未缴在本年入库所得额”：填报纳税人以前年度损益调整税款、上一年度第四季度或第12月预缴税款和汇算清缴的税款，在本年入库金额。

四、表内及表间关系

1. 第1行=附表一（1）第2行或附表一（2）第1行或附表一（3）第3行至7行合计。
2. 第2行=附表二（1）第2行或附表二（2）第1行或附表二（3）第14行。
3. 第10行=第1-2-3-4-5-6-7+8+9行。
4. 第11行=附表一（1）第17行或附表一（2）第42行或附表一（3）第9行。
5. 第12行=附表二（1）第16行或附表二（2）第45行。
6. 第13行=第10+11-12行。
7. 第14行=附表三第52行第3列合计。
8. 第15行=附表三第52行第4列合计。
9. 第16行=附表三第14行第4列。
10. 第17行=附表五第1行。
11. 第18行=附表五第6行。
12. 第19行=附表五第14行。
13. 第20行=附表五第9行。
14. 第21行=附表五第39行。
15. 第22行=附表六第7列合计。（当第13+14-15行≥0时，本行=0）
16. 第23行=第13+14-15+22行。（当第13+14-15行<0时，则加22行的最大值）
17. 第24行=附表四第6行第10列。
18. 第25行=第23-24行（当本行<0时，则先调整21行的数据，使其本行≥0；当21行=0时，23-24行≥0）。
19. 第26行填报25%。
20. 第27行=第25×26行。
21. 第28行=附表五第33行。

22. 第29行=附表五第40行。
23. 第30行=第27-28-29行。
24. 第31行=附表六第10列合计。
25. 第32行=附表六第14列合计+第16列合计或附表六第17列合计。
26. 第33行=第30+31-32行。
27. 第40行=第33-34行。

② 附表：包括附表一《收入明细表》（具体见表6-1-3）、附表二《成本费用明细表》（具体见表6-1-4）、附表三《纳税调整项目明细表》（具体见表6-1-5）、附表四《企业所得税弥补亏损明细表》（具体见表6-1-6）、附表五《税收优惠明细表》（具体见表6-1-7）、附表六《境外所得税抵免计算明细表》（具体见表6-1-8）、附表七《以公允价值计量资产纳税调整表》（具体见表6-1-9）、附表八《广告费和业务宣传费跨年度纳税调整表》（具体见表6-1-10）、附表九《资产折旧、摊销纳税调整明细表》（具体见表6-1-11）、附表十《资产减值准备项目调整明细表》（具体见表6-1-12）、附表十一《长期股权投资所得（损失）明细表》（具体见表6-1-13）。

表6-1-3　　企业所得税年度纳税申报表附表一（1）收入明细表

填报时间：　年　月　日　　　　　　　　　　　　金额单位：元（列至角分）

行次	项目	金额
1	一、销售（营业）收入合计（2+13）	
2	（一）营业收入合计（3+8）	
3	1. 主营业务收入（4+5+6+7）	
4	（1）销售货物	
5	（2）提供劳务	
6	（3）让渡资产使用权	
7	（4）建造合同	
8	2. 其他业务收入（9+10+11+12）	
9	（1）材料销售收入	
10	（2）代购代销手续费收入	
11	（3）包装物出租收入	
12	（4）其他	
13	（二）视同销售收入（14+15+16）	
14	（1）非货币性交易视同销售收入	
15	（2）货物、财产、劳务视同销售收入	
16	（3）其他视同销售收入	
17	二、营业外收入（18+19+20+21+22+23+24+25+26）	
18	1. 固定资产盘盈	

续表

行次	项目	金额
19	2. 处置固定资产净收益	
20	3. 非货币性资产交易收益	
21	4. 出售无形资产收益	
22	5. 罚款净收入	
23	6. 债务重组收益	
24	7. 政府补助收入	
25	8. 捐赠收入	
26	9. 其他	

经办人（签章）：　　　　　　　　　　　　　　　　　　　法定代表人（签章）：

填报说明：

一、适用范围

本表适用于执行《企业会计制度》、《小企业会计制度》、《企业会计准则》的企业，并实行查账征收的企业所得税居民纳税人填报。

二、填报依据和内容

根据《中华人民共和国企业所得税法》及其实施条例以及企业会计制度、企业会计准则等核算的“主营业务收入”、“其他业务收入”和“营业外收入”，以及根据税收规定应在当期确认收入的“视同销售收入”。

三、有关项目填报说明

1. 第1行“销售（营业）收入合计”：金额为本表第2+13行。本行数据作为计算业务招待费、广告费和业务宣传费支出扣除限额的计算基数。

2. 第2行“营业收入合计”：金额为本表第3+8行。该行数额填入主表第1行。

3. 第3至7行“主营业务收入”：根据不同行业的业务性质分别填报纳税人在会计核算中的主营业务收入。对主要从事对外投资的纳税人，其投资所得就是主营业务收入。

（1）第4行“销售货物”：填报从事工业制造、商品流通、农业生产以及其他商品销售企业的主营业务收入。

（2）第5行“提供劳务”：填报从事提供旅游饮食服务、交通运输、邮政通信、对外经济合作等劳务、开展其他服务的纳税人取得的主营业务收入。

（3）第6行“让渡资产使用权”：填报让渡无形资产使用权（如商标权、专利权、专有技术使用权、版权、专营权等）而取得的使用费收入以及以租赁业务为基本业务的出租固定资产、无形资产、投资性房地产在主营业务收入中核算取得的租金收入。

转让处置固定资产、出售无形资产（所有权的让渡）属于“营业外收入”，不在本行反映。

（4）第7行“建造合同”：填报纳税人建造房屋、道路、桥梁、水坝等建筑物，以及船舶、飞机、大型机械设备等的主营业务收入。

4. 第8至12行：按照会计核算中“其他业务收入”的具体业务性质分别填报。

（1）第9行“材料销售收入”：填报销售材料、下脚料、废料、废旧物资等收入。

（2）第10行“代购代销手续费收入”：填报从事代购代销、受托代销商品收取的手续费收入。

专业从事代理业务的纳税人收取的手续费收入不在本行填列，而是作为主营业务收入填列到主营业务收入中。

（3）第11行“包装物出租收入”：填报出租、出借包装物的租金和逾期未退包装物没收的押金。

（4）第12行“其他”：填报在“其他业务收入”会计科目核算的、上述未列举的其他业务收入，不包括已在主营业务收入中反映的让渡资产使用权取得的收入。

5. 第13至16行：填报“视同销售的收入”。视同销售是指会计上不作为销售核算，而在税收上作为销售、确认收入计缴税金的销售货物、转让财产或提供劳务的行为。第13行数据填列附表三第2行第

3列。

（1）第14行“非货币性交易视同销售收入”：执行《企业会计制度》、《小企业会计制度》或《企业会计准则》的纳税人，填报不具有商业实质或交换涉及资产的公允价值均不能可靠计量的非货币性资产交换，按照税收规定应视同销售确认收入的金额。

（2）第15行“货物、财产、劳务视同销售收入”：执行《企业会计制度》、《小企业会计制度》的纳税人，填报将货物、财产、劳务用于捐赠、偿债、赞助、集资、广告、样品、职工福利或者利润分配等用途的，按照税收规定应视同销售确认收入的金额。

6. 第16行“其他视同销售收入”：填报税收规定的上述货物、财产、劳务之外的其他视同销售收入金额。

7. 第17至26行“营业外收入”：填报在“营业外收入”会计科目核算的与其生产经营无直接关系的各项收入。并据此填报主表第11行。

（1）第18行“固定资产盘盈”：执行《企业会计制度》、《小企业会计制度》的纳税人，填报纳税人在资产清查中发生的固定资产盘盈数额。

（2）第19行“处置固定资产净收益”：填报纳税人因处置固定资产而取得的净收益。不包括纳税人在主营业务收入中核算的、正常销售固定资产类商品。

（3）第20行“非货币性资产交易收益”：填报纳税人在非货币性资产交易行为中，执行《企业会计准则第14号——收入》具有商业实质且换出资产为固定资产、无形资产的，其换出资产公允价值和换出资产账面价值的差额计入营业外收入的；执行《企业会计制度》和《小企业会计制度》实现的与收到补价相对应的收益额，在本行填列。

（4）第21行“出售无形资产收益”：填报纳税人因处置无形资产而取得的净收益。

（5）第22行“罚款收入”：填报纳税人在日常经营管理活动中取得的罚款收入。

（6）第23行“债务重组收益”：执行《企业会计准则第12号——债务重组》纳税人，填报确认的债务重组利得。

（7）第24行“政府补助收入”：填报纳税人从政府无偿取得的货币性资产或非货币性资产，包括实行会计制度下补贴收入核算的内容。

（8）第25行“捐赠收入”：填报纳税人接受的来自其他企业、组织或者个人无偿给予的货币性资产、非货币性资产。

（9）第26行“其他”：填报纳税人在“营业外收入”会计科目核算的、上述未列举的营业外收入。

四、表内、表间关系

（一）表内关系

1. 第1行=第2+13行。
2. 第2行=第3+8行。
3. 第3行=第4+5+6+7行。
4. 第8行=第9+10+11+12行。
5. 第13行=第14+15+16行。
6. 第17行=第18至26行合计。

（二）表间关系

1. 第1行=附表八第4行
2. 第2行==主表第1行
3. 第13行=附表三第2行第3列
4. 第17行=主表第11行

表6-1-4　　企业所得税年度纳税申报表附表二（1）成本费用明细表

填报时间：　年　月　日　　　　　　　　　　　　　　金额单位：元（列至角分）

行次	项目	金额
1	一、销售（营业）成本合计（2+7+12）	
2	（一）主营业务成本（3+4+5+6）	
3	（1）销售货物成本	

续表

行次	项目	金额
4	（2）提供劳务成本	
5	（3）让渡资产使用权成本	
6	（4）建造合同成本	
7	（二）其他业务成本（8+9+10+11）	
8	（1）材料销售成本	
9	（2）代购代销费用	
10	（3）包装物出租成本	
11	（4）其他	
12	（三）视同销售成本（13+14+15）	
13	（1）非货币性交易视同销售成本	
14	（2）货物、财产、劳务视同销售成本	
15	（3）其他视同销售成本	
16	二、营业外支出（17+18+…+24）	
17	1. 固定资产盘亏	
18	2. 处置固定资产净损失	
19	3. 出售无形资产损失	
20	4. 债务重组损失	
21	5. 罚款支出	
22	6. 非常损失	
23	7. 捐赠支出	
24	8. 其他	
25	三、期间费用（26+27+28）	
26	1. 销售（营业）费用	
27	2. 管理费用	
28	3. 财务费用	

经办人（签章）： 法定代表人（签章）：

填报说明：

一、适用范围

本表适用于执行《企业会计制度》、《小企业会计制度》、《企业会计准则》的企业，并实行查账征收的企业所得税居民纳税人填报。

二、填报依据和内容

根据《中华人民共和国企业所得税法》及其实施条例，以及会计制度核算的“主营业务成本”、“其他业务支出”和“营业外支出”，以及根据税收规定应在当期确认收入对应的“视同销售成本”。

三、有关项目填报说明

1. 第1行“销售（营业）成本合计”：填报纳税人根据会计制度核算的“主营业务成本”、“其他业务支出”，并据以填入主表第2行。第1行=第2+7+12行。

2. 第2至6行“主营业务成本”：纳税人根据不同行业的业务性质分别填报在会计核算中的主营业务成本。第2行=第3+4+5+6行。本表第3至6行的数据，分别与附表一（1）《收入明细表》的“主营业务收入”对应行次的数据配比。

3. 第7至11行“其他业务支出”：按照会计核算中“其他业务支出”的具体业务性质分别填报。第7行=第8+9+10+11行。本表第8至11行的数据，分别与附表一（1）《收入明细表》的“其他业务收入”对应行次的数据配比。第11行“其他”项目，填报纳税人按照会计制度应在“其他业务支出”中核算的其他成本费用支出。

4. 第12至15行“视同销售确认的成本”：填报纳税人按税收规定计算的与视同销售收入对应的成本，第12行=第13+14+15行。本表第13至15行的数据，分别与附表一（1）《收入明细表》的“视同销售收入”对应行次的数据配比。每一笔被确认为视同销售的经济事项，在确认计算应税收入的同时，均有与此收入相配比的应税成本。本表第12行数据填列附表三第21行第4列。

5. 第16至24行“营业外支出”：填报纳税人按照会计制度在“营业外支出”中核算的有关项目。第16行=第17+18+19+20+21+22+23+24行，并据以填入主表第12行。

（1）第17行“固定资产盘亏”：填报纳税人按照会计制度规定在营业外支出中核算的固定资产盘亏数额。

（2）第18行“处置固定资产净损失”：填报纳税人按照会计制度规定在营业外支出中核算的处置固定资产净损失数额。

（3）第19行“出售无形资产损失”：填报纳税人按照会计制度规定在营业外支出中核算的出售无形资产损失的数额。

（4）第20行“债务重组损失”：填报纳税人执行《企业会计准则——债务重组》确认的债务重组损失。

（5）第22行“非常损失”：填报纳税人按照会计制度规定在营业外支出中核算的各项非正常的财产损失（包括流动资产损失、坏账损失等）。

（6）第23行“捐赠支出”：填报纳税人实际发生的捐赠支出数。

（7）第24行“其他”：填报纳税人按照会计制度核算的在会计账务记录的其他支出。其中执行《企业会计制度》的企业包括当年增提的各项准备金等；执行《企业会计准则第8号——资产减值》的企业计提的各项减值准备不在此行反映。

6. 第25至28行“期间费用”：填报纳税人按照会计制度核算的销售（营业）费用、管理费用和财务费用。

第25行=第26+27+28行。

（1）第26行“销售（营业）费用”：填报纳税人按照会计制度核算的销售（营业）费用，并据以填入主表第4行。

（2）第27行“管理费用”：填报纳税人按照会计制度核算的管理费用，并据以填入主表第5行。

（3）第28行“财务费用”：填报纳税人按照会计制度核算的财务费用，并据以填入主表第6行。

四、表内、表间关系

（一）表内关系

1. 第1行=第2+7+12行。

2. 第7行=第8行至11行合计。

3. 第12行=第13+14+15行。

4. 第16行=第17至24行合计。

5. 第25行=第26+27+28行。

（二）表间关系

1. 第2+7行=主表第2行。

2. 第12行=附表三第21行第4列。

3. 第16行=主表第12行。

4. 第26行=主表第4行。

5. 第27行=主表第5行。

6. 第28行=主表第6行。

表6－1－5　　企业所得税年度纳税申报表附表三

纳税调整项目明细表

填报时间：　年　月　日　　　　　　　　　　　　金额单位：元（列至角分）

	行次	项目	账载金额 1	税收金额 2	调增金额 3	调减金额 4
	1	一、收入类调整项目	*	*		
	2	1. 视同销售收入（填写附表一）	*	*		*
#	3	2. 接受捐赠收入	*			*
	4	3. 不符合税收规定的销售折扣和折让				*
*	5	4. 未按权责发生制原则确认的收入				
*	6	5. 按权益法核算长期股权投资对初始投资成本调整确认收益	*	*	*	
	7	6. 按权益法核算的长期股权投资持有期间的投资损益	*	*		
*	8	7. 特殊重组				
*	9	8. 一般重组				
*	10	9. 公允价值变动净收益（填写附表七）	*	*		
	11	10. 确认为递延收益的政府补助				
	12	11. 境外应税所得（填写附表六）	*	*	*	
	13	12. 不允许扣除的境外投资损失	*	*		*
	14	13. 不征税收入（填附表一［3］）	*	*	*	
	15	14. 免税收入（填附表五）	*	*	*	
	16	15. 减计收入（填附表五）	*	*	*	
	17	16. 减、免税项目所得（填附表五）	*	*	*	
	18	17. 抵扣应纳税所得额（填附表五）	*	*	*	
	19	18. 其他				
	20	二、扣除类调整项目	*	*		
	21	1. 视同销售成本（填写附表二）	*	*	*	
	22	2. 工资薪金支出				
	23	3. 职工福利费支出				
	24	4. 职工教育经费支出				
	25	5. 工会经费支出				
	26	6. 业务招待费支出				*
	27	7. 广告费和业务宣传费支出（填写附表八）	*	*		

续表

行次	项目	账载金额 1	税收金额 2	调增金额 3	调减金额 4
28	8. 捐赠支出				*
29	9. 利息支出				
30	10. 住房公积金				*
31	11. 罚金、罚款和被没收财物的损失		*		*
32	12. 税收滞纳金		*		*
33	13. 赞助支出		*		*
34	14. 各类基本社会保障性缴款				
35	15. 补充养老保险、补充医疗保险				
36	16. 与未实现融资收益相关在当期确认的财务费用				
37	17. 与取得收入无关的支出		*		*
38	18. 不征税收入用于支出所形成的费用		*		*
39	19. 加计扣除（填附表五）	*	*	*	
40	20. 其他				
41	三、资产类调整项目	*	*		
42	1. 财产损失				
43	2. 固定资产折旧（填写附表九）	*	*		
44	3. 生产性生物资产折旧（填写附表九）	*	*		
45	4. 长期待摊费用的摊销（填写附表九）	*	*		
46	5. 无形资产摊销（填写附表九）	*	*		
47	6. 投资转让、处置所得（填写附表十一）	*	*		
48	7. 油气勘探投资（填写附表九）				
49	8. 油气开发投资（填写附表九）				
50	9. 其他				
51	四、准备金调整项目（填写附表十）	*	*		
52	五、房地产企业预售收入计算的预计利润	*	*		
53	六、特别纳税调整应税所得	*	*		*
54	七、其他				
55	合 计	*	*		

注：

1. 标有 * 的行次为执行新会计准则的企业填列，标有#的行次为除执行新会计准则以外的企业填列。
2. 没有标注的行次，无论执行何种会计核算办法，有差异就填报相应行次，填 * 号不可填列。

3. 有二级附表的项目只填调增、调减金额，账载金额、税收金额不再填写。

经办人（签章）：

法定代表人（签章）：

填表说明：

一、适用范围

本表适用于实行查账征收的企业所得税居民纳税人填报。

二、填报依据和内容

根据《中华人民共和国企业所得税法》第二十一条规定："在计算应纳税所得额时，企业财务、会计处理办法与税收法律、行政法规的规定不一致的，应当依照税收法律、行政法规的规定计算。"填报纳税人按照会计制度核算与税收规定不一致的，应进行纳税调整增加、减少项目的金额。

三、有关项目填报说明

本表纳税调整项目按照"收入类项目"、"扣除类项目"、"资产类调整项目"、"准备金调整项目"、"房地产企业预售收入计算的预计利润"、"其他"六个大项分类填报汇总，并计算出纳税"调增金额"和"调减金额"的合计数。

数据栏分别设置"账载金额"、"税收金额"、"调增金额"、"调减金额"四个栏次。"账载金额"是指纳税人在计算主表"利润总额"时，按照会计核算计入利润总额的项目金额。"税收金额"是指纳税人在计算主表"应纳税所得额"时，按照税收规定计入应纳税所得额的项目金额。

"收入类调整项目"："税收金额"扣减"账载金额"后的余额为正，填报在"调增金额"，余额如为负数，填报在"调减金额"。其中第4行"3. 不符合税收规定的销售折扣和折让"除外，按"扣除类调整项目"的规则处理。

"扣除类调整项目"、"资产类调整项目"："账载金额"扣减"税收金额"后的余额为正，填报在"调增金额"，余额如为负数，将其绝对值填报在"调减金额"。

"其他"填报其他项目的"调增金额"、"调减金额"。

采用按分摊比例计算支出项目方式的事业单位、社会团体、民办非企业单位纳税人，"调增金额"、"调减金额"须按分摊比例后的金额填报。

本表打＊号的栏次均不填报。

（一）收入类调整项目

1. 第1行"一、收入类调整项目"：填报收入类调整项目第2行至第19行的合计数。第1列"账载金额"、第2列"税收金额"不填报。

2. 第2行"1. 视同销售收入"：填报会计上不作为销售核算，而在税收上应作应税收入缴纳企业所得税的收入。

（1）事业单位、社会团体、民办非企业单位分析填报第3列"调增金额"。

（2）金融企业第3列"调增金额"取自附表一（2）《金融企业收入明细表》第38行。

（3）其他企业第3列"调增金额"取自附表一（1）《收入明细表》第13行。

（4）第1列"账载金额"、第2列"税收金额"和第4列"调减金额"不填。

3. 第3行"2. 接受捐赠收入"：第2列"税收金额"填报执行企业会计制度的纳税人接受捐赠纳入资本公积核算应进行纳税调整的收入。第3列"调增金额"等于第2列"税收金额"。第1列"账载金额"和第4列"调减金额"不填。

4. 第4行"3. 不符合税收规定的销售折扣和折让"：填报不符合税收规定的销售折扣和折让应进行纳税调整的金额。第1列"账载金额"填报纳税人销售货物给购货方的销售折扣和折让金额。第2列"税收金额"填报按照税收规定可以税前扣除的销售折扣和折让。第3列"调增金额"填报第1列与第2列的差额。第4列"调减金额"不填。

5. 第5行"4. 未按权责发生制原则确认的收入"：填报会计上按照权责发生制原则确认收入，计税时按照收付实现制确认的收入，如分期收款销售商品销售收入的确认、税收规定按收付实现制确认的收入、持续时间超过12个月的收入的确认、利息收入的确认、租金收入的确认等企业财务会计处理办法与税收规定不一致应进行纳税调整产生的时间性差异的项目数据。

第1列"账载金额"填报会计核算确认的收入；第2列"税收金额"填报按税收规定确认的应纳税收入或可抵减收入；第3列"调增金额"填报按会计核算与税收规定确认的应纳税暂时性差异；第4列"调减金额"填报按会计核算与税收规定确认的可抵减暂时性差异。

6. 第6行"5. 按权益法核算长期股权投资对初始投资成本调整确认收益"：第4列"调减金额"取自

附表十一《股权投资所得（损失）明细表》第5列“权益法核算对初始投资成本调整产生的收益”的“合计”行的绝对值。第1列“账载金额”、第2列“税收金额”和第3列“调增金额”不填。

7. 第7行“6. 按权益法核算的长期股权投资持有期间的投资损益”：第3列“调增金额”、第4列“调减金额”根据附表十一《股权投资所得（损失）明细表》分析填列。第1列“账载金额”和第2列“税收金额”不填。

8. 第8行“7. 特殊重组”：填报非同一控制下的企业合并、免税改组产生的企业财务会计处理与税收规定不一致应进行纳税调整的金额。

第1列“账载金额”填报会计核算的账面金额；第2列“税收金额”填报税收规定的收入金额；第3列“调增金额”填报按照税收规定应纳税调整增加的金额；第4列“调减金额”填报按照税收规定应纳税调整减少的金额。

9. 第9行“8. 一般重组”：填报同一控制下的企业合并产生的企业财务会计处理办法与税收规定不一致应进行纳税调整的数据。

第1列“账载金额”填报会计核算的账面金额；第2列“税收金额”填报税收规定的收入金额；第3列“调增金额”填报按照税收规定应纳税调整增加的金额；第4列“调减金额”填报按照税收规定应纳税调整减少的金额。

10. 第10行“9. 公允价值变动净收益”：第3列“调增金额”或第4列“调减金额”取自附表七《以公允价值计量资产纳税调整表》第10行“合计”第5列“纳税调整额（纳税调减以“－”表示）”。附表七第5列“纳税调整额”第10行“合计”数为正数时，附表三第10行“公允价值变动净收益”第3列“调增金额”取自附表七第10行第5列；为负数时，附表三第10行第4列“调减金额”取自附表七第10行第5列的负数的绝对值。第1列“账载金额”、第2列“税收金额”不填。

11. 第11行“10. 确认为递延收益的政府补助”：填报纳税人收到不属于税收规定的不征税收入、免税收入以外的其他政府补助，会计上计入递延收益，税收规定应计入应纳税所得额征收企业所得税而产生的差异应进行纳税调整的数据。

第1列“账载金额”填报会计核算的账面金额；第2列“税收金额”填报税收规定的收入金额；第3列“调增金额”填报按照税收规定应纳税调整增加的金额；第4列“调减金额”填报按照税收规定应纳税调整减少的金额。

12. 第12行“11. 境外应税所得”：第4列“调减金额”取自附表六《境外所得税抵扣计算明细表》第2列“境外所得”合计行。第1列“账载金额”、第2列“税收金额”和第3列“调增金额”不填。

13. 第13行“12. 不允许扣除的境外投资损失”：第3列“调增金额”填报境外投资除合并、撤销、依法清算外形成的损失。第1列“账载金额”、第2列“税收金额”和第4列“调减金额”不填。

14. 第14行“13. 不征税收入”：第4列“调减金额”取自附表一（3）《事业单位、社会团体、民办非企业单位收入项目明细表》第12行“不征税收入总额”。第1列“账载金额”、第2列“税收金额”和第3列“调增金额”不填。

15. 第15行“14. 免税收入”：第4列“调减金额”取自附表五《税收优惠明细表》第1行“免税收入”金额栏数据。第1列“账载金额”、第2列“税收金额”和第3列“调增金额”不填。

16. 第16行“15. 减计收入”：第4列“调减金额”取自附表五《税收优惠明细表》第6行“减计收入”金额栏数据。第1列“账载金额”、第2列“税收金额”和第3列“调增金额”不填。

17. 第17行“16. 减、免税项目所得”：第4列“调减金额”取自附表五《税收优惠明细表》第14行“减免所得额合计”金额栏数据。第1列“账载金额”、第2列“税收金额”和第3列“调增金额”不填。

18. 第18行“17. 抵扣应纳税所得额”：第4列“调减金额”取自附表五《税收优惠明细表》第39行“创业投资企业抵扣应纳税所得额”金额栏数据。第1列“账载金额”、第2列“税收金额”和第3列“调增金额”不填。

19. 第19行“18. 其他”填报会计与税收有差异需要纳税调整的其他收入类项目金额。

（二）扣除类调整项目

1. 第20行“二、扣除类调整项目”：填报扣除类调整项目第21行至第40行的合计数。第1列“账载金额”、第2列“税收金额”不填报。

2. 第21行“1. 视同销售成本”：第2列“税收金额”填报视同销售收入相对应的成本费用。

（1）事业单位、社会团体、民办非企业单位分析填报第4列“调减金额”。

（2）金融企业第4列“调减金额”取自附表二（2）《金融企业成本费用明细表》第41行。

（3）一般企业第4列“调减金额”取自附表二（1）《成本费用明细表》第12行。

（4）第1列“账载金额”、第2列“税收金额”和第3列“调增金额”不填。

3. 第22行“2. 工资薪金支出”：第1列“账载金额”填报企业计入“应付职工薪酬”和直接计入成本费用的职工工资、奖金、津贴和补贴；第2列“税收金额”填报税收允许扣除的工资薪金额，对工效挂钩企业须对当年实际发放的职工薪酬中应计入当年的部分予以填报，对非工效挂钩企业即为账载金额，本数据作为计算职工福利费、职工教育经费、工会经费的基数；第3列“调增金额”、第4列“调减金额”须分析填列。

4. 第23行“3. 职工福利费支出”：第1列“账载金额”填报企业计入“应付职工薪酬”和直接计入成本费用的职工福利费；第2列“税收金额”填报税收规定允许扣除的职工福利费，金额小于等于第22行“工资薪金支出”第2列“税收金额”×14%；如本行第1列≥第2列，第1列减去第2列的差额填入本行第3列“调增金额”，如本行第1列＜第2列，则第3列不填；第4列“调减金额”填报继续执行“工效挂钩”的企业按规定应纳税调减的金额等。

5. 第24行“4. 职工教育经费支出”：第1列“账载金额”填报企业计入“应付职工薪酬”和直接计入成本费用的职工教育经费；第2列“税收金额”填报税收规定允许扣除的职工教育经费，金额小于等于第22行“工资薪金支出”第2列“税收金额”×2.5%，或国务院财政、税务主管部门另有规定的金额；如本行第1列≥第2列，第1列减去第2列的差额填入本行第3列“调增金额”，如本行第1列＜第2列，则第3列不填；第4列“调减金额”填报继续执行“工效挂钩”的企业按规定应纳税调减的金额等。

6. 第25行“5. 工会经费支出”：第1列“账载金额”填报企业计入“应付职工薪酬”和直接计入成本费用的工会经费；第2列“税收金额”填报税收规定允许扣除的工会经费，金额等于第22行“工资薪金支出”第2列“税收金额”×2%减去没有工会专用凭据列支的工会经费后的余额，如本行第1列≥第2列，第1列减去第2列的差额填入本行第3列“调增金额”，如本行第1列＜第2列，则第3列不填；第4列“调减金额”填报继续执行工效挂钩的企业按规定应纳税调减的金额等。

7. 第26行“6. 业务招待费支出”：第1列“账载金额”填报企业发生的业务招待费；第2列“税收金额”经比较后填列，即比较“本行第1列×60%”与“附表一（1）《收入明细表》第1行×5‰”或“附表一（2）《金融企业收入明细表》第（1+38）行×5‰”或“主表第1行×5‰”两数，孰小者填入本行第2列；如本行第1列≥第2列，本行第1列减去第2列的余额填入本行第3列“调增金额”；第4列“调减金额”不填。

8. 第27行“7. 广告费与业务宣传费支出”：第3列“调增金额”取自附表八《广告费和业务宣传费跨年度纳税调整表》第7行“本年广告费和业务宣传费支出纳税调整额”，第4列“调减金额”取自附表八《广告费和业务宣传费跨年度纳税调整表》第10行“本年扣除的以前年度结转额”。第1列“账载金额”和第2列“税收金额”不填。

9. 第28行“8. 捐赠支出”：第1列“账载金额”填报企业实际发生的所有捐赠。第2列“税收金额”填报按税收规定可以税前扣除的捐赠限额；如本行第1列≥第2列，第1列减去第2列的差额填入本行第3列“调增金额”，如本行第1列＜第2列，则第3列不填；第4列“调减金额”不填。

10. 第29行“9. 利息支出”：第1列“账载金额”填报企业向非金融企业借款计入财务费用的利息支出；第2列“税收金额”填报企业向非金融企业借款按照金融企业同期同类贷款利率计算的数额的部分；其中，纳税人从关联方取得的借款，符合税收规定债权性投资和权益性投资比例的，再根据金融企业同期同类贷款利率计算填报；如本行第1列≥第2列，第1列减去第2列的差额填入本行第3列“调增金额”，如本行第1列＜第2列，第2列减去第1列的差额填入本行第4列“调减金额”。

11. 第30行“10. 住房公积金”：第1列“账载金额”填报本纳税年度实际发生的住房公积金；第2列“税收金额”填报按税收规定允许税前扣除的住房公积金；如本行第1列≥第2列，第1列减去第2列的差额填入本行第3列“调增金额”，如本行第1列＜第2列，则第3列不填；第4列“调减金额”不填。

12. 第31行“11. 罚金、罚款和被没收财物的损失”：第1列“账载金额”填报本纳税年度实际发生的罚金、罚款和被罚没财物的损失，不包括纳税人按照经济合同规定支付的违约金（包括银行罚息）、罚款和诉讼费；第3列“调增金额”等于第1列；第2列“税收金额”和第4列“调减金额”不填。

13. 第32行“12. 税收滞纳金”：第1列“账载金额”填报本纳税年度实际发生的税收滞纳金。第3列“调增金额”等于第1列；第2列“税收金额”和第4列“调减金额”不填。

14. 第33行“13. 赞助支出”：第1列“账载金额”填报本纳税年度实际发生，且不符合税收规定的公益性捐赠范围的捐赠，包括直接向受赠人的捐赠、各种赞助支出。第3列“调增金额”等于第1列；第2列“税收金额”和第4列“调减金额”不填。

广告性的赞助支出按广告费和业务宣传费的规定处理，在第27行“广告费与业务宣传费支出”中填报。

15. 第34行“14. 各类基本社会保障性缴款”：第1列“账载金额”填报本纳税年度实际发生的各类

基本社会保障性缴款，包括基本医疗保险费、基本养老保险费、失业保险费、工伤保险费和生育保险费；第2列“税收金额”填报按税收规定允许扣除的金额；本行第1列≥第2列，第1列减去第2列的差额填入本行第3列“调增金额”，如本行第1列<第2列，则第3列不填；第4列“调减金额”填报会计核算中未列入当期费用，按税收规定允许当期扣除的金额。

16. 第35行“15. 补充养老保险、补充医疗保险”：第1列“账载金额”填报本纳税年度实际发生的补充性质的社会保障性缴款；第2列“税收金额”填报按税收规定允许扣除的金额；如本行第1列≥第2列，第1列减去第2列的差额填入本行第3列“调增金额”，如本行第1列<第2列，则第3列不填；第4列“调减金额”填报会计核算中未列入当期费用，按税收规定允许当期扣除的金额。

17. 第36行“16. 与未实现融资收益相关在当期确认的财务费用”：第1列“账载金额”填报纳税人采取分期收款销售商品时，按会计准则规定应收的合同或协议价款与其公允价值之间的差额，分期摊销冲减财务费用的金额。第4列“调减金额”和第3列“调增金额”需分析填列。

18. 第37行“17. 与取得收入无关的支出”：第1列“账载金额”填报本纳税年度实际发生与取得收入无关的支出；第3列“调增金额”等于第1列；第2列“税收金额”和第4列“调减金额”不填。

19. 第38行“18. 不征税收入用于支出所形成的费用”：第1列“账载金额”填报本年度实际发生的与不征税收入相关的支出；第3列“调增金额”等于第1列；第2列“税收金额”和第4列“调减金额”不填。

20. 第39行“19. 加计扣除”：第4列“调减金额”取自附表五《税收优惠明细表》第9行“加计扣除额合计”金额栏数据。第1列“账载金额”、第2列“税收金额”和第3列“调增金额”不填。

21. 第40行“20. 其他”填报会计与税收有差异需要纳税调整的其他扣除类项目金额，如分期收款销售方式下应结转的存货成本、一般重组和特殊重组的相关扣除项目调整。

（三）资产类调整项目

1. 第41行“三、资产类调整项目”：填报资产类调整项目第42行至第48行的合计数。第1列“账载金额”、第2列“税收金额”不填报。

2. 第42行“1. 财产损失”：第1列“账载金额”填报本纳税年度实际发生的需报税务机关审批的财产损失金额，以及固定资产、无形资产转让、处置所得（损失）和金融资产转让、处置所得等损失金额；第2列“税收金额”填报税务机关审批的本纳税年度财产损失金额，以及按照税收规定计算的固定资产、无形资产转让、处置所得（损失）和金融资产转让、处置所得等损失金额，长期股权投资除外；如本行第1列≥第2列，第1列减去第2列的差额填入本行第3列“调增金额”；如本行第1列<第2列，第1列减去第2列的差额的绝对值填入第4列“调减金额”。

3. 第43行“2. 固定资产折旧”：第3列“调增金额”填报附表九《资产折旧、摊销纳税调整明细表》第1行“固定资产”第7列“纳税调整额”的正数；第4列“调减金额”填报附表九《资产折旧、摊销纳税调整明细表》第1行“固定资产”第7列“纳税调整额”负数的绝对值。第1列“账载金额”、第2列“税收金额”不填。

4. 第44行“3. 生产性生物资产折旧”：第3列“调增金额”填报附表九《资产折旧、摊销纳税调整明细表》第7行“生产性生物资产”第7列“纳税调整额”的正数；第4列“调减金额”填报附表九《资产折旧、摊销纳税调整明细表》第7行“生产性生物资产”第7列“纳税调整额”的负数的绝对值。第1列“账载金额”、第2列“税收金额”不填。

5. 第45行“4. 长期待摊费用”：第3列“调增金额”填报附表九《资产折旧、摊销纳税调整明细表》第10行“长期待摊费用”第7列“纳税调整额”的正数；第4列“调减金额”填报附表九《资产折旧、摊销纳税调整明细表》第10行“长期待摊费用”第7列“纳税调整额”的负数的绝对值。第1列“账载金额”、第2列“税收金额”不填。

6. 第46行“5. 无形资产摊销”：第3列“调增金额”填报附表九《资产折旧、摊销纳税调整明细表》第15行“无形资产”第7列“纳税调整额”的正数；第4列“调减金额”填报附表九《资产折旧、摊销纳税调整明细表》第15行“无形资产”第7列“纳税调整额”的负数的绝对值。第1列“账载金额”、第2列“税收金额”不填。

7. 第47行“6. 投资转让、处置所得”：第3列“调增金额”和第4列“调减金额”需分析附表十一《股权投资所得（损失）明细表》后填列。第1列“账载金额”、第2列“税收金额”不填。

8. 第48行“7. 油气勘探投资”：第3列填报附表九《资产折旧、摊销纳税调整明细表》第16行“油气勘探投资”第7列“纳税调整额”的正数；第4列“调减金额”填报附表九《资产折旧、摊销纳税调整明细表》第16行“油气勘探投资”第7列“纳税调整额”负数的绝对值。第1列“账载金额”、第2列“税收金额”不填。

9. 第49行“油气开发投资”：第3列填报附表九《资产折旧、摊销纳税调整明细表》第17行“油气开发投资”第7列“纳税调整额”的正数；第4列“调减金额”填报附表九《资产折旧、摊销纳税调整明细表》第17行“油气开发投资”第7列“纳税调整额”负数的绝对值。第1列“账载金额”、第2列“税收金额”不填。

10. 第50行“7. 其他”填报会计与税收有差异需要纳税调整的其他资产类项目金额。

（四）准备金调整项目

第51行“四、准备金调整项目”：第3列“调增金额”填报附表十《资产减值准备项目调整明细表》第16行“合计”第5列“纳税调整额”的正数；第4列“调减金额”填报附表十《资产减值准备项目调整明细表》第16行“合计”第5列“纳税调整额”的负数的绝对值。第1列“账载金额”、第2列“税收金额”不填。

（五）房地产企业预售收入计算的预计利润

第52行“五、房地产企业预售收入计算的预计利润”：第3列“调增金额”填报从事房地产业务的纳税人本期取得的预售收入，按照税收规定的预计利润率计算的预计利润；第4列“调减金额”填报本期将预售收入转为销售收入，其结转的预售收入已按税收规定的预计利润率计算的预计利润转回数。第1列“账载金额”、第2列“税收金额”不填。

（六）特别纳税调整应税所得

第53行“六、特别纳税调整应税所得”：第3列“调增金额”填报纳税人按特别纳税调整规定，自行调增的当年应税所得。第1列“账载金额”、第2列“税收金额”、第4列“调减金额”不填。

（七）其他

第54行“六、其他”：其他会计与税收存在差异的项目，第1列“账载金额”、第2列“税收金额”不填报。

四、表内及表间关系

调增金额栏、调减金额栏大于等于0。

第55行“合计”：调增金额、调减金额分别等于第1、20、41、51、52、53、54行之和。

（一）表内关系

1. 第1行=第2+3+…+19行。

2. 第20行=第21行+22行+…+40行。

3. 第41行=第42+43+…+50行。

（二）表间关系

1. 一般企业：第2行第3列=附表一（1）第13行。

金融企业：第2行第3列=附表一（2）第38行。

2. 第6行第4列=附表十一第5列“合计”行的绝对值。

3. 第12行第4列=附表六“合计”行第2列的绝对值。

4. 附表七第10行第5列为正数时：

第10行第3列=附表七第10行第5列。

附表七第10行第5列为负数时：

第10行第4列=附表七第10行第5列负数的绝对值。

5. 第14行第4列=附表一（3）第10行。

6. 第15行第4列=附表五第1行。

7. 第16行第4列=附表五第6行。

8. 第17行第4列=附表五第14行。

9. 第18行第4列=附表五第39行。

当主表23行为负数时：且23行负数的绝对值大于附表三第18行第4列，则附表三第18行第4列=附表五第39行=0；当主表23行为负数时：且23行负数的绝对值小于附表三第18行第4列，则附表三第18行第4列=附表五第39行=主表23行负数绝对值

10. 一般企业：第21行第4列=附表二（1）第12行。

金融企业：第21行第4列=附表二（2）第41行。

11. 第27行第3列=附表八第7行。

27行第4列=附表八第10行。

12. 第39行第4列=附表五第9行。

13. 附表九第1行第7列为正数时：

第 43 行第 3 列 = 附表九第 1 行第 7 列。
附表九第 1 行第 7 列为负数时：
第 43 行第 4 列 = 附表九第 1 行第 7 列负数的绝对值。
14. 附表九第 7 行第 7 列为正数时：
第 44 行第 3 列 = 附表九第 7 行第 7 列。
附表九第 7 行第 7 列为负数时：
第 44 行第 4 列 = 附表九第 7 行第 7 列负数的绝对值。
15. 附表九第 10 行第 7 列为正数时：
第 45 行第 3 列 = 附表九第 10 行第 7 列。
附表九第 10 行第 7 列为负数时：
第 45 行第 4 列 = 附表九第 10 行第 7 列负数的绝对值。
16. 附表九第 15 行第 7 列为正数时：
第 46 行第 3 列 = 附表九第 15 行第 7 列。
附表九第 15 行第 7 列为负数时：
第 46 行第 4 列 = 附表九第 15 行第 7 列负数的绝对值。
17. 附表九第 16 行第 7 列为正数时：
第 48 行第 3 列 = 附表九第 16 行第 7 列。
附表九第 16 行第 7 列为负数时：
第 48 行第 4 列 = 附表九第 16 行第 7 列负数的绝对值。
18. 附表九第 17 行第 7 列为正数时：
第 49 行第 3 列 = 附表九第 17 行第 7 列。
附表九第 17 行第 7 列为负数时：
第 49 行第 4 列 = 附表九第 17 行第 7 列负数的绝对值。
19. 附表十第 17 行第 5 列合计数为正数时：
第 51 行第 3 列 = 附表十第 17 行第 5 列。
附表十第 17 行第 5 列合计数为负数时：
第 51 行第 4 列 = 附表十第 17 行第 5 列的绝对值。
20. 第 55 行第 3 列 = 主表第 14 行
21. 第 55 行第 4 列 = 主表第 15 行

表 6－1－6　　企业所得税年度纳税申报表附表四

企业所得税弥补亏损明细表

填报时间：　年　月　日　　　　金额单位：元（列至角分）

行次	项目	年度	盈利额或亏损额	合并分立企业转入可弥补亏损额	当年可弥补的所得额	以前年度亏损弥补额					本年度实际弥补的以前年度亏损额	可结转以后年度弥补的亏损额
						前四年度	前三年度	前二年度	前一年度	合计		
		1	2	3	4	5	6	7	8	9	10	11
1	第一年											*
2	第二年					*						
3	第三年					*	*					
4	第四年					*	*	*				

续表

行次	项目	年度	盈利额或亏损额	合并分立企业转入可弥补亏损额	当年可弥补的所得额	以前年度亏损弥补额					本年度实际弥补的以前年度亏损额	可结转以后年度弥补的亏损额
						前四年度	前三年度	前二年度	前一年度	合计		
		1	2	3	4	5	6	7	8	9	10	11
5	第五年					*	*	*	*			
6	本年					*	*	*	*	*		
7	可结转以后年度弥补的亏损额合计											

经办人（签章）： 法定代表人（签章）：

填表说明：

一、适用范围

本表适用于实行查账征收的企业所得税居民纳税人填报。

二、填报依据和内容

依据《中华人民共和国企业所得税法》及其实施条例，填报本年及本年度纳税申报前5年度发生的尚未弥补的亏损额。本表反映纳税调整后所得为正数，按规定可弥补以前年度结转的亏损额。

三、有关项目填报说明

1. 第1列“年度”：填报公历年份。第1至5行依次从6行往前推5年，第6行为本申报年度。

2. 第2列“盈利额或亏损额”：填报主表的第23行“纳税调整后所得”的数据（亏损额以“-”表示）。

3. 第3列“合并分立企业转入可弥补亏损额”：填报按税收规定可以并入的合并、分立企业的亏损额（以“-”表示）。

4. 第4列“当年可弥补的所得额”：金额等于第2+3列。

5. 第9列“以前年度亏损弥补额”：金额等于第5+6+7+8列。（第4列为正数的不填）。

6. 第10列第1至5行“本年度实际弥补的以前年度亏损额”：分析填报主表第23行数据，用于依次弥补前5年度的尚未弥补的亏损额，1至5行累计数不得大于主表23行。10列小于等于4列负数的绝对值-9列。

7. 第6行第10列“本年度实际弥补的以前年度亏损额”：金额等于第1至5行第10列的合计数（6行10列的合计数≤6行4列的合计数）。

8. 第11列第2至6行“可结转以后年度弥补的亏损额”：填报前5年度的亏损额被本年主表中第24行数据依次弥补后，各年度仍未弥补完的亏损额，以及本年度尚未弥补的亏损额。11列=4列的绝对值-9列-10列（第四列大于零的行次不填报）。

9. 第7行第11列“可结转以后年度弥补的亏损额合计”：填报第2至6行第11列的合计数。

四、表间关系

第6行第10列=主表第24行。

表 6－1－7　　企业所得税年度纳税申报表附表五

税收优惠明细表

填报时间：　　年　月　日　　　　　　　　　　　　　　　　金额单位：元（列至角分）

行次	项目	金额
1	一、免税收入（2＋3＋4＋5）	
2	1. 国债利息收入	
3	2. 符合条件的居民企业之间的股息、红利等权益性投资收益	
4	3. 符合条件的非营利组织的收入	
5	4. 其他	
6	二、减计收入（7＋8）	
7	1. 企业综合利用资源，生产符合国家产业政策规定的产品所取得的收入	
8	2. 其他	
9	三、加计扣除额合计（10＋11＋12＋13）	
10	1. 开发新技术、新产品、新工艺发生的研究开发费用	
11	2. 安置残疾人员所支付的工资	
12	3. 国家鼓励安置的其他就业人员支付的工资	
13	4. 其他	
14	四、减免所得额合计（15＋25＋29＋30＋31＋32）	
15	（一）免税所得（16＋17＋…＋24）	
16	1. 蔬菜、谷物、薯类、油料、豆类、棉花、麻类、糖料、水果、坚果的种植	
17	2. 农作物新品种的选育	
18	3. 中药材的种植	
19	4. 林木的培育和种植	
20	5. 牲畜、家禽的饲养	
21	6. 林产品的采集	
22	7. 灌溉、农产品初加工、兽医、农技推广、农机作业和维修等农、林、牧、渔服务业项目	
23	8. 远洋捕捞	
24	9. 其他	
25	（二）减税所得（26＋27＋28）	

续表

行次	项目	金额
26	1. 花卉、茶以及其他饮料作物和香料作物的种植	
27	2. 海水养殖、内陆养殖	
28	3. 其他	
29	（三）从事国家重点扶持的公共基础设施项目投资经营的所得	
30	（四）从事符合条件的环境保护、节能节水项目的所得	
31	（五）符合条件的技术转让所得	
32	（六）其他	
33	五、减免税合计（34 +35 +36 +37 +38）	
34	（一）符合条件的小型微利企业	
35	（二）国家需要重点扶持的高新技术企业	
36	（三）民族自治地方的企业应缴纳的企业所得税中属于地方分享的部分	
37	（四）过渡期税收优惠	
38	（五）其他	
39	六、创业投资企业抵扣的应纳税所得额	
40	七、抵免所得税额合计（41 +42 +43 +44）	
41	（一）企业购置用于环境保护专用设备的投资额抵免的税额	
42	（二）企业购置用于节能节水专用设备的投资额抵免的税额	
43	（三）企业购置用于安全生产专用设备的投资额抵免的税额	
44	（四）其他	
45	企业从业人数（全年平均人数）	
46	资产总额（全年平均数）	
47	所属行业（工业企业　　其他企业　　）	

经办人（签章）：　　　　　　　　　　　　　　　法定代表人（签章）：

填表说明：

一、适用范围

本表适用于实行查账征收的企业所得税居民纳税人填报。

二、填报依据和内容

根据《中华人民共和国企业所得税法》及其实施条例，填报本纳税年度发生的免税收入、减计收入、加计扣除、减免所得额、减免税和抵免税额。

三、有关项目填报说明

（一）免税收入

1. 第 2 行“国债利息收入”：填报纳税人持有国务院财政部门发行的国债取得的利息收入。

2. 第 3 行“符合条件的居民企业之间的股息、红利等权益性投资收益”：填报居民企业直接投资于另一居民企业所取得的投资收益，不包括连续持有居民企业公开发行并上市流通的股票不足 12 个月取得的投资收益。

3. 第 4 行“符合条件的非营利组织的收入”：填报符合条件的非营利组织的收入，不包括从事营利性活动所取得的收入。

4. 第 5 行“其他”：填报国务院根据税法授权制定的其他免税收入税收优惠政策。

（二）减计收入

1. 第 7 行“企业综合利用资源，生产符合国家产业政策规定的产品所取得的收入”：填报纳税人以《资源综合利用企业所得税优惠目录》内的资源作为主要原材料，生产非国家限定并符合国家和行业相关标准的产品所取得的收入，减按 90% 计入收入总额。本行填报政策规定减计 10% 收入的部分。

2. 第 8 行“其他”：填报国务院根据税法授权制定的其他减计收入税收优惠政策。

（三）加计扣除额合计

1. 第 10 行“开发新技术、新产品、新工艺发生的研究开发费用”：填报纳税人为开发新技术、新产品、新工艺发生的研究开发费用，未形成无形资产计入当期损益的，在按规定实行 100% 扣除基础上，按研究开发费用的 50% 加计扣除的金额。

2. 第 11 行“安置残疾人员所支付的工资”：填报纳税人安置残疾人员的，在支付给残疾职工工资据实扣除的基础上，按照支付给残疾职工工资的 100% 加计扣除额。

3. 第 12 行“国家鼓励安置的其他就业人员支付的工资”：填报国务院根据税法授权制定的其他就业人员支付工资优惠政策。

4. 第 13 行“其他”：填报国务院根据税法授权制定的其他加计扣除税收优惠政策。

（四）减免所得额合计

1. 第 16 行“蔬菜、谷物、薯类、油料、豆类、棉花、麻类、糖料、水果、坚果的种植”：填报纳税人种植蔬菜、谷物、薯类、油料、豆类、棉花、麻类、糖料、水果、坚果取得的免征企业所得税项目的所得额。

2. 第 17 行“农作物新品种的选育”：填报纳税人从事农作物新品种的选育免征企业所得税项目的所得额。

3. 第 18 行“中药材的种植”：填报纳税人从事中药材的种植免征企业所得税项目的所得额。

4. 第 19 行“林木的培育和种植”：填报纳税人从事林木的培育和种植免征企业所得税项目的所得额。

5. 第 20 行“牲畜、家禽的饲养”：填报纳税人从事牲畜、家禽的饲养免征企业所得税项目的所得额。

6. 第 21 行“林产品的采集”：填报纳税人从事采集林产品免征企业所得税项目的所得额。

7. 第 22 行“灌溉、农产品初加工、兽医、农技推广、农机作业和维修等农、林、牧、渔服务业项目”：填报纳税人从事灌溉、农产品初加工、兽医、农技推广、农机作业和维修等农、林、牧、渔服务业免征企业所得税项目的所得额。

8. 第 23 行“远洋捕捞”：填报纳税人从事远洋捕捞免征企业所得税的所得额。

9. 第 24 行“其他”：填报国务院根据税法授权制定的其他免税所得税收优惠政策。

10. 第 26 行“花卉、茶以及其他饮料作物和香料作物的种植”：填报纳税人从事花卉、茶以及其他饮料作物和香料作物种植减半征收企业所得税项目的所得额。

11. 第 27 行“海水养殖、内陆养殖”：填报纳税人从事海水养殖、内陆养殖减半征收企业所得税项目的所得额。

12. 第 28 行“其他”：填报国务院根据税法授权制定的其他减税所得税收优惠政策。

13. 第 29 行“从事国家重点扶持的公共基础设施项目投资经营的所得”：填报纳税人从事《公共基础设施项目企业所得税优惠目录》规定的港口码头、机场、铁路、公路、城市公共交通、电力、水利等项目的投资经营的所得。不包括企业承包经营、承包建设和内部自建自用该项目的所得。

14. 第 30 行“从事符合条件的环境保护、节能节水项目的所得”：填报纳税人从事公共污水处理、公共垃圾处理、沼气综合开发利用、节能减排技术改造、海水淡化等项目所得。

15. 第 31 行“符合条件的技术转让所得”：填报居民企业技术转让所得（技术转让所得不超过 500 万元的部分，免征企业所得税；超过 500 万元的部分，减半征收企业所得税）。

16. 第 32 行“其他”：填报国务院根据税法授权制定的其他税收优惠政策。

（五）减免税合计

1. 第 34 行“符合规定条件的小型微利企业”：填报纳税人从事国家非限制和禁止行业并符合规定条件的小型微利企业享受优惠税率减征的企业所得税税额。

2. 第 35 行“国家需要重点扶持的高新技术企业”：填报纳税人从事国家需要重点扶持拥有核心自主知识产权等条件的高新技术企业享受减征企业所得税税额。

3. 第 36 行“民族自治地方的企业应缴纳的企业所得税中属于地方分享的部分”：填报纳税人经民族自治地方所在省、自治区、直辖市人民政府批准，减征或者免征民族自治地方的企业缴纳的企业所得税中属于地方分享的企业所得税税额。

4. 第 37 行“过渡期税收优惠”：填报纳税人符合国务院规定以及经国务院批准给予过渡期税收优惠政策。

5. 第 38 行“其他”：填报国务院根据税法授权制定的其他税收优惠政策。

（六）、第 39 行“创业投资企业抵扣的应纳税所得额”：填报创业投资企业采取股权投资方式投资于未上市的中小高新技术企业 2 年以上的，可以按照其投资额的 70% 在股权持有满 2 年的当年抵扣该创业投资企业的应纳税所得额；当年不足抵扣的，可以在以后纳税年度结转抵扣。

（七）抵免所得税额合计

1. 第 41－43 行，填报纳税人购置并实际使用《环境保护专用设备企业所得税优惠目录》、《节能节水专用设备企业所得税优惠目录》和《安全生产专用设备企业所得税优惠目录》规定的环境保护、节能节水、安全生产等专用设备的，投资额的 10% 从企业当年的应纳税额中抵免的企业所得税税额。当年不足抵免的，可以在以后 5 个纳税年度结转抵免。

2. 第 44 行“其他”：填报国务院根据税法授权制定的其他税收优惠政策。

（八）减免税附列资料

1. 第 45 行“企业从业人数”项目，填报纳税人全年平均从业人员，按照纳税人年初和年末的从业人员平均计算，用于判断是否为税收规定的小型微利企业。

2. 第 46 行“资产总额”项目，填报纳税人全年资产总额平均数，按照纳税人年初和年末的资产总额平均计算，用于判断是否为税收规定的小型微利企业。

3. 第 47 行“所属行业（工业企业其他企业）”项目，填报纳税人所属的行业，用于判断是否为税收规定的小型微利企业。

四、表内及表间关系

（一）表内关系

1. 第 1 行＝第 2＋3＋4＋5 行。
2. 第 6 行＝第 7＋8 行。
3. 第 9 行＝第 10＋11＋12＋13 行。
4. 第 14 行＝第 15＋25＋29＋30＋31＋32 行。
5. 第 15 行＝第 16 至 24 行合计。
6. 第 25 行＝第 26＋27＋28 行。
7. 第 33 行＝第 34＋35＋36＋37＋38 行。
8. 第 40 行＝第 41＋42＋43＋44 行。

（二）表间关系

1. 第 1 行＝附表三第 15 行第 4 列＝主表第 17 行；
2. 第 6 行＝附表三第 16 行第 4 列＝主表第 18 行；
3. 第 9 行＝附表三第 39 行第 4 列＝主表第 20 行；
4. 第 14 行＝附表三第 17 行第 4 列＝主表第 19 行；
5. 第 39 行＝附表三第 18 行第 4 列；
6. 第 33 行＝主表第 28 行；
7. 第 40 行＝主表第 29 行。

表 6－1－8

企业所得税年度纳税申报表附表六
境外所得税抵免计算明细表

填报时间：　　年　月　日　　　　　　　　　　　　　　　　　　　　　　　　金额单位：元（列至角分）

国家或地区	境外所得	境外所得换算含税所得	弥补以前年度亏损	免税所得	弥补亏损前境外应税所得额	可弥补境内亏损	境外应纳税所得额	税率	境外所得应纳税额	境外所得可抵免税额	境外所得税款抵免限额	本年可抵免的境外所得税款	未超过境外所得税款抵免限额的余额	本年可抵免以前年度所得税额	前五年境外所得已缴税款未抵免余额	定率抵免
1	2	3	4	5	6(3－4－5)	7	8(6－7)	9	10(8×9)	11	12	13	14(12－13)	15	16	17
			*	*									*	*	*	
			*	*									*	*	*	
			*	*									*	*	*	
			*	*									*	*	*	
合计																

经办人（签章）：　　　　　　　　　　　　　　　　　　　　　　　　　　　　法定代表人（签章）：

填表说明：

一、适用范围

本表适用于实行查账征收的企业所得税居民纳税人填报。

二、填报依据和内容

根据《中华人民共和国企业所得税法》及其实施条例，填报纳税人本年度发生的来源于不同国家或地区的境外所得按照我国税收法律、法规的规定应缴纳和抵免的所得税额。

三、各项目填报说明

1. 第 1 列“国家或地区”：填报境外所得来源的国家或地区的名称。来源于同一国家或地区的境外所得可合并到一行填报。

2. 第 2 列“境外所得”：填报来自境外的收入总额（包括生产经营所得和其他所得），扣除按税收规定允许扣除的境外发生的成本费用后的金额。

3. 第 3 列“境外所得换算含税收入的所得”：填报第 2 列境外所得换算成包含在境外缴纳企业所得税的所得。

境外所得换算含税收入的所得＝适用所在国家地区所得税税率的境外所得÷（1－适用所在国家地区所得税税率）＋适用所在国家预提所得税率的境外所得÷（1－适用所在国家预提所得税率）

4. 第4列“弥补以前年度亏损”：填报境外所得按税收规定弥补以前年度境外亏损额。
5. 第5列“免税所得”：填报按照税收规定予以免税的境外所得。
6. 第6列“弥补亏损前境外应税所得额”：填报境外所得弥补境内亏损前的应税所得额。第6列=3列-4列-5列。
7. 第7列“可弥补境内亏损”：填报境外所得按税收规定弥补境内亏损额。
8. 第8列“境外应纳税所得额”：填报弥补亏损前境外应纳税所得额扣除可弥补境内亏损后的金额。
9. 第9列“税率”：填报纳税人境内税法规定的税率25%。
10. 第10列“境外所得应纳税额”：填报境外应纳税所得额与境内税法规定税率的乘积。
11. 第11列“境外所得可抵免税额”。实行分国不分项限额抵免的纳税人填报第10至16列。本列填报从境外子公司取得的所得在所在国家或地区缴纳的企业所得税额，可分为直接抵免和间接抵免。子公司从境外取得的所得在所在国家或地区缴纳的企业所得税额为直接抵免税额；从境外二级子公司取得的所得在所在国家或地区缴纳的企业所得税额为间接抵免税额。二级子公司可抵免税额=（纳税人分得的所得÷同一纳税年度子公司税后应分配总额）×（子公司分得的所得÷同一纳税年度二级子公司税后应分配总额）×二级子公司同一纳税年度已缴所得税。
12. 第12列“境外所得税款抵免限额”。抵免限额=中国境内、境外所得依照企业所得税法和条例的规定计算的应纳税总额×来源于某国（地区）的应纳税所得额÷中国境内、境外应纳税所得总额。
13. 第13列“本年可抵免的境外所得税款”：填报本年来源于境外的所得已缴纳所得税，在本年度允许抵免的金额。
14. 第14列“未超过境外所得税款抵免限额的余额”：填报本年度在抵免限额内抵免完所得税后，可用于抵免以前年度结转的待抵免的所得税额。
15. 第15列“本年可抵免以前年度税额”：填报本年可抵免以前年度未抵免完毕结转到本年度抵免的企业所得税。
16. 第16列“前五年境外所得已缴税款未抵免余额”：填报可结转以后年度抵免的境外所得未抵免余额。
17. 第17列“定率抵免”。本列适用于实行定率抵免境外所得税款的纳税人，填报此列的纳税人不填报第11至16列。

四、表内及表间关系

（一）表内关系

1. 第6列=第3-4-5列。
2. 第8列=第6-7列。
3. 第10列=第8×9列。
4. 第14列=第12-13列。
5. 第7列各行金额≤同一行次的第6列。当某行第6列≤0时，同一行次的第7列为0。
6. 第13列“本年可抵免的境外所得税款”。第12列某行≤同一行次的第11列，第13列=第12列；当第12列某行≥同一行次的第11列，第13列=第11列。
7. 第14列“超过境外所得税款抵免限额的余额”各行=同一行的第12-13列，当计算出的值≤0时，本列该行为0；当计算出的值≥0时，第14列=第15列。
8. 第15列“本年可抵免以前年度所得税额”各行<同一行次的第14列；第13列合计行+第15列合计行=主表第32行。

（二）表间关系

1. 第2列合计行=附表三第12行第4列。
2. 第7列合计行=主表第22行。
3. 第10列合计数=主表第31行。
4. 第13列合计行+第15列合计行=主表第32行。
5. 第17列合计行=主表第32行。

表6－1－9　　企业所得税年度纳税申报表附表七

以公允价值计量资产纳税调整表

填报时间：　年　月　日　　　　　　　　　　　　　　金额单位：元（列至角分）

行次	资产种类	期初金额		期末金额		纳税调整额（纳税调减以“－”表示）
		账载金额（公允价值）	计税基础	账载金额（公允价值）	计税基础	
		1	2	3	4	5
1	一、公允价值计量且其变动计入当期损益的金融资产					
2	1. 交易性金融资产					
3	2. 衍生金融工具					
4	3. 其他以公允价值计量的金融资产					
5	二、公允价值计量且其变动计入当期损益的金融负债					
6	1. 交易性金融负债					
7	2. 衍生金融工具					
8	3. 其他以公允价值计量的金融负债					
9	三、投资性房地产					
10	合计					

经办人（签章）：　　　　　　　　　　　　　　　法定代表人（签章）：

填表说明：

一、适用范围

本表适用于实行查账征收的企业所得税居民纳税人填报。

二、填报依据和内容

根据《中华人民共和国企业所得税法》及其实施条例以及企业会计准则、企业会计制度填报。主要包括以公允价值计量且其变动计入当期损益的金融资产、金融负债以及投资性房地产的公允价值、计税基础以及会计与税收差异。

三、各项目填报说明

1. 第1列、第3列“账载金额（公允价值）”：填报纳税人所有的按照公允价值计量且其变动进入当期损益的金融资产、金融负债以及投资性房地产根据会计准则核算的期初、期末金额。

2. 第2列、第4列“计税基础”：填报纳税人所有的按照公允价值计量且其变动进入当期损益的金融资产、金融负债以及投资性房地产按照税收规定可以税前扣除的金额。

3. 第5列“纳税调整额”＝（第4列－第2列）－（第3列－第1列）。

四、表间关系

第10行第5列为正数时：

第10行第5列＝附表三第10行第3列。

第10行第5列为负数时：

第10行第5列负数的绝对值＝附表三第10行第4列。

表 6-1-10　　企业所得税年度纳税申报表附表八

广告费和业务宣传费跨年度纳税调整表

填报时间　　年　月　日　　　　　　　　　　　　　　　　　　　　　金额单位：元（列至角分）

行次	项目	金额
1	本年度广告费和业务宣传费支出	
2	其中：不允许扣除的广告费和业务宣传费支出	
3	本年度符合条件的广告费和业务宣传费支出（1-2）	
4	本年计算广告费和业务宣传费扣除限额的销售（营业）收入	
5	税收规定的扣除率	
6	本年广告费和业务宣传费扣除限额（4×5）	
7	本年广告费和业务宣传费支出纳税调整额（3≤6，本行=2行；3>6，本行=1-6）	
8	本年结转以后年度扣除额（3>6，本行=3-6；3≤6，本行=0）	
9	加：以前年度累计结转扣除额	
10	减：本年扣除的以前年度结转额	
11	累计结转以后年度扣除额（8+9-10）	

经办人（签章）：　　　　　　　　　　　　　　　　　　法定代表人（签章）：

填表说明：

一、适用范围

本表适用于实行查账征收的企业所得税居民纳税人填报。

二、填报依据和内容

根据《中华人民共和国企业所得税法》及其实施条例的规定以及企业会计制度填报。本表填报纳税人本年发生的全部广告费和业务宣传费支出的有关情况、按税收规定可扣除额、本年结转以后年度扣除额及以前年度累计结转扣除额等。

三、有关项目填报说明

1. 第1行“本年度广告费和业务宣传费支出”：填报纳税人本期实际发生的广告费和业务宣传费用。

2. 第2行“不允许扣除的广告费和业务宣传费支出”：填报税收规定不允许扣除的广告费和业务宣传费支出。

3. 第3行“本年度符合条件的广告费和业务宣传费支出”：根据本表第1行和第2行计算填报，第3行=1行-2行。

4. 第4行“本年计算广告费和业务宣传费扣除限额的销售（营业）收入”：

一般企业：填报附表一（1）第1行的“销售（营业）收入合计”数额；

金融企业：填报附表一（2）第1行“营业收入”+第38行“按税法规定视同销售的收入”；

事业单位、社会团体、民办非企业单位：填报主表第1行“营业收入”。

5. 第5行“税收规定的扣除率”：根据《中华人民共和国企业所得税法实施条例》和相关税收规定的扣除率。

6. 第6行“本年广告费和业务宣传费扣除限额”：根据本表计算结果填报，第6行=第4×5行。

7. 第7行“本年广告费和业务宣传费支出纳税调整额”：根据本表计算结果填报。当本年允许税前扣除的广告费和业务宣传费实际发生额小于或等于本年扣除限额时，本行 = 第2行；当本年允许税前扣除的广告费和业务宣传费实际发生额大于本年扣除限额时，本行 = 第1 - 6行。

8. 第8行“本年结转以后年度扣除额”：当本年允许税前扣除的广告费和业务宣传费实际发生额大于本年扣除限额时，直接将差额填入本行；当本年允许税前扣除的广告费和业务宣传费实际发生额小于或等于本年扣除限额时，本行填0。

9. 第9行“加：以前年度累计结转扣除额”：填报以前年度发生的、允许税前扣除但未扣除，需要结转扣除的广告费和业务宣传费。

10. 第10行“减：本年扣除的以前年度结转额”：根据本表计算结果填报，当本年允许税前扣除的广告费和业务宣传费实际发生额大于或等于本年扣除限额时，本行 = 0。当本年允许税前扣除的广告费和业务宣传费实际发生额小于本年扣除限额时，其差额如果小于或者等于第9行“以前年度累计结转扣除额”，直接将差额填入本行；其差额如果大于第9行“以前年度累计结转扣除额”，本行 = 第9行。

11. 第11行“累计结转以后年度扣除额”：根据本表计算结果填报，本行 = 第8 + 9 - 10行。

四、表间关系

第7行 = 附表三第27行第3列。

第10行 = 附表三第27行第4列。

表6-1-11　　企业所得税年度纳税申报表附表九

资产折旧、摊销纳税调整明细表

填报日期：　年　月　日　　　　金额单位：元（列至角分）

行次	资产类别	资产原值		折旧、摊销年限		本期折旧、摊销额		纳税调整额
		账载金额	计税基础	会计	税收	会计	税收	
		1	2	3	4	5	6	7
1	一、固定资产			*	*			
2	1. 房屋建筑物							
3	2. 飞机、火车、轮船、机器、机械和其他生产设备							
4	3. 与生产经营有关的器具、工具、家具							
5	4. 飞机、火车、轮船以外的运输工具							
6	5. 电子设备							
7	二、生产性生物资产			*	*			
8	1. 林木类							
9	2. 畜类							

续表

行次	资产类别	资产原值		折旧、摊销年限		本期折旧、摊销额		纳税调整额
		账载金额	计税基础	会计	税收	会计	税收	
		1	2	3	4	5	6	7
10	三、长期待摊费用			*	*			
11	1. 已足额提取折旧的固定资产的改建支出							
12	2. 租入固定资产的改建支出							
13	3. 固定资产大修理支出							
14	4. 其他长期待摊费用							
15	四、无形资产							
16	五、油气勘探投资							
17	六、油气开发投资							
18	合计			*	*			

经办人（签章）：　　　　　　　　　　　　　　　　　法定代表人（签章）

填表说明：

一、适用范围

本表适用于实行查账征收的企业所得税居民纳税人填报。

二、填报依据和内容

根据《中华人民共和国企业所得税法》及其实施条例以及企业会计制度、会计准则核算的资产折旧、摊销，会计与税收核算有差异的固定资产、无形资产、生产性生物资产和长期待摊费用，并据以填报附表三《纳税调整项目明细表》第 43 行至第 46 行。

三、各项目填报说明

1. 第 1 列"账载金额"：填报纳税人按照会计准则、会计制度应提取折旧、摊销的资产原值（或历史成本）。

2. 第 2 列"计税基础"，填报纳税人按照税收规定据以计算折旧、摊销的资产价值。

3. 第 3 列：填报纳税人按照会计制度、会计准则提取折旧、进行摊销的年限。

4. 第 4 列：填报纳税人按照税收规定提取折旧、进行摊销的年限。

5. 第 5 列：填报纳税人按照会计核算的资产账面价值、资产折旧、摊销年限及资产折旧、摊销率计算的资产折旧、摊销额。

6. 第 6 列：填报纳税人按照税收规定的资产计税基础、资产折旧、摊销年限及资产折旧、摊销率计算的资产折旧、摊销额。

7. 第 7 列 = 第 5 - 6 列，正数为调增额，负数为调减额。

四、表间关系

1. 第 1 行第 7 列为正数时：

第 1 行第 7 列 = 附表三第 43 行第 3 列；

第 1 行第 7 列为负数时：

第 1 行第 7 列负数的绝对值 = 附表三第 43 行第 4 列。

2. 第 7 行第 7 列为正数时：

第7行第7列=附表三第44行第3列；
第7行第7列为负数时：
第7行第7列负数的绝对值=附表三第44行第4列。
3. 第10行第7列为正数时：
第10行第7列=附表三第45行第3列；
第10行第7列为负数时：
第10行第7列负数的绝对值=附表三第45行第4列。
4. 第15行第7列为正数时：
第15行第7列=附表三第46行第3列；
第15行第7列为负数时：
第15行第7列负数的绝对值=附表三第46行第4列。
5. 第16行第7列为正数时：
第16行第7列=附表三第48行第3列；
第16行第7列为负数时：
第16行第7列负数的绝对值=附表三第48行第4列。
6. 第17行第7列为正数时：
第17行第7列=附表三第49行第3列；
第17行第7列为负数时：
第17行第7列负数的绝对值=附表三第49行第4列。

表6-1-12　　企业所得税年度纳税申报表附表十

资产减值准备项目调整明细表

填报日期：　年　月　日　　　　金额单位：元（列至角分）

行次	准备金类别	期初余额	本期转回额	本期计提额	期末余额	纳税调整额
		1	2	3	4	5
1	坏（呆）账准备					
2	存货跌价准备					
3	*其中：消耗性生物资产减值准备					
4	*持有至到期投资减值准备					
5	*可供出售金融资产减值					
6	#短期投资跌价准备					
7	长期股权投资减值准备					
8	*投资性房地产减值准备					
9	固定资产减值准备					
10	在建工程（工程物资）减值准备					
11	*生产性生物资产减值准备					

续表

行次	准备金类别	期初余额	本期转回额	本期计提额	期末余额	纳税调整额
		1	2	3	4	5
12	无形资产减值准备					
13	商誉减值准备					
14	贷款损失准备					
15	矿区权益减值					
16	其他					
17	合计					

经办人（签章）： 法定代表人（签章）：

注：表中＊项目为执行新会计准则企业专用；表中加＃项目为执行企业会计制度、小企业会计制度的企业专用。

填表说明：

一、适用范围

本表适用于实行查账征收的企业所得税居民纳税人填报。

二、填报依据和内容

根据《中华人民共和国企业所得税法》及其实施条例以及企业会计制度、会计准则计提的各项资产减值准备、风险准备等准备金支出，以及会计核算与税收差异填报，据以填报附表三《纳税调整明细表》第49行。

三、各项目填报说明

1. 第1列“期初余额”：填报纳税人按照会计制度、会计准则等核算的各项准备金期初数。

2. 第2列“本期转回额”：填报纳税人按照会计制度、会计准则等核算因价值恢复、资产转让等原因转回的准备金本期转回数。

3. 第3列“本期计提额”：填报纳税人按照会计制度、会计准则等核算的因资产减值发生的准备金本期计提数。其中“可供出售金融资产减值”填报可供出售金融资产发生减值时，减值额扣除原直接计入所有者权益中的因公允价值上升的变动增值额后，计入当期损益的数额。

4. 第4列“期末余额”：填报纳税人按照会计制度、会计准则等核算的准备金期末数。

5. 第5列“纳税调整额”：金额等于第3列“本期计提额”－第2列“本期转回额”。如为正数，则调增额；如为负数，则为调减额。

四、表间关系

第17行第5列如为正数：

第17行第5列＝附表三第51行第3列；

第17行第5列如为负数：

第17行第5列＝附表三第51行第4列。

表 6－1－13

企业所得税年度纳税申报表附表十一
长期股权投资所得（损失）明细表

填报时间：　年　月　日　　　　　　金额单位：元（列至角分）

行次	被投资企业	期初投资额	本年度增（减）投资额	投资成本		股息红利					投资转让所得（损失）					
				初始投资成本	权益法核算对初始投资成本调整产生的收益	会计核算投资收益	会计投资损益	税收确认的股息红利		会计与税收的差异	投资转让净收入	投资转让的会计成本	投资转让的税收成本	会计上确认的转让所得或损失	按税收计算的投资转让所得或损失	会计与税收的差异
								免税收入	全额征税收入							
	1	2	3	4	5	6(7＋14)	7	8	9	10(7－8－9)	11	12	13	14(11－12)	15(11－13)	16(14－15)
1																
2																
3																
4																
5																
6																
7																
8																
合计																

续表

投资损失补充资料							
行次	项目	年度	当年度结转金额	已弥补金额	本年度弥补金额	结转以后年度待弥补金额	备注：
1	第一年						
2	第二年						
3	第三年						
4	第四年						
5	第五年						
以前年度结转在本年度税前扣除的股权投资转让损失							

经办人（签章）：　　　　法定代表人（签章）：

填表说明：

一、适用范围

本表适用于实行查账征收的企业所得税居民纳税人填报。

二、填报依据

根据《中华人民共和国企业所得税法》及其实施条例以及企业会计制度、企业会计准则核算的长期股权投资初始成本、持有收益、处置收益，以及上述业务会计核算与税收的差异调整情况，据以填报附表三《纳税调整表》相关项目。

三、有关项目填报说明

纳税人应按被投资方逐项填报，同时填列以前年度结转投资损失本年度弥补情况。

1. 第2列“期初投资额”：填报年初此项投资余额。
2. 第3列“本年度增（减）投资额”：填报本年度内此项投资额增减变化。
3. 第4列“初始投资成本”：填报纳税人取得该长期股权投资支付的货币性资产、非货币性资产的公允价值及支付的相关税费。
4. 第5列“权益法核算对初始投资成本调整产生的收益”：填报纳税人在权益法核算下，初始投资成本小于取得投资时应享有被投资单位可辨认净资产公允价值份额的，两者之间的差额计入取得投资当期的营业外收入的金额。此列合计数填入调整表中的第6行第4列。
5. 第6列“会计核算投资收益”：填报纳税人在持有长期股权投资期间会计上核算的投资收益。
6. 第7列“会计投资损益”：填报纳税人按照会计准则计算的投资损益，不包括投资转让所得。
7. 第8、9列“税收确认的股息红利”：填报纳税人在本年度取得的税收确认的股息红利，对于符合免税条件的填入第8列“免税收入”，否则填入第9列“全额征收收入”。
8. 第11列“投资转让净收入”：填报纳税人因收回、转让或清算处置股权投资时，转让收入扣除相关税费后的金额。
9. 第12列“投资转让的会计成本”：填报纳税人因收回、转让或清算处置股权投资时，会计核算的投资转让成本。

10. 第13列“投资转让的税收成本”：填报纳税人按税收规定计算的投资转让成本。

11. 第14列“会计上确认的转让所得或损失”：填报纳税人按会计核算确认的长期股权投资转让所得或损失，所得以正数反映，损失以负数反映。

12. 第15列“按税法计算的投资转让所得或损失”：如为正数，为本期发生的股权投资转让所得；如为负数，为本期发生的股权投资转让损失。纳税人因收回、转让或清算处置股权投资发生的股权投资损失，可以在税前扣除，但在每一纳税年度扣除的股权投资损失，不得超过当年实现的股权投资收益和投资转让所得，超过部分可按规定向以后年度结转扣除。

四、投资损失补充资料填报说明

本部分主要反映投资转让损失历年弥补情况。如“按税收计算投资转让所得或损失”与“税收确认的股息红利”合计数大于零，可弥补以前年度投资损失。

1.“年度”：分别填报本年度前5年自然年度。

2.“当年度结转金额”：当年投资转让损失需结转以后年度弥补的金额。

3.“已弥补金额”：已经用历年投资收益弥补的金额。

4.“本年度弥补金额”：本年投资所得（损失）合计数为正数时，可按顺序弥补以前年度投资损失。

5.“以前年度结转在本年度税前扣除的股权投资转让损失”：填报本年度弥补金额合计数＋第一年结填入附三表中“投资转让所得、处置所得”调减项目中。

五、表间关系

第5列“合计”行＝附表三第6行第4列。

三、实训内容

1. 背景资料

企业名称：长海机械制造有限责任公司

企业法人注册号：2102005016973

纳税人识别号：36063258744127

企业组织机构代码：748580947

企业税务登记证号：14083066447645X

法定代表人：陈向东

财务负责人：张然

办税人员：郑智通

注册资本：5 000 万元

开户银行及账号：中国工商银行白海市支行　8634671270340457532

注册地址：白海市沿江东路1119号

国税局税务登记类型：增值税一般纳税人

经营范围：机械设计制造与销售

2. 业务资料

长海机械制造有限责任公司为增值税一般纳税人，2012年度有员工1 500人，月工资薪金为2 500元/人，企业所得税实行分季预缴，年终汇算清缴的方法缴纳。

该企业2013年度经营资料如下：

（1）企业收入总表

收入总表　　单位：万元

项目	第一季度	第二季度	第三季度	第四季度	总计
1. 主营业务收入小计	1 854	1 818	2 100	2 314	8 086
销售货物收入	1 854	1 818	2 100	2 314	8 086
2. 其他业务收入小计	36	33	54	67	190
（1）材料销售收入	21	23	34	43	121
（2）提供运输劳务收入	15	10	20	24	69
3. 投资收益小计	14	13	16	18	61
4. 营业外收入小计		15	34	51	100
（1）处置固定资产净收益			14	16	30
（2）出售无形资产净收益		15	20	35	70
总计	1 904	1 879	2 204	2 450	8 437

（2）企业成本费用汇总表

成本费用汇总表 单位：万元

项目	第一季度	第二季度	第三季度	第四季度	总计
1. 主营业务成本小计	950	940	960	980	3 830
销售货物成本	950	940	960	980	3 830
2. 其他业务成本小计	22	21	33	44	120
（1）材料销售成本	14	16	23	32	85
（2）提供运输劳务成本	8	5	10	12	35
3. 营业外支出小计			14	42	56
（1）固定资产盘亏				12	12
（2）税收滞纳金			14		14
（3）捐赠支出				30	30
4. 期间费用小计	645	630	660	657	2 592
（1）销售费用	300	315	340	332	1 287
（2）管理费用	340	310	315	320	1 285
（3）财务费用	5	5	5	5	20
总计	1 617	1 591	1 667	1 723	6 598

（3）2013 年流转税费汇总表

流转税费汇总表 单位：万元

项目	第一季度	第二季度	第三季度	第四季度	总计
1. 增值税	161. 5	159. 8	163. 2	166. 6	651. 1
2. 营业税	0. 45	0. 3	0. 6	0. 72	2. 07
3. 城市建设维护税	11. 34	11. 21	11. 47	11. 712	45. 72
4. 教育费附加	4. 86	4. 80	4. 917	5. 02	19. 60
总计	178. 15	176. 11	180. 18	184. 05	718. 49

（4） **2013 年第一～三季度企业会计利润与预缴的企业所得税汇总表** 单位：万元

项目	第一季度	第二季度	第三季度	第四季度	总计
会计利润	270. 35	271. 69	520. 013	709. 55	1 771. 603
企业所得税	67. 5875	67. 9225	130. 00325		

该企业财务人员在 2014 年 3 月汇算清缴 2013 年度企业所得税时，依照现行税收法律规

定，有如下需要调整的涉税事项：

【业务 1】投资收益中，有 8 万元为国债利息收益，符合条件的居民企业之间的股息、红利等权益性投资收益 35 万元。

根据上述业务，调整应纳税所得额并进行账务处理，填制通用记账凭证 2 张。

国债利息、符合条件的居民企业之间的股息红利等权益性投资收益，均属于企业所得税免税收入。

应调减应税所得 43 万元。

取得国债利息：

通 用 记 账 凭 证

2013 年 11 月 2 日　　　凭证编号________

摘　　要	会计科目		√	借方金额										√	贷方金额									
	总账科目	明细科目		千	百	十	万	千	百	十	元	角	分		千	百	十	万	千	百	十	元	角	分
取得国债利息	银行存款						8	0	0	0	0	0	0											
	投资收益	国债利息收益																8	0	0	0	0	0	0
附单据　2　张	合　　计						8	0	0	0	0	0	0					8	0	0	0	0	0	0

会计主管：张然　　　记账：郑志通　　　审核：陈向东　　　制单：桂佳欣

确认股息、红利等权益性投资收益：

通 用 记 账 凭 证

2013 年 11 月 2 日　　　凭证编号________

摘　　要	会计科目		√	借方金额										√	贷方金额									
	总账科目	明细科目		千	百	十	万	千	百	十	元	角	分		千	百	十	万	千	百	十	元	角	分
确认股息、红利等权益性投资收益	应收股利					3	5	0	0	0	0	0	0											
	投资收益	股息、红利等权益性投资收益															3	5	0	0	0	0	0	0
附单据　2　张	合　　计					3	5	0	0	0	0	0	0				3	5	0	0	0	0	0	0

会计主管：张然　　　记账：郑智通　　　审核：陈向东　　　制单：桂佳欣

【业务2】扣除的成本费用中包括全年职工福利费用55万元，职工工会经费8万元和职工教育费用12万元，2013年12月5日收到拨缴工会经费专用收据。

根据上述业务，调整应纳税所得额并进行账务处理，填制通用记账凭证1张。

通用记账凭证

2013年11月2日　　　　凭证编号________

摘要	会计科目		√	借方金额										√	贷方金额									
	总账科目	明细科目		千	百	十	万	千	百	十	元	角	分		千	百	十	万	千	百	十	元	角	分
上缴公会经费	应付职工酬金	工会经费					8	0	0	0	0	0	0											
	银行存款																	8	0	0	0	0	0	0
附单据2　张	合　　计						8	0	0	0	0	0	0					8	0	0	0	0	0	0

会计主管：张然　　记账：郑智通　　审核：陈向东　　制单：桂佳欣

按税法规定调整"三项经费"。

单位：万元

项目	计提依据	计提比例	允许扣除限额	实际扣除额	调增应税所得额
职工福利经费	375	14%	52.5	55	2.5
职工工会经费	375	2%	7.5	8	0.5
职工教育经费	375	2.50%	9.375	12	2.625
小计	—	—	—	—	5.625

"三项经费"应调增的应税所得额为5.635万元。

【业务3】企业当年发生业务招待费45万元，广告和业务宣传费1 400万元，全额计入销售费用。

根据上述业务，调整应纳税所得额。

税法允许扣除的业务招待费最高限额 = 8 068 × 5‰ = 40.34（万元）

允许扣除的业务招待费 = 45 × 60% = 27（万元）

需调增的应税所得额 = 45 − 27 = 18（万元）

税法允许扣除的广告和业务宣传费 = 8 068 × 15% = 1 210.2（万元）

需调增的应税所得额 = 1 400 − 1 210.2 = 189.8（万元）

【业务4】10月16日转让一项专有技术，取得收入80万元，未做收入处理，同时该项专有技术账面成本45万元未注销。

根据上述业务，调整应纳税所得额。

未作收入处理的转让专有技术取得收入，应调增应税所得额80万元。

未注销该项专有技术账面成本45万元，应调减应税所得额45万元。

处置专有技术应调增的应税所得额 = 80 − 45 = 35（万元）。

企业所得税汇算发现该错误，做出调整分录，填制通用记账凭证2张。

通用记账凭证

2014年4月2日　　　　凭证编号________

摘　要	会计科目		√	借方金额										√	贷方金额									
	总账科目	明细科目		千	百	十	万	千	百	十	元	角	分		千	百	十	万	千	百	十	元	角	分
企业所得税汇算进行调整	其他应收款					8	0	0	0	0	0	0	0											
	无形资产																4	5	0	0	0	0	0	0
	以前年度损益调整																3	5	0	0	0	0	0	0
附单据　2　张	合　　计					8	0	0	0	0	0	0	0				8	0	0	0	0	0	0	0

会计主管：张然　　　记账：郑智通　　　审核：陈向东　　　制单：桂佳欣

通用记账凭证

2014年4月2日　　　　凭证编号________

摘　要	会计科目		√	借方金额										√	贷方金额									
	总账科目	明细科目		千	百	十	万	千	百	十	元	角	分		千	百	十	万	千	百	十	元	角	分
企业所得税汇算进行调整	以前年度损益调整					3	5	0	0	0	0	0	0											
	利润分配	未分配利润															3	5	0	0	0	0	0	0
附单据　2　张	合　　计					3	5	0	0	0	0	0	0				3	5	0	0	0	0	0	0

会计主管：张然　　　记账：郑智通　　　审核：陈向东　　　制单：桂佳欣

【业务5】12月12日直接向本市儿童福利院捐赠本企业产品一批，成本为30万元，同期市场价格为45万元。企业按成本价格直接冲减库存商品，计入营业外支出账户。

根据上述业务，调整应纳税所得额。

公益性捐赠税前扣除限额 = 年度利润总额 × 12% = 1 771.60 × 12% = 212.59（万元）

企业直接捐赠，不得在税前列支，应调增应税所得额30万元，同时应视同销售，调整应税所得额45万元。

【业务6】“营业外支出”账户列支税收滞纳金9万元，银行借款超期罚息5万元均据实扣除。

根据上述业务，调整应纳税所得额。

按税法规定，企业缴纳的税收滞纳金、银行借款超期罚息不得在税前列支。

应调增应税所得额 = 9 + 5 = 14（万元）

【业务7】“管理费用”中含有高新技术研究费用15万元。

根据上述业务，调整应纳税所得额。

按税法规定，高新技术研究费用可以按实际发生的费用加计扣除50%。

应调减应税所得额 =15 ×50% =7.5（万元）

【业务8】该企业雇佣残疾职工6人，当年残疾职工工资支出总计25万元。

根据上述业务，调整应纳税所得额。

按税法规定，支付残疾职工工资除可以据实扣除之外，还可加计100%予以税前扣除。

应调减应税所得额25万元。

【业务9】在“财务费用”账户中，有向非金融机构的用于生产经营的借款利息支出10万元，按金融机构同期同类借款利率计算的利息费用为8万元。

根据上述业务，调整应纳税所得额。

向非金融机构的借款利息支出超过向金融机构同期同类借款利息支出的部分 =10 -8 =2（万元）不得税前列支。

【业务10】根据【业务1】至【业务9】，计算本年度应纳企业所得税及应退税额。

营业利润 =8 276 -3 950 -67.39 -1 287 -1 285 -20 =1 666.61（万元）

会计利润总额 =1 666.61 + 126 - 56 =1 736.61（万元）

收入类纳税调整金额 =80 -8 =72（万元）

应调增的成本费用金额 =25 +7.5 + =32.5（万元）

应调减的成本费用金额 =2.5 +0.5 +2.625 +18 +189.8 +30 +2 +5 +9 =289.425（万元）

应纳税所得额 =1 736.61 +72 +289.425 -32.5 =2 065.525（万元）

企业本年度应纳所得税额 =2 065.525 ×25% =516.3813（万元）

已经预缴企业所得税额 =718.49（万元）

应退税款 =718.49 -516.3813 = -217.109（万元）

3. 实训成果

企业所得税预缴纳税申报表（见表6 -1 -14）；

企业所得税年度纳税申报表（A类）（见表6 -1 -15）；

收入明细表（见表6 -1 -16）；

成本费用明细表（见表6 -1 -17）；

纳税调整项目明细表（见表6 -1 -18）；

税收优惠明细表（见表6 -1 -19）；

广告费和业务宣传费跨年度纳税调整表（见表6 -1 -20）。

表6 -1 -14　　中华人民共和国企业所得税月（季）度预缴纳税申报表（A类）

税款所属期间：2013年10月1日—2013年12月31日

纳税人识别号：36063258744127

纳税人名称：　　　　金额单位：万元

行次	项目	本期金额	累计金额
1	一、按照实际利润额预缴		
2	营业收入	2 450	8 437
3	营业成本	1 740.45	6 725.4

续表

<table>
<tr><th>行次</th><th colspan="2">项目</th><th>本期金额</th><th>累计金额</th></tr>
<tr><td>4</td><td colspan="2">利润总额</td><td>709.55</td><td>1 711.6</td></tr>
<tr><td>5</td><td colspan="2">加：特定业务计算的应纳税所得额</td><td>0</td><td>0</td></tr>
<tr><td>6</td><td colspan="2">减：不征税收入</td><td>0</td><td>0</td></tr>
<tr><td>7</td><td colspan="2">免税收入</td><td>0</td><td>0</td></tr>
<tr><td>8</td><td colspan="2">弥补以前年度亏损</td><td>0</td><td>0</td></tr>
<tr><td>9</td><td colspan="2">实际利润额（4 行 +5 行 −6 行 −7 行 −8 行）</td><td>709.55</td><td>1 711.6</td></tr>
<tr><td>10</td><td colspan="2">税率（25%）</td><td>25%</td><td>25%</td></tr>
<tr><td>11</td><td colspan="2">应纳所得税额</td><td>177.387</td><td>442.903</td></tr>
<tr><td>12</td><td colspan="2">减：减免所得税额</td><td>0</td><td>0</td></tr>
<tr><td>13</td><td colspan="2">减：实际已预缴所得税额</td><td>—</td><td>0</td></tr>
<tr><td>14</td><td colspan="2">减：特定业务预缴（征）所得税额</td><td>0</td><td>0</td></tr>
<tr><td>15</td><td colspan="2">应补（退）所得税额（11 行 −12 行 −13 行 −14 行）</td><td>—</td><td></td></tr>
<tr><td>16</td><td colspan="2">减：以前年度多缴在本期抵缴所得税额</td><td>0</td><td>0</td></tr>
<tr><td>17</td><td colspan="2">本期实际应补（退）所得税额</td><td>—</td><td>442.903</td></tr>
<tr><td>18</td><td colspan="4">二、按照上一纳税年度应纳税所得额平均额预缴</td></tr>
<tr><td>19</td><td colspan="2">上一纳税年度应纳税所得额</td><td>—</td><td></td></tr>
<tr><td>20</td><td colspan="2">本月（季）应纳税所得额（19 行 ×1/4 或 1/12）</td><td></td><td></td></tr>
<tr><td>21</td><td colspan="2">税率（25%）</td><td></td><td></td></tr>
<tr><td>22</td><td colspan="2">本月（季）应纳所得税额（20 行 ×21 行）</td><td></td><td></td></tr>
<tr><td>23</td><td colspan="4">三、按照税务机关确定的其他方法预缴</td></tr>
<tr><td>24</td><td colspan="2">本月（季）确定预缴的所得税额</td><td></td><td></td></tr>
<tr><td>25</td><td colspan="4">总分机构纳税人</td></tr>
<tr><td>26</td><td rowspan="5">总机构</td><td>总机构应分摊所得税额（15 行或 22 行或 24 行 × 总机构应分摊预缴比例）</td><td></td><td></td></tr>
<tr><td>27</td><td>财政集中分配所得税额</td><td></td><td></td></tr>
<tr><td>28</td><td>分支机构应分摊所得税额（15 行或 22 行或 24 行 × 分支机构应分摊比例）</td><td></td><td></td></tr>
<tr><td>29</td><td>其中：总机构独立生产经营部门应分摊所得税额</td><td></td><td></td></tr>
<tr><td>30</td><td>总机构已撤销分支机构应分摊所得税额</td><td></td><td></td></tr>
</table>

续表

行次	项目		本期金额	累计金额
31	分支机构	分配比例		
32		分配所得税额		

谨声明：此纳税申报表是根据《中华人民共和国企业所得税法》、《中华人民共和国企业所得税法实施条例》和国家有关税收规定填报的，是真实的、可靠的、完整的。

法定代表人（签字）：　　　　年　月　日

纳税人公章：长海机械制造有限责任公司 会计主管：郑智通 填表日期：2013 年 1 月 6 日	代理申报中介机构公章： 经办人： 经办人执业证件号码： 代理申报日期：　　年　月　日	主管税务机关受理专用章： 受理人： 受理日期 2013 年 1 月 8 日

国家税务总局监制

表 6-1-15　中华人民共和国企业所得税年度纳税申报表（A 类）

税款所属期间：2013 年 1 月 1 日至 2013 年 12 月 31 日

纳税人名称：长海机械制造有限责任公司

纳税人识别号：36063258744127　　　　金额单位：万元

类别	行次	项　目	金额
利润总额计算	1	一、营业收入（填附表一）	8 276
	2	减：营业成本（填附表二）	3 950
	3	营业税金及附加	67.39
	4	销售费用（填附表二）	1 287
	5	管理费用（填附表二）	1 285
	6	财务费用（填附表二）	20
	7	资产减值损失	0
	8	加：公允价值变动收益	0
	9	投资收益	0
	10	二、营业利润	1 666.61
	11	加：营业外收入（填附表一）	126
	12	减：营业外支出（填附表二）	56
	13	三、利润总额（10+11-12）	1 736.61

续表

类别	行次	项目	金额
应纳税所得额计算	14	加：纳税调整增加额（填附表三）	369.425
	15	减：纳税调整减少额（填附表三）	40.5
	16	其中：不征税收入	0
	17	免税收入	43
	18	减计收入	0
	19	减、免税项目所得	0
	20	加计扣除	0
	21	抵扣应纳税所得额	0
	22	加：境外应税所得弥补境内亏损	0
	23	纳税调整后所得（13+14-15+22）	2 065.525
	24	减：弥补以前年度亏损（填附表四）	0
	25	应纳税所得额（23-24）	2 065.525
应纳税额计算	26	税率（25%）	
	27	应纳所得税额（25×26）	516.3813
	28	减：减免所得税额（填附表五）	0
	29	减：抵免所得税额（填附表五）	0
	30	应纳税额（27-28-29）	516.3813
	31	加：境外所得应纳所得税额（填附表六）	0
	32	减：境外所得抵免所得税额（填附表六）	0
	33	实际应纳所得税额（30+31-32）	516.3813
	34	减：本年累计实际已预缴的所得税额	718.49
	35	其中：汇总纳税的总机构分摊预缴的税额	0
	36	汇总纳税的总机构财政调库预缴的税额	0
	37	汇总纳税的总机构所属分支机构分摊的预缴税额	0
	38	合并纳税（母子体制）成员企业就地预缴比例	0
	39	合并纳税企业就地预缴的所得税额	0
	40	本年应补（退）的所得税额（33-34）	-202.109
附列资料	41	以前年度多缴的所得税额在本年抵减额	0
	42	以前年度应缴未缴在本年入库所得税额	0

续表

纳税人公章：长海机械制造有限责任公司	代理申报中介机构公章：	主管税务机关受理专用章：白海市国家税务局
经办人：郑智通	经办人及执业证件号码：	受理人：杨志常
申报日期：2013年3月6日	代理申报日期：年　月　日	受理日期：2013年3月6日

表6-1-16　　企业所得税年度纳税申报表附表一（1）

收入明细表

填报时间：2014年1月6日　　　　金额单位：万元

行次	项目	金额
1	一、销售（营业）收入合计（2+13）	8 276
2	（一）营业收入合计（3+8）	8 276
3	1. 主营业务收入（4+5+6+7）	8 155
4	（1）销售货物	8 086
5	（2）提供劳务	69
6	（3）让渡资产使用权	0
7	（4）建造合同	0
8	2. 其他业务收入（9+10+11+12）	121
9	（1）材料销售收入	121
10	（2）代购代销手续费收入	0
11	（3）包装物出租收入	0
12	（4）其他	0
13	（二）视同销售收入（14+15+16）	0
14	（1）非货币性交易视同销售收入	0
15	（2）货物、财产、劳务视同销售收入	0
16	（3）其他视同销售收入	0
17	二、营业外收入（18+19+20+21+22+23+24+25+26）	161
18	1. 固定资产盘盈	0
19	2. 处置固定资产净收益	30
20	3. 非货币性资产交易收益	61
21	4. 出售无形资产收益	70
22	5. 罚款净收入	0
23	6. 债务重组收益	0

续表

行次	项目	金额
24	7. 政府补助收入	0
25	8. 捐赠收入	0
26	9. 其他	0

经办人（签章）：郑志通　　　　法定代表人（签章）：陈向东

表 6－1－17　　企业所得税年度纳税申报表附表二（1）

成本费用明细表

填报时间：2014 年 1 月 6 日　　　　金额单位：万元

行次	项目	金额
1	一、销售（营业）成本合计（2＋7＋12）	3 950
2	（一）主营业务成本（3＋4＋5＋6）	3 865
3	（1）销售货物成本	3 830
4	（2）提供劳务成本	35
5	（3）让渡资产使用权成本	0
6	（4）建造合同成本	0
7	（二）其他业务成本（8＋9＋10＋11）	85
8	（1）材料销售成本	85
9	（2）代购代销费用	0
10	（3）包装物出租成本	0
11	（4）其他	0
12	（三）视同销售成本（13＋14＋15）	0
13	（1）非货币性交易视同销售成本	0
14	（2）货物、财产、劳务视同销售成本	0
15	（3）其他视同销售成本	0
16	二、营业外支出（17＋18＋…＋24）	56
17	1. 固定资产盘亏	12
18	2. 处置固定资产净损失	0
19	3. 出售无形资产损失	0
20	4. 债务重组损失	0
21	5. 罚款支出	14
22	6. 非常损失	0
23	7. 捐赠支出	30

续表

行次	项目	金额
24	8. 其他	
25	三、期间费用（26+27+28）	2 592
26	1. 销售（营业）费用	1 287
27	2. 管理费用	1 285
28	3. 财务费用	20

经办人（签章）：郑志通　　　　法定代表人（签章）：陈向东

表 6－1－18　　企业所得税年度纳税申报表附表三

纳税调整项目明细表

填报时间：2014 年 4 月 6 日　　　　金额单位：万元

	行次	项目	账载金额	税收金额	调增金额	调减金额
			1	2	3	4
	1	一、收入类调整项目	8	80	80	8
	2	1. 视同销售收入（填写附表一）	0	45	45	*
#	3	2. 接受捐赠收入	0	0		*
	4	3. 不符合税收规定的销售折扣和折让	0	0		*
*	5	4. 未按权责发生制原则确认的收入	0	0		
*	6	5. 按权益法核算长期股权投资对初始投资成本调整确认收益	0	0	*	
	7	6. 按权益法核算的长期股权投资持有期间的投资损益	0	0		
*	8	7. 特殊重组	0	0		
*	9	8. 一般重组	0	0		
*	10	9. 公允价值变动净收益（填写附表七）	0	0		
	11	10. 确认为递延收益的政府补助	0	0		
	12	11. 境外应税所得（填写附表六）	0	0	*	
	13	12. 不允许扣除的境外投资损失	0	0		*
	14	13. 不征税收入（填附表一［3］）	0	0	*	
	15	14. 免税收入（填附表五）	8	0	*	8
	16	15. 减计收入（填附表五）	0	0		

续表

行次	项目	账载金额	税收金额	调增金额	调减金额
		1	2	3	4
17	16. 减、免税项目所得（填附表五）	0	0		
18	17. 抵扣应纳税所得额（填附表五）	0	0	*	
19	18. 其他	0	35	35	
20	二、扣除类调整项目	1 781.5	1 524.575	289.425	32.5
21	1. 视同销售成本（填写附表二）	30	0	30	
22	2. 工资薪金支出	162.5	187.5		25
23	3. 职工福利费支出	55	52.5	2.5	
24	4. 职工教育经费支出	8	7.5	0.5	
25	5. 工会经费支出	12	9.375	2.625	
26	6. 业务招待费支出	45	27	18	
27	7. 广告费和业务宣传费支出（填写附表八）	1 400	1 210.2	189.8	
28	8. 捐赠支出	30	0	30	
29	9. 利息支出	10	8	2	
30	10. 住房公积金	0	0		*
31	11. 罚金、罚款和被没收财物的损失	5	0	5	
32	12. 税收滞纳金	9	0	9	
33	13. 赞助支出	0	0		*
34	14. 各类基本社会保障性缴款	0	0		
35	15. 补充养老保险、补充医疗保险	0	0		
36	16. 与未实现融资收益相关在当期确认的财务费用	0	0		
37	17. 与取得收入无关的支出	0	0		
38	18. 不征税收入用于支出所形成的费用	0	0		
39	19. 加计扣除（填附表五）	15	22.5		7.5
40	20. 其他	0	0		
41	三、资产类调整项目	0	0		0
42	1. 财产损失	0	0		
43	2. 固定资产折旧（填写附表九）	0	0		
44	3. 生产性生物资产折旧（填写附表九）	0	0		
45	4. 长期待摊费用的摊销（填写附表九）	0	0		
46	5. 无形资产摊销（填写附表九）	0	0		

续表

行次	项目	账载金额	税收金额	调增金额	调减金额
		1	2	3	4
47	6. 投资转让、处置所得（填写附表十一）	0	0		
48	7. 油气勘探投资（填写附表九）	0	0		
49	8. 油气开发投资（填写附表九）	0	0		
50	9. 其他	0	0		0
51	四、准备金调整项目（填写附表十）	0	0		
52	五、房地产企业预售收入计算的预计利润	0	0		
53	六、特别纳税调整应税所得	0	0		*
54	七、其他	0	0		
55	合　计			369.425	40.5

注：1. 标有＊的行次为执行新会计准则的企业填列，标有#的行次为除执行新会计准则以外的企业填列。

2. 没有标注的行次，无论执行何种会计核算办法，有差异就填报相应行次，填＊号不可填列

3. 有二级附表的项目只填调增、调减金额，账载金额、税收金额不再填写。

经办人（签章）：郑志通　　　　法定代表人（签章）：陈向东

表 6－1－19　　企业所得税年度纳税申报表附表五

税收优惠明细表

填报时间：2014 年 4 月 6 日　　　　金额单位：元（列至角分）

行次	项目	金额
1	一、免税收入（2＋3＋4＋5）	43
2	1. 国债利息收入	8
3	2. 符合条件的居民企业之间的股息、红利等权益性投资收益	35
4	3. 符合条件的非营利组织的收入	0
5	4. 其他	0
6	二、减计收入（7＋8）	0
7	1. 企业综合利用资源，生产符合国家产业政策规定的产品所取得的收入	0
8	2. 其他	0
9	三、加计扣除额合计（10＋11＋12＋13）	32.5
10	1. 开发新技术、新产品、新工艺发生的研究开发费用	7.5
11	2. 安置残疾人员所支付的工资	25
12	3. 国家鼓励安置的其他就业人员支付的工资	
13	4. 其他	0

续表

行次	项目	金额
14	四、减免所得额合计（15+25+29+30+31+32）	0
15	（一）免税所得（16+17+…+24）	0
16	1. 蔬菜、谷物、薯类、油料、豆类、棉花、麻类、糖料、水果、坚果的种植	0
17	2. 农作物新品种的选育	0
18	3. 中药材的种植	0
19	4. 林木的培育和种植	0
20	5. 牲畜、家禽的饲养	0
21	6. 林产品的采集	0
22	7. 灌溉、农产品初加工、兽医、农技推广、农机作业和维修等农、林、牧、渔服务业项目	0
23	8. 远洋捕捞	0
24	9. 其他	0
25	（二）减税所得（26+27+28）	0
26	1. 花卉、茶以及其他饮料作物和香料作物的种植	0
27	2. 海水养殖、内陆养殖	0
28	3. 其他	0
29	（三）从事国家重点扶持的公共基础设施项目投资经营的所得	0
30	（四）从事符合条件的环境保护、节能节水项目的所得	0
31	（五）符合条件的技术转让所得	0
32	（六）其他	0
33	五、减免税合计（34+35+36+37+38）	0
34	（一）符合条件的小型微利企业	0
35	（二）国家需要重点扶持的高新技术企业	0
36	（三）民族自治地方的企业应缴纳的企业所得税中属于地方分享的部分	0
37	（四）过渡期税收优惠	0
38	（五）其他	0
39	六、创业投资企业抵扣的应纳税所得额	0
40	七、抵免所得税额合计（41+42+43+44）	0
41	（一）企业购置用于环境保护专用设备的投资额抵免的税额	0

续表

行次	项目	金额
42	（二）企业购置用于节能节水专用设备的投资额抵免的税额	0
43	（三）企业购置用于安全生产专用设备的投资额抵免的税额	0
44	（四）其他	0
45	企业从业人数（全年平均人数）	1 500
46	资产总额（全年平均数）	5 000
47	所属行业（工业企业　　其他企业）	工业企业

经办人（签章）：郑志通　　　　法定代表人（签章）：陈向东

表 6-1-20　　企业所得税年度纳税申报表附表八

广告费和业务宣传费跨年度纳税调整表

填报时间：2014 年 4 月 6 日　　　　金额单位：元（列至角分）

行次	项目	金额
1	本年度广告费和业务宣传费支出	1 400
2	其中：不允许扣除的广告费和业务宣传费支出	0
3	本年度符合条件的广告费和业务宣传费支出（1-2）	1 400
4	本年计算广告费和业务宣传费扣除限额的销售（营业）收入	8 086
5	税收规定的扣除率	15%
6	本年广告费和业务宣传费扣除限额（4×5）	1 210.20
7	本年广告费和业务宣传费支出纳税调整额（3≤6，本行=2 行；3>6，本行=1-6）	189.80
8	本年结转以后年度扣除额（3>6，本行=3-6；3≤6，本行=0）	189.80
9	加：以前年度累计结转扣除额	0
10	减：本年扣除的以前年度结转额	0
11	累计结转以后年度扣除额（8+9-10）	189.80

经办人（签章）：郑志通　　　　法定代表人（签章）：陈向东

四、技能训练

1. 背景资料：

企业名称：富阳通用机械制造有限责任公司

企业法人注册号：2102007416966

纳税人识别号：36064158771127

企业组织机构代码：748557247

企业税务登记证号：14083066468945X

法定代表人：张祥福

财务负责人：崔俊凯

办税人员：张惠明

注册资本：7 000 万元

开户银行及账号：中国工商银行白海市支行　8634671270365907557

注册地址：白海市长江东路 1319 号

国税局税务登记类型：增值税一般纳税人

经营范围：机械设计制造与销售

富阳通用机械制造有限责任公司为增值税一般纳税人，2012 年度有员工 650 人，月工资薪金为 3 500 元/人，企业所得税实行分季预缴，年终汇算清缴的方法缴纳企业所得税。

2. 业务资料

该企业 2013 年度经营资料如下：

（1）企业收入总表

单位：万元

项目	第一季度	第二季度	第三季度	第四季度	总计
1. 主营业务收入小计	2 140	2 265	2 785	3 450	10 640
销售货物收入	2 140	2 265	2 785	3 450	10 640
2. 其他业务收入小计	43	54	56	71	224
（1）材料销售收入	28	34	32	43	137
（2）提供运输劳务收入	15	20	24	28	87
3. 投资收益小计	15	16	14	20	65
4. 营业外收入小计		20	33	50	103
（1）处置固定资产净收益			15	20	35
（2）出售无形资产净收益		20	18	30	68
总计	2 198	2 355	2 888	3 591	11 032

（2）企业成本费用汇总表

单位：万元

项目	第一季度	第二季度	第三季度	第四季度	总计
1. 主营业务成本小计	930	940	960	980	3 810
销售货物成本	930	940	960	980	3 810
2. 其他业务成本小计	33	38	43	58	172
（1）材料销售成本	25	28	31	42	126
（2）提供运输劳务成本	8	10	12	16	46

续表

项目	第一季度	第二季度	第三季度	第四季度	总计
3. 营业外支出小计			16	44	60
（1）固定资产盘亏				14	14
（2）税收滞纳金			16		16
（3）捐赠支出				30	30
4. 期间费用小计	630	669	690	831	2 820
（1）销售费用	325	330	340	456	1 451
（2）管理费用	290	310	320	350	1 270
（3）财务费用	15	29	30	25	99
总计	1 593	1 647	1 709	1 913	6 862

（3）2013 年流转税费汇总表

单位：万元

项目	第一季度	第二季度	第三季度	第四季度	总计
1. 增值税	161.65	170.45	180.43	190.54	703.07
2. 营业税	0.45	0.6	0.72	0.84	2.61
3. 城市建设维护税	11.347	11.97	12.68	13.40	49.40
4. 教育费附加	4.863	5.13	5.43	5.74	21.17
总计	178.31	188.15	199.26	210.52	776.25

（4）2013 年第 1 季度到第 3 季度企业会计利润与预缴的企业所得税汇总表

项目	第一季度	第二季度	第三季度	第四季度	总计
会计利润	588.34	690.295	1 160.16		
企业所得税	147.08	172.57	290.04		

该企业财务人员在 2014 年 3 月汇算清缴 2013 年度企业所得税时，依照现行税收法律规定，发现如下需要调整的涉税事项：

（1）扣除的成本费用中包括全年职工福利费用 65 万元，职工工会经费 9 万元和职工教育费用 13 万元，收到拨缴工会经费专用收据。

（2）企业当年发生业务招待费 55 万元，广告和业务宣传费 1 500 万元，全额计入销售费用。

（3）12 月转让一项无形资产所有权，取得收入 90 万元，未做收入处理，同时该项无形资产的账面成本 65 万元未注销。

（4）12月份通过中国红十字会向贫困山区捐赠本企业产品一批，成本为40万元，同期市场价格为55万元。企业按成本价格直接冲减库存商品，按市场销售价格计算的增值税销项税额9.35万元与成本合计49.35万元计入营业外支出账户。

（5）“营业外支出”账户列支税收滞纳金7万元，银行借款超期罚息4万元均据实扣除。

（6）“管理费用”中含有高新技术研究费用25万元。

3. 技能要求

（1）计算该企业第四季度应预缴的企业所得税。

（2）根据企业所得税法的相关规定，对企业2013年度的收入、成本费用进行调整，并计算出该年度的企业所得税应纳税所得额和企业所得税额。

（3）根据上述资料，填写该企业2013年度企业所得税相关报表（见表6-1-2至表6-1-13）。

任务二　核定征收企业所得税核算与纳税申报

知识目标：

◆ 掌握核定征收企业所得税的范围

◆ 掌握核定征收的办法

◆ 掌握核定征收企业所得税纳税申报程序

能力目标：

◆ 能进行核定征收企业所得税涉税业务会计核算

◆ 能进行核定征收企业所得税应纳税额计算

◆ 能办理核定征收企业所得税纳税申报

情景导航

意大利某汽车设计有限公司（以下简称“意汽”），受国内某汽车股份公司（以下简称“国汽”）的委托，进行车辆外部及内部造型以及再造型的开发，设计工作在意大利公司所在地完成。“意汽”自2008年12月5日至2010年3月25日与“国汽”共签订了8份合同，涉及金额6 642.7万元。

那么，“意汽”是否应该向我国缴纳企业所得税？应该缴纳多少？应该如何进行企业所得税的纳税申报？

一、任务描述

根据企业所得税核定征收的相关规定，结合企业的具体涉税业务，计算企业应当缴纳的所得税，按照规定流程进行企业所得税税款的申报与缴纳。

二、相关知识点

（一）居民企业核定征收企业所得税

1. 居民企业核定征收企业所得税的范围

（1）依照法律、行政法规的规定可以不设置账簿的。

（2）依照法律、行政法规的规定应当设置但未设置账簿的。

（3）擅自销毁账簿或者拒不提供纳税资料的。

（4）虽设置账簿，但账目混乱或者成本资料、收入凭证、费用凭证残缺不全，难以查账的。

（5）发生纳税义务，未按照规定的期限办理纳税申报，经税务机关责令限期申报，逾期仍不申报的。

（6）申报的计税依据明显偏低，又无正当理由的。

特殊行业、特殊类型的纳税人和一定规模以上的纳税人不适用上述办法，具体办法由国家税务总局另行明确。

2. 居民企业核定征收的办法

（1）具有下列情形之一的，核定其应税所得率：

① 能正确核算（查实）收入总额，但不能正确核算（查实）成本费用总额的；

② 能正确核算（查实）成本费用总额，但不能正确核算（查实）收入总额的；

③ 通过合理方法，能计算和推定纳税人收入总额或成本费用总额的。

（2）纳税人不属于以上情形的，核定其应纳所得税额。

税务机关采用下列方法核定征收企业所得税：

① 参照当地同类行业或者类似行业中经营规模和收入水平相近的纳税人的税负水平核定；

② 按照应税收入额或成本费用支出额定率核定；

③ 按照耗用的原材料、燃料、动力等推算或测算核定；

④ 按照其他合理方法核定。

采用前款所列一种方法不足以正确核定应纳税所得额或应纳税额的，可以同时采用两种以上的方法核定。采用两种以上方法测算的应纳税额不一致时，可按测算的应纳税额从高核定。各行业应税所得率幅度具体见表 6-2-1。

表 6-2-1　　各行业应税所得率幅度表

行业	应税所得率（%）
农、林、牧、渔业	3~10
制造业	5~15
批发零售业	4~15
交通运输业务	7~15

续表

行业	应税所得率（%）
建筑业	8~20
饮食业	8~25
娱乐业	15~30
其他行业	10~30

（3）采用应税所得率方式核定征收企业所得税的，应纳所得税额计算公式如下：

应纳所得税额＝应纳税所得额×适用税率应纳税所得额＝应税收入额×应税所得率

或：　应纳税所得额＝成本（费用）支出额÷(1－应税所得率)×应税所得率

实行应税所得率方式核定征收企业所得税的纳税人，经营多业的，无论其经营项目是否单独核算，均由税务机关根据其主营项目确定适用的应税所得率。

3. 核定征收居民企业的纳税申报

（1）纳税人在收到主管税务机关送达的《企业所得税核定征收鉴定表》（一式三联，具体见表6－2－2）后10个工作日内，填好该表报送税务机关，主管税务机关和县税务机关各执一联，另一联在复核认定后送达纳税人执行。

表6－2－2　　企业所得税核定征收鉴定表

纳税人编码：　　　　鉴定期：　年度　　　　金额单位：元

申报单位			
地址			
经济性质		行业类别	
开户银行		账号	
邮政编码		联系电话	
上年收入总额		上年成本费用额	
上年注册资本		上年原材料耗费量（额）	
上年职工人数		上年燃料、动力耗费量（额）	
上年固定资产原值		上年商品销售量（额）	
上年所得税额		上年征收方式	

行次	项目	纳税人自报情况	主管税务机关审核意见
1	账簿设置情况		
2	收入核算情况		

续表

行次	项目	纳税人自报情况	主管税务机关审核意见
3	成本费用核算情况		
4	纳税申报情况		
5	履行纳税义务情况		
6	其他情况		
纳税人对征收方式的意见： 经办人签章：（公章） 年 月 日		主管税务机关意见： 经办人签章：（公章） 年 月 日	
县级税务机关审核意见： 经办人签章：（公章） 年 月 日			

注：本表一式三份，一份交纳税人，一份交档案室，一份由各税源管理科所整理后交管理科统一装订归档。

（2）纳税人实行核定应税所得率方式的，按下列规定申报纳税：

① 主管税务机关根据纳税人应纳税额的大小确定纳税人按月或者按季预缴，年终汇算清缴。预缴方法一经确定一个纳税年度内不得改变。

② 纳税人应依照确定的应税所得率计算纳税期间实际应缴纳的税额，进行预缴。按实际数额预缴有困难的，经主管税务机关同意，可按上一年度应纳税额的1/12或1/4预缴，或者按经主管税务机关认可的其他方法预缴。

③ 纳税人预缴税款或年终进行汇算清缴时，应按规定填写《中华人民共和国企业所得税月（季）度预缴纳税申报表（B类）》（具体见表6-2-3），在规定的纳税申报时限内报送主管税务机关。

表6-2-3　中华人民共和国企业所得税月（季）度预缴纳税申报表（B类）

税款所属期间：　年　月　日至　年　月　日

纳税人识别号：□□□□□□□□□□□□□□□□□□

纳税人名称：　　　　金额单位：人民币元（列至角分）

行次	项目	本期金额	累计金额
1	一、按照实际利润额预缴		
2	营业收入		
3	营业成本		

续表

<table>
<tr><th>行次</th><th colspan="2">项目</th><th>本期金额</th><th>累计金额</th></tr>
<tr><td>4</td><td colspan="2">利润总额</td><td></td><td></td></tr>
<tr><td>5</td><td colspan="2">加：特定业务计算的应纳税所得额</td><td></td><td></td></tr>
<tr><td>6</td><td colspan="2">减：不征税收入</td><td></td><td></td></tr>
<tr><td>7</td><td colspan="2">免税收入</td><td></td><td></td></tr>
<tr><td>8</td><td colspan="2">弥补以前年度亏损</td><td></td><td></td></tr>
<tr><td>9</td><td colspan="2">实际利润额（4 行 +5 行 –6 行 –7 行 –8 行）</td><td></td><td></td></tr>
<tr><td>10</td><td colspan="2">税率（25%）</td><td></td><td></td></tr>
<tr><td>11</td><td colspan="2">应纳所得税额</td><td></td><td></td></tr>
<tr><td>12</td><td colspan="2">减：减免所得税额</td><td></td><td></td></tr>
<tr><td>13</td><td colspan="2">减：实际已预缴所得税额</td><td>—</td><td></td></tr>
<tr><td>14</td><td colspan="2">减：特定业务预缴（征）所得税额</td><td></td><td></td></tr>
<tr><td>15</td><td colspan="2">应补（退）所得税额（11 行 –12 行 –13 行 –14 行）</td><td>—</td><td></td></tr>
<tr><td>16</td><td colspan="2">减：以前年度多缴在本期抵缴所得税额</td><td></td><td></td></tr>
<tr><td>17</td><td colspan="2">本期实际应补（退）所得税额</td><td>—</td><td></td></tr>
<tr><td>18</td><td colspan="4">二、按照上一纳税年度应纳税所得额平均额预缴</td></tr>
<tr><td>19</td><td colspan="2">上一纳税年度应纳税所得额</td><td>—</td><td></td></tr>
<tr><td>20</td><td colspan="2">本月（季）应纳税所得额（19 行 ×1/4 或 1/12）</td><td></td><td></td></tr>
<tr><td>21</td><td colspan="2">税率（25%）</td><td></td><td></td></tr>
<tr><td>22</td><td colspan="2">本月（季）应纳所得税额（20 行 ×21 行）</td><td></td><td></td></tr>
<tr><td>23</td><td colspan="4">三、按照税务机关确定的其他方法预缴</td></tr>
<tr><td>24</td><td colspan="2">本月（季）确定预缴的所得税额</td><td></td><td></td></tr>
<tr><td>25</td><td colspan="4">总分机构纳税人</td></tr>
<tr><td>26</td><td rowspan="5">总机构</td><td>总机构应分摊所得税额（15 行或 22 行或 24 行 × 总机构应分摊预缴比例）</td><td></td><td></td></tr>
<tr><td>27</td><td>财政集中分配所得税额</td><td></td><td></td></tr>
<tr><td>28</td><td>分支机构应分摊所得税额（15 行或 22 行或 24 行 × 分支机构应分摊比例）</td><td></td><td></td></tr>
<tr><td>29</td><td>其中：总机构独立生产经营部门应分摊所得税额</td><td></td><td></td></tr>
<tr><td>30</td><td>总机构已撤销分支机构应分摊所得税额</td><td></td><td></td></tr>
</table>

续表

行次	项目		本期金额	累计金额
31	分支机构	分配比例		
32		分配所得税额		

谨声明：此纳税申报表是根据《中华人民共和国企业所得税法》、《中华人民共和国企业所得税法实施条例》和国家有关税收规定填报的，是真实的、可靠的、完整的。

法定代表人（签字）：　　年　月　日

纳税人公章： 会计主管： 填表日期：　年　月　日	代理申报中介机构公章： 经办人： 经办人执业证件号码： 代理申报日期：　年　月　日	主管税务机关受理专用章： 受理人： 受理日期　年　月　日

填报说明：

一、本表适用于实行查账征收企业所得税的居民纳税人在月（季）度预缴企业所得税时使用。

二、表头项目

1. “税款所属期间”：为税款所属期月（季）度第一日至所属期月（季）度最后一日。

年度中间开业的，“税款所属期间”为当月（季）开始经营之日至所属月（季）度的最后一日。次月（季）度起按正常情况填报。

2. “纳税人识别号”：填报税务机关核发的税务登记证号码（15位）。

3. “纳税人名称”：填报税务机关核发的税务登记证纳税人全称。

三、各列的填报

1. 第1行“按照实际利润额预缴”的纳税人，第2行至第17行的“本期金额”列，数据为所属月（季）度第一日至最后一日；“累计金额”列，数据为纳税人所属年度1月1日至所属月（季）度最后一日的累计数。

2. 第18行“按照上一纳税年度应纳税所得额平均额预缴”的纳税人，第19行至第22行的“本期金额”列，数据为所属月（季）度第一日至最后一日；“累计金额”列，数据为纳税人所属年度1月1日至所属月（季）度最后一日的累计数。

3. 第23行“按照税务机关确定的其他方法预缴”的纳税人，第24行的“本期金额”列，数据为所属月（季）度第一日至最后一日；“累计金额”列，数据为纳税人所属年度1月1日至所属月（季）度最后一日的累计数。

四、各行的填报

1. 第1行至第24行，纳税人根据其预缴申报方式分别填报。实行“按照实际利润额预缴”的纳税人填报第2行至第17行；实行“按照上一纳税年度应纳税所得额平均额预缴”的纳税人填报第19行至第22行；实行“按照税务机关确定的其他方法预缴”的纳税人填报第24行。

2. 第25行至第32行，由实行跨地区经营汇总计算缴纳企业所得税（以下简称汇总纳税）的纳税人填报。汇总纳税纳税人的总机构在填报第1行至第24行的基础上，填报第26行至第30行；汇总纳税纳税人的分支机构填报第28行、第31行、第32行。

五、具体项目填报说明

1. 第2行“营业收入”：填报按照企业会计制度、企业会计准则等国家会计规定核算的营业收入。

2. 第3行“营业成本”：填报按照企业会计制度、企业会计准则等国家会计规定核算的营业成本。

3. 第4行“利润总额”：填报按照企业会计制度、企业会计准则等国家会计规定核算的利润总额。

4. 第5行“特定业务计算的应纳税所得额”：填报按照税收规定的特定业务计算的应纳税所得额。从事房地产开发业务的纳税人，本期取得销售未完工开发产品收入按照税收规定的预计计税毛利率计算的预计毛利额填入此行。

5. 第6行“不征税收入”：填报计入利润总额但属于税收规定不征税的财政拨款、依法收取并纳入财政管理的行政事业性收费以及政府性基金和国务院规定的其他不征税收入。

6. 第7行“免税收入”：填报计入利润总额但属于税收规定免税的收入或收益。

7. 第8行“弥补以前年度亏损”：填报按照税收规定可在企业所得税前弥补的以前年度尚未弥补的亏损额。

8. 第9行“实际利润额”：根据相关行次计算填报。第9行 = 第4行 + 第5行 - 第6行 - 第7行 - 第8行。

9. 第10行“税率（25%）”：填报企业所得税法规定的25%税率。

10. 第11行“应纳所得税额”：根据相关行次计算填报。第11行 = 第9行 × 第10行，且第11行≥0。当汇总纳税纳税人总机构和分支机构适用不同税率时，第11行≠第9行×第10行。

11. 第12行“减免所得税额”：填报按照税收规定当期实际享受的减免所得税额。第12行≤第11行。

12. 第13行“实际已预缴所得税额”：填报累计已预缴的企业所得税额，“本期金额”列不填。

13. 第14行“特定业务预缴（征）所得税额”：填报按照税收规定的特定业务已预缴（征）的所得税额，建筑企业总机构直接管理的项目部，按规定向项目所在地主管税务机关预缴的企业所得税填入此行。

14. 第15行“应补（退）所得税额”：根据相关行次计算填报。第15行 = 11行 - 12行 - 13行 - 14行，且第15行≤0时，填0，“本期金额”列不填。

15. 第16行“以前年度多缴在本期抵缴所得税额”：填报以前年度多缴的企业所得税税款尚未办理退税，并在本纳税年度抵缴的所得税额。

16. 第17行“本期实际应补（退）所得税额”：根据相关行次计算填报。第17行 = 15行 - 16行，且第17行≤0时，填0，“本期金额”列不填。

17. 第19行“上一纳税年度应纳税所得额”：填报上一纳税年度申报的应纳税所得额。“本期金额”列不填。

18. 第20行“本月（季）应纳税所得额”：根据相关行次计算填报。

按月度预缴纳税人：第20行 = 第19行 × 1/12

按季度预缴纳税人：第20行 = 第19行 × 1/4

19. 第21行“税率（25%）”：填报企业所得税法规定的25%税率。

20. 第22行“本月（季）应纳所得税额”：根据相关行次计算填报。第22行 = 第20行 × 第21行。

21. 第24行“本月（季）确定预缴所得税额”：填报税务机关认定的应纳税所得额计算出的本月（季）度应缴纳所得税额。

22. 第26行“总机构应分摊所得税额”：汇总纳税纳税人总机构，以本表（第1行至第24行）本月（季）度预缴所得税额为基数，按总机构应分摊的预缴比例计算出的本期预缴所得税额填报，并按预缴方式不同分别计算：

（1）“按实际利润额预缴”的汇总纳税纳税人总机构：

第15行 × 总机构应分摊预缴比例

（2）“按照上一纳税年度应纳税所得额的平均额预缴”的汇总纳税纳税人总机构：

第22行 × 总机构应分摊预缴比例

（3）“按照税务机关确定的其他方法预缴”的汇总纳税纳税人总机构：

第24行 × 总机构应分摊预缴比例

第26行计算公式中的“总机构应分摊预缴比例”：跨地区经营的汇总纳税纳税人，总机构应分摊的预缴比例填报25%；省内经营的汇总纳税纳税人，总机构应分摊的预缴比例按各省规定执行填报。

23. 第27行“财政集中分配所得税额”：汇总纳税纳税人的总机构，以本表（第1行至第24行）本月（季）度预缴所得税额为基数，按财政集中分配的预缴比例计算出的本期预缴所得税额填报，并按预缴方式不同分别计算：

（1）“按实际利润额预缴”的汇总纳税纳税人总机构：

第15行 × 财政集中分配预缴比例

（2）“按照上一纳税年度应纳税所得额的平均额预缴”的汇总纳税纳税人总机构：

第22行 × 财政集中分配预缴比例

（3）“按照税务机关确定的其他方法预缴”的汇总纳税纳税人总机构：

第24行 × 财政集中分配预缴比例

跨地区经营的汇总纳税纳税人，中央财政集中分配的预缴比例填报25%；省内经营的汇总纳税纳税人，财政集中分配的预缴比例按各省规定执行填报。

24. 第28行“分支机构应分摊所得税额”：汇总纳税纳税人总机构，以本表（第1行至第24行）本月（季）度预缴所得税额为基数，按分支机构应分摊的预缴比例计算出的本期预缴所得税额填报，并按不同预缴方式分别计算：

（1）“按实际利润额预缴”的汇总纳税纳税人总机构：

第15行×分支机构应分摊预缴比例

（2）“按照上一纳税年度应纳税所得额平均额预缴”的汇总纳税纳税人总机构：

第22行×分支机构应分摊预缴比例

（3）“按照税务机关确定的其他方法预缴”的汇总纳税纳税人总机构：

第24行×分支机构应分摊预缴比例

第28行计算公式中“分支机构应分摊预缴比例”：跨地区经营的汇总纳税纳税人，分支机构应分摊的预缴比例填报50%；省内经营的汇总纳税纳税人，分支机构应分摊的预缴比例按各省规定执行填报。

分支机构根据《中华人民共和国企业所得税汇总纳税分支机构所得税分配表》中的“分支机构分摊所得税额”填写本行。

25. 第29行“总机构独立生产经营部门应分摊所得税额”：填报汇总纳税纳税人总机构设立的具有独立生产经营职能、按规定视同分支机构的部门所应分摊的本期预缴所得税额。

26. 第30行“总机构已撤销分支机构应分摊所得税额”：填报汇总纳税纳税人撤销的分支机构，当年剩余期限内应分摊的、由总机构预缴的所得税额。

27. 第31行“分配比例”：填报汇总纳税纳税人分支机构依据《中华人民共和国企业所得税汇总纳税分支机构所得税分配表》中确定的分配比例。

28. 第32行“分配所得税额”：填报汇总纳税纳税人分支机构按分配比例计算应预缴的所得税额。第32行＝第28行×第31行。

六、表内、表间关系

1. 表内关系

（1）第9行＝第4＋5－6－7－8行。

（2）第11行＝第9×10行。当汇总纳税纳税人总机构和分支机构适用不同税率时，第11行≠第9×10行。

（3）第15行＝第11－12－13－14行，且第15行≤0时，填0。

（4）第22行＝第20×21行。

（5）第26行＝第15或22或24行×规定比例。

（6）第27行＝第15或22或24行×规定比例。

（7）第28行＝第15或22或24行×规定比例。

2. 表间关系

（1）第28行＝《中华人民共和国企业所得税汇总纳税分支机构所得税分配表》中的“分支机构分摊所得税额”。

（2）第31、32行＝《中华人民共和国企业所得税汇总纳税分支机构所得税分配表》中所对应行次中的“分配比例”、“分配税额”列。

（3）纳税人实行核定应纳所得税额方式的，按下列规定申报纳税：

① 纳税人在应纳所得税额尚未确定之前，可暂按上年度应纳所得税额的1/12或1/4预缴，或者按经主管税务机关认可的其他方法，按月或按季分期预缴。

② 在应纳所得税额确定以后，减除当年已预缴的所得税额，余额按剩余月份或季度均分，以此确定以后各月或各季的应纳税额，由纳税人按月或按季填写《中华人民共和国企业所得税月（季）度预缴纳税申报表（B类）》，在规定的纳税申报期限内进行纳税申报。

③ 纳税人年度终了后，在规定的时限内按照实际经营额或实际应纳税额向税务机关填报《中华人民共和国所得税月（季）度和年度纳税申报表（B类）》（具体见表6－2－4）申报纳税。申报额超过核定经营额或应纳税额的，按申报额缴纳税款；申报额低于核定经营额或应纳税额的，按核定经营额或应纳税额缴纳税款。

表 6-2-4　　中华人民共和国企业所得税月（季）度和年度纳税申报表（B 类）

税款所属期间：　　年　月　日至　　年　月　日

纳税人识别号：□□□□□□□□□□□□□□□

纳税人名称：　　　　　　　　　　　　　　金额单位：　　人民币元（列至角分）

<table>
<tr><th colspan="3">项目</th><th>行次</th><th>累计金额</th></tr>
<tr><td colspan="5">一、以下由按应税所得率计算应纳所得税额的企业填报</td></tr>
<tr><td rowspan="9">应纳税所得额的计算</td><td rowspan="6">按收入总额核定应纳税所得额</td><td>收入总额</td><td>1</td><td></td></tr>
<tr><td>减：不征税收入</td><td>2</td><td></td></tr>
<tr><td>免税收入</td><td>3</td><td></td></tr>
<tr><td>应税收入额（1-2-3）</td><td>4</td><td></td></tr>
<tr><td>税务机关核定的应税所得率（%）</td><td>5</td><td></td></tr>
<tr><td>应纳税所得额（4×5）</td><td>6</td><td></td></tr>
<tr><td rowspan="3">按成本费用核定应纳税所得额</td><td>成本费用总额</td><td>7</td><td></td></tr>
<tr><td>税务机关核定的应税所得率（%）</td><td>8</td><td></td></tr>
<tr><td>应纳税所得额[7÷(1-8)×8]</td><td>9</td><td></td></tr>
<tr><td colspan="2" rowspan="2">应纳所得税额的计算</td><td>税率（25%）</td><td>10</td><td></td></tr>
<tr><td>应纳所得税额（6×10 或 9×10）</td><td>11</td><td></td></tr>
<tr><td colspan="2" rowspan="2">应补（退）所得税额的计算</td><td>已预缴所得税额</td><td>12</td><td></td></tr>
<tr><td>应补（退）所得税额（11-12）</td><td>13</td><td></td></tr>
<tr><td colspan="5">二、以下由税务机关核定应纳所得税额的企业填报</td></tr>
<tr><td colspan="3">税务机关核定应纳所得税额</td><td>14</td><td></td></tr>
<tr><td colspan="5">谨声明：此纳税申报表是根据《中华人民共和国企业所得税法》、《中华人民共和国企业所得税法实施条例》和国家有关税收规定填报的，是真实的、可靠的、完整的。
法定代表人（签字）：　　年　月　日</td></tr>
<tr><td colspan="2">纳税人公章：
会计主管：
填表日期：　年　月　日</td><td>代理申报中介机构公章：
经办人：
经办人执业证件号码：
代理申报日期：　　年　月　日</td><td colspan="2">主管税务机关受理专用章：
受理人：
受理日期　年　月　日</td></tr>
</table>

国家税务总局监制

填报说明：

一、本表为实行核定征收企业所得税的纳税人在月（季）度申报缴纳企业所得税时使用。

二、表头项目

1. “税款所属期间”：为税款所属期月（季）度第一日至所属期月（季）度最后一日。

年度中间开业的，“税款所属期间”为当月（季）开始经营之日至所属月（季）度的最后一日。次月（季）度起按正常情况填报。

2. “纳税人识别号”：填报税务机关核发的税务登记证件号码（15 位）。

3. “纳税人名称”：填报税务机关核发的税务登记证件中的纳税人全称。

三、具体项目填报说明

1. 第1行“收入总额”：填写本年度累计取得的各项收入金额。

2. 第2行“不征税收入”：填报纳税人计入收入总额但属于税收规定不征税的财政拨款、依法收取并纳入财政管理的行政事业性收费以及政府性基金和国务院规定的其他不征税收入。

3. 第3行“免税收入”：填报纳税人计入利润总额但属于税收规定免税的收入或收益。

4. 第4行“应税收入额”：根据相关行计算填报。第4行=第1-2-3行

5. 第5行“税务机关核定的应税所得率”：填报税务机关核定的应税所得率。

6. 第6行“应纳税所得额”：根据相关行计算填报。第6行=第4×5行。

7. 第7行“成本费用总额”：填写本年度累计发生的各项成本费用金额。

8. 第8行“税务机关核定的应税所得率”：填报税务机关核定的应税所得率。

9. 第9行“应纳税所得额”：根据相关行计算填报。第9行=第7÷（1-8行）×8行。

10. 第10行“税率”：填写企业所得税法规定的25%税率。

11. 第11行“应纳所得税额”

（1）按照收入总额核定应纳税所得额的纳税人，第11行=第6×10行

（2）按照成本费用核定应纳税所得额的纳税人，第11行=第9×10行

12. 第12行“已预缴所得税额”：填报当年累计已预缴的企业所得税额。

13. 第13行“应补（退）所得税额”：根据相关行计算填报。第13行=第11-12行。当第13行≤0时，本行填0。

14. 第14行“税务机关核定应纳所得税额”：填报税务机关核定的本期应当缴纳的税额。

四、表内表间关系

1. 第4行=第1-2-3行

2. 第6行=第4×5行

3. 第9行=第7÷（1-8行）×8行

4. 第11行=第6（或9行）×10行

5. 第13行=第11-12行。当第13行≤0时，本行填0

（二）非居民企业核定征收企业所得税

1. 非居民企业核定征收企业所得税的范围

（1）在中国境内未设立机构、场所的，或者虽设立机构、场所但取得的所得与其所设机构、场所没有实际联系的，应当就其来源于中国境内的所得缴纳企业所得税的非居民企业。

（2）因会计账簿不健全，资料残缺难以查账，或者其他原因不能准确计算并据实申报其应纳税所得额的非居民企业。

2. 非居民企业核定征收企业所得税的办法

（1）按收入总额核定应纳税所得额：适用于能够正确核算收入或通过合理方法推定收入总额，但不能正确核算成本费用的非居民企业。其计算公式如下：

应纳税所得额=收入总额×经税务机关核定的利润率

（2）按成本费用核定应纳税所得额：适用于能够正确核算成本费用，但不能正确核算收入总额的非居民企业。其计算公式如下：

应纳税所得额=成本费用总额/(1-经税务机关核定的利润率)×经税务机关核定的利润率

（3）按经费支出换算收入核定应纳税所得额：适用于能够正确核算经费支出总额，但不能正确核算收入总额和成本费用的非居民企业。其计算公式如下：

$$\text{应纳税所得额}=\text{经费支出总额}/(1-\text{经税务机关核定的利润率}-\text{营业税税率})\times\text{经税务机关核定的利润率}$$

（4）税务机关可按照以下标准确定非居民企业的利润率：

① 从事承包工程作业、设计和咨询劳务的，利润率为15%～30%；

② 从事管理服务的，利润率为30%～50%；

③ 从事其他劳务或劳务以外经营活动的，利润率不低于15%。

（5）非居民企业核定征收企业所得税的纳税申报。

① 拟采取核定征收方式的非居民企业应填写《非居民企业所得税征收方式鉴定表》（具体见表6－2－5），报送主管税务机关。主管税务机关对企业报送的《非居民企业所得税征收方式鉴定表》的适用行业以及适用利润率进行审核，并签署意见。

表6－2－5　　非居民企业所得税征收方式鉴定表

编号：

<table>
<tr><td colspan="2">中文名称：</td><td colspan="2">纳税人识别号：</td></tr>
<tr><td colspan="4">英文名称：</td></tr>
<tr><td>行次</td><td>项目</td><td>纳税人自报情况</td><td>主管税务机关审核意见</td></tr>
<tr><td>1</td><td>账簿设置情况</td><td></td><td></td></tr>
<tr><td>2</td><td>收入核算情况</td><td></td><td></td></tr>
<tr><td>3</td><td>成本费用核算情况</td><td></td><td></td></tr>
<tr><td>4</td><td>纳税申报情况</td><td></td><td></td></tr>
<tr><td>5</td><td>履行纳税义务情况</td><td></td><td></td></tr>
<tr><td>6</td><td>其他情况</td><td></td><td></td></tr>
<tr><td>核定征收方式</td><td colspan="3">☑按收入总额　　□按成本费用　　□按经费支出换算收入</td></tr>
<tr><td>从事的行业及适用的利润率</td><td colspan="3">☑承包工程作业、设计和咨询劳务，核定利润率（ 20% ）
□管理服务，核定利润率（　　）
□其他劳务或劳务以外经营活动，核定利润率（　　）</td></tr>
<tr><td colspan="2">纳税人对征收方式的意见：
经办人：
负责人签章：
年　月　日</td><td>税务机关经办部门意见：
经办人：
负责人签章：
年　月　日</td><td>分管局领导意见：
（公章）
2013年1月8日</td></tr>
</table>

注：1. 本表由非居民企业填写并报送主管税务机关；

2. 在符合情形的□内打"√"，在核定利润率"（　）"中填写具体的利润率。

② 纳税人按照规定填写《中华人民共和国非居民企业所得税季度纳税申报表（适用于核定征收企业）》（具体见表6－2－6），并持报表及附报资料直接到主管税务机关办理申

报，主管税务机关审核无误后受理纳税人的申报。

表 6-2-6　　中华人民共和国非居民企业所得税年度纳税申报表

（适用于核定征收企业）

税款所属期间：　　年　　月　　日至　　年　　月　　日

纳税人识别号：　　　　　　　　　　　　　　　金额单位：人民币元（列至角分）

<table>
<tr><td>纳税人名称</td><td colspan="4"></td><td>居民国（地区）名称及代码</td><td></td></tr>
<tr><td colspan="4">申报项目</td><td>账载金额</td><td>依法申报金额</td><td>备注</td></tr>
<tr><td rowspan="11">按收入总额核定应纳税所得额的计算</td><td rowspan="3">项目 1 名称</td><td rowspan="3">车辆外部及内部造型或再造型的开发</td><td>1. 收入额</td><td></td><td></td><td></td></tr>
<tr><td colspan="2">2. 经税务机关核定的利润率（%）</td><td></td><td></td></tr>
<tr><td colspan="2">3. 应纳税所得额　3 = 1 × 2</td><td></td><td></td></tr>
<tr><td rowspan="3">项目 2 名称</td><td rowspan="3"></td><td>4. 收入额</td><td></td><td></td><td></td></tr>
<tr><td colspan="2">5. 经税务机关核定的利润率（%）</td><td></td><td></td></tr>
<tr><td colspan="2">6. 应纳税所得额　6 = 4 × 5</td><td></td><td></td></tr>
<tr><td rowspan="3">项目 3 名称</td><td rowspan="3"></td><td>7. 收入额</td><td></td><td></td><td></td></tr>
<tr><td colspan="2">8. 经税务机关核定的利润率（%）</td><td></td><td></td></tr>
<tr><td colspan="2">9. 应纳税所得额　9 = 7 × 8</td><td></td><td></td></tr>
<tr><td colspan="3">10. 收入总额　10 = 1 + 4 + 7</td><td></td><td></td><td></td></tr>
<tr><td colspan="3">11. 应纳税所得额合计　11 = 3 + 6 + 9</td><td></td><td></td><td></td></tr>
<tr><td rowspan="16">按经费支出换算应纳税所得额的计算</td><td colspan="3">12. 经费支出总额</td><td></td><td></td><td></td></tr>
<tr><td colspan="3">其中：工资薪金</td><td></td><td></td><td></td></tr>
<tr><td colspan="3">奖金</td><td></td><td></td><td></td></tr>
<tr><td colspan="3">津贴</td><td></td><td></td><td></td></tr>
<tr><td colspan="3">福利费</td><td></td><td></td><td></td></tr>
<tr><td colspan="3">物品采购费</td><td></td><td></td><td></td></tr>
<tr><td colspan="3">固定资产折旧</td><td></td><td></td><td></td></tr>
<tr><td colspan="3">装修费</td><td></td><td></td><td></td></tr>
<tr><td colspan="3">通信费</td><td></td><td></td><td></td></tr>
<tr><td colspan="3">差旅费</td><td></td><td></td><td></td></tr>
<tr><td colspan="3">房租</td><td></td><td></td><td></td></tr>
<tr><td colspan="3">设备租赁费</td><td></td><td></td><td></td></tr>
<tr><td colspan="3">交通费</td><td></td><td></td><td></td></tr>
<tr><td colspan="3">业务招待费</td><td></td><td></td><td></td></tr>
<tr><td colspan="3"></td><td></td><td></td><td></td></tr>
</table>

续表

按经费支出换算应纳税所得额的计算			
	13. 换算的收入额		
	14. 经税务机关核定的利润率（%）		
	15. 应纳税所得额　15 = 13 × 14		
按成本费用核定应纳税所得额的计算	16. 成本费用总额		
	17. 换算的收入额		
	18. 经税务机关核定的利润率（%）		
	19. 应纳税所得额　19 = 17 × 18		
应纳企业所得税额的计算	20. 法定税率（25%）		
	21. 应纳企业所得税额　21 = 11 × 20 或 15 × 20 或 19 × 20		
	22. 实际征收率（%）		
	23. 实际应纳企业所得税额　23 = 11 × 22 或 15 × 22 或 19 × 22		
	24. 减（免）企业所得税额　24 = 21 − 23		
应补（退）所得税额的计算	25. 全年已预缴企业所得税额		
	26. 应补（退）企业所得税额　26 = 23 − 25		
声　明	谨声明：此纳税申报表是根据《中华人民共和国企业所得税法》及其实施条例和国家有关税收规定填报的，是真实的、可靠的、完整的。 声明人签字： 年　月　日		

纳税人公章：	代理申报 中介机构公章：	主管税务机关：
经办人：	经办人及其执业证件号码：	受理人：
申报日期：　　年　月　日	代理申报日期：　　年　月　日	受理日期：　　年　月　日

国家税务总局监制

三、实训内容

1. 背景资料

意大利 Italdesign-Giugiaro 汽车设计有限公司（以下简称“意汽”），国内纳税人识别号：440300671889859，受国内某汽车股份公司（以下简称“国汽”）的委托，进行车辆外部及内部造型或再造型的开发，设计工作在意大利公司所在地完成。

2. 业务资料

“国汽”自2013年1月至2013年7月与“意汽”共签订了8份合同，涉及金额6642.7万元。2013年12月所有合同约定事项均已履行完毕，“国汽”按合同约定向“意汽”支付报酬6 642.7万元。

（1）根据企业所得税的相关规定，该非居民纳税人有来源于我国境内的应税收入，应当按非居民企业核定征收方式向税务机关申报缴纳企业所得税。

（2）该企业应当缴纳的企业所得税 = 66 427 000 × 20% × 20% = 2 657 080 元

3. 实训成果

非居民企业所得税征收方式鉴定表（见表6－2－7）

中华人民共和国非居民企业所得税年度纳税申报表（适用于核定征收企业）（见表6－2－8）

表6－2－7　　非居民企业所得税征收方式鉴定表

编号：NO：2011010256

<table>
<tr><td colspan="3">中文名称：意大利 Italdesign-Giugiaro 汽车设计公司</td><td colspan="2">纳税人识别号：440300671889859</td></tr>
<tr><td colspan="5">英文名称：Italy Italdesign-Giugiaro Atomotive Design Company</td></tr>
<tr><td>行次</td><td>项目</td><td colspan="2">纳税人自报情况</td><td>主管税务机关审核意见</td></tr>
<tr><td>1</td><td>账簿设置情况</td><td colspan="2"></td><td></td></tr>
<tr><td>2</td><td>收入核算情况</td><td colspan="2"></td><td></td></tr>
<tr><td>3</td><td>成本费用核算情况</td><td colspan="2"></td><td></td></tr>
<tr><td>4</td><td>纳税申报情况</td><td colspan="2"></td><td></td></tr>
<tr><td>5</td><td>履行纳税义务情况</td><td colspan="2"></td><td></td></tr>
<tr><td>6</td><td>其他情况</td><td colspan="2"></td><td></td></tr>
<tr><td>核定征收方式</td><td colspan="4">☑按收入总额　　☐ 按成本费用　　☐按经费支出换算收入</td></tr>
<tr><td>从事的行业及适用的利润率</td><td colspan="4">☑承包工程作业、设计和咨询劳务，核定利润率（20%　）
☐管理服务，核定利润率（　　）
☐其他劳务或劳务以外经营活动，核定利润率（　　）</td></tr>
<tr><td colspan="2">纳税人对征收方式的意见：
按收入总额核定应纳税所得
经办人：岑进发
负责人签章：崔芝昆

2013年1月5日</td><td colspan="2">税务机关经办部门意见：
按收入总额核定应纳税所得额
经办人：张颖清
负责人签章：张巍巍

2013年1月5日</td><td>分管局领导意见：
同意
白莽市国家税务局涉外分局
（公章）
2013年1月8日</td></tr>
</table>

表 6-2-8　　中华人民共和国非居民企业所得税年度纳税申报表

（适用于核定征收企业）

税款所属期间：2013 年 1 月 1 日至 2013 年 12 月 31 日

纳税人识别号：440300671889859　　　　金额单位：人民币元（列至角分）

纳税人名称	意大利 Italdesign-Giugiaro 汽车设计公司				居民国（地区）名称及代码	意大利 380
申报项目				账载金额	依法申报金额	备注
按收入总额核定应纳税所得额的计算	项目 1 名称	车辆外部及内部造型或再造型的开发	1. 收入额	66 427 000.00	66 427 000.00	
			2. 经税务机关核定的利润率（%）		20	
			3. 应纳税所得额　3 = 1 × 2		13 285 400.00	
	项目 2 名称		4. 收入额		0	
			5. 经税务机关核定的利润率（%）		0	
			6. 应纳税所得额　6 = 4 × 5		0	
	项目 3 名称		7. 收入额		0	
			8. 经税务机关核定的利润率（%）		0	
			9. 应纳税所得额　9 = 7 × 8		0	
	10. 收入总额　10 = 1 + 4 + 7				66 427 000.00	
	11. 应纳税所得额合计　11 = 3 + 6 + 9				13 285 400.00	
按经费支出换算应纳税所得额的计算	12. 经费支出总额					
	其中：工资薪金					
	奖金					
	津贴					
	福利费					
	物品采购费					
	固定资产折旧					
	装修费					
	通信费					
	差旅费					
	房租					
	设备租赁费					
	交通费					
	业务招待费					

续表

按经费支出换算应纳税所得额的计算			
	13. 换算的收入额		
	14. 经税务机关核定的利润率（%）		
	15. 应纳税所得额　15 = 13 × 14		
按成本费用核定应纳税所得额的计算	16. 成本费用总额		
	17. 换算的收入额		
	18. 经税务机关核定的利润率（%）		
	19. 应纳税所得额　19 = 17 × 18		
应纳企业所得税额的计算	20. 法定税率（25%）		
	21. 应纳企业所得税额　21 = 11 × 20 或 15 × 20 或 19 × 20	3 321 350.00	
	22. 实际征收率（%）	20	
	23. 实际应纳企业所得税额　23 = 11 × 22 或 15 × 22 或 19 × 22	2 657 080.00	
	24. 减（免）企业所得税额　24 = 21 − 23	664 270.00	
应补（退）所得税额的计算	25. 全年已预缴企业所得税额	0	
	26. 应补（退）企业所得税额　26 = 23 − 25	2 657 080.00	
声　明	谨声明：此纳税申报表是根据《中华人民共和国企业所得税法》及其实施条例和国家有关税收规定填报的，是真实的、可靠的、完整的。 声明人签字：岑进发 2014 年 2 月 7 日		

纳税人公章：		代理申报中介机构公章：	主管税务机关：
经办人：	岑进发	经办人及其执业证件号码：	受理人：张颖清
申报日期：	2014 年 2 月 7 日	代理申报日期：年　月　日	受理日期：2014 年 2 月 7 日

国家税务总局监制

四、技能训练

1. 背景资料

企业名称：白海市富源商贸有限责任公司

企业法人注册号：4302005016973

纳税人识别号：430300751099240

企业组织机构代码：744580947

企业税务登记证号：430502579435934

法定代表人：张志展

财务负责人：杨辉

办税人员：郑伟远

注册资本：800 万元

开户银行及账号：中国工商银行白海市支行　8634671270340457532

注册地址：白海市淮海路 148 号

国税局税务登记类型：增值税小规模纳税人

经营范围：五金交电产品，电子产品

2. 业务资料

2013 年白海市国家税务局对富源商贸有限责任公司的税收管理中查证，该企业为 2013 年新成立的商贸型企业，企业财务核算过程中，收入类会计资料齐备，真实性程度较高，但成本费用类会计核算不完整、准确和翔实。据此决定对富源商贸有限责任公司企业所得税采用核定征收方式。经核定，富源商贸有限责任公司 2013 年取得各类企业所得税应税收入 85.43 万元。

3. 技能要求

（1）计算富源商贸有限责任公司 2013 年应当缴纳的企业所得税。

（2）根据上述资料，填写相关纳税申报表（见表 6-2-2 至表 6-2-6）并进行企业所得税纳税申报。

项目七

个人所得税纳税实训

任务一 代扣代缴个人所得税扣缴报告

知识目标：

- ◆ 熟悉我国个人所得税的纳税人、征税对象、税率
- ◆ 掌握我国个人所得税应纳税额的计算
- ◆ 熟悉我国个人所得税的税收优惠政策
- ◆ 熟悉我国个人所得税的征收方式、代扣代缴暂行办法的有关规定
- ◆ 掌握履行代扣代缴义务的申报期限、申报时间、申报地点

能力目标：

- ◆ 能进行个人所得税应纳税额的计算
- ◆ 能办理代扣代缴个人所得税的申报

情景导航

宏发制衣股份有限公司是一家成立了3年的成衣生产企业，3年来，该公司按照公司章程正常生产经营，依法纳税，按照公司薪酬管理制度按时给员工发放工资并办理基本社会保险及缴交住房公积金。除了作为纳税义务人缴纳增值税、城市维护建设税、教育费附加、企业所得税等税种外，该公司的办税人员还有一个重要的工作便是作为代扣代缴义务人具体办理个人所得税的代扣代缴工作，依法履行代扣代缴义务。

那么，该公司办税人员应如何代扣代缴个人所得税？于何时何地进行扣缴个人所得税申报？

一、任务描述

根据辽宁宏发制衣股份有限公司2013年8月支付人工费用的原始凭证和记账凭证，计算该公司应代扣代缴的个人所得税税额，并进行扣缴个人所得税的申报。

二、相关知识点

（一）扣缴义务人扣缴个人所得税的基本流程

凡支付个人应纳税所得的单位或者个人，为个人所得税的扣缴义务人。扣缴义务人向个人支付下列所得，应代扣代缴个人所得税：

（1）工资、薪金所得；

（2）对企事业单位的承包经营、承租经营所得；

（3）劳务报酬所得；

（4）稿酬所得；

（5）特许权使用费所得；

（6）利息、股息、红利所得；

（7）财产租赁所得；

（8）财产转让所得；

（9）偶然所得；

（10）经国务院财政部门确定征税的其他所得。

扣缴义务人向个人支付应纳税所得（包括现金支付、汇拨支付、转账支付和以有价证券、实物以及其他形式支付的折算金额）时，不论纳税人是否属于本单位人员，均应代扣代缴其应纳的个人所得税税款。

扣缴义务人应指定支付应纳税所得的财务会计部门或其他有关部门的人员为办税人员，由办税人员具体办理个人所得税的代扣代缴工作。同一扣缴义务人的不同部门支付应纳税所得时，应报办税人员汇总。

扣缴义务人在代扣税款时，必须向纳税人开具税务机关统一印制的代扣代收税款凭证，并详细注明纳税人姓名、工作单位、家庭住址和居民身份证或护照号码等个人情况。对工资、薪金所得和利息、股息、红利所得等，因纳税人数众多、不便一一开具代扣代收税款凭证的，经主管税务机关同意，可不开具代扣代收税款凭证，但应通过一定形式告知纳税人已扣缴税款。纳税人为持有完税依据而向扣缴义务人索取代扣代收税款凭证的，扣缴义务人不得拒绝。

为进一步优化纳税服务，加强税收征管，国家税务总局于 2013 年 4 月 27 日发布个人所得税申报表的公告（国家税务总局公告 2013 年第 21 号），修改后的个人所得税申报表及其填表说明具体见表 7-1-1 至表 7-1-3，自 2013 年 8 月 1 日起执行。

表 7－1－1

个人所得税基础信息表（A 表）

扣缴义务人名称：

扣缴义务人编码：□□□□□□□□□□□□□□□□□□□□

序号	姓名	国籍（地区）	身份证件类型	身份证件号码	是否残疾烈属孤老	雇员		非雇员			股东、投资者		境内无住所个人									备注
						电话	电子邮箱	联系地址	电话	工作单位	公司股本（投资）总额	个人股本（投资）额	纳税人识别号	来华时间	任职期限	预计离境时间	预计离境地点	境内职务	境外职务	支付地	境外支付地（国别/地区）	
1																						
2																						
3																						
4																						
5																						
6																						
7																						
8																						
9																						
10																						
11																						
12																						
13																						
14																						

谨声明：此表是根据《中华人民共和国个人所得税法》及其实施条例和国家相关法律法规规定填报的，是真实的、完整的、可靠的。

法定代表人（负责人）签字：　　年　月　日

扣缴义务人公章： 经办人：	代理机构（人）签章： 经办人： 经办人执业证件号码：	主管税务机关受理专用章： 受理人：
填表日期：　年　月　日	代理申报日期：　年　月　日	受理日期：　年　月　日

国家税务总局监制

填表说明：

一、适用范围

本表由扣缴义务人填报。适用于扣缴义务人办理全员全额扣缴明细申报时，其支付所得纳税人基础信息的填报。初次申报后，以后月份只需报送基础信息发生变化的纳税人的信息。

二、扣缴义务人填报本表时，“姓名、国籍（地区）、身份证件类型、身份证件号码、是否残疾烈属孤老”为所有纳税人的必填项；其余则根据纳税人自身情况选择后填报。

三、有关项目填报说明

1. 姓名：填写纳税人姓名。中国境内无住所个人，其姓名应当用中、外文同时填写。

2. 国籍（地区）：填写纳税人的国籍或者地区。

3. 身份证件类型：填写纳税人有效身份证件（照）名称。中国居民，填写身份证、军官证、士兵证等证件名称；中国境内无住所个人，填写护照、港澳居民来往内地通行证、台湾居民来往大陆通行证等证照名称。

4. 身份证件号码：填写身份证件上的号码。

5. 是否残疾烈属孤老：有本项所列情况的，填写“是”；否则，填写“否”。

6. 雇员栏：本栏填写雇员纳税人的相关信息。

（1）电话：填写雇员纳税人的联系电话。

（2）电子邮箱：填写雇员纳税人的电子邮箱。

7. 非雇员栏：填写非扣缴单位雇员的纳税人（不包括股东、投资者）的相关信息。一般填写从扣缴单位取得劳务报酬所得、稿酬所得、特许权使用费所得、利息股息红利所得、财产租赁所得、财产转让所得、偶然所得、其他所得的纳税人的相关信息。

（1）联系地址：填写非雇员纳税人的联系地址。

（2）电话：填写非雇员纳税人的联系电话。

（3）工作单位：填写非雇员纳税人的任职受雇单位名称全称。没有任职受雇单位的，则不填。

8. 股东、投资者栏：填写扣缴单位的自然人股东、投资者的相关信息。没有则不填。

（1）公司股本（投资）总额：填写扣缴单位的公司股本（投资）总额。

（2）个人股本（投资）额：填写自然人股东、投资者个人投资的股本（投资）额。

9. 境内无住所个人栏：填写在中国境内无住所个人的相关信息。没有则不填。

（1）纳税人识别号：填写主管税务机关赋予的18位纳税人识别号。该纳税人识别号作为境内无住所个人的唯一身份识别码，由纳税人到主管税务机关办理初次涉税事项，或者扣缴义务人办理该纳税人初次扣缴申报时，由主管税务机关授予。

（2）来华时间：填写纳税人到达中国境内的年月日。

（3）任职期限：填写纳税人在中国境内任职受雇单位的任职期限。

（4）预计离境时间：填写纳税人预计离境的年月日。

（5）预计离境地点：填写纳税人预计离境的地点。

（6）境内职务：填写纳税人在境内任职受雇单位担任的职务。

（7）境外职务：填写纳税人在境外任职受雇单位担任的职务。

（8）支付地：填写纳税人取得的所得的支付地，在“境内支付”、“境外支付”和“境、内外同时支付”三种类型中选择一种填写。

（9）境外支付地国别（地区）：如果纳税人取得的所得支付地为国外的，填写境外支付地的国别或地区名称。

表 7－1－2

扣缴个人所得税报告表

税款所属期：　　年　　月　日至　　　年　　月　　日

扣缴义务人名称：　　　　　　　　　　　　　　　　　扣缴义务人所属行业：□一般行业　□特定行业月份申报

扣缴义务人编码：□□□□□□□□□□□□□□□□□□　　　　　　　　金额单位：人民币元（列至角分）

序号	姓名	身份证件类型	身份证件号码	所得项目	所得期间	收入额	免税所得	税前扣除项目								减除费用	准予扣除的捐赠额	应纳税所得额	税率%	速算扣除数	应纳税额	减免税额	应扣缴税额	已扣缴税额	应补（退）税额	备注
								基本养老保险费	基本医疗保险费	失业保险费	住房公积金	财产原值	允许扣除的税费	其他	合计											
1	2	3	4	5	6	7	8	9	10	11	12	13	14	15	16	17	18	19	20	21	22	23	24	25	26	27
合计																										

谨声明：此扣缴报告表是根据《中华人民共和国个人所得税法》及其实施条例和国家有关税收法律法规规定填写的，是真实的、完整的、可靠的。

法定代表人（负责人）签字：　　　　年　　月　　日

扣缴义务人公章： 经办人：	代理机构（人）签章： 经办人： 经办人执业证件号码：	主管税务机关受理专用章： 受理人：
填表日期：　　年　月　日	代理申报日期：　　年　月　日	受理日期：　　年　　月　日

国家税务总局监制

填表说明：

一、适用范围

本表适用于扣缴义务人办理全员全额扣缴个人所得税申报（包括向个人支付应税所得，但低于减除费用、不需扣缴税款情形的申报），以及特定行业职工工资、薪金所得个人所得税的月份申报。

二、申报期限

次月十五日内。扣缴义务人应于次月十五日内将所扣税款缴入国库，并向税务机关报送本表。扣缴义务人不能按规定期限报送本表时，应当按照《中华人民共和国税收征收管理法》及其实施细则有关规定办理延期申报。

三、本表各栏填写如下：

（一）表头项目

1. 税款所属期：为税款所属期月份第一日至最后一日。

2. 扣缴义务人名称：填写实际支付个人所得的单位（个人）的法定名称全称或姓名。

3. 扣缴义务人编码：填写办理税务登记或扣缴登记时，由主管税务机关所确定的扣缴义务人税务编码。

4. 扣缴义务人所属行业：扣缴义务人按以下两种情形在对应框内打“√”。

（1）一般行业：是指除《中华人民共和国个人所得税法》及其实施条例规定的特定行业以外的其他所有行业。

（2）特定行业：指符合《中华人民共和国个人所得税法》及其实施条例规定的采掘业、远洋运输业、远洋捕捞业以及国务院财政、税务主管部门确定的其他行业。

（二）表内各栏

1. 一般行业的填写

（1）第2列“姓名”：填写纳税人姓名。中国境内无住所个人，其姓名应当用中、外文同时填写。

（2）第3列“身份证件类型”：填写能识别纳税人唯一身份的有效证照名称。

① 在中国境内有住所的个人，填写身份证、军官证、士兵证等证件名称。

② 在中国境内无住所的个人，如果税务机关已赋予18位纳税人识别号的，填写“税务机关赋予”；如果税务机关未赋予的，填写护照、港澳居民来往内地通行证、台湾居民来往大陆通行证等证照名称。

（3）第4列“身份证件号码”：填写能识别纳税人唯一身份的号码。

① 在中国境内有住所的纳税人，填写身份证、军官证、士兵证等证件上的号码。

② 在中国境内无住所的纳税人，如果税务机关赋予18位纳税人识别号的，填写该号码；没有，则填写护照、港澳居民来往内地通行证、台湾居民来往大陆通行证等证照上的号码。

税务机关赋予境内无住所个人的18位纳税人识别号，作为其唯一身份识别码，由纳税人到主管税务机关办理初次涉税事项，或扣缴义务人办理该纳税人初次扣缴申报时，由主管税务机关赋予。

（4）第5列“所得项目”：按照税法第二条规定的项目填写。同一纳税人有多项所得时，分行填写。

（5）第6列“所得期间”：填写扣缴义务人支付所得的时间。

（6）第7列“收入额”：填写纳税人实际取得的全部收入额。

（7）第8列“免税所得”：是指税法第四条规定可以免税的所得。

（8）第9~16列“税前扣除项目”：是指按照税法及其他法律法规规定，可在税前扣除的项目。

（9）第17列“减除费用”：是指税法第六条规定可以在税前减除的费用。没有的，则不填。

（10）第18列“准予扣除的捐赠额”：是指按照税法及其实施条例和相关税收政策规定，可以在税前扣除的捐赠额。

（11）第19列“应纳税所得额”：根据相关列次计算填报。第19列＝第7列－第8列－第16列－第17列－第18列

（12）第20列“税率”及第21列“速算扣除数”：按照税法第三条规定填写。部分所得项目没有速算扣除数的，则不填。

（13）第22列“应纳税额”：根据相关列次计算填报。第22列＝第19列×第20列－第21列

（14）第23列“减免税额”：是指符合税法规定可以减免的税额。其中，纳税人取得“稿酬所得”时，其根据税法第三条规定可按应纳税额减征的30%，填入此栏。

（15）第24列“应扣缴税额”：根据相关列次计算填报。第24列＝第22列－第23列

（16）第25列“已扣缴税额”：是指扣缴义务人当期实际扣缴的个人所得税税款。

（17）第26列“应补（退）税额”：根据相关列次计算填报。第26列＝第24列－第25列

（18）第27列“备注”：填写非本单位雇员、非本期收入及其他有关说明事项。

（19）对不是按月发放的工资薪金所得，其适用“工资、薪金所得”个人所得税的填报，则不完全按照上述逻辑关系填写。

2. 特定行业月份申报的填写

（1）第2列~第6列的填写：同上“一般行业”的填写。

（2）第7列~第19列、第22列—第26列的数据口径同上“一般行业”对应项目，金额按以下原则填写：

① 第7列“收入额”：是指本月实际发放的全部收入额。

② 第8列~第16列的填写：填写当月实际发生额。

③ 第17列“减除费用”：是指税法第六条规定可以在税前减除的费用额。没有的，则不填。

④ 第18列“准予扣除的捐赠额”：准予扣除的捐赠额，按纳税人捐赠月份的实际收入额来计算。

⑤ 第19列“应纳税所得额”：根据相关列次计算填报。第19列＝第7列－第8列－第16列－第17列－第18列

⑥ 第20列“税率”及第21列“速算扣除数”：按照税法第三条规定填写。

⑦ 第22列“应纳税额”：特定行业个人所得税月份申报时，“应纳税额”为预缴所得税额。根据相关列次计算填报。

第22列＝第19列×第20列－第21列

表 7-1-3

特定行业个人所得税年度申报表

税款所属期：　　年　月　日至　　年　月　日

扣缴义务人名称：

扣缴义务人编码：□□□□□□□□□□□□□□□□□

金额单位：人民币元（列至角分）

序号	姓名	身份证件类型	身份证件号码	所得项目	所得期间	全年收入额	年免税所得	年税前扣除项目						年减除费用	准予扣除的捐赠额	月平均应纳税所得额	税率%	速算扣除数	月平均应纳税额	年应扣缴税额	减免税额	年预缴税额	应补（退）税额	备注
								基本养老保险费	基本医疗保险费	失业保险费	住房公积金	其他	合计											
1	2	3	4	5	6	7	8	9	10	11	12	13	14	15	16	17	18	19	20	21	22	23	24	25

谨声明：此扣缴报告表是根据《中华人民共和国个人所得税法》及其实施条例和国家有关税收法律法规规定填写的，是真实的、完整的、可靠的。

法定代表人（负责人）签字：　　年　月　日

扣缴义务人公章： 经办人：	代理机构（人）签章： 经办人： 经办人执业证件号码：	主管税务机关受理专用章： 受理人：
填表日期：　年　月　日	代理申报日期：　年　月　日	受理日期：　年　月　日

国家税务总局监制

填表说明：

一、适用范围

本表适用于特定行业工资、薪金所得个人所得税的年度申报。

特定行业，指符合《中华人民共和国个人所得税法实施条例》（以下简称条例）第四十条规定的采掘业、远洋运输业、远洋捕捞业以及国务院财政、税务主管部门确定的其他行业。

二、申报期限

年度终了之日起30日内。扣缴义务人不能按规定期限报送本表时，应当按照《中华人民共和国税收征收管理法》（以下简称税收征管法）及其实施细则有关规定办理延期申报。

三、本表各栏填写如下：

（一）表头项目

1. 税款所属期：为税款所属期的公历年度。

2. 扣缴义务人名称：填写实际支付个人工资、薪金所得的单位的法定名称全称。

3. 扣缴义务人编码：填写办理税务登记或扣缴登记时，由主管税务机关所确定的扣缴义务人税务编码。

（二）表内各栏

1. 第2列“姓名”：填写纳税人姓名。中国境内无住所个人，其姓名应当用中、外文同时填写。

2. 第3列“身份证件类型”：填写能识别纳税人唯一身份的有效证照名称。

（1）在中国境内有住所的个人，填写身份证、军官证、士兵证等证件名称。

（2）在中国境内无住所的个人，如果税务机关已赋予18位纳税人识别号的，填写“税务机关赋予”；如果税务机关未赋予的，填写护照、港澳居民来往内地通行证、台湾居民来往大陆通行证等证照名称。

3. 第4列“身份证件号码”：填写能识别纳税人唯一身份的号码。

（1）在中国境内有住所的纳税人，填写身份证、军官证、士兵证等证件上的号码。

（2）在中国境内无住所的纳税人，如果税务机关赋予18位纳税人识别号的，填写该号码；没有，则填写护照、港澳居民来往内地通行证、台湾居民来往大陆通行证等证照上的号码。

税务机关赋予境内无住所个人的18位纳税人识别号，作为其唯一身份识别码，由纳税人到主管税务机关办理初次涉税事项，或扣缴义务人办理该纳税人初次扣缴申报时，由主管税务机关赋予。

4. 第5列“所得项目”：在本表中仅指“工资、薪金所得”。

5. 第6列“所得期间”：在本表中，填写税款所属期的公历年度。

6. 第7列“全年收入额”：填写纳税人全年实际取得的工资、薪金收入总额。

7. 第8列“年免税所得”：是指税法第四条规定可以免税的所得的全年汇总额。

8. 第9～14列“年税前扣除项目”：

（1）第9～12列“基本养老保险费、基本医疗保险费、失业保险费、住房公积金”四项，分别填写该纳税人缴纳该项费（金）的全年汇总额。

（2）第13列“其他”：是指法律法规规定其他可以在税前扣除的项目。

（3）第14列“合计”：为对应项目的合计数。

第14列＝第9列＋第10列＋第11列＋第12列＋第13列

9. 第15列“年减除费用”：是指税法第六条规定可以在计税前减除的费用的全年合计额。

10. 第16列“准予扣除的捐赠额”：是指按照税法及其实施条例和相关税收政策规定，可以在税前扣除的捐赠额。

11. 第17列“月平均应纳税所得额”：按前列计算出的数额按月进行平均后的应纳税所得额。

第17列＝（第7列－第8列－第14列－第15列－第16列）÷12个月

12. 第18列“税率”及第19列“速算扣除数”：按照税法第三条规定，根据第17列计算值查找适用税率及速算扣除数。

13. 第20列“月平均应纳税额”：根据相关列次计算填报。

第20列＝第17列×第18列－第19列

14. 第21列“年应扣缴税额”：是指全年应扣缴的税额。根据相关列次计算填报。

第21列＝第20列×12个月

15. 第22列“减免税额”：是指按照税法和其他有关法律法规规定可以减免的税额。

16. 第23列“年预缴税额”：是指扣缴义务人全年已扣缴的个人所得税总额。

17. 第24列“应补（退）税额”：根据相关列次计算填报。

第24列＝第21列－第22列－第23列

（二）个人所得税应纳税额的计算

1. 工资、薪金所得应纳税额的计算

（1）工资、薪金所得的基本含义。工资、薪金所得，是指个人因任职或者受雇而取得的工资、薪金、奖金、年终加薪、劳动分红、津贴、补贴以及与任职或者受雇有关的其他所得。

下列收入不属于工资、薪金所得不征个人所得税：独生子女补贴；执行公务员工资制度未纳入基本工资总额的补贴、津贴差额和家属成员的副食品补贴；托儿补助费；差旅费津贴、误餐补助。

企业和个人按照国家或地方政府规定的比例，提取并向指定金融机构实际缴付的住房公积金、医疗保险费、基本养老保险费和失业保险费，免予征收个人所得税。超过规定比例缴付的部分，应当并入个人当期的工资、薪金所得计税。

（2）工资、薪金所得的税率。工资、薪金所得适用从3%～45%的7级超额累进税率，税率具体见表7－1－4。

表7－1－4　　工资、薪金所得适用税率表

级数	全月应纳税所得额		税率（%）	速算扣除数
	含税级距	不含税级距		
1	不超过1 500元的	不超过1 455元的	3	0
2	超过1 500元至4 500元的部分	超过1 455元至4 155元的部分	10	105
3	超过4 500元至9 000元的部分	超过4 155元至7 755元的部分	20	555
4	超过9 000元至35 000元的部分	超过7 755元至27 255元的部分	25	1 005
5	超过35 000元至55 000元的部分	超过27 255元至41 255元的部分	30	2 755
6	超过55 000元至80 000元的部分	超过41 255元至57 505元的部分	35	5 505
7	超过80 000元的部分	超过57 505元的部分	45	13 505

注：1. 本表所列含税级距与不含税级距，均为按照税法规定减除有关费用后的所得额；

2. 含税级距适用于由纳税人负担税款的工资、薪金所得；不含税级距适用于由他人（单位）代付税款的工资、薪金所得。

（3）工资、薪金所得应纳税额的计算

① 应纳税所得额的计算。工资、薪金所得实行按月计征的办法。以个人每月收入额固定扣除3 500元或者4 800元费用后的余额为应纳税所得额，适用7级超额累进税率表的税率计算应纳税额。计算公式为：

应纳税所得额＝月工资、薪金收入－费用扣除标准3 500元

对涉外人员工资、薪金所得计征个人所得税时，在减除3 500元的基础上，再附加减除

费用1 300元，即合计扣除4 800元。计算公式为：

$$应纳税所得额 = 月工资、薪金收入 - 费用扣除标准3\,500元 - 附加减除费用1\,300元$$

② 应纳税额的计算：

A. 一般工资、薪金所得应纳个人所得税的计算

计算公式为：

$$应纳税额 = 应纳税所得额 \times 适用税率 - 速算扣除数$$

B. 个人取得全年一次性奖金应纳个人所得税的计算

全年一次性奖金是指行政机关、企事业单位等扣缴义务人根据其全年经济效益和对雇员全年工作业绩的综合考核情况，向雇员发放的一次性奖金。一次性奖金也包括年终加薪、实行年薪制和绩效工资办法的单位根据考核情况兑现的年薪和绩效工资。

纳税人取得全年一次性奖金，分两种情况按以下计税办法，由扣缴义务人发放时代扣代缴：

第一，如果在发放全年一次性奖金的当月，个人当月工资、薪金所得高于（或等于）税法规定的费用扣除额的，将全年一次性奖金除以12个月，按其商数对照表7－1－4确定适用税率和速算扣除数，计算缴纳个人所得税。

计算公式为：

$$应纳个人所得税税额 = 个人当月取得的全年一次性奖金 \times 适用税率 - 速算扣除数$$

第二，如果在发放全年一次性奖金的当月，个人当月工资、薪金所得低于税法规定的费用扣除额，应将全年一次性奖金减除"个人当月工资、薪金所得与费用扣除额的差额"后的余额除以12个月，按其商数对照表7－1－4确定适用税率和速算扣除数，计算缴纳个人所得税。

计算公式为：

$$\begin{matrix}应纳个人\\所得税税额\end{matrix} = \left(\begin{matrix}个人当月取得的\\全年一次性奖金\end{matrix} - \begin{matrix}个人当月工资、薪金所得与\\费用扣除额的差额\end{matrix}\right) \times 适用税率 - 速算扣除数$$

实行年薪制和绩效工资的单位，个人取得年终兑现的年薪和绩效工资按上述规定执行。

在一个纳税年度内，对每一个人，上述计算纳税方法只允许采用一次。对于全年考核，分次发放奖金的其他各种名目奖金，如半年奖、季度奖、加班奖、先进奖、考勤奖等，一律与当月工资、薪金收入合并，按税法规定缴纳个人所得税。

2. 劳务报酬所得应纳税额的计算

（1）劳务报酬所得的基本含义。劳务报酬所得，是指个人从事设计、装潢、安装、制图、化验、测试、医疗、法律、会计、咨询、讲学、新闻、广播、翻译、审稿、书画、雕刻、影视、录音、录像、演出、表演、广告、展览、技术服务、介绍服务、经纪服务、代办服务以及其他劳务报酬的所得。

个人担任董事职务所取得的董事费收入，属于劳务报酬性质，按劳务报酬所得项目征税。

（2）劳务报酬所得的税率。劳务报酬所得适用20%的比例税率。

对劳务报酬所得一次收入畸高的，规定在适用20%税率征税的基础上，实行加成征税办法。对应纳税所得额超过20 000元至50 000元的部分，依照税法规定计算应纳税额后，再按照应纳税额加征五成；对应纳税所得额超过50 000元的部分，依照税法规定计算应纳税额后，再对应纳税额加征十成。这等于对应纳税所得额超过20 000元和超过50 000元的部分分别适用30%和40%的税率，具体见表7－1－5。

表7－1－5　　劳务报酬所得适用税率表

级数	每次应纳税所得额	税率（%）	速算扣除数（元）
1	不超过20 000元的部分	20	0
2	超过20 000元至50 000元的部分	30	2 000
3	超过50 000元的部分	40	7 000

（3）劳务报酬所得应纳税额的计算。

① 应纳税所得额的计算。劳务报酬所得以个人每次取得的收入，定额或定率减除规定费用后的余额为应纳税所得额。每次收入不超过4 000元的，定额减除费用800元；每次收入在4 000元以上的，定率减除20%的费用。

② 应纳税额的计算。劳务报酬所得适用20%的税率，其应纳税额的计算公式为：

应纳个人所得税税额＝应纳税所得额×适用税率

如果纳税人的每次应税劳务报酬所得超过20 000元，应实行加成征税，其应纳税税额应依据相应税率和速算扣除数计算。计算公式为：

应纳个人所得税税额＝应纳税所得额×适用税率－速算扣除数

③ 为纳税人代付税款的计算。如果单位或个人为纳税人代付税款，应当将单位或个人支付给纳税人的不含税支付额（或称纳税人取得的不含税收入额）换算为应纳税所得额，然后按规定计算应代付的个人所得税款。计算公式为：

A. 不含税收入额不超过3 360元的：

a. 应纳税所得额＝(不含税收入额－800)÷(1－税率)

b. 应纳税额＝应纳税所得额×适用税率

B. 不含税收入额超过3 360元的：

a. 应纳税所得额＝[(不含税收入额－速算扣除数)×(1－20%)]÷[1－税率×(1－20%)]

或：应纳税所得额＝[(不含税收入额－速算扣除数)×(1－20%)]÷当级换算系数

b. 应纳税额＝应纳税所得额×适用税率－速算扣除数

具体见表7-1-6。

表7-1-6　　　　　　　　不含税劳务报酬收入适用税率表

级数	不含税劳务报酬收入额	税率（%）	速算扣除数（元）	换算系数（%）
1	未超过3 360元的部分	20	0	无
2	超过3 360~21 000元的部分	20	0	84
3	超过21 000~49 500元的部分	30	2 000	76
4	超过49 500元的部分	40	7 000	68

3. 稿酬所得应纳税额的计算

（1）稿酬所得的基本含义。稿酬所得，是指个人因其作品以图书、报纸、期刊形式出版、发表而取得的所得。这里所说的作品，包括文学作品、书画作品、摄影作品以及其他作品。作者去世后，财产继承人取得的遗作稿酬，亦应按稿酬所得征收个人所得税。

任职、受雇于报纸、杂志等单位的记者、编辑等专业人员，因在本单位的报纸、杂志上发表作品取得的所得，属于因任职、受雇而取得的所得，应与其当月工资收入合并，按“工资、薪金所得”项目征收个人所得税。

（2）稿酬所得的税率。稿酬所得适用20%的比例税率。按20%税率计算个人所得税后，再按应纳税额减征30%。

（3）稿酬所得应纳税额的计算。

① 应纳税所得额的计算。稿酬所得应纳税所得额的计算与劳务报酬所得应纳税所得额的计算相同。

② 应纳税额的计算公式为：

$$应纳个人所得税税额=应纳税所得额\times 适用税率\times(1-30\%)$$

4. 特许权使用费所得应纳税额的计算

（1）特许权使用费所得的基本含义。特许权使用费所得，是指个人提供专利权、商标权、著作权、非专利技术以及其他特许权的使用权取得的所得。

（2）特许权使用费所得的税率。特许权使用费所得适用20%的比例税率。

（3）特许权使用费所得应纳税额的计算。

① 应纳税所得额的计算。特许权使用费所得应纳税所得额的计算与劳务报酬所得应纳税所得额的计算相同。

② 应纳税额的计算公式为：

$$应纳个人所得税税额=应纳税所得额\times 适用税率$$

5. 利息、股息、红利所得应纳税额的计算

（1）利息、股息、红利所得的基本含义。利息、股息、红利所得，是指个人拥有债权、股权而取得的利息、股息、红利所得。

（2）利息、股息、红利所得的税率。利息、股息、红利所得适用20%的比例税率。

（3）利息、股息、红利所得应纳税额的计算。

① 应纳税所得额的计算：

利息、股息、红利所得以个人每次取得的收入额为应纳税所得额，不得从收入额中扣除任何费用。

② 应纳税额的计算公式为：

应纳个人所得税税额 = 应纳税所得额(每次收入额) × 适用税率

三、实训内容

1. 背景资料

扣缴义务人名称：宏发制衣股份有限公司

扣缴义务人编码：210101100668811

扣缴义务人组织机构代码：02466651

法定代表人：苏扬，身份证号码为522322196704062835

财务负责人：张小江，身份证号码为210204197210046533

办税人员：赵薇，身份证号码为212501198102170472

注册资本：1 000万元

开户银行及账号：中国工商银行湖州分行　3421667721868

单位地址及邮编：湖州市滨河区中兴路28号　024－2245818　110014

扣缴义务人类型：工业企业

扣缴义务人所属行业：制造业

相关证照具体见表7－1－7、表7－1－8：

表7－1－7　　**个人所得税扣缴税款登记表**

填表日期：2010年5月18日

扣缴义务人编码		210101100668811
扣缴义务人名称		宏发制衣股份有限公司
单位地址及邮编		湖州市滨河区中兴路28号　110014
扣缴义务人类型		工业企业
法定代表人（负责人）	姓名	苏扬
	联系电话	024－2245818
行业		制造业

续表

财务主管人	姓名		张小江			
	联系电话		024－2245819			
职工人数			10人			
银行开户登记证号		210012345		发证日期	2010年5月8日	
账户性质	开户银行	账号	开户时间	变更时间	注销时间	备注
基本账户	中国工商银行湖州分行	3421667721868	2010. 5. 8			

国家税务总局监制

注：账户性质按照基本账户、一般账户、专用账户、临时账户如实填写。

本表一式三份，分别报送国税、地税主管机关一份，自行留存一份。

表7－1－8

个人所得税扣缴税款登记证

湖地税字［2010］180号

扣缴义务人名称：宏发制衣股份有限公司

法定代表人（负责人）：苏扬

地址：湖州市滨河区中兴路28号

扣缴义务人类型：工业企业

行业：制造业

批准设立机关：湖州市工商局

证件有效期：2010年5月～2015年5月

发证税务机关　湖州市地方税务局

2010年5月18日

国家税务总局监制

2. 业务资料

2013年年初，宏发制衣股份有限公司（非上市公司）在册员工10人（由于个人所得税实行全员全额申报，为便于计算汇总代扣代缴个人所得税额，假设员工总数为10人），具体名单见宏发制衣股份有限公司职工花名册（表7－1－9）。公司人事部依据公司章程薪酬管理制度，参照湖州市上一年CPI及同行业平均工资水平调整了职工工资，应发工资由基本工资、绩效工资、津贴、奖金、出勤奖励、加班费构成，具体金额见宏发制衣股份有限公司职工薪酬构成表（表7－1－10）。公司人事部依照上一年度12月份员工工资在国家、省政府规定的比例范围内核定了2013年每月应从职工工资中扣缴的基本养老保险金、医疗保险金、失业保险金、住房公积金，具体缴费基数和扣缴金额见宏发制衣股份有限公司职工“三险一金”扣缴金额表（表7－1－11）、工会经费（表7－1－12）、其他费用扣除及代扣代缴的个人所得税。

公司财务每月25日填制工资表，28日将款项打入银行个人工资账户发放工资。

表7－1－9　　2013年宏发制衣股份有限公司职工花名册

制表：人事部　　制表时间：2013年1月5日

序号	部门	姓名	类别	职务	级别	身份证号码	备注
1	办公室	苏　扬	管理人员	总经理	M一	522322196704062835	
2	办公室	李　英	管理人员	文员	M五	211203198808151644	
3	销售部	陈　成	管理人员	部门经理	M二	332603197003197983	
4	人事部	丁　莉	管理人员	部门经理	M三	411405197211283302	
5	财务部	张小江	管理人员	财务主管	M三	210204197210046533	
6	财务部	赵　薇	管理人员	会计	M四	212501198102170472	
7	生产部	王建国	技术人员	设计师	E二	430205197306243211	
8	生产部	刘　武	技术人员	工程师	E一	210105196201091267	
9	生产部	周立波	工人	工人	W二	210105196509133269	
10	生产部	孙红霞	工人	工人	W五	210104197801132246	

表7－1－10　　2013年宏发制衣股份有限公司职工薪酬构成表

制表：人事部　　制表时间：2013年1月5日　　单位：元

序号	部门	姓名	工资构成						应发工资
			基本工资	绩效工资	津贴	奖金	出勤工资	加班费	
1	办公室	苏　扬	5 000		500				
2	办公室	李　英	2 000	1 500	200				
3	销售部	陈　成	2 500	5 000	800				
4	人事部	丁　莉	4 000	2 500	350				
5	财务部	张小江	3 500	3 000	350				
6	财务部	赵　薇	3 000	2 000	300				
7	生产部	王建国	3 500	3 500	350				
8	生产部	刘　武	5 500	8 000	400				

续表

序号	部门	姓名	工资构成						应发工资
			基本工资	绩效工资	津贴	奖金	出勤工资	加班费	
9	生产部	周立波	4 800	5 000	350				
10	生产部	孙红霞	1 000	800	250				
	合计		34 800	31 300	3 850				

注：1. 应发工资 = 基本工资 + 绩效工资 + 津贴 + 奖金 + 全勤工资 + 加班费；

2. 基本工资、绩效工资、津贴每年由人事部依据公司薪酬管理制度核定，若无升迁年内不变；

3. 奖金、加班费根据实际工作情况和业绩计算；

4. 出勤工资以300元为基数，出全勤方可得300元，根据缺勤天数按日扣减10元，考勤由人事部门负责；

5. 总经理苏扬实行年薪制，每月只领取基本工资和津贴，年度终了根据其业绩发放效益工资。

表 7－1－11　　2013 年宏发制衣股份有限公司职工“三险一金”扣缴表

制表：人事部　　　　制表时间：2013 年 1 月 5 日　　　　单位：元

序号	部门	姓名	三险一金				小计
			养老保险	医疗保险	失业保险	住房公积金	
1	办公室	苏　扬	400	100	50	500	1 050
2	办公室	李　英	160	40	20	200	420
3	销售部	陈　成	200	50	25	250	525
4	人事部	丁　莉	320	80	40	400	840
5	财务部	张小江	280	70	35	350	735
6	财务部	赵　薇	240	60	30	300	630
7	生产部	王建国	280	70	35	350	735
8	生产部	刘　武	440	110	55	550	1 155
9	生产部	周立波	380	100	50	500	1 030
10	生产部	孙红霞	80	20	10	100	210
	合计		2 780	700	350	3 500	7 330

表 7－1－12　　2013 年宏发制衣股份有限公司职工缴交工会经费表

制表：公司工会　　　　制表时间：2013 年 1 月 5 日　　　　单位：元

序号	部门	姓名	类别	职务	级别	缴交工会经费
1	办公室	苏　扬	管理人员	总经理	M 一	25
2	办公室	李　英	管理人员	文员	M 五	10

续表

序号	部门	姓名	类别	职务	级别	缴交工会经费
3	销售部	陈　成	管理人员	部门经理	M二	15
4	人事部	丁　莉	管理人员	部门经理	M三	20
5	财务部	张小江	管理人员	财务主管	M三	20
6	财务部	赵　薇	管理人员	会计	M四	15
7	生产部	王建国	技术人员	设计师	E二	20
8	生产部	刘　武	技术人员	工程师	E一	25
9	生产部	周立波	工人	工人	W二	25
10	生产部	孙红霞	工人	工人	W五	5
	合计					180

【业务1】（1）8月10日，公司根据实际情况发放防暑降温补助（见下表），款项通过财务打进各职工工资账户。

费用报销单

报销日期：2013年8月10日　　附件1张

费用项目	类别	金额		
发放防暑降温补助		3 800.00	负责人（签章）	丁莉
			审查意见	同意支付
			报销人（签章）	李英
报销金额合计		¥3 800.00		
核实金额（大写）叁仟捌佰元整				
借款金额（小写）		应退金额		应补金额

审核　赵薇　　出纳　李英

宏发公司2013年防暑降温补助发放表

制表时间：2013年8月10日　　单位：元

序号	姓名	部门	职务	项目	金额
1	苏　扬	办公室	总经理	防暑降温补助	300.00
2	李　英	办公室	文员	防暑降温补助	300.00

续表

序号	姓名	部门	职务	项目	金额
3	陈　成	销售部	部门经理	防暑降温补助	300.00
4	丁　莉	人事部	部门经理	防暑降温补助	300.00
5	张小江	财务部	财务主管	防暑降温补助	300.00
6	赵　薇	财务部	会计	防暑降温补助	300.00
7	王建国	生产部	设计师	防暑降温补助	500.00
8	刘　武	生产部	工程师	防暑降温补助	500.00
9	周立波	生产部	工人	防暑降温补助	500.00
10	孙红霞	生产部	工人	防暑降温补助	500.00
11	合计	—	—		3 800.00

制表人：李英　　　　　　　　审核：丁莉

（2）8 月 22 日，公司发放 2013 年独生子女补助（见下表），公司提取现金发放给职工。

费用报销单

报销日期：2013 年 8 月 22 日　　　　附件 1 张

费用项目	类别	金额		
发放独生子女补助		360.00	负责人（签章）	丁莉
			审查意见	同意支付
			报销人（签章）	李英
报销金额合计		¥360.00		
核实金额（大写）叁佰陆拾元整				
借款金额（小写）		应退金额		应补金额

审核　赵薇　　　　　　　　出纳　李英

宏发公司 2013 年独生子女补助发放表

制表时间：2013 年 8 月 22 日　　　　单位：元

序号	姓名	部门	项目	金额	签名
1	李　英	办公室	独生子女补助	60.00	
2	陈　成	销售部	独生子女补助	60.00	

续表

序号	姓名	部门	项目	金额	签名
3	丁　莉	人事部	独生子女补助	60.00	
4	张小江	财务部	独生子女补助	60.00	
5	周立波	生产部	独生子女补助	60.00	
6	孙红霞	生产部	独生子女补助	60.00	
7	合计	—	—	¥360.00	

制表人：李英　　　　审核：丁莉

（3）8月25日，人事部根据当月考勤情况计算了出勤工资，所有员工出全勤，均拿到全勤工资300元。相关表单如下：

1. 根据上述相关资料，计算8月份员工应发工资、实发工资及代扣代缴的个人所得税。填写费用报销单（或者付款申请单），编制8月份宏发公司职工工资表（表7－1－13，见实训成果），按时发放工资。

2. 填制《个人所得税基础信息表》（A表）、《扣缴个人所得税报告表》（表7－1－18，表7－1－19，见实训成果）。

防暑降温补助属于工资、薪金所得应计征个人所得税。

独生子女补助不属于工资、薪金所得。

为便于批量计算个人所得税，编制个人所得税辅助计算表（表7－1－13附表，见实训成果）。

费 用 报 销 单

报销日期：2013年8月25日　　　　附件2张

费用项目	类别	金额	负责人（签章）	丁莉
支付8月份工资		72 650.00		
			审查意见	同意支付
			报销人（签章）	李英
报销金额合计		¥72 650.00		
核实金额（大写）柒万贰仟陆佰伍拾元整				
借款金额（小写）		应退金额		应补金额

审核　赵薇　　　　出纳　李英

【业务2】（1）销售部陈成9月11日去北京出差参加时装发布会，9月15日返回湖州，9月18日到公司财务部报账，差旅费报销单见下表。[粘贴凭证的飞机票（往返票面金额各1 060元）、住宿费发票（票面金额2 000元）3张单据略]

差旅费报销单

部门：销售部　　　　填报日期　2013 年 9 月 18 日

姓名		陈成						出差事由	参加时装发布会				出差日期		自 2013 年 9 月 11 日 至 2013 年 9 月 15 日			共 5 天	
起讫地点		起讫时间						车船费		夜间乘车补助费			出差补助费			住宿费			其他
起	讫	月	日	起	月	日	讫	类别	金额	时间	标准	金额	日数	标准	金额	日数	标准	金额	金额
湖州	北京	9	11		9	11		飞机	1 060.00	小时			5	200	1 000.00	4	500.00	2 000.00	
北京	湖州	9	15		9	15		飞机	1 060.00	小时									
小计									2 120.00						1 000.00			2 000.00	
合计：¥5 120.00 元　　（附单据 3 张）																			
共计金额（大写）		伍 仟 壹 佰 贰 拾 零 元 零 角 零 分											预支______核销______退补______						

主管：张小江　　会计：赵薇　　审核：苏扬　　填报人：陈成

（2）9 月 25 日，公司发放第三季度奖金，见下表。

费 用 报 销 单

报销日期：2013 年 9 月 25 日　　附件 1 张

费用项目	类别	金额		
发放三季度奖金		70 000. 00	负责人（签章）	苏扬
			审查意见	同意支付
			报销人（签章）	李英
报销金额合计		¥70 000. 00		
核实金额（大写）柒万元整				
借款金额（小写）		应退金额		应补金额

审核　赵薇　　出纳　李英

宏发制衣股份有限公司 2013 年三季度奖金发放表

制表时间：2013 年 9 月 25 日　　单位：元

序号	部门	姓名	职务	三季度奖金	备注
1	办公室	苏　扬	总经理		
2	办公室	李　英	文员	2 000	
3	销售部	陈　成	部门经理	33 500	
4	人事部	丁　莉	部门经理	5 000	
5	财务部	张小江	财务主管	4 000	
6	财务部	赵　薇	会计	2 500	
7	生产部	王建国	设计师	8 000	
8	生产部	刘　武	工程师	10 000	
9	生产部	周立波	工人	3 000	
10	生产部	孙红霞	工人	2 000	
	合计			70 000	

制表人：李英　　审核：丁莉

（3）9 月 25 日，人事部根据当月考勤情况计算了出勤工资，丁莉和赵薇各缺勤 2 天，分别拿到出勤工资 280 元，其余员工出全勤拿到 300 元的全勤工资。

1. 根据上述相关资料，计算 9 月份员工应发工资、实发工资及代扣代缴的个人所得税。

填写费用报销单（或者付款申请单），编制9月份宏发公司职工工资表（表7－1－14，见实训成果），按时发放工资。

2. 填制《扣缴个人所得税报告表》（表7－1－20，见实训成果）。

陈成的差旅费津贴1 000元不属于工资、薪金所得。

由于公司年底还会发放年终奖，因此本月发放的三季度奖金不作为全年一次性奖金，而是并入当月工资、薪金所得计征个人所得税。

为便于批量计算个人所得税，编制个人所得税辅助计算表（表7－1－14附表，见实训成果）

费用报销单

报销日期：2013年9月25日　　附件2张

费用项目	类别	金额		
支付6月份工资		72 610.00	负责人（签章）	丁莉
			审查意见	同意支付
			报销人（签章）	李英
报销金额合计		¥72 610.00		
核实金额（大写）柒万贰仟陆佰壹拾元整				
借款金额（小写）	应退金额		应补金额	

审核　赵薇　　出纳　李英

【业务3】（1）10月份，由于接到一笔订单要求交货的时间较急，在时间紧任务重的情况下，国庆黄金周期间公司员工们没能放假，全部加班加点。10月14日，各部门统计了本部门员工国庆黄金周期间加班情况并报公司办公室，由办公室统一制表通过财务计发工资的形式发放加班费，见下表。

宏发制衣股份有限公司国庆加班费发放表

制表时间：2013年10月14日　　单位：元

序号	姓名	部门	职务	加班费	备注
1	苏　扬	办公室	总经理		
2	李　英	办公室	文员	1 000	
3	陈　成	销售部	部门经理	1 000	
4	丁　莉	人事部	部门经理	1 000	
5	张小江	财务部	财务主管	1 000	
6	赵　薇	财务部	会计	1 000	

续表

序号	姓名	部门	职务	加班费	备注
7	王建国	生产部	设计师	2 000	
8	刘 武	生产部	工程师	2 000	
9	周立波	生产部	工人	2 000	
10	孙红霞	生产部	工人	1 800	
11	合计	—	—	¥12 800	

制表人：李英　　　　　　　　　　审核：丁莉

（2）著名时装设计师高海波设计了一组名为“早春二月”的春季系列服装，该系列服装设计前卫，时尚新颖，符合年轻人当前的审美观，预计生产为成衣早日批量投放市场将会热销并引领时尚潮流。为了提高公司知名度，提高销售额增加公司盈利，公司打算买下高海波的这一组时装设计。经与高海波接洽，高海波同意以10万元的转让费（税前）转让其设计给宏发公司。10月10日，公司通过银行转账支付了该笔费用（时装设计师高海波的身份证号码为440101197010241243，工商银行的账号为：23148855690386，高海波为自由职业者，无任职受雇单位，其电话号码为13502283666）。

（3）10月8日，公司一台从国外引进的生产设备发生严重故障，本公司工程技术人员查找不出故障原因维修不了，遂外请专家杨志坚高级工程师来公司维修设备。杨志坚高工经过仔细检查，终于查出设备故障原因并指导宏发公司工程技术人员将之维修好。杨高工提出支付给他的酬劳是不含税收入额5万元，由宏发公司为其代付个人所得税税款。宏发公司同意，于10月23日给杨高工开出了5万元的现金支票（杨志坚高工的身份证号码为120104196608086235，任职受雇单位为德力机修厂，其电话为13288500699）。

（4）10月25日，人事部根据当月考勤情况计算了出勤工资，所有人均出全勤拿到全勤工资300元。

1. 根据上述相关资料，计算公司应代扣代缴高海波的个人所得税税额。给高海波开出转账支票。

2. 根据上述相关资料，计算公司应为杨志坚高工代付的个人所得税税额。给杨志坚开出5万元现金支票。

3. 根据上述相关资料，计算10月份员工应发工资、实发工资及代扣代缴的个人所得税。填写费用报销单（或者付款申请单），编制10月份宏发公司职工工资表（表7－1－15，见实训成果），按时发放工资。

4. 填制《个人所得税基础信息表》（A表）、《扣缴个人所得税报告表》（表7－1－21、表7－1－22，见实训成果）。

高海波的设计转让费应按特许权使用费所得计征个税

应纳税所得额＝100 000×（1－20%）＝80 000（元）

应纳个人所得税＝80 000×20%＝16 000（元）

宏发公司应代扣代缴个人所得税16 000元，实付84 000元。

费 用 报 销 单

报销日期：2013 年 10 月 10 日　　　　附件 1 张

费用项目	类别	金额		
支付高海波设计转让费		84 000. 00	负责人（签章）	苏扬
代扣代缴其个人所得税		16 000. 00	审查意见	同意支付
			报销人（签章）	王建国
报销金额合计		¥100 000. 00		
核实金额（大写）壹拾万元整				
借款金额（小写）	应退金额		应补金额	

审核　赵薇　　　　　　　　出纳　李英

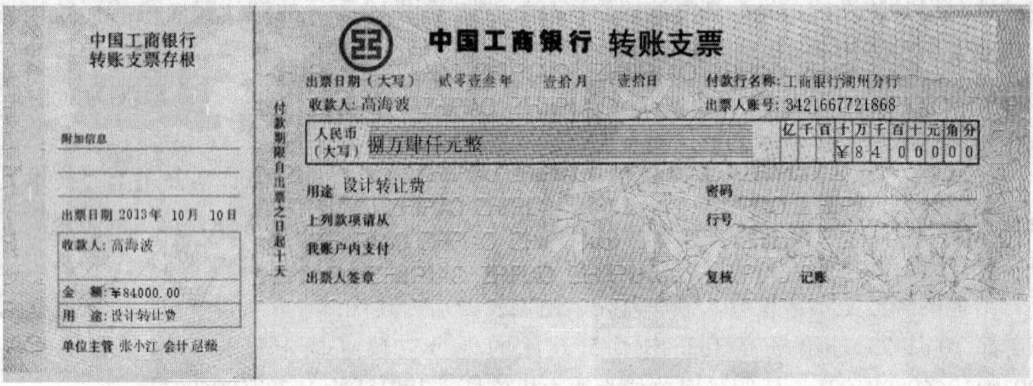
中国工商银行
转账支票存根

附加信息

出票日期 2013年 10月 10日

收款人：高海波

金　额：¥84000.00

用　途：设计转让费

单位主管 张小江 会计 赵薇

中国工商银行 转账支票

出票日期（大写） 贰零壹叁年 壹拾月 壹拾日　　付款行名称：工商银行湖州分行

收款人：高海波　　出票人账号：3421667721868

付款期限自出票之日起十天

人民币（大写） 捌万肆仟元整	亿	千	百	十	万	千	百	十	元	角	分
				¥	8	4	0	0	0	0	0

用途 设计转让费　　密码

上列款项请从　　行号

我账户内支付

出票人签章　　复核　　记账

杨志坚的酬劳应按劳务报酬所得计征个税：

应纳税所得额 = [（50 000 - 7 000）×（1 - 20%）] ÷ 68% = 50 588. 24（元）

宏发公司应代付个人所得税 = 50 588. 24 × 40% - 7 000 = 13 235. 29（元）

费 用 报 销 单

报销日期：2013 年 10 月 23 日　　　　附件 1 张

费用项目	类别	金额		
支付杨志坚维修费		50 000. 00	负责人（签章）	刘武
代付其个人所得税		13 235. 29	审查意见	同意支付
			报销人（签章）	周立波
报销金额合计		¥63 235. 29		
核实金额（大写）陆万叁仟贰佰叁拾伍元贰角玖分				
借款金额（小写）	应退金额		应补金额	

审核　赵薇　　　　　　　　出纳　李英

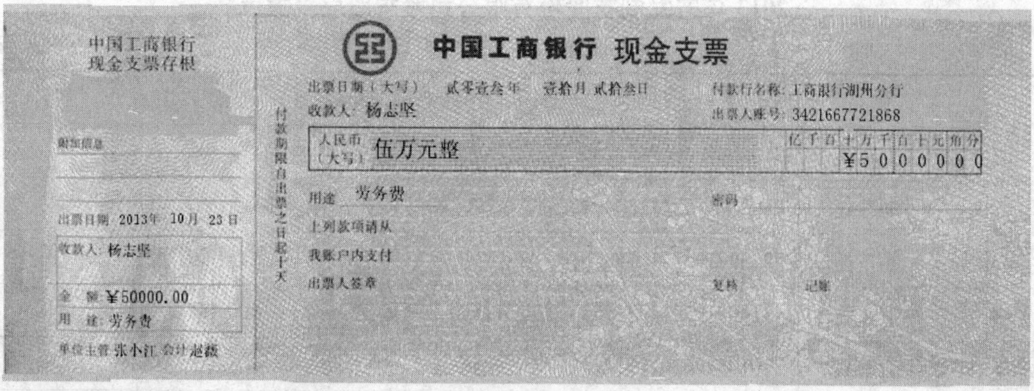

加班费属于工资、薪金所得，应一并计征个税。

为便于批量计算个人所得税，编制个人所得税辅助计算表（表7－1－15附表，见实训成果）

费　用　报　销　单

报销日期：2013年10月25日　　　　附件2张

费用项目	类别	金额		
支付5月份工资		72 650.00	负责人（签章）	丁莉
			审查意见	同意支付
报销金额合计		¥72 650.00		
核实金额（大写）柒万贰仟陆佰伍拾元整				
借款金额（小写）	应退金额	应补金额		

审核　赵薇　　　　出纳　李英

职工国庆加班费共12 800元已于10月14日造表。

【业务4】（1）11月8日，公司给股东们发放股息，见下表。

费　用　报　销　单

报销日期：2013年11月8日　　　　附件1张

费用项目	类别	金额		
发放股息		120 000.00	负责人（签章）	苏扬
			审查意见	同意支付
			报销人（签章）	李英
报销金额合计		¥120 000.00		
核实金额（大写）壹拾贰万元整				
借款金额（小写）	应退金额	应补金额		

审核　赵薇　　　　出纳　李英

2013 年宏发制衣股份有限公司股东股息发放表

制表时间：2013 年 11 月 8 日　　单位：元

序号	姓名	身份证号码	类别	项目	金额	签名
1	凌志军	210204196608252235	董事长	股息	60 000.00	
2	李春旺	210204195812135421	董事	股息	40 000.00	
3	苏　扬	522322196704062835	总经理	股息	10 000.00	
4	丁　莉	411405197211283302	人事经理	股息	5 000.00	
5	刘　武	210105196201091267	工程师	股息	5 000.00	
	合计				￥120 000.00	

单位负责人：苏扬　　制表人：李英　　审核：张小江

（2）为了方便员工上下班，公司把几间空余的房间出租给部分员工当宿舍，象征性地收取房租和水电费。11 月 18 日，办公室交给财务部应扣缴房租水电费的人员名单及金额，见下表。

宏发公司职工 2013 年房租水电费扣款表

制表时间：2013 年 11 月 18 日　　单位：元

序号	姓名	部门	房租	水电费	扣款小计
1	李　英	办公室	1 200.00	300.00	1 500.00
2	陈　成	销售部	1 200.00	400.00	1 600.00
3	王建国	生产部	1 200.00	500.00	1 700.00
4	刘　武	生产部	1 200.00	300.00	1 500.00
5	周立波	生产部	1 200.00	500.00	1 700.00
	合计		6 000.00	2 000.00	8 000.00

制表人：李英　　审核：丁莉

（3）11 月 20 日，公司举行明年春季时装发布会，从丝雨模特公司请来 3 位时装模特进行时装表演。由于公司销售部经理陈成身材挺拔形象出众，也客串充当男模在 T 台上宣传本公司产品，人事部丁莉和办公室李英为发布会的筹备和外联奔波操劳忙前忙后。时装发布会取得圆满成功。

时装发布会之前，宏发公司与模特公司 3 位时装模特商谈好的出场费是每人 4 000 元（税前），公司代扣代缴个人所得税。会后，公司按 4 000 元扣缴个人所得税后的余额支付给 3 位时装模特出场费（3 位时装模特的个人资料见下表），同时也给本公司员工陈成、丁莉和李英分别发了 2 000 元、1 000 元、1 000 元的劳务费，公司提取现金直接支付。见下表。

序号	姓名	身份证号码	任职单位
1	刘　倩	110506198802166844	丝雨模特公司
2	张美美	312522199011102112	丝雨模特公司
3	潘晓阳	230104198705233746	丝雨模特公司

（4）11月25日，人事部根据当月考勤情况计算了出勤工资，所有人出全勤均拿到全勤工资300元。

1. 根据上述相关资料，计算公司应代扣代缴股东取得股息的个人所得税税额。

2. 根据上述相关资料，请于11月20日之前填写费用报销单（或者付款申请单），计算出公司应代扣代缴的个人所得税和实际支付给3位模特的金额，以便时装发布会后及时让相关人员签字领取现金。

3. 计算11月份员工应发工资、实发工资及代扣代缴的个人所得税。填写费用报销单（或者付款申请单），编制11月份宏发公司职工工资表（表7－1－16，见实训成果），按时发放工资。

4. 填制《个人所得税基础信息表》（A表）、《扣缴个人所得税报告表》（表7－1－23、表7－1－24，见实训成果）。

公司支付给股东们的股息应按股息、利息、红利所得计征个税。计算列表如下：

宏发公司代扣代缴股东股息所得个税及实发股息表

制表时间：2013年11月8日　　　　单位：元

序号	姓名	股息所得	税率	应纳税额	实发股息	签名
1	凌志军	60 000.00	20%	12 000	48 000	凌志军
2	李春旺	40 000.00	20%	8 000	32 000	李春旺
3	苏　扬	10 000.00	20%	2 000	8 000	苏　扬
4	丁　莉	5 000.00	20%	1 000	4 000	丁　莉
5	刘　武	5 000.00	20%	1 000	4 000	刘　武
6	合计	120 000.00		96 000	24 000	

单位负责人：苏扬　　　　制表人：李英　　　　审核：张小江

公司支付给3位时装模特的劳务费应按劳务报酬所得代扣代缴个人所得税。

应纳税所得额＝（4 000－800）＝3 200（元）

每人应纳个人所得税税额＝3 200×20%＝640（元）

实际支付给每人＝4 000－640＝3 360（元）

公司支付给本公司员工陈成、丁莉和李英的劳务费应按工资、薪金所得并入当月工资代扣代缴个人所得税。

费　用　报　销　单

报销日期：2013 年 11 月 20 日　　　　附件 1 张

费用项目	类别	金额	负责人（签章）	陈成
支付时装表演劳务费		16 000.00		
			审查意见	同意支付
			报销人（签章）	李英
报销金额合计		¥16 000.00		
核实金额（大写）壹万陆任元整				
借款金额（小写）	应退金额		应补金额	

审核　赵薇　　　　　　　　出纳　李英

宏发制衣股份有限公司劳务费发放表

制表时间：2013 年 11 月 20 日　　　　单位：元

序号	姓名	项目	金额	扣缴个税	实发金额	签名	备注
1	刘　倩	劳务费	4 000.00	640.00	3 360.00	刘　倩	已扣个税
2	张美美	劳务费	4 000.00	640.00	3 360.00	张美美	已扣个税
3	潘晓阳	劳务费	4 000.00	640.00	3 360.00	潘晓阳	已扣个税
4	陈　成	劳务费	2 000.00		2 000.00	陈　成	未扣个税
5	丁　莉	劳务费	1 000.00		1 000.00	丁　莉	未扣个税
6	李　英	劳务费	1 000.00		1 000.00	李　英	未扣个税
合计		—	16 000.00	1 920.00	14 080.00		

制表人：李英　　　　　　　　审核：陈成

为便于批量计算个人所得税，编制个人所得税辅助计算表（表 7－1－16 附表，见实训成果）。

费　用　报　销　单

报销日期：2013 年 11 月 25 日　　　　附件 2 张

费用项目	类别	金额	负责人（签章）	丁莉
支付 7 月份工资		72 650.00		
			审查意见	同意支付
			报销人（签章）	李英
报销金额合计		¥72 650.00		
核实金额（大写）柒万贰仟陆佰伍拾元整				
借款金额（小写）	应退金额		应补金额	

审核　赵薇　　　　　　　　出纳　李英

李英、陈成、丁莉已于11月20日领取了时装发布会的劳务费共4 000元。

【业务5】（1）12月25日，人事部根据当月考勤情况计算了出勤工资，所有人出全勤均拿到全勤工资300元。

（2）12月28日，公司发放年终奖，经考核，总经理苏扬完成年初制定的业绩目标，兑现他的效益收入20万元，见下表。

费 用 报 销 单

报销日期：2013年12月28日　　附件1张

<table>
<tr><td>费用项目</td><td>类别</td><td>金额</td><td rowspan="2">负责人（签章）</td><td rowspan="2">苏扬</td></tr>
<tr><td>发放年终奖金</td><td></td><td>495 000.00</td></tr>
<tr><td></td><td></td><td></td><td rowspan="2">审查意见</td><td rowspan="2">同意支付</td></tr>
<tr><td></td><td></td><td></td></tr>
<tr><td></td><td></td><td></td><td rowspan="2">报销人（签章）</td><td rowspan="2">李英</td></tr>
<tr><td></td><td></td><td></td></tr>
<tr><td colspan="2">报销金额合计</td><td>¥495 000.00</td><td colspan="2"></td></tr>
<tr><td colspan="5">核实金额（大写）肆拾玖万伍仟元整</td></tr>
<tr><td>借款金额（小写）</td><td colspan="2">应退金额</td><td colspan="2">应补金额</td></tr>
</table>

审核　赵薇　　出纳　李英

宏发制衣股份有限公司2013年年终奖金发放表

制表时间：2013年12月28日　　单位：元

序号	部门	姓名	职务	年终奖金	备注
1	办公室	苏　扬	总经理	200 000	效益收入
2	办公室	李　英	文员	8 000	
3	销售部	陈　成	部门经理	120 000	
4	人事部	丁　莉	部门经理	50 000	
5	财务部	张小江	财务主管	40 000	
6	财务部	赵　薇	会计	10 000	
7	生产部	王建国	设计师	20 000	
8	生产部	刘　武	工程师	25 000	
9	生产部	周立波	工人	15 000	
10	生产部	孙红霞	工人	7 000	
	合计			¥495 000	

单位负责人：苏扬　　会计：赵薇　　复核：张小江　　制表人：李英　　审核：丁莉

1. 根据上述相关资料，计算12月份员工应发工资、实发工资及代扣代缴的个人所得税。填写费用报销单（或者付款申请单），编制12月份宏发公司职工工资表（表7-1-17，见实训成果），于12月30日发放工资及年终奖。

2. 填制《扣缴个人所得税报告表》。（表7－1－25，见实训成果）

总经理苏扬实行年薪制，其取得年终兑现的年薪按个人取得全年一次性奖金的有关规定计征个人所得税。

苏扬、李英、陈成、丁莉、张小江、赵薇、王建国、刘武、周立波9人的12月工资高于费用扣除额3 500元，计算个人所得税的适用公式为：

$$\text{应纳个人所得税额}=\text{个人当月取得的全年一次性奖金}\times\text{适用税率}-\text{速算扣除数}$$

孙红霞的12月工资低于税法规定的费用扣除额3 500元，计算公式为：

$$\begin{array}{c}\text{应纳个人}\\\text{所得税额}\end{array}=\left(\begin{array}{c}\text{个人当月取得的}\\\text{全年一次性奖金}\end{array}-\begin{array}{c}\text{个人当月工资薪金所得与}\\\text{费用扣除额的差额}\end{array}\right)\times\text{适用税率}-\text{速算扣除数}$$

为便于批量计算个人所得税，编制个人所得税辅助计算表（表7－1－17附表1，见实训成果）和全年一次性奖金计算表（表7－1－17附表2，见实训成果）。其中：表7－1－17附表1中的第7列中计算出的孙红霞的工资低于费用扣除标准3 500元，她的全年一次性奖金减除“个人当月工资薪金所得与费用扣除额的差额”计算于表7－1－17附表2中第二列。其余9人12月工资高于费用扣除标准3 500元，表7－1－17附表2第2列相应行不作处理。

费 用 报 销 单

报销日期：2013年12月30日　　　　附件2张

费用项目	类别	金额	负责人（签章）	丁莉
支付12月份工资		72 650.00		
			审查意见	同意支付
			报销人（签章）	李英
报销金额合计		¥72 650.00		
核实金额（大写）柒万贰仟陆佰伍拾元整				
借款金额（小写）	应退金额	应补金额		

审核　赵薇　　　　出纳　李英

3. 实训成果

《宏发制衣股份有限公司职工工资表》及《宏发制衣股份有限公司代扣代缴个人所得税计算表》（见表7－1－13及其附表至表7－1－17及其附表）；

《个人所得税基础信息表（A表）》（见表7－1－18、表7－1－21、表7－1－23）；

《扣缴个人所得税报告表》（见表7－1－19、表7－1－20、表7－1－22、表7－1－24、表7－1－25）。

表 7-1-13

2013 年 8 月宏发制衣股份有限公司职工工资表

月份：8 月　　制表时间：2013 年 8 月 25 日　　单位：元

序号	部门	姓名	各项应发工资							扣税费								实发工资
			基本工资	绩效工资	津贴	降温补助	出勤工资	加班费	应发工资	养老保险	医疗保险	失业保险	公积金	工会费	其他	个税	扣款小计	
1	办公室	苏　扬	5 000		500	300			5 800	400	100	50	500	25		37. 50	1 112. 50	4 687. 50
2	办公室	李　英	2 000	1 500	200	300	300		4 300	160	40	20	200	10		11. 40	441. 40	3 858. 60
3	销售部	陈　成	2 500	5 000	800	300	300		8 900	200	50	25	250	15		420. 00	960. 00	7 940. 00
4	人事部	丁　莉	4 000	2 500	350	300	300		7 450	320	80	40	400	20		206. 00	1 066. 00	6 384. 00
5	财务部	张小江	3 500	3 000	350	300	300		7 450	280	70	35	350	20		216. 50	971. 50	6 478. 50
6	财务部	赵　薇	3 000	2 000	300	300	300		5 900	240	60	30	300	15		72. 00	717. 00	5 183. 00
7	生产部	王建国	3 500	3 500	350	500	300		8 150	280	70	35	350	20		286. 50	1 041. 50	7 108. 50
8	生产部	刘　武	5 500	8 000	400	500	300		14 700	440	110	55	550	25		1 506. 25	2 686. 25	12 013. 75
9	生产部	周立波	4 800	5 000	350	500	300		10 950	380	100	50	500	25		729. 00	1 784. 00	9 166. 00
10	生产部	孙红霞	1 000	800	250	500	300		2 850	80	20	10	100	5		0. 00	215. 00	2 635. 00
11	合计		34 800	31 300	3 850	3 800	2 700		76 450	2 780	700	350	3 500	180		3 485. 15	10 995. 15	65 454. 85

单位负责人：苏扬　　会计：赵薇　　复核：张小江　　制表人：李英　　审核：丁莉

表 7－1－13 附表

宏发制衣股份有限公司代扣代缴个人所得税计算表

制表日期：2013 年 8 月 25 日　　　　单位：元

所得日期	部门	姓名	应发工资 1	养老保险 2	医疗保险 3	失业保险 4	公积金 5	费用减除 6	应纳税所得额 7＝1－2－3－4－5－6	税率 8	速算扣除数 9	应纳税额 10＝7×8－9
2013. 8	办公室	苏　扬	5 800	400	100	50	500	3 500	1 250	3%	0	37. 50
2013. 8	办公室	李　英	4 300	160	40	20	200	3 500	380	3%	0	11. 40
2013. 8	销售部	陈　成	8 900	200	50	25	250	3 500	4 875	20%	555	420. 00
2013. 8	人事部	丁　莉	7 450	320	80	40	400	3 500	3 110	10%	105	206. 00
2 013. 8	财务部	张小江	7 450	280	70	35	350	3 500	3 215	10%	105	216. 50
2013. 8	财务部	赵　薇	5 900	240	60	30	300	3 500	1 770	10%	105	72. 00
2013. 8	生产部	王建国	8 150	280	70	35	350	3 500	3 915	10%	105	286. 50
2013. 8	生产部	刘　武	14 700	440	110	55	550	3 500	10 045	25%	1 005	1 506. 25
2013. 8	生产部	周立波	10 950	380	100	50	500	3 500	6 420	20%	555	729. 00
2013. 8	生产部	孙红霞	2 850	80	20	10	100	3 500				
2013. 8	合计		76 450	2 780	700	350	3 500					3 485. 15

制表人：李英　　　　审核：丁莉

表 7－1－14

2013 年 9 月宏发制衣股份有限公司职工工资表

月份：9 月　　　　制表时间：2013 年 9 月 25 日　　　　单位：元

序号	部门	姓名	各项应发工资							扣税费								实发工资
			基本工资	绩效工资	津贴	奖金	出勤工资	加班费	应发工资	养老保险	医疗保险	失业保险	公积金	工会费	其他	个税	扣款小计	
1	办公室	苏　扬	5 000		500				5 500	400	100	50	500	25		28. 50	1 103. 50	4 396. 50
2	办公室	李　英	2 000	1 500	200	2 000	300		6 000	160	40	20	200	10		103. 00	533. 00	5 467. 00
3	销售部	陈　成	2 500	5 000	800	33 500	300		42 100	200	50	25	250	15		8 667. 50	9 207. 50	32 892. 50
4	人事部	丁　莉	4 000	2 500	350	5 000	280		12 130	320	80	40	400	20		1 003. 00	1 863. 00	10 267. 00
5	财务部	张小江	3 500	3 000	350	4 000	300		11 150	280	70	35	350	20		828. 00	1 583. 00	9 567. 00
6	财务部	赵　薇	3 000	2 000	300	2 500	280		8 080	240	60	30	300	15		290. 00	935. 00	7 145. 00
7	生产部	王建国	3 500	3 500	350	8 000	300		15 650	280	70	35	350	20		1 848. 75	2 603. 75	13 046. 25
8	生产部	刘　武	5 500	8 000	400	10 000	300		24 200	440	110	55	550	25		3 881. 25	5 061. 25	19 138. 75
9	生产部	周立波	4 800	5 000	350	3 000	300		13 450	380	100	50	500	25		1 229. 00	2 284. 00	11 166. 00
10	生产部	孙红霞	1 000	800	250	2 000	300		4 350	80	20	10	100	5		19. 20	234. 20	4 115. 80
11	合计		34 800	31 300	3 850	70 000	2 660		142 610	2 780	700	350	3 500	180		17 898. 20	25 408. 20	117 201. 80

单位负责人：苏扬　　会计：赵薇　　复核：张小江　　制表人：李英　　审核：丁莉

表 7－1－14 附表

宏发制衣股份有限公司代扣代缴个人所得税计算表

制表日期：2013 年 9 月 25 日　　单位：元

所得日期	部门	姓名	应发工资 1	养老保险 2	医疗保险 3	失业保险 4	公积金 5	费用减除 6	应纳税所得额 7＝1－2－3－4－5－6	税率 8	速算扣除数 9	应纳税额 10＝7×8－9
2013.9	办公室	苏　扬	5 500	400	100	50	500	3 500	950	3%	0	28.50
2013.9	办公室	李　英	6 000	160	40	20	200	3 500	2 080	10%	105	103.00
2013.9	销售部	陈　成	42 100	200	50	25	250	3 500	38 075	30%	2 755	8 667.50
2013.9	人事部	丁　莉	12 130	320	80	40	400	3 500	7 790	20%	555	1 003.00
2013.9	财务部	张小江	11 150	280	70	35	350	3 500	6 915	20%	555	828.00
2013.9	财务部	赵　薇	8 080	240	60	30	300	3 500	3 950	10%	105	290.00
2013.9	生产部	王建国	15 650	280	70	35	350	3 500	11 415	25%	1 005	1 848.75
2013.9	生产部	刘　武	24 200	440	110	55	550	3 500	19 545	25%	1 005	3 881.25
2013.9	生产部	周立波	13 450	380	100	50	500	3 500	8 920	20%	555	1 229.00
2013.9	生产部	孙红霞	4 350	80	20	10	100	3 500	640	3%	0	19.20
2013.9	合计		142 610	2 780	700	350	3 500					17 898.20

制表人：李英　　审核：丁莉

表 7-1-15

2013 年 10 月宏发制衣股份有限公司职工工资表

月份：10 月　　制表时间：2013 年 10 月 25 日　　单位：元

序号	部门	姓名	各项应发工资							扣税费								实发工资
			基本工资	绩效工资	津贴	奖金	出勤工资	加班费	应发工资	养老保险	医疗保险	失业保险	公积金	工会费	其他	个税	扣款小计	
1	办公室	苏　扬	5 000		500				5 500	400	100	50	500	25		28. 50	1 103. 50	4 396. 50
2	办公室	李　英	2 000	1 500	200		300	1 000	5 000	160	40	20	200	10		32. 40	462. 40	4 537. 60
3	销售部	陈　成	2 500	5 000	800		300	1 000	9 600	200	50	25	250	15		560. 00	1 100. 00	8 500. 00
4	人事部	丁　莉	4 000	2 500	350		300	1 000	8 150	320	80	40	400	20		276. 00	1 136. 00	7 014. 00
5	财务部	张小江	3 500	3 000	350		300	1 000	8 150	280	70	35	350	20		286. 50	1 041. 50	7 108. 50
6	财务部	赵　薇	3 000	2 000	300		300	1 000	6 600	240	60	30	300	15		142. 00	787. 00	5 813. 00
7	生产部	王建国	3 500	3 500	350		300	2 000	9 650	280	70	35	350	20		528. 00	1 283. 00	8 367. 00
8	生产部	刘　武	5 500	8 000	400		300	2 000	16 200	440	110	55	550	25		1 881. 25	3 061. 25	13 138. 75
9	生产部	周立波	4 800	5 000	350		300	2 000	12 450	380	100	50	500	25		1 029. 00	2 084. 00	10 366. 00
10	生产部	孙红霞	1 000	800	250		300	1 800	4 150	80	20	10	100	5		13. 20	228. 20	3 921. 80
11	合计		34 800	31 300	3 850		2 700	12 800	85 450	2 780	700	350	3 500	180		4 776. 85	12 286. 85	73 163. 15

单位负责人：苏扬　　会计：赵薇　　复核：张小江　　制表人：李英　　审核：丁莉

表 7 - 1 - 15 附表

宏发制衣股份有限公司代扣代缴个人所得税计算表

制表日期：2013 年 10 月 25 日

单位：元

所得日期	部门	姓名	应发工资 1	养老保险 2	医疗保险 3	失业保险 4	公积金 5	费用减除 6	应纳税所得额 7 = 1 - 2 - 3 - 4 - 5 - 6	税率 8	速算扣除数 9	应纳税额 10 = 7 × 8 - 9
2013. 10	办公室	苏　扬	5 500	400	100	50	500	3 500	950	3%	0	28. 50
2013. 10	办公室	李　英	5 000	160	40	20	200	3 500	1 080	3%	0	32. 40
2013. 10	销售部	陈　成	9 600	200	50	25	250	3 500	5 575	20%	555	560. 00
2013. 10	人事部	丁　莉	8 150	320	80	40	400	3 500	3 810	10%	105	276. 00
2013. 10	财务部	张小江	8 150	280	70	35	350	3 500	3 915	10%	105	286. 50
2013. 10	财务部	赵　薇	6 600	240	60	30	300	3 500	2 470	10%	105	142. 00
2013. 10	生产部	王建国	9 650	280	70	35	350	3 500	5415	20%	555	528. 00
2013. 10	生产部	刘　武	16 200	440	110	55	550	3 500	11 545	25%	1 005	1 881. 25
2013. 10	生产部	周立波	12 450	380	100	50	500	3 500	7 920	20%	555	1 029. 00
2013. 10	生产部	孙红霞	4 150	80	20	10	100	3 500	440	3%	0	13. 20
2013. 10	合计		85 450	2 780	700	350	3 500					4 776. 85

制表人：李英　　　　审核：丁莉

表 7-1-16

2013 年 11 月宏发制衣股份有限公司职工工资表

月份：11 月　　制表时间：2013 年 11 月 25 日　　单位：元

序号	部门	姓名	各项应发工资							扣税费								实发工资
			基本工资	绩效工资	津贴	劳务费	出勤工资	加班费	应发工资	养老保险	医疗保险	失业保险	公积金	工会费	其他	个税	扣款小计	
1	办公室	苏　扬	5 000		500				5 500	400	100	50	500	25		28.50	1 103.50	4 396.50
2	办公室	李　英	2 000	1 500	200	1 000	300		5 000	160	40	20	200	10		32.40	462.40	4 537.60
3	销售部	陈　成	2 500	5 000	800	2 000	300		10 600	200	50	25	250	15		760.00	1 300.00	9 300.00
4	人事部	丁　莉	4 000	2 500	350	1 000	300		8 150	320	80	40	400	20		276.00	1 136.00	7 014.00
5	财务部	张小江	3 500	3 000	350		300		7 150	280	70	35	350	20		186.50	941.50	6 208.50
6	财务部	赵　薇	3 000	2 000	300		300		5 600	240	60	30	300	15		44.10	689.10	4 910.90
7	生产部	王建国	3 500	3 500	350		300		7 650	280	70	35	350	20		236.50	991.50	6 658.50
8	生产部	刘　武	5 500	8 000	400		300		14 200	440	110	55	550	25		1 381.25	2 561.25	11 638.75
9	生产部	周立波	4 800	5 000	350		300		10 450	380	100	50	500	25		629.00	1 684.00	8 766.00
10	生产部	孙红霞	1 000	800	250		300		2 350	80	20	10	100	5		0.00	215.00	2 135.00
11	合计		34 800	31 300	3 850	4 000	2 700		76 650	2 780	700	350	3 500	180		3 574.25	11 084.25	65 565.75

单位负责人：苏扬　　会计：赵薇　　复核：张小江　　制表人：李英　　审核：丁莉

表 7－1－16 附表

宏发制衣股份有限公司代扣代缴个人所得税计算表

制表日期：2013 年 11 月 25 日　　单位：元

所得日期	部门	姓名	应发工资 1	养老保险 2	医疗保险 3	失业保险 4	公积金 5	费用减除 6	应纳税所得额 7＝1－2－3－4－5－6	税率 8	速算扣除数 9	应纳税额 10＝7×8－9
2013.11	办公室	苏　扬	5 500	400	100	50	500	3 500	950	3%	0	28.50
2013.11	办公室	李　英	5 000	160	40	20	200	3 500	1 080	3%	0	32.40
2013.11	销售部	陈　成	10 600	200	50	25	250	3 500	6 575	20%	555	760.00
2013.11	人事部	丁　莉	8 150	320	80	40	400	3 500	3 810	10%	105	276.00
2013.11	财务部	张小江	7 150	280	70	35	350	3 500	2 915	10%	105	186.50
2013.11	财务部	赵　薇	5 600	240	60	30	300	3 500	1 470	3%	0	44.10
2013.11	生产部	王建国	7 650	280	70	35	350	3 500	3 415	10%	105	236.50
2013.11	生产部	刘　武	14 200	440	110	55	550	3 500	9 545	25%	1 005	1 381.25
2013.11	生产部	周立波	10 450	380	100	50	500	3 500	5 920	20%	555	629.00
2013.11	生产部	孙红霞	2 350	80	20	10	100	3 500			0	0.00
2013.11	合计		76 650	2 780	700	350	3 500					3 574.25

制表人：李英　　审核：丁莉

表 7-1-17 **2013 年 12 月宏发制衣股份有限公司职工工资表**

月份：12 月　　　　制表时间：2013 年 12 月 30 日　　　　单位：元

序号	部门	姓名	各项应发工资							扣税费								实发工资
			基本工资	绩效工资	津贴	奖金	出勤工资	加班费	应发工资	养老保险	医疗保险	失业保险	公积金	工会费	其他	个税	扣款小计	
1	办公室	苏　扬	5 000		500				5 500	400	100	50	500	25		28. 50	1 103. 50	4 396. 50
2	办公室	李　英	2 000	1 500	200		300		4 000	160	40	20	200	10		2. 40	432. 40	3 567. 60
3	销售部	陈　成	2 500	5 000	800		300		8 600	200	50	25	250	15		360. 00	900. 00	7 700. 00
4	人事部	丁　莉	4 000	2 500	350		300		7 150	320	80	40	400	20		176. 00	1 036. 00	6 114. 00
5	财务部	张小江	3 500	3 000	350		300		7 150	280	70	35	350	20		186. 50	941. 50	6 208. 50
6	财务部	赵　薇	3 000	2 000	300		300		5 600	240	60	30	300	15		44. 10	689. 10	4 910. 90
7	生产部	王建国	3 500	3 500	350		300		7 650	280	70	35	350	20		236. 50	991. 50	6 658. 50
8	生产部	刘　武	5 500	8 000	400		300		14 200	440	110	55	550	25		1 381. 25	2 561. 25	11 638. 75
9	生产部	周立波	4 800	5 000	350		300		10 450	380	100	50	500	25		629. 00	1 684. 00	8 766. 00
10	生产部	孙红霞	1 000	800	250		300		2 350	80	20	10	100	5		0. 00	215. 00	2 135. 00
11	合计		34 800	31 300	3 850		2 700		72 650	2 780	700	350	3 500	180		3 044. 25	10 554. 25	62 095. 75

单位负责人：苏扬　　会计：赵薇　　复核：张小江　　制表人：李英　　审核：丁莉

表 7－1－17 附表 1

宏发制衣股份有限公司代扣代缴个人所得税计算表

制表日期：2013 年 12 月 30 日　　　　单位：元

所得日期	部门	姓名	应发工资 1	养老保险 2	医疗保险 3	失业保险 4	公积金 5	费用减除 6	应纳税所得额 7＝1－2－3－4－5－6	税率 8	速算扣除数 9	应纳税额 10＝7×8－9
2013.12	办公室	苏　扬	5 500	400	100	50	500	3 500	950	3%	0	28.50
2013.12	办公室	李　英	4 000	160	40	20	200	3 500	80	3%	0	2.40
2013.12	销售部	陈　成	8 600	200	50	25	250	3 500	4 575	20%	555	360.00
2013.12	人事部	丁　莉	7 150	320	80	40	400	3 500	2 810	10%	105	176.00
2013.12	财务部	张小江	7 150	280	70	35	350	3 500	2 915	10%	105	186.50
2013.12	财务部	赵　薇	5 600	240	60	30	300	3 500	1 470	3%	0	44.10
2013.12	生产部	王建国	7 650	280	70	35	350	3 500	3 415	10%	105	236.50
2013.12	生产部	刘　武	14 200	440	110	55	550	3 500	9 545	25%	1 005	1 381.25
2013.12	生产部	周立波	10 450	380	100	50	500	3 500	5 920	20%	555	629.00
2013.12	生产部	孙红霞	2 350	80	20	10	100	3 500	－1 360			0.00
2013.12	合计		72 650	2 780	700	350	3 500					3 044.25

制表人：李英　　　　审核：丁莉

表 7－1－17 附表 2

宏发制衣股份有限公司全年一次性奖金个人所得税计算表

制表日期：2013 年 12 月 30 日　　　　单位：元

所得日期	部门	姓名	年终奖 1	2＝1＋上表 7 之负数 2	3＝2/12 3	税率 4	速算扣除数 5	应纳税额 6＝2×4－5	实发奖金 7＝1－6	12 月合计个税 8＝6＋上表 10
2013.12	办公室	苏　扬	200 000	200 000	16 666.67	25%	1 005	48 995.00	151 005.00	49 023.50
2013.12	办公室	李　英	8 000	8 000	666.67	3%	0	240.00	7 760.00	242.40
2013.12	销售部	陈　成	120 000	120 000	10 000.00	25%	1 005	28 995.00	91 005.00	29 355.00
2013.12	人事部	丁　莉	50 000	50 000	4 166.67	10%	105	4 895.00	45 105.00	5 071.00
2013.12	财务部	张小江	40 000	40 000	3 333.33	10%	105	3 895.00	36 105.00	4 081.50
2013.12	财务部	赵　薇	10 000	10 000	833.33	3%	0	300.00	9 700.00	344.10
2013.12	生产部	王建国	20 000	20 000	1 666.67	10%	105	1 895.00	18 105.00	2 131.50
2013.12	生产部	刘　武	25 000	25 000	2 083.33	10%	105	2 395.00	22 605.00	3 776.25
2013.12	生产部	周立波	15 000	15 000	1 250.00	3%	0	450.00	14 550.00	1 079.00
2013.12	生产部	孙红霞	7 000	5 640	470.00	3%	0	169.20	6 830.80	169.20
2013.12	合计		495 000					92 229.20	402 770.80	95 273.45

制表人：李英　　　　审核：丁莉　　　　复核：赵薇

表 7－1－18

个人所得税基础信息表（A 表）

扣缴义务人名称：宏发制衣股份有限公司

扣缴义务人编码：2 1 0 1 0 1 1 0 0 6 6 8 8 1 1

序号	姓名	国籍（地区）	身份证件类型	身份证件号码	是否残疾烈属孤老	雇员		非雇员			股东、投资者		境内无住所个人									备注
						电话	电子邮箱	联系地址	电话	工作单位	公司股本（投资）总额	个人股本（投资）额	纳税人识别号	来华时间	任职期限	预计离境时间	预计离境地点	境内职务	境外职务	支付地	境外支付地（国别/地区）	
1	苏扬	中国	身份证	522322196704062835	否	13902186188	XXX				1 000 万元	100 000 元										
2	李英	中国	身份证	211203198808151644	否	18978819079	XXX															
3	陈成	中国	身份证	332603197003197983	否	13856724324	XXX															
4	丁莉	中国	身份证	411405197211283302	否	18645321003	XXX					50 000 元										
5	张小江	中国	身份证	210204197210046533	否	13977123985	XXX															
6	赵薇	中国	身份证	212501198102170472	否	18845224698	XXX															
7	王建国	中国	身份证	430205197306243211	否	13932974521	XXX															
8	刘武	中国	身份证	210105196201091267	否	13825678992	XXX					50 000 元										
9	周立波	中国	身份证	210105196509133269	否	13933458876	XXX															
10	孙红霞	中国	身份证	210104197801132246	否	18577566422	XXX															
11																						
12																						
13																						
14																						

谨声明：此表是根据《中华人民共和国个人所得税法》及其实施条例和国家相关法律法规规定填报的，是真实的、完整的、可靠的。

法定代表人（负责人）签字：苏扬　　2013 年 9 月 12 日

扣缴义务人公章：宏发制衣股份有限公司（公章） 经办人：赵薇	代理机构（人）签章： 经办人： 经办人执业证件号码：	主管税务机关受理专用章： 受理人：
填表日期：2013 年 9 月 12 日	代理申报日期：　年　月　日	受理日期：　年　月　日

国家税务总局监制

表 7－1－19

扣缴个人所得税报告表

税款所属期：2013 年 8 月 1 日至 2013 年 8 月 31 日

扣缴义务人名称：宏发制衣股份有限公司　　　　扣缴义务人所属行业：☑一般行业　□特定行业月份申报

扣缴义务人编码：2 1 0 1 0 1 1 0 0 6 6 8 8 1 1　　　　金额单位：人民币元（列至角分）

序号	姓名	身份证件类型	身份证件号码	所得项目	所得期间	收入额	免税所得	税前扣除项目：基本养老保险费	基本医疗保险费	失业保险费	住房公积金	财产原值	允许扣除的税费	其他	合计	减除费用	准予扣除的捐赠额	应纳税所得额	税率%	速算扣除数	应纳税额	减免税额	应扣缴税额	已扣缴税额	应补（退）税额	备注
1	2	3	4	5	6	7	8	9	10	11	12	13	14	15	16	17	18	19	20	21	22	23	24	25	26	27
1	苏扬	身份证	522322196704062835	工资薪金	2013.8	5 800.00		400.00	100.00	50.00	500.00				1 050.00	3 500.00		1 250.00	3%	0.00	37.50	0.00	37.50	37.50	0.00	
2	李英	身份证	211203198808151644	工资薪金	2013.8	4 300.00		160.00	40.00	20.00	200.00				420.00	3 500.00		380.00	3%	0.00	11.40	0.00	11.40	11.40	0.00	
3	陈成	身份证	332603197003197983	工资薪金	2013.8	8 900.00		200.00	50.00	25.00	250.00				525.00	3 500.00		4 875.00	20%	555.00	420.00	0.00	420.00	420.00	0.00	
4	丁莉	身份证	411405197211283302	工资薪金	2013.8	7 450.00		320.00	80.00	40.00	400.00				840.00	3 500.00		3 110.00	10%	105.00	206.00	0.00	206.00	206.00	0.00	
5	张小江	身份证	210204197210046533	工资薪金	2013.8	7 450.00		280.00	70.00	35.00	350.00				735.00	3 500.00		3 215.00	10%	105.00	216.50	0.00	216.50	216.50	0.00	
6	赵薇	身份证	212501198102170472	工资薪金	2013.8	5 900.00		240.00	60.00	30.00	300.00				630.00	3 500.00		1 770.00	10%	105.00	72.00	0.00	72.00	72.00	0.00	
7	王建国	身份证	430205197306243211	工资薪金	2013.8	8 150.00		280.00	70.00	35.00	350.00				735.00	3 500.00		3 915.00	10%	105.00	286.50	0.00	286.50	286.50	0.00	
8	刘武	身份证	210105196201091267	工资薪金	2013.8	14 700.00		440.00	110.00	55.00	550.00				1 155.00	3 500.00		10 045.00	25%	1 005.00	1 506.25	0.00	1 506.25	1 506.25	0.00	
9	周立波	身份证	210105196509133269	工资薪金	2013.8	10 950.00		380.00	100.00	50.00	500.00				1 030.00	3 500.00		6 420.00	20%	555.00	729.00	0.00	729.00	729.00	0.00	
10	孙红霞	身份证	210104197801132246	工资薪金	2013.8	2 850.00		80.00	20.00	10.00	100.00				210.00	3 500.00										
合计						76 450.00		2 780.00	700.00	350.00	3 500.00				7 330.00						3 485.15	0.00	3 485.15	3 485.15	0.00	

谨声明：此扣缴报告表是根据《中华人民共和国个人所得税法》及其实施条例和国家有关税收法律法规规定填写的，是真实的、完整的、可靠的。

法定代表人（负责人）签字：苏扬　　2013 年 9 月 12 日

扣缴义务人公章：宏发制衣股份有限公司（公章） 经办人：赵薇	代理机构（人）签章： 经办人： 经办人执业证件号码：	主管税务机关受理专用章： 受理人：
填表日期：2013 年 9 月 12 日	代理申报日期：　年　月　日	受理日期：　年　月　日

国家税务总局监制

表 7－1－20

扣缴个人所得税报告表

税款所属期：2013 年 9 月 1 日至 2013 年 9 月 30 日

扣缴义务人名称：宏发制衣股份有限公司　　　　扣缴义务人所属行业：☑一般行业　□特定行业月份申报

扣缴义务人编码：2 1 0 1 0 1 1 0 0 6 6 8 8 1 1　　　　金额单位：人民币元（列至角分）

序号	姓名	身份证件类型	身份证件号码	所得项目	所得期间	收入额	免税所得	税前扣除项目								减除费用	准予扣除的捐赠额	应纳税所得额	税率%	速算扣除数	应纳税额	减免税额	应扣缴税额	已扣缴税额	应补（退）税额	备注
								基本养老保险费	基本医疗保险费	失业保险费	住房公积金	财产原值	允许扣除的税费	其他	合计											
1	2	3	4	5	6	7	8	9	10	11	12	13	14	15	16	17	18	19	20	21	22	23	24	25	26	27
1	苏扬	身份证	522322196704062835	工资薪金	2013.9	5 500.00		400.00	100.00	50.00	500.00				1 050.00	3 500.00		950.00	3%	0.00	28.50	0.00	28.50	28.50	0.00	
2	李英	身份证	211203198808151644	工资薪金	2013.9	6 000.00		160.00	40.00	20.00	200.00				420.00	3 500.00		2 080.00	10%	105.00	103.00	0.00	103.00	103.00	0.00	
3	陈成	身份证	332603197003197983	工资薪金	2013.9	42 100.00		200.00	50.00	25.00	250.00				525.00	3 500.00		38 075.00	30%	2 755.00	8 667.50	0.00	8 667.50	8 667.50	0.00	
4	丁莉	身份证	411405197211283302	工资薪金	2013.9	12 130.00		320.00	80.00	40.00	400.00				840.00	3 500.00		7 790.00	20%	555.00	1 003.00	0.00	1 003.00	1 003.00	0.00	
5	张小江	身份证	210204197210046533	工资薪金	2013.9	11 150.00		280.00	70.00	35.00	350.00				735.00	3 500.00		6 915.00	20%	555.00	828.00	0.00	828.00	828.00	0.00	
6	赵薇	身份证	212501198102170472	工资薪金	2013.9	8 080.00		240.00	60.00	30.00	300.00				630.00	3 500.00		3 950.00	10%	105.00	290.00	0.00	290.00	290.00	0.00	
7	王建国	身份证	430205197306243211	工资薪金	2013.9	15 650.00		280.00	70.00	35.00	350.00				735.00	3 500.00		11 415.00	25%	1 005.00	1 848.75	0.00	1 848.75	1 848.75	0.00	
8	刘武	身份证	210105196201091267	工资薪金	2013.9	24 200.00		440.00	110.00	55.00	550.00				1 155.00	3 500.00		19 545.00	25%	1 005.00	3 881.25	0.00	3 881.25	3 881.25	0.00	
9	周立波	身份证	210105196509133269	工资薪金	2013.9	13 450.00		380.00	100.00	50.00	500.00				1 030.00	3 500.00		8 920.00	20%	555.00	1 229.00	0.00	1 229.00	1 229.00	0.00	
10	孙红霞	身份证	210104197801132246	工资薪金	2013.9	4 350.00		80.00	20.00	10.00	100.00				210.00	3 500.00		640.00	3%	0.00	19.20	0.00	19.20	19.20	0.00	
合　计						142 610.00		2 780.00	700.00	350.00	3 500.00				7 330.00						17 898.20	0.00	17 898.20	17 898.20	0.00	

谨声明：此扣缴报告表是根据《中华人民共和国个人所得税法》及其实施条例和国家有关税收法律法规规定填写的，是真实的、完整的、可靠的。

法定代表人（负责人）签字：苏扬　　　　2013 年 10 月 12 日

扣缴义务人公章：宏发制衣股份有限公司（公章） 经办人：赵薇	代理机构（人）签章： 经办人： 经办人执业证件号码：	主管税务机关受理专用章： 受理人：
填表日期：2013 年 10 月 12 日	代理申报日期：　年　月　日	受理日期：　年　月　日

国家税务总局监制

表 7－1－21

个人所得税基础信息表（A 表）

扣缴义务人名称：宏发制衣股份有限公司

扣缴义务人编码：2 1 0 1 0 1 1 0 0 6 6 8 8 1 1

序号	姓名	国籍（地区）	身份证件类型	身份证件号码	是否残疾烈属孤老	雇员		非雇员			股东、投资者		境内无住所个人									备注
						电话	电子邮箱	联系地址	电话	工作单位	公司股本（投资）总额	个人股本（投资）额	纳税人识别号	来华时间	任职期限	预计离境时间	预计离境地点	境内职务	境外职务	支付地	境外支付地（国别/地区）	
1	高海波	中国	身份证	440101197010241243	否			×××	13502283666													
2	杨志坚	中国	身份证	120104196608086235	否			×××	13288500699	德力机修厂												
3																						
4																						
5																						
6																						
7																						
8																						
9																						
10																						
11																						
12																						

谨声明：此表是根据《中华人民共和国个人所得税法》及其实施条例和国家相关法律法规规定填报的，是真实的、完整的、可靠的。

法定代表人（负责人）签字：苏扬　　2013 年 11 月 12 日

扣缴义务人公章：宏发制衣股份有限公司（公章） 经办人：赵薇	代理机构（人）签章： 经办人： 经办人执业证件号码：	主管税务机关受理专用章： 受理人：
填表日期：2013 年 11 月 12 日	代理申报日期：　年　月　日	受理日期：　年　月　日

国家税务总局监制

表 7-1-22

扣缴个人所得税报告表

税款所属期：2013 年 10 月 1 日至 2013 年 10 月 31 日

扣缴义务人名称：宏发制衣股份有限公司

扣缴义务人编码：2 1 0 1 0 1 1 0 0 6 6 8 8 1 1

扣缴义务人所属行业：☑一般行业 □特定行业月份申报

金额单位：人民币元（列至角分）

序号	姓名	身份证件类型	身份证件号码	所得项目	所得期间	收入额	免税所得	税前扣除项目								减除费用	准予扣除的捐赠额	应纳税所得额	税率%	速算扣除数	应纳税额	减免税额	应扣缴税额	已扣缴税额	应补（退）税额	备注
								基本养老保险费	基本医疗保险费	失业保险费	住房公积金	财产原值	允许扣除的税费	其他	合计											
1	2	3	4	5	6	7	8	9	10	11	12	13	14	15	16	17	18	19	20	21	22	23	24	25	26	27
1	苏扬	身份证	522322196704062835	工资薪金	2013.10	5 500.00		400.00	100.00	50.00	500.00				1 050.00	3 500.00		950.00	3%	0.00	28.50	0.00	28.50	28.50	0.00	
2	李英	身份证	211203198808151644	工资薪金	2013.10	5 000.00		160.00	40.00	20.00	200.00				420.00	3 500.00		1 080.00	3%	0.00	32.40	0.00	32.40	32.40	0.00	
3	陈成	身份证	332603197003197983	工资薪金	2013.10	9 600.00		200.00	50.00	25.00	250.00				525.00	3 500.00		5 575.00	20%	555.00	560.00	0.00	560.00	560.00	0.00	
4	丁莉	身份证	411405197211283302	工资薪金	2013.10	8 150.00		320.00	80.00	40.00	400.00				840.00	3 500.00		3 810.00	10%	105.00	276.00	0.00	276.00	276.00	0.00	
5	张小江	身份证	210204197210046533	工资薪金	2013.10	8 150.00		280.00	70.00	35.00	350.00				735.00	3 500.00		3 915.00	10%	105.00	286.50	0.00	286.50	286.50	0.00	
6	赵薇	身份证	212501198102170472	工资薪金	2013.10	6 600.00		240.00	60.00	30.00	300.00				630.00	3 500.00		2 470.00	10%	105.00	142.00	0.00	142.00	142.00	0.00	
7	王建国	身份证	430205197306243211	工资薪金	2013.10	9 650.00		280.00	70.00	35.00	350.00				735.00	3 500.00		5 415.00	20%	555.00	528.00	0.00	528.00	528.00	0.00	
8	刘武	身份证	210105196201091267	工资薪金	2013.10	16 200.00		440.00	110.00	55.00	550.00				1 155.00	3 500.00		11 545.00	25%	1 005.00	1 881.25	0.00	1 881.25	1 881.25	0.00	
9	周立波	身份证	210105196509133269	工资薪金	2013.10	12 450.00		380.00	100.00	50.00	500.00				1 030.00	3 500.00		7 920.00	20%	555.00	1 029.00	0.00	1 029.00	1 029.00	0.00	
10	孙红霞	身份证	210104197801132246	工资薪金	2013.10	4 150.00		80.00	20.00	10.00	100.00				210.00	3 500.00		440.00	3%	0.00	13.20	0.00	13.20	13.20	0.00	
11	高海波	身份证	440101197010241243	特许权使用费	2013.10	100 000.00										20 000.00		80 000.00	20%		16 000.00	0.00	16 000.00	16 000.00	0.00	非雇员
12	杨志坚	身份证	120104196608086235	劳务报酬	2013.10	63 235.29										12 647.07		50 588.23	40%	7 000.00	13 235.29	0.00	13 235.29	13 235.29	0.00	非雇员
	合　计					248 685.29		2 780.00	700.00	350.00	3 500.00				7 330.00						34 012.14	0.00	34 012.14	34 012.14	0.00	

谨声明：此扣缴报告表是根据《中华人民共和国个人所得税法》及其实施条例和国家有关税收法律法规规定填写的，是真实的、完整的、可靠的。

法定代表人（负责人）签字：苏扬　　2013 年 11 月 12 日

扣缴义务人公章：宏发制衣股份有限公司（公章） 经办人：赵薇	代理机构（人）签章： 经办人： 经办人执业证件号码：	主管税务机关受理专用章： 受理人：
填表日期：2013 年 11 月 12 日	代理申报日期：　年　月　日	受理日期：　年　月　日

国家税务总局监制

表 7－1－23

个人所得税基础信息表（A 表）

扣缴义务人名称：宏发制衣股份有限公司

扣缴义务人编码：2 1 0 1 0 1 1 0 0 6 6 8 8 1 1

序号	姓名	国籍（地区）	身份证件类型	身份证件号码	是否残疾烈属孤老	雇员		非雇员			股东、投资者		境内无住所个人									备注
						电话	电子邮箱	联系地址	电话	工作单位	公司股本（投资）总额	个人股本（投资）额	纳税人识别号	来华时间	任职期限	预计离境时间	预计离境地点	境内职务	境外职务	支付地	境外支付地（国别/地区）	
1	凌志军	中国	身份证	210204196608252235	否			×××	18977032938		10 000 000.00	600 000.00										
2	李春旺	中国	身份证	210204195812135421	否			×××	13941100155		10 000 000.00	400 000.00										
3	刘倩	中国	身份证	110506198802166844	否			×××	13388200747	丝雨模特公司												
4	张美美	中国	身份证	312522199011102112	否			×××	13623989822	丝雨模特公司												
5	潘晓阳	中国	身份证	230104198705233746	否			×××	13941130399	丝雨模特公司												
6																						
7																						
8																						
9																						
10																						
11																						
12																						

谨声明：此表是根据《中华人民共和国个人所得税法》及其实施条例和国家相关法律法规规定填报的，是真实的、完整的、可靠的。

法定代表人（负责人）签字：苏扬　　2013 年 12 月 12 日

扣缴义务人公章：宏发制衣股份有限公司（公章） 经办人：赵薇	代理机构（人）签章： 经办人： 经办人执业证件号码：	主管税务机关受理专用章： 受理人：
填表日期：2013 年 12 月 12 日	代理申报日期：　年　月　日	受理日期：　年　月　日

国家税务总局监制

表 7－1－24

扣缴个人所得税报告表

税款所属期：2013 年 11 月 1 日至 2013 年 11 月 30 日

扣缴义务人名称：宏发制衣股份有限公司

扣缴义务人所属行业：☑一般行业 □特定行业月份申报

扣缴义务人编码：2 1 0 1 0 1 1 0 0 6 6 8 8 1 1

金额单位：人民币元（列至角分）

序号	姓名	身份证件类型	身份证件号码	所得项目	所得期间	收入额	免税所得	税前扣除项目								减除费用	准予扣除的捐赠额	应纳税所得额	税率%	速算扣除数	应纳税额	减免税额	应扣缴税额	已扣缴税额	应补（退）税额	备注
								基本养老保险费	基本医疗保险费	失业保险费	住房公积金	财产原值	允许扣除的税费	其他	合计											
1	2	3	4	5	6	7	8	9	10	11	12	13	14	15	16	17	18	19	20	21	22	23	24	25	26	27
1	苏扬	身份证	522322196704062835	工资薪金	2013.11	5 500.00		400.00	100.00	50.00	500.00				1 050.00	3 500.00		950.00	3%	0.00	28.50	0.00	28.50	28.50	0.00	
2	苏扬	身份证	522322196704062835	股息	2013.11	10 000.00												10 000.00	20%		2 000.00	0.00	2 000.00	2 000.00	0.00	
3	李英	身份证	211203198808151644	工资薪金	2013.11	5 000.00		160.00	40.00	20.00	200.00				420.00	3 500.00		1 080.00	3%	0.00	32.40	0.00	32.40	32.40	0.00	
4	陈成	身份证	332603197003197983	工资薪金	2013.11	10 600.00		200.00	50.00	25.00	250.00				525.00	3 500.00		6 575.00	20%	555.00	760.00	0.00	760.00	760.00	0.00	
5	丁莉	身份证	411405197211283302	工资薪金	2013.11	8 150.00		320.00	80.00	40.00	400.00				840.00	3 500.00		3 810.00	10%	105.00	276.00	0.00	276.00	276.00	0.00	
6	丁莉	身份证	411405197211283302	股息	2013.11	5 000.00												5 000.00	20%		1 000.00	0.00	1 000.00	1 000.00	0.00	
7	张小江	身份证	210204197210046533	工资薪金	2013.11	7 150.00		280.00	70.00	35.00	350.00				735.00	3 500.00		2 915.00	10%	105.00	186.50	0.00	186.50	186.50	0.00	
8	赵薇	身份证	212501198102170472	工资薪金	2013.11	5 600.00		240.00	60.00	30.00	300.00				630.00	3 500.00		1 470.00	3%	0.00	44.10	0.00	44.10	44.10	0.00	
9	王建国	身份证	430205197306243211	工资薪金	2013.11	7 650.00		280.00	70.00	35.00	350.00				735.00	3 500.00		3 415.00	10%	105.00	236.50	0.00	236.50	236.50	0.00	
10	刘武	身份证	210105196201091267	工资薪金	2013.11	14 200.00		440.00	110.00	55.00	550.00				1 155.00	3 500.00		9 545.00	25%	1 005.00	1 381.25	0.00	1 381.25	1 381.25	0.00	
11	刘武	身份证	210105196201091267	股息	2013.11	5 000.00												5 000.00	20%		1 000.00	0.00	1 000.00	1 000.00	0.00	
12	周立波	身份证	210105196509133269	工资薪金	2013.11	10 450.00		380.00	100.00	50.00	500.00				1 030.00	3 500.00		5 920.00	20%	555.00	629.00	0.00	629.00	629.00	0.00	
13	孙红霞	身份证	210104197801132246	工资薪金	2013.11	2 350.00		80.00	20.00	10.00	100.00				210.00	3 500.00									0.00	
14	凌志军	身份证	210204196608252235	股息	2013.11	60 000.00												60 000.00	20%		12 000.00	0.00	12 000.00	12 000.00	0.00	非雇员
15	李春旺	身份证	210204195812135421	股息	2013.11	40 000.00												40 000.00	20%		8 000.00	0.00	8 000.00	8 000.00	0.00	非雇员
16	刘倩	身份证	110506198802166844	劳务报酬	2013.11	4 000.00										800.00		3 200.00	20%		640.00	0.00	640.00	640.00	0.00	非雇员

续表

序号	姓名	身份证件类型	身份证件号码	所得项目	所得期间	收入额	免税所得	税前扣除项目								减除费用	准予扣除的捐赠额	应纳税所得额	税率%	速算扣除数	应纳税额	减免税额	应扣缴税额	已扣缴税额	应补（退）税额	备注
								基本养老保险费	基本医疗保险费	失业保险费	住房公积金	财产原值	允许扣除的税费	其他	合计											
17	张美美	身份证	312522199011102112	劳务报酬	2013.11	4 000.00										800.00		3 200.00	20%		640.00	0.00	640.00	640.00	0.00	非雇员
18	潘晓阳	身份证	230104198705233746	劳务报酬	2013.11	4 000.00										800.00		3 200.00	20%		640.00	0.00	640.00	640.00	0.00	非雇员
合计						208 650.00		2 780.00	700.00	350.00	3 500.00				7 330.00						29 494.25	0.00	29 494.25	29 494.25	0.00	

谨声明：此扣缴报告表是根据《中华人民共和国个人所得税法》及其实施条例和国家有关税收法律法规规定填写的，是真实的、完整的、可靠的。

法定代表人（负责人）签字：苏扬　　2013 年 12 月 12 日

扣缴义务人公章：宏发制衣股份有限公司（公章） 经办人：赵薇	代理机构（人）签章： 经办人： 经办人执业证件号码：	主管税务机关受理专用章： 受理人：
填表日期：2013 年 12 月 12 日	代理申报日期：　年　月　日	受理日期：　年　月　日

国家税务总局监制

表 7－1－25

扣缴个人所得税报告表

税款所属期：2013 年 12 月 1 日至 2013 年 12 月 31 日

扣缴义务人名称：宏发制衣股份有限公司

扣缴义务人所属行业：☑一般行业 □特定行业月份申报

扣缴义务人编码：2 1 0 1 0 1 1 0 0 6 6 8 8 1 1

金额单位：人民币元（列至角分）

序号	姓名	身份证件类型	身份证件号码	所得项目	所得期间	收入额	免税所得	税前扣除项目								减除费用	准予扣除的捐赠额	应纳税所得额	税率%	速算扣除数	应纳税额	减免税额	应扣缴税额	已扣缴税额	应补（退）税额	备注
								基本养老保险费	基本医疗保险费	失业保险费	住房公积金	财产原值	允许扣除的税费	其他	合计											
1	2	3	4	5	6	7	8	9	10	11	12	13	14	15	16	17	18	19	20	21	22	23	24	25	26	27
1	苏扬	身份证	522322196704062835	工资薪金	2013.12	5 500.00		400.00	100.00	50.00	500.00				1 050.00	3 500.00		950.00	3%	0.00	28.50	0.00	28.50	28.50	0.00	
2	李英	身份证	211203198808151644	工资薪金	2013.12	4 000.00		160.00	40.00	20.00	200.00				420.00	3 500.00		80.00	3%	0.00	2.40	0.00	2.40	2.40	0.00	
3	陈成	身份证	332603197003197983	工资薪金	2013.12	8 600.00		200.00	50.00	25.00	250.00				525.00	3 500.00		4 575.00	20%	555.00	360.00	0.00	360.00	360.00	0.00	
4	丁莉	身份证	411405197211283302	工资薪金	2013.12	7 150.00		320.00	80.00	40.00	400.00				840.00	3 500.00		2 810.00	10%	105.00	176.00	0.00	176.00	176.00	0.00	
5	张小江	身份证	210204197210046533	工资薪金	2013.12	7 150.00		280.00	70.00	35.00	350.00				735.00	3 500.00		2 915.00	10%	105.00	186.50	0.00	186.50	186.50	0.00	
6	赵薇	身份证	212501198102170472	工资薪金	2013.12	5 600.00		240.00	60.00	30.00	300.00				630.00	3 500.00		1 470.00	3%	0.00	44.10	0.00	44.10	44.10	0.00	
7	王建国	身份证	430205197306243211	工资薪金	2013.12	7 650.00		280.00	70.00	35.00	350.00				735.00	3 500.00		3 415.00	10%	105.00	236.50	0.00	236.50	236.50	0.00	
8	刘武	身份证	210105196201091267	工资薪金	2013.12	14 200.00		440.00	110.00	55.00	550.00				1 155.00	3 500.00		9 545.00	25%	1 005.00	1 381.25	0.00	1 381.25	1 381.25	0.00	
9	周立波	身份证	210105196509133269	工资薪金	2013.12	10 450.00		380.00	100.00	50.00	500.00				1 030.00	3 500.00		5 920.00	20%	555.00	629.00	0.00	629.00	629.00	0.00	
10	孙红霞	身份证	210104197801132246	工资薪金	2013.12	2 350.00		80.00	20.00	10.00	100.00				210.00	3 500.00		－1 360.00								
11	苏扬	身份证	522322196704062835	工资薪金	2013.12	200 000.00												200 000.00	25%	1 005.00	48 995.00	0.00	48 995.00	48 995.00	0.00	全
12	李英	身份证	211203198808151644	工资薪金	2013.12	8 000.00												8 000.00	3%	0.00	240.00	0.00	240.00	240.00	0.00	年
13	陈成	身份证	332603197003197983	工资薪金	2013.12	120 000.00												120 000.00	25%	1005.00	28 995.00	0.00	28 995.00	28 995.00	0.00	一
14	丁莉	身份证	411405197211283302	工资薪金	2013.12	50 000.00												50 000.00	10%	105.00	4 895.00	0.00	4 895.00	4 895.00	0.00	次
15	张小江	身份证	210204197210046533	工资薪金	2013.12	40 000.00												40 000.00	10%	105.00	3 895.00	0.00	3 895.00	3 895.00	0.00	性
16	赵薇	身份证	212501198102170472	工资薪金	2013.12	10 000.00												10 000.00	3%	0.00	300.00	0.00	300.00	300.00	0.00	奖

续表

序号	姓名	身份证件类型	身份证件号码	所得项目	所得期间	收入额	免税所得	税前扣除项目								减除费用	准予扣除的捐赠额	应纳税所得额	税率%	速算扣除数	应纳税额	减免税额	应扣缴税额	已扣缴税额	应补(退)税额	备注
								基本养老保险费	基本医疗保险费	失业保险费	住房公积金	财产原值	允许扣除的税费	其他	合计											
17	王建国	身份证	430205197306243211	工资薪金	2013.12	20 000.00												20 000.00	10%	105.00	1 895.00	0.00	1 895.00	1 895.00	0.00	金
18	刘武	身份证	210105196201091267	工资薪金	2013.12	25 000.00												25 000.00	10%	105.00	2 395.00	0.00	2 395.00	2 395.00	0.00	
19	周立波	身份证	210105196509133269	工资薪金	2013.12	15 000.00												15 000.00	3%	0.00	450.00	0.00	450.00	450.00	0.00	
20	孙红霞	身份证	210104197801132246	工资薪金	2013.12	7 000.00												5 640.00	3%	0.00	169.20	0.00	169.20	169.20	0.00	
合计						567 650.00		2 780.00	700.00	5 500.00	3 500.00				7 330.00						95 273.45	0.00	95 273.45	95 273.45	0.00	

谨声明：此扣缴报告表是根据《中华人民共和国个人所得税法》及其实施条例和国家有关税收法律法规规定填写的，是真实的、完整的、可靠的。

法定代表人（负责人）签字：苏扬　　2014 年 1 月 12 日

扣缴义务人公章：宏发制衣股份有限公司（公章） 经办人：赵薇	代理机构（人）签章： 经办人： 经办人执业证件号码：	主管税务机关受理专用章： 受理人：
填表日期：2014 年 1 月 12 日	代理申报日期：　年　月　日	受理日期：　年　月　日

国家税务总局监制

四、技能训练

1. 背景资料

扣缴义务人名称：辽西财经学院

成立日期：1988 年 6 月 8 日

扣缴义务人编码：210101100886622

扣缴义务人组织机构代码：00253368

法定代表人：何宏云，身份证号码为 510302195809151983

单位地址及邮编：辽宁省辽西市大学路 88 号　111221

扣缴义务人类型：财政差额拨款高等院校

扣缴义务人所属行业：教育

开户银行及账号：中国工商银行辽西支行　4096006688

财务负责人：马涛，身份证号码为 210302196310046543

办税人员：赵明，身份证号码为 222502197502090582

2. 相关证照

扣缴义务人证书、个人所得税扣缴税款登记证（略）

3. 业务资料

2014 年年初，辽西财经学院在册教职员工 8 人（由于个人所得税实行全员全额申报，为便于计算汇总代扣代缴个人所得税额，假设员工总数为 8 人），具体名单见辽西财经学院职工花名册（表 7－1－26）。根据人事职称改革的有关规定，辽西财经学院教职员工的应发工资由基础工资、绩效工资、其他收入构成，具体金额见辽西财经学院教职员工工资构成表（表 7－1－27）。学校人事处依照上一年度 12 月份职工工资在国家、辽宁省政府规定的比例范围内核定了 2014 年每月应从职工工资中扣缴的医疗保险金、失业保险金、住房公积金，具体缴费数额见辽西财经学院职工每月“二险一金”扣缴金额表（表 7－1－28）。扣款中除了“二险一金”外（财政拨款的事业不缴纳养老保险金，只缴纳医疗保险金和失业保险金），还有工会经费（表 7－1－29）、其他费用扣除及代扣代缴的个人所得税。

学校财务每月 15 日填制工资表，18 日将款项打入银行个人工资账户发放工资。

表 7－1－26　　2014 年辽西财经学院职工花名册

制表：人事处　　制表时间：2014 年 1 月 5 日

序号	部门	姓名	类别	职务	级别	身份证号码	备注
1	校　办	何宏云	管理人员	校长	正厅	510302195809151983	
2	人事处	张　强	管理人员	处长	正处	411204196008131647	
3	财务处	马　涛	管理人员	处长	正处	210302196310046543	
4	财务处	赵　明	管理人员	会计	科长	222502197502090582	
5	财务处	齐思思	管理人员	出纳	科员	320201197010046534	

续表

序号	部门	姓名	类别	职务	级别	身份证号码	备注
6	会计系	周　东	专业技术人员	系主任	教授	212501196202170471	
7	工商系	李玲洁	专业技术人员	教师	副教授	120105197306243218	
8	金融系	陈　伟	专业技术人员	教师	讲师	251305198201091267	

表 7－1－27　　2014 年辽西财经学院职工工资构成表

制表：人事处　　制表时间：2014 年 1 月 5 日　　单位：元

序号	部门	姓名	应发工资			
			基础工资	绩效工资	其他	应发小计
1	校　办	何宏云	6 000			
2	人事处	张　强	4 500			
3	财务处	马　涛	4 300			
4	财务处	赵　明	3 500			
5	财务处	齐思思	3 200			
6	会计系	周　东	5 500			
7	工商系	李玲洁	4 000			
8	金融系	陈　伟	3 000			
	合计		34 000			

表 7－1－28　　2014 年辽西财经学院职工每月“二险一金”扣缴表

制表：人事处　　制表时间：2014 年 1 月 5 日　　单位：元

序号	部门	姓名	二险一金			小计
			医疗保险	失业保险	住房公积金	
1	校　办	何宏云	120	60	720	900
2	人事处	张　强	90	45	540	675
3	财务处	马　涛	86	43	516	645
4	财务处	赵　明	70	35	420	525
5	财务处	齐思思	64	32	384	480
6	会计系	周　东	110	55	660	825
7	工商系	李玲洁	80	40	480	600
8	金融系	陈　伟	60	30	360	450
9	合　计		680	340	4 080	5 100

表 7-1-29　　2014 年辽西财经学院职工缴交工会经费表

制表：校工会　　制表时间：2014 年 1 月 5 日　　单位：元

序号	部门	姓名	类别	职务	级别	缴交工会经费
1	校　办	何宏云	管理人员	校长	正厅	30
2	人事处	张　强	管理人员	处长	正处	23
3	财务处	马　涛	管理人员	处长	正处	21
4	财务处	赵　明	管理人员	会计	科长	18
5	财务处	齐思思	管理人员	出纳	科员	16
6	会计系	周　东	专业技术人员	系主任	教授	27
7	工商系	李玲洁	专业技术人员	教师	副教授	20
8	金融系	陈　伟	专业技术人员	教师	讲师	15
	合　计					170

【业务 1】（1）7 月 15 日，2013～2014 学年第二学期结束，学校发放本学期绩效工资如下：

2013～2014 学年第二学期辽西财经学院职工绩效工资发放表

制表：人事处　　制表时间：2014 年 7 月 15 日　　单位：元

序号	部门	姓名	绩效工资
1	校　办	何宏云	15 000
2	人事处	张　强	8 000
3	财务处	马　涛	8 000
4	财务处	赵　明	7 000
5	财务处	齐思思	6 000
6	会计系	周　东	13 000
7	工商系	李玲洁	10 000
8	金融系	陈　伟	6 000
	合　计		73 000

（2）7 月 20 日学校给每位职工发放 200 元防暑降温补助。

【业务 2】（1）9 月 8 日学校科研处给会计系周东发放科研奖励 8 000 元。

（2）9 月 30 日学校给每位职工发放国庆过节补助为超市购物卡一张，面值 100 元。

【业务 3】（1）10 月 20～27 日金融系陈伟在学校举办的考试培训班讲课，获得课酬 3 000 元。

（2）学校开展百名学者进校园讲座活动，10 月 28 日，学校请北京天原科研所专家王大力到校讲座，支付王大力讲座费5 000元（王大力身份证号码：110106196502146843）；10月29日请本校工商系副教授李玲洁讲座，支付讲课费2 000元。

【业务4】（1）11月10日，学校非独立核算校刊编辑部《辽西财经学院学报》编辑部支付学报刊用稿件稿费如下：

作者	篇名	单位	身份证号码	稿费
王万宾	×××××	北方工商大学	310225197712284433	1 500元
周东	×××××	辽西财经学院	212501196202170471	400元

（2）11月13日辽西市伟达计算机软件开发公司工程师孙南将其某项专利转让给辽西财经学院，学院支付其8万元转让费（开转账支票，孙南身份证号码20302197307196237）。

【业务5】12月30日，学校发放2014～2015学年第一学期绩效工资如下：

2014～2015学年第一学期辽西财经学院职工绩效工资发放表

制表：人事处　　　　制表时间：2014年12月30日　　　　单位：元

序号	部门	姓名	绩效工资
1	校　办	何宏云	20 000
2	人事处	张　强	10 000
3	财务处	马　涛	10 000
4	财务处	赵　明	8 000
5	财务处	齐思思	6 000
6	会计系	周　东	18 000
7	工商系	李玲洁	15 000
8	金融系	陈　伟	5 000
	合计		92 000

4. 技能要求：

（1）根据上述相关资料，编制辽西财经学院相应月份的工资表。

（2）计算辽西财经学院应代扣代缴的个人所得税，于次月15日内将扣缴的税款缴入国库，并向主管地税局报送《个人所得税基础信息表（A表）》（表7－1－1）、《扣缴个人所得税报告表》（表7－1－2）。

任务二　个人所得税自行纳税申报

知识目标：

◆ 熟悉我国个人所得税的纳税人、征税对象、税率

◆ 掌握我国个人所得税应纳税额的计算

◆ 熟悉我国个人所得税的征收方式、自行纳税申报的有关规定

◆ 掌握自行纳税申报的业务流程

能力目标：

◆ 能进行个人所得税应纳税额的计算

◆ 能办理个人所得税自行纳税申报

情景导航

中国公民苏扬居住于湖州市，为宏发制衣股份有限公司（非上市公司）总经理并拥有公司股份，其工资实行年薪制，每月只领取基本工资，年终考核其业绩后发放效益工资。2013 年苏扬在公司每月领取基本工资 5 000 元，津贴 500 元，同年 11 月取得公司股息收入 10 000 元，12 月分得年终效益工资 20 万元。其 2013 年全年所得在 12 万元以上，属于高收入人群，按我国《个人所得税法》的有关规定，应当自行申报纳税。

那么，苏扬应如何自行纳税申报？其应于何时何地自行纳税申报？

一、任务描述

根据苏扬 2013 年的个人所得，计算其应纳的个人所得税税额，并自行纳税申报。

二、相关知识点

（一）个人所得税自行纳税申报的基本流程

自行申报纳税是由纳税人自行在税法规定的纳税期限内，向税务机关申报取得的应税所得项目和数额，如实填写个人所得税纳税申报表，并按照税法规定计算应纳税额，据此缴纳个人所得税的一种方法。

1. 自行申报纳税的纳税义务人

（1）自 2006 年 1 月 1 日起，年所得 12 万元以上的。

（2）从中国境内两处或者两处以上取得工资、薪金所得的。

（3）从中国境外取得所得的。

（4）取得应税所得，没有扣缴义务人的。

（5）国务院规定的其他情形。

2. 自行申报纳税的内容

年所得 12 万元以上的纳税人，在纳税年度终了后，应当填写个人所得税纳税申报表

（适用于年所得12万元以上的纳税人申报）（见表7－2－2），并在办理纳税申报时报送主管税务机关，同时报送个人有效身份证件复印件，以及主管税务机关要求报送的其他有关资料。

（1）构成12万元的所得。

12万元的所得包括：①工资、薪金所得；②个体工商户的生产、经营所得；③对企事业单位的承包经营、承租经营所得；④劳务报酬所得；⑤稿酬所得；⑥特许权使用费所得；⑦利息、股息、红利所得；⑧财产租赁所得；⑨财产转让所得；⑩偶然所得；⑪经国务院财政部门确定征税的其他所得。

（2）不包含在12万元中的所得。

① 免税所得。即省级人民政府、国务院部委、中国人民解放军军以上单位，以及外国组织、国际组织颁发的科学、教育、技术、文化、卫生、体育、环境保护等方面的奖金：国债和国家发行的金融债券利息；按照国家统一规定发给的补贴、津贴；保险赔款；军人的转业费、复员费：按照国家统一规定发给干部、职工的安家费、退职费、退休工资、离休工资、离休生活补助费。

② 暂免征税所得。即依照我国有关法律规定应予免税的各国驻华使馆、领事馆的外交代表、领事官员和其他人员的所得；中国政府参加的国际公约、签订的协议中规定免税的所得。

③ 可以免税的来源于中国境外的所得。

④“三险一金”。按照国家规定单位为个人缴付和个人缴付的基本养老保险费、基本医疗保险费、失业保险费、住房公积金。

（3）各项所得的年所得的计算办法

① 工资、薪金所得。按照未减除费用及附加减除费用的收入额计算。

② 劳务报酬所得、特许权使用费所得＝不得减除纳税人在提供劳务或让渡特许权使用权过程中缴纳的有关税费。

③ 财产租赁所得。不得减除纳税人在出租财产过程中缴纳的有关税费；对于纳税人一次取得跨年度财产租赁所得的，全部视为实际取得所得年度的所得。

④ 个人转让房屋所得。采取核定征收个人所得税的，按照实际征收率（1%、2%、3%）分别换算为应税所得率（5%、10%、15%）。据此计算年所得：

⑤ 个人储蓄存款利息所得、企业债券利息所得：全部视为纳税人实际取得所得年度的所得。

⑥ 对个体工商户、个人独资企业投资者，按照征收率核定个人所得税的，将征收率换算为应税所得率，据此计算应纳税所得额：合伙企业投资者按照上述方法确定应纳税所得额后，合伙人应根据合伙协议规定的分配比例确定其应纳税所得额；合伙协议未规定分配比例的，按合伙人数平均分配确定其应纳税所得额：对于同时参与两个以上企业投资的，合伙人应将其投资所有企业的应纳税所得额相加后的总额作为年所得。

⑦ 股票转让所得。以一个纳税年度内，个人股票转让所得与损失盈亏相抵后的正数为申报所得数额，盈亏相抵为负数的，此项所得按“零”填写。

3. 自行申报纳税的申报期限

（1）年所得12万元以上的纳税人，在纳税年度终了后3个月内向主管税务机关办理纳税申报。

（2）个体工商户和个人独资、合伙企业投资者取得的生产、经营所得应纳的税款，分月预缴的，纳税人在每月终了后15日内办理纳税申报；分季预缴的，纳税人在每个季度终了后15日内办理纳税申报；纳税年度终了后，纳税人在3个月内进行汇算清缴。

（3）纳税人年终一次性取得对企事业单位的承包经营、承租经营所得的，自取得所得之日起30日内办理纳税申报：在一个纳税年度内分次取得承包经营、承租经营所得的，在每次取得所得后的次月15日内申报预缴：纳税年度终了后3个月内汇算清缴。

（4）从中国境外取得所得的纳税人，在纳税年度终了后30日内向中国境内主管税务机关办理纳税申报。

（5）除以上规定的情形外，纳税人取得其他各项所得须申报纳税的，在取得所得的次月15日内向主管税务机关办理纳税申报：

4. 自行申报纳税的申报方式

纳税人可以采取数据电文、邮寄等方式申报，也可以直接到主管税务机关申报，或者采取符合主管税务机关规定的其他方式申报。纳税人采取邮寄方式申报的，以邮寄部门挂号信函收据作为申报凭据，以寄出的邮戳日期为实际申报日期。

纳税人也可以委托有税务代理资质的中介机构或者他人代为办理纳税申报。

5. 自行申报纳税的申报地点

（1）在中国境内有任职、受雇单位的，向任职、受雇单位所在地主管税务机关申报。

（2）在中国境内有两处或者两处以上任职、受雇单位的，选择并固定向其中一处单位所在地主管税务机关申报。

（3）在中国境内无任职、受雇单位，年所得项目中有个体工商户的生产、经营所得或者对企事业单位的承包经营、承租经营所得（以下统称生产、经营所得）的，向其中一处实际经营所在地主管税务机关申报。

（4）在中国境内无任职、受雇单位，年所得项目中无生产、经营所得的，向户籍所在地主管税务机关申报。在中国境内有户籍，但户籍所在地与中国境内经常居住地不一致的，选择并固定向其中一地主管税务机关申报。在中国境内没有户籍的，向中国境内经常居住地主管税务机关申报。

（5）其他所得的纳税人，纳税申报地点分别为：

① 从两处或者两处以上取得工资、薪金所得的，选择并固定向其中一处单位所在地主管税务机关申报。

② 从中国境外取得所得的，向中国境内户籍所在地主管税务机关申报。在中国境内有户籍，但户籍所在地与中国境内经常居住地不一致的，选择并固定向其中一地主管税务机关申报。在中国境内没有户籍的，向中国境内经常居住地主管税务机关申报。

为进一步优化纳税服务，加强税收征管，国家税务总局2013年4月27日发布个人所得税申报表的公告（国家税务总局公告2013年第21号），修改后的个人所得税申报表及其填表说明详见表7-2-1至表7-2-4，自2013年8月1日起执行。

表 7－2－1　　个人所得税基础信息表（B 表）

姓名		身份证件类型		身份证件号码	
纳税人类型	□有任职受雇单位　□无任职受雇单位（不含股东投资者）　□投资者　□无住所个人　（可多选）				
任职受雇单位名称及纳税人识别号					
"三费一金"缴纳情况	□基本养老保险费　□基本医疗保险费 □失业保险费　□住房公积金　□无　（可多选）			电子邮箱	
境内联系地址	____省____市____区（县）______			邮政编码	
联系电话	手机：______　固定电话：______			职业	
职务	○高层　○中层　○普通　（只选一）			学历	
是否残疾人/烈属/孤老	□残疾　□烈属　□孤老　□否			残疾等级情况	
该栏仅由有境外所得纳税人填写	○户籍所在地 ○经常居住地	____省____市____区（县）______　邮政编码______			
该栏仅由投资者纳税人填写	投资者类型	□个体工商户　□个人独资企业投资者　□合伙企业合伙人 □承包、承租经营者　□股东　□其他投资者　（可多选）			
	被投资单位信息：名称			扣缴义务人编码	
	被投资单位信息：地址			邮政编码	
	被投资单位信息：登记注册类型			行业	
	被投资单位信息：所得税征收方式	○查账征收　○核定征收（只选一）		主管税务机关	
	以下由股东及其他投资者填写				
	公司股本（投资）总额			个人股本（投资）额	

续表

<table>
<tr><td rowspan="14">该栏仅由无住所纳税人填写</td><td colspan="2">纳税人识别号</td><td colspan="3"></td></tr>
<tr><td colspan="2">国籍（地区）</td><td></td><td>出生地</td><td></td></tr>
<tr><td colspan="2">性别</td><td></td><td>出生日期</td><td>______年____月____日</td></tr>
<tr><td colspan="2">劳动就业证号码</td><td></td><td>是否税收协定缔约国对方居民</td><td>○是　○否</td></tr>
<tr><td colspan="2">境内职务</td><td></td><td>境外职务</td><td></td></tr>
<tr><td colspan="2">来华时间</td><td></td><td>任职期限</td><td></td></tr>
<tr><td colspan="2">预计离境时间</td><td></td><td>预计离境地点</td><td></td></tr>
<tr><td rowspan="2">境内任职受雇单位</td><td>名称</td><td></td><td>扣缴义务人编码</td><td></td></tr>
<tr><td>地址</td><td></td><td>邮政编码</td><td></td></tr>
<tr><td rowspan="2">境内受聘签约单位</td><td>名称</td><td></td><td>扣缴义务人编码</td><td></td></tr>
<tr><td>地址</td><td></td><td>邮政编码</td><td></td></tr>
<tr><td>境外派遣单位</td><td>名称</td><td></td><td>地址</td><td></td></tr>
<tr><td colspan="2">支付地</td><td>○境内支付　○境外支付
○境内、外同时支付　（只选一）</td><td>境外支付国国别（地区）</td><td></td></tr>
<tr><td colspan="6">谨声明：此表是根据《中华人民共和国个人所得税法》及其实施条例和国家相关法律法规规定填写的，是真实的、完整的、可靠的。
纳税人签字：　　年　　月　　日</td></tr>
<tr><td colspan="3">代理机构（人）签章：
经办人：
经办人执业证件号码：</td><td colspan="3">主管税务机关受理专用章：
受理人：</td></tr>
<tr><td colspan="3">填表（代理申报）日期：　　年　　月　　日</td><td colspan="3">受理日期：　　年　　月　　日</td></tr>
</table>

国家税务总局监制

填表说明：

一、适用范围

本表适用于自然人纳税人基础信息的填报。

各地税务机关可根据本地实际，由自然人纳税人初次向税务机关办理相关涉税事宜时填报本表；初次申报后，以后仅需在信息发生变化时填报。

二、本表各栏填写如下：

（一）表头栏

1. 姓名：填写纳税人姓名。中国境内无住所个人，其姓名应当分别用中、外两种文字填写。

2. 身份证件类型：填写纳税人有效身份证件（照）名称。中国居民，填写身份证、军官证、士兵证等证件名称；中国境内无住所个人，填写护照、港澳居民来往内地通行证、中国台湾居民来往大陆通行证等证照名称。

3. 身份证件号码：填写身份证件上的号码。

4. 纳税人类型：纳税人根据自身情况在对应框内打“√”，可多选。

（1）有任职受雇单位：是指纳税人有固定任职受雇单位。

（2）无任职受雇单位（不含股东投资者）：是指纳税人为自由职业者，没有与任何单位签订任职受雇合同；不含企业股东、个体工商户、个人独资企业投资者、合伙企业合伙人、承包承租经营者。

（3）投资者：是指有对外投资的纳税人。

（4）无住所个人：是指在中国境内无住所的纳税人。“无住所”是相对有住所而言；在中国境内有住所的个人，是指因户籍、家庭、经济利益关系而在中国境内习惯性居住的个人。

5. 任职受雇单位名称及纳税人识别号：填写纳税人签订任职受雇合同的单位名称全称及其在税务机关办理登记时的纳税人识别号。前列填名称，后列填纳税人识别号。

与多家单位签订合同的，须分行列示。没有则不填。

6. “三费一金”缴纳情况：纳税人根据自己缴纳社会保险费情况在“基本养老保险费”、“基本医疗保险费”、“失业保险费”、“住房公积金”对应框内打“√”；如果都没有缴纳的，在“无”栏打“√”。

7. 电子邮箱：填写税务机关能与纳税人联系的电子邮箱地址。

8. 境内联系地址、邮政编码：填写税务机关能与纳税人联系的有效中国境内联系地址和邮政编码。

9. 联系电话：填写税务机关能与纳税人联系的电话。

10. 职业：填写纳税人所从事的职业。职业分类按劳动和社会保障部门的国标填写。

11. 职务：填写纳税人在任职受雇单位所担任的职务，在“高层”、“中层”、“普通”三项前选择其一打“√”。

12. 学历：填写纳税人取得的最终学历。

13. 是否残疾人/烈属/孤老：符合本栏情况的，在对应框前打“√”；否则，在“否”栏打“√”。

（二）有境外所得的纳税人填写栏：纳税人从中国境外取得所得的填写本栏；没有则不填。

纳税人在选填此栏时，应根据《国家税务总局关于印发〈个人所得税自行纳税申报办法（试行）〉的通知》第十一条第二款“从中国境外取得所得的，向中国境内户籍所在地主管税务机关申报。在中国境内有户籍，但户籍所在地与中国境内经常居住地不一致的，选择并固定向其中一地主管税务机关申报。在中国境内没有户籍的，向中国境内经常居住地主管税务机关申报”的规定选择填写。

选择后，纳税人在“户籍所在地”或“经常居住地”对应框内打“√”并填写具体地址。

（三）投资者纳税人填写栏：由自然人股东、投资者填写。如果没有对外投资的，则不填。

1. 投资者类型：纳税人根据自身情况在对应框内打“√”，可多选。

2. 被投资单位信息：填写纳税人对外投资单位的有关信息。

（1）纳税人名称：填写税务机关核发的被投资单位税务登记证载明的纳税人名称全称。投资多家单位的，需分别列示。

（2）扣缴义务人编码：填写税务机关核发的税务登记证号码。

（3）地址、邮政编码：填写投资者投资单位的地址和邮政编码。

（4）登记注册类型：填写被投资单位在工商行政管理机关登记注册的类型。

分内资企业（国有企业、集体企业、股份合作企业、联营企业、有限责任公司、股份有限公司、私营企业和其他企业）、港澳台商投资企业和外商投资企业三大类。[注：内资企业需填至括号内的企业类型。]

（5）行业：按照国民经济行业分类国家标准填写至大类。

（6）所得税征收类型：填写被投资单位所得税的征收方式。

（7）主管税务机关：填写被投资单位的主管税务机关名称。

（8）股东及其他投资者填写栏：由自然人股东和其他投资者填写。个体工商户主、个人独资企业投资者、合伙企业合伙人、承包承租经营者不填写此栏。

① 公司股本（投资）总额：填写被投资单位的公司股本（投资）总额。

② 个人股本（投资）总额：填写自然人股东、投资者在被投资单位个人投资的股本（投资）额。

（四）无住所纳税人填写栏：由在中国境内无住所纳税人填写。其他则不填。

（1）纳税人识别号：填写主管税务机关赋予的18位纳税人识别号。该纳税人识别号作为境内无住所个人的唯一身份识别码，由纳税人到主管税务机关办理初次涉税事项，或者扣缴义务人办理该纳税人初次扣缴申报时，由主管税务机关授予。

（2）国籍（地区）：填写纳税人的国籍或者地区。

（3）出生地：填写纳税人出生地的国籍及地区。

（4）劳动就业证号码：填写纳税人在中国境内劳动就业证上的号码。

（5）境内职务：填写该纳税人在境内公司担任的职务。

（6）境外职务：填写该纳税人在境外公司担任的职务。

（7）是否税收协定缔约国对方居民：纳税人来自于与中国签订避免双重征税协定的国家或地区的，在“是”栏对应框内打“√”；否则，在“否”栏打“√”。

（8）来华时间：填写纳税人到达中国境内的年月日。

（9）任职期限：填写纳税人在任职受雇单位的任职期限。

（10）预计离境时间：填写纳税人预计离境的年月日。

（11）预计离境地点：填写纳税人预计离境的地点。

（12）境内任职受雇单位：填写纳税人签订任职受雇合同的单位的相关信息。如果填写本栏，则境内受聘签约单位栏不用填写。

① 名称：填写纳税人任职受雇单位的名称全称。

② 扣缴义务人编码：填写税务机关确定的任职受雇单位的税务编码号码。

③ 地址、邮政编码：填写任职受雇单位的地址和邮政编码。

（13）境内受聘签约单位：填写纳税人受聘或签约单位的相关信息。如果填写本栏，则上栏境内任职受雇单位栏则不用填写。

① 名称：填写纳税人受聘签约单位的名称全称。

② 扣缴义务人编码：填写税务机关确定的受聘签约单位的税务编码号码。

③ 地址、邮政编码：填写受聘签约单位的地址和邮政编码。

（14）境外派遣单位：如果纳税人有境外派遣单位的，填写本栏。否则不填写。

① 名称：填写纳税人境外派遣单位的名称全称，用中、外两种文字填写。

② 地址：填写境外派遣单位的地址。

（15）支付地：填写纳税人取得的所得的支付地，在“境内支付”、“境外支付”和“境、内外同时支付”三种类型中选择一种填写。

（16）境外支付地国别（地区）：如果纳税人取得的所得支付地为国外的，填写境外支付地的国别或地区名称。

表 7－2－2　个人所得税纳税申报表

（适用于年所得 12 万元以上的纳税人申报）

所得年份：　　年　　　　　填表日期：　　年　　月　　日　　　　　金额单位：人民币元（列至角分）

纳税人姓名		国籍（地区）		身份证照类型		身份证照号码			
任职、受雇单位		任职受雇单位税务代码		任职受雇单位所属行业		职务		职业	
在华天数		境内有效联系地址				境内有效联系地址邮编		联系电话	
此行由取得经营所得的纳税人填写	经营单位纳税人识别号					经营单位纳税人名称			

所得项目	年所得额			应纳税所得额	应纳税额	已缴（扣）税额	抵扣税额	减免税额	应补税额	应退税额	备注
	境内	境外	合计								
1. 工资、薪金所得											
2. 个体工商户的生产、经营所得											
3. 对企事业单位的承包经营、承租经营所得											
4. 劳务报酬所得											
5. 稿酬所得											

续表

6. 特许权使用费所得											
7. 利息、股息、红利所得											
8. 财产租赁所得											
9. 财产转让所得											
其中：股票转让所得				—	—	—	—	—	—	—	
个人房屋转让所得											
10. 偶然所得											
11. 其他所得											
合 计											

我声明，此纳税申报表是根据《中华人民共和国个人所得税法》及有关法律、法规的规定填报的，我保证它是真实的、可靠的、完整的。
纳税人（签字）

代理人（签章）：
联系电话：

税务机关受理人（签字）：　　税务机关受理时间：　　年　　月　　日　　受理申报税务机关名称（盖章）：

填表须知：

一、本表根据《中华人民共和国个人所得税法》及其实施条例和《个人所得税自行纳税申报办法（试行）》制定，适用于年所得 12 万元以上纳税人的年度自行申报。

二、负有纳税义务的个人，可以由本人或者委托他人于纳税年度终了后 3 个月以内向主管税务机关报送本表。不能按照规定期限报送本表时，应当在规定的报送期限内提出申请，经当地税务机关批准，可以适当延期。

三、填写本表应当使用中文，也可以同时用中、外两种文字填写。

四、本表各栏的填写说明如下：

（一）所得年份和填表日期：

申报所得年份：填写纳税人实际取得所得的年度；

填表日期，填写纳税人办理纳税申报的实际日期。

（二）身份证照类型：

填写纳税人的有效身份证照（居民身份证、军人身份证件、护照、回乡证等）名称。

（三）身份证照号码：

填写中国居民纳税人的有效身份证照上的号码。

（四）任职、受雇单位：

填写纳税人的任职、受雇单位名称。纳税人有多个任职、受雇单位时，填写受理申报的税务机关主管的任职、受雇单位。

（五）任职、受雇单位税务代码：

填写受理申报的任职、受雇单位在税务机关办理税务登记或者扣缴登记的编码。

（六）任职、受雇单位所属行业：

填写受理申报的任职、受雇单位所属的行业。其中，行业应按国民经济行业分类标准填写，一般填至大类。

（七）职务：填写纳税人在受理申报的任职、受雇单位所担任的职务。

（八）职业：填写纳税人的主要职业。

（九）在华天数：

由中国境内无住所的纳税人填写在税款所属期内在华实际停留的总天数。

（十）中国境内有效联系地址：

填写纳税人的住址或者有效联系地址。其中，中国有住所的纳税人应填写其经常居住地址。中国境内无住所居民住在公寓、宾馆、饭店的，应当填写公寓、宾馆、饭店名称和房间号码。

经常居住地，是指纳税人离开户籍所在地最后连续居住一年以上的地方。

（十一）经营单位纳税人识别码、纳税人名称：纳税人取得的年所得中含个体工商户的生产、经营所得和对企事业单位的承包经营、承租经营所得时填写本栏。

纳税人识别码：填写税务登记证号码。

纳税人名称：填写个体工商户、个人独资企业、合伙企业名称，或者承包承租经营的企事业单位名称。

（十二）年所得额：

填写在纳税年度内取得相应所得项目的收入总额。年所得额按《个人所得税自行纳税申报办法》的规定计算。

各项所得的计算，以人民币为单位。所得以非人民币计算的，按照《税法实施条例》第四十三条的规定折合成人民币。

（十三）应纳税所得额：

填写按照个人所得税有关规定计算的应当缴纳个人所得税的所得额。

（十四）已缴（扣）税额：填写取得该项目所得在中国境内已经缴纳或者扣缴义务人已经扣缴的税款。

（十五）抵扣税额：

填写个人所得税法允许抵扣的在中国境外已经缴纳的个人所得税税额。

（十六）减免税额：

填写个人所得税法允许减征或免征的个人所得税税额。

（十七）本表为 A4 横式，一式两联，第一联报税务机关，第二联纳税人留存。

表 7－2－3

个人所得税自行纳税申报表（A 表）

税款所属期：自　　年　月　日至　　年　月　日　　　　　　　　　　　　　　　　金额单位：人民币元（列至角分）

姓名		国籍（地区）		身份证件类型		身份证件号码	

自行申报情形　　□从中国境内两处或者两处以上取得工资、薪金所得　　□没有扣缴义务人　　□其他情形

任职受雇单位名称	所得期间	所得项目	收入额	免税所得	税前扣除项目								减除费用	准予扣除的捐赠额	应纳税所得额	税率%	速算扣除数	应纳税额	减免税额	已缴税额	应补(退)税额
					基本养老保险费	基本医疗保险费	失业保险费	住房公积金	财产原值	允许扣除的税费	其他	合计									
1	2	3	4	5	6	7	8	9	10	11	12	13	14	15	16	17	18	19	20	21	22

谨声明：此表是根据《中华人民共和国个人所得税法》及其实施条例和国家相关法律法规规定填写的，是真实的、完整的、可靠的。

纳税人签字：　　年　　月　　日

代理机构（人）公章： 经办人： 经办人执业证件号码：	主管税务机关受理专用章： 受理人：
代理申报日期：　　年　　月　　日	受理日期：　　年　　月　　日

国家税务总局监制

填表说明：

一、适用范围

本表适用于“从中国境内两处或者两处以上取得工资、薪金所得的”、“取得应纳税所得，没有扣缴义务人的”，以及“国务院规定的其他情形”的个人所得税申报。纳税人在办理申报时，须同时附报附件2—《个人所得税基础信息表（B表）》。

二、申报期限

次月十五日内。自行申报纳税人应在此期限内将每月应纳税款缴入国库，并向税务机关报送本表。纳税人不能按规定期限报送本表时，应当按照《中华人民共和国税收征收管理法》（以下简称税收征管法）及其实施细则有关规定办理延期申报。

三、本表各栏填写如下：

（一）表头项目

1. 税款所属期：是指纳税人取得所得应纳个人所得税款的所属期间，应填写具体的起止年月日。
2. 姓名：填写纳税人姓名。中国境内无住所个人，其姓名应当用中、外文同时填写。
3. 国籍（地区）：填写纳税人的国籍或者地区。
4. 身份证件类型：填写能识别纳税人唯一身份的有效证照名称。

（1）在中国境内有住所的个人，填写身份证、军官证、士兵证等证件名称。

（2）在中国境内无住所的个人，如果税务机关已赋予18位纳税人识别号的，填写“税务机关赋予”；如果税务机关未赋予的，填写护照、港澳居民来往内地通行证、中国台湾居民来往大陆通行证等证照名称。

5. 身份证件号码：填写能识别纳税人唯一身份的号码。

（1）在中国境内有住所的纳税人，填写身份证、军官证、士兵证等证件上的号码。

（2）在中国境内无住所的纳税人，如果税务机关赋予18位纳税人识别号的，填写该号码；没有，则填写护照、港澳居民来往内地通行证、中国台湾居民来往大陆通行证等证照上的号码。

税务机关赋予境内无住所个人的18位纳税人识别号，作为其唯一身份识别码，由纳税人到主管税务机关办理初次涉税事项，或扣缴义务人办理该纳税人初次扣缴申报时，由主管税务机关赋予。

6. 自行申报情形：纳税人根据自身情况在对应框内打“√”。

（二）表内各栏

纳税人在填报“从中国境内两处或者两处以上取得工资、薪金所得的”时，第1~4列须分行列示各任职受雇单位发放的工薪，同时，另起一行在第4列“收入额”栏填写上述工薪的合计数，并在此行填写第5~22列。

纳税人在填报“取得应纳税所得，没有扣缴义务人的”和“国务院规定的其他情形”时，须分行列示。

1. 第1列“任职受雇单位名称”：填写纳税人任职受雇单位的名称全称。在多家单位任职受雇的，须分行列示。如果没有，则不填。
2. 第2列“所得期间”：填写纳税人取得所得的起止时间。
3. 第3列“所得项目”：按照《税法》第二条规定的项目填写。纳税人取得多项所得时，须分行填写。
4. 第4列“收入额”：填写纳税人实际取得的全部收入额。
5. 第5列“免税所得”：是指税法第四条规定可以免税的所得。
6. 第6~13列“税前扣除项目”：是指按照税法及其他法律法规规定，可在税前扣除的项目。

（1）第6~9列“基本养老保险费、基本医疗保险费、失业保险费、住房公积金”四项，是指按照国家规定，可在个人应纳税所得额中扣除的部分。

（2）第10列“财产原值”：该栏适用于“财产转让所得”项目的填写。

（3）第11列“允许扣除的税费”：该栏适用于“劳务报酬所得、特许权使用费所得、财产租赁所得和财产转让所得”项目的填写。

① 适用“劳务报酬所得”时，填写劳务发生过程中实际缴纳的税费；

② 适用“特许权使用费”时，填写提供特许权过程中发生的中介费和相关税费；

③ 适用“财产租赁所得”时，填写修缮费和出租财产过程中发生的相关税费；

④ 适用“财产转让所得”时，填写转让财产过程中发生的合理税费。

（4）第12列“其他”：是指法律法规规定其他可以在税前扣除的项目。

（5）第13列“合计”：为各所得项目对应税前扣除项目的合计数。

7. 第14列“减除费用”：是指税法第六条规定可以在税前减除的费用。没有的，则不填。
8. 第15列“准予扣除的捐赠额”：是指按照税法及其实施条例和相关税收政策规定，可以在税前扣除的捐赠额。
9. 第16列“应纳税所得额”：根据相关列次计算填报。第16列=第4列-第5列-第13列-第14列-第15列
10. 第17列“税率”及第18列“速算扣除数”：按照税法第三条规定填写。部分所得项目没有速算扣除数的，则不填。
11. 第19列“应纳税额”：根据相关列次计算填报。第19列=第16列×第17列-第18列
12. 第20列“减免税额”：是指符合税法规定可以减免的税额。其中，纳税人取得“稿酬所得”时，其根据税法第三条规定可按应纳税额减征的30%，填入此栏。
13. 第21列“已缴税额”：是指纳税人当期已实际被扣缴或缴纳的个人所得税税款。
14. 第22列“应补（退）税额”：根据相关列次计算填报。第22列=第19列-第20列-第21列。

表 7-2-4

个人所得税自行纳税申报表（B 表）

税款所属期：自　　年　月　日至　　年　月　日　　　　　　　　金额单位：人民币元（列至角分）

姓名		身份证件类型															
国籍（地区）		身份证件号码															
所得来源国（地区）	所得项目	收入额	税前扣除项目								减除费用	准予扣除的捐赠额	应纳税所得额	工资薪金所得项目月应纳税所得额	税率%	速算扣除数	应纳税额
			基本养老保险费	基本医疗保险费	失业保险费	住房公积金	财产原值	允许扣除的税费	其他	合计							
1	2	3	4	5	6	7	8	9	10	11	12	13	14	15	16	17	18

本期应缴税额计算	国别（地区）	扣除限额	境外已纳税额	五年内超过扣除限额未补扣余额	本期应补缴税额	未扣除余额
	19	20	21	22	23	24

谨声明：此表是根据《中华人民共和国个人所得税法》及其实施条例和国家相关法律法规规定填写的，是真实的、完整的、可靠的。

纳税人签字：　　　年　月　日

代理机构（人）签章： 经办人： 经办人执业证件号码：	主管税务机关受理专用章： 受理人：
代理申报日期：　年　月　日	受理日期：　年　月　日

国家税务总局监制

填表说明：

一、适用范围

本表适用于“从中国境外取得所得”的纳税人的纳税申报。纳税人在办理申报时，须同时附报附件2—《个人所得税基础信息表（B表）》。

二、申报期限

年度终了后三十日内。取得境外所得的纳税人应在该期限内将应纳税款缴入国库，并向税务机关报送本表。纳税人不能按规定期限报送本表时，应当按照《中华人民共和国税收征收管理法》（以下简称《税收征管法》）及其实施细则的规定办理延期申报。

三、所得为外国货币的，应按照条例第四十三条的规定折合成人民币计算纳税。

四、本表各栏填写如下：

（一）表头项目

1. 税款所属期：是指纳税人取得所得应纳个人所得税款的所属期间，应填写具体的起止年月日。

2. 姓名：填写纳税人姓名。中国境内无住所个人，其姓名应当用中、外文同时填写。

3. 国籍（地区）：填写纳税人的国籍或者地区。

4. 身份证件类型：填写能识别纳税人唯一身份的有效证照名称。

（1）在中国境内有住所的个人，填写身份证、军官证、士兵证等证件名称。

（2）在中国境内无住所的个人，如果税务机关已赋予18位纳税人识别号的，填写“税务机关赋予”；如果税务机关未赋予的，填写护照、港澳居民来往内地通行证、中国台湾居民来往大陆通行证等证照名称。

5. 身份证件号码：填写能识别纳税人唯一身份的号码。

（1）在中国境内有住所的纳税人，填写身份证、军官证、士兵证等证件上的号码。

（2）在中国境内无住所的纳税人，如果税务机关赋予18位纳税人识别号的，填写该号码；没有，则填写护照、港澳居民来往内地通行证、中国台湾居民来往大陆通行证等证照上的号码。

税务机关赋予境内无住所个人的18位纳税人识别号，作为其唯一身份识别码，由纳税人到主管税务机关办理初次涉税事项，或扣缴义务人办理该纳税人初次扣缴申报时，由主管税务机关赋予。

（二）表内各栏

纳税人填写本表时，应区别不同国家或者地区和不同所得项目填报。其中，在填报“工资、薪金所得”、“个体工商户的生产、经营所得”等项目时，按年填写。除此之外其他项目，则按月或按次填写。

1. 第1列“所得来源国（地区）”：填写纳税人取得所得的国家或地区。

2. 第2列“所得项目”：按照税法第二条规定的项目填写。纳税人有多项所得时，分行填写。

3. 第3列“收入额”：填写纳税人取得的，未减除任何免税所得和费用的实际含税收入额。其中，“工资、薪金所得”项目的收入额，为全年收入额；纳税人的境外所得按照有关规定交付给派出单位的部分，凡能提供有效合同或有关凭证的，经主管税务机关审核后，允许从其境外所得中扣除。

4. 第4～11列“税前扣除项目”：

（1）第4～7列“基本养老保险费、基本医疗保险费、失业保险费、住房公积金”四项，是指按照国家规定，可在个人应纳税所得额中扣除的部分。本表中填写该纳税人缴纳该费（金）的全年汇总额。

（2）第8列“财产原值”：该栏适用于“财产转让所得”项目的填写。

（3）第9列“允许扣除的税费”：该栏适用于“劳务报酬所得、特许权使用费所得、财产租赁所得和财产转让所得”项目的填写。

① 适用“劳务报酬所得”时，填写劳务发生过程中实际缴纳的税费；

② 适用“特许权使用费”时，填写提供特许权过程中发生的中介费和相关税费；
③ 适用“财产租赁所得”时，填写修缮费和出租财产过程中发生的相关税费；
④ 适用“财产转让所得”时，填写转让财产过程中发生的合理税费。
（4）第10列“其他”：是指法律法规规定其他可以在税前扣除的项目。
（5）第11列“合计”：为所得项目对应税前扣除项目的合计数。
5. 第12列“减除费用”：是指税法第六条规定可在计税前减除的费用。没有则不填写。其中，工资、薪金所得项目的减除费用为全年合计额。
6. 第13列“准予扣除的捐赠额”：是指按照税法及其实施条例和相关税收政策规定，可以在税前扣除的捐赠额。
7. 第14列“应纳税所得额”：根据相关列次计算填报。
8. 第15列“工资薪金所得项目月应纳税所得额”：该项仅适用于所得项目为“工资、薪金所得”时填写，其他所得项目不填。

第15列 = 第14列 ÷ 12个月

9. 第16列“税率”及第17列“速算扣除数”：按照税法第三条规定填写。部分所得项目没有速算扣除数的，则不填。
10. 第18列“应纳税额”：是指纳税人区别不同国家或者地区和不同所得项目，依照税法规定的费用减除标准和适用税率计算的应纳税额。
（1）所得项目为“工资、薪金所得”时，第18列 = （第15列 × 第16列 − 第17列） ×12个月
（2）所得项目为非工资、薪金所得的，第18列 = 第14列 × 第16列 − 第17列
11. “本期应缴税额计算”栏：应区别不同国家或者地区，分行填写。
（1）第20列“扣除限额”：是指同一国家或者地区内，不同所得项目的应纳税额之和。
（2）第21列“境外已纳税额”：是指纳税人在境外实际已经缴纳的个人所得税额。
（3）第22列“五年内超过扣除限额未补扣余额”：是指纳税人以前五年内超过该国家或者地区扣除限额、未进行补扣的部分。没有则不填。
（4）第23列“本期应补缴税额”与第24列“未扣除余额”：依据前列计算结果填写。
① 若第20列≥第21列，且第20列 − 第21列 − 第22列≥0时，将结果写入第23列。

第23列 = 第20列 − 第21列 − 第22列

② 若第20列≥第21列，且第20列 − 第21列 − 第22列 <0，将结果写入第24列。

第24列 = 第21列 + 第22列 − 第20列

③ 若第20列 < 第21列，则将结果写入第24列。

第24列 = 第21列 + 第22列 − 第20列

（二）个人所得税应纳税额的计算

1. 财产租赁所得应纳税额的计算

（1）财产租赁所得的基本含义。财产租赁所得，是指个人出租建筑物、土地使用权、机器设备、车船以及其他财产取得的所得。

（2）财产租赁所得的税率。财产租赁所得适用 20% 的比例税率。但对个人按市场价格出租的居民住房取得的所得，暂减按 10% 的税率征收个人所得税。

（3）财产租赁所得应纳税额的计算：

① 应纳税所得额的计算

每次收入不超过 4 000 元，定额减除费用 800 元；每次收入在 4 000 元以上，定率减除 20% 的费用。财产租赁所得以一个月内取得的收入为一次。

个人出租财产取得的财产租赁收入，在计算缴纳个人所得税时，应依次扣除以下费用：

1. 财产租赁过程中缴纳的税费；

2. 由纳税人负担的该出租财产实际开支的修缮费用；

3. 税法规定的费用扣除标准。

② 应纳税额的计算公式为：

$$应纳个人所得税税额 = 应纳税所得额 \times 适用税率$$

2. 财产转让所得

（1）财产转让所得的基本含义。财产转让所得，是指个人转让有价证券、股权、建筑物、土地使用权、机器设备、车船以及其他财产取得的所得。

（2）财产转让所得的税率。财产转让所得适用 20% 的比例税率。

（3）财产转让所得应纳税额的计算

① 应纳税所得额的计算：财产转让所得以个人每次转让财产取得的收入额减除财产原值和相关税、费后的余额为应纳税所得额。

② 应纳税额的计算公式为：

$$应纳个人所得税税额 = 应纳税所得额 \times 适用税率$$

3. 境外所得已纳税额抵免

纳税人从中国境外取得的所得，准予其在应纳税额中扣除已在境外实缴的个人所得税税款，但扣除额不得超过该纳税人境外所得依照我国税法规定计算的应纳税额。

应纳税额的计算

在计算出抵免限额和确定了允许抵免额之后，便可对纳税人的境外所得计算应纳税额。其计算公式为：

$$应纳税额 = \sum（来自某国或地区的所得 - 费用减除标准）\times 适用税率 - 速算扣除数 - 允许抵免额$$

三、实训内容

1. 背景资料

姓名：苏扬

身份证号码：522322196704062835

任职单位名称：宏发制衣股份有限公司

任职单位的扣缴义务人识别号：210101100668811000011

任职单位组织机构代码：02466651

任职单位所属行业：制造业

职务：总经理

职业：企业管理人员

住址：辽宁省湖州市和平区解放路58号幸福花园小区3栋1单元501房

邮编：110021　联系电话：13902108688　E-mail：suyang@163.com

2. 业务资料

苏扬2013年取得如下收入：

【业务1】作为一个企业管理者，苏扬的任职单位对其实行工资年薪制，每个月固定领取基本工资5 000元加上津贴500元，年终根据其完成的业绩来决定其应取得的效益工资。2013年年底，经考核，苏扬的效益工资为20万元，效益工资于12月28日兑现。公司已代扣代缴个人所得税（苏扬任职单位每月从其工资中扣缴的养老保险金为400元，医疗保险金为100元，失业保险金为50元，住房公积金为500元）。

《税法》规定，对工资、薪金所得和利息、股息、红利所得等，因纳税人数众多、不便一一开具代扣代收税款凭证的，经主管税务机关同意，可不开具代扣代收税款凭证，但应通过一定形式告知纳税人已扣缴税款。

由任务一的工资表中可知苏扬2013年的工资、薪金所得为：

$(5\ 000+500-400-100-50-500)\times 12+200\ 000=253\ 400$（元）

应纳税所得额为：

$253\ 400-3\ 500\times 12=211\ 400$（元）

已由单位代扣代缴的个人所得税为：

$28.5\times 12+48\ 995=342+48\ 995=49\ 337$（元）

【业务2】11月8日，宏发制衣股份有限公司给股东们发放股息，苏扬取得股息10 000元。公司已代扣代缴个人所得税。

由任务一可知苏扬的利息、股息、红利所得为10 000元，应纳税所得额为10 000元，单位已代扣代缴个人所得税额为2 000元。

【业务3】2008年，为了应对全球金融危机，国家实行宽松的货币政策，银行对按揭贷款购买住宅给予优惠利率。苏扬把握住机遇，在湖州市解放路幸福花园小区购买了2套住房，一套大户型用于自住，一套小户型用于出租。2013年用于出租的小户型每月房租收入2 000元，无修缮费用支出，每月租房税费支出为150元（完税凭证略）。

全年财产租赁所得为：$2\ 000\times 12=24\ 000$（元）

全年应纳税所得额为：（2 000 - 150 - 800）×12 = 1 050 ×12 = 12 600（元）

全年应纳税额为：1 050 ×10% ×12 = 105 ×12 = 1 260（元）

【业务4】10月15日，苏扬将老家的一套自己名下的4层楼住房出售，取得售房收入50万元。由于声称发票遗失，无法准确计算房产转让所得，只能按核定征收的方式缴纳个税，按照实际征收率1%，应税所得率5%，计算征收其个人所得税5 000元。（完税凭证略）

按照实际征收率1%换算为应税所得率5%，据此计算：

年所得为500 000 ×5% = 25 000（元）

应纳税额 = 500 000 ×1% = 5 000（元）

【业务5】5月20日，苏扬购买福利彩票“双色球”，中奖8 000元。

偶然所得为8 000元

暂免征收个人所得税

【业务6】2013年全年炒股亏损2万元。

股票转让所得为零

【业务7】根据业务1——业务6，填写《个人所得税基础信息表（B）表》和《个人所得税纳税申报表》（适用于年所得12万元以上的纳税人申报）。在办理纳税申报时报送主管税务机关，同时报送个人有效身份证件复印件，以及主管税务机关要求报送的其他有关资料。

3. 实训成果

个人所得税基础信息表（B表）（见表7 - 2 - 5）；

个人所得税纳税申报表（见表7 - 2 - 6）。

表 7-2-5 个人所得税基础信息表（B 表）

姓名	苏扬	身份证件类型：身份证	身份证件号码	522322196704062835
纳税人类型	☑有任职受雇单位 ☐无任职受雇单位（不含股东投资者） ☐投资者 ☐无住所个人 （可多选）			
任职受雇单位名称及纳税人识别号	宏发制衣股份有限公司 21010110066881100011			
“三费一金”缴纳情况	☑基本养老保险费 ☑基本医疗保险费 ☑失业保险费 ☑住房公积金 ☐无 （可多选）		电子邮箱	suyang@ 163. com
境内联系地址	辽宁省湖州市和平区解放路 58 号幸福花园小区 3 栋 1 单元 501 房		邮政编码	110021
联系电话	手机：13902108688 固定电话：024－2245818		职业	企业管理人员
职务	⊘高层 ○中层 ○普通 （只选一）		学历	研究生
是否残疾人/烈属/孤老	☐残疾 ☐烈属 ☐孤老 ☑否		残疾等级情况	
该栏仅由有境外所得纳税人填写	○户籍所在地 ○经常居住地	___省___市___区（县）___	邮政编码___	
该栏仅由投资者纳税人填写	投资者类型	☐个体工商户 ☐个人独资企业投资者 ☐合伙企业合伙人 ☐承包、承租经营者 ☑股东 ☐其他投资者 （可多选）		
	被投资单位信息：名称	宏发制衣股份有限公司	扣缴义务人编码	210101100668811
	被投资单位信息：地址	湖州市沈河区中山路 28 号	邮政编码	110014
	被投资单位信息：登记注册类型	有限责任公司	行业	制造业
	被投资单位信息：所得税征收方式	⊘查账征收 ○核定征收（只选一）	主管税务机关	湖州市国家税务局
	以下由股东及其他投资者填写			
	公司股本（投资）总额	10 000 000 元	个人股本（投资）额	100 000 元

续表

该栏仅由无住所纳税人填写	纳税人识别号				
	国籍（地区）			出生地	
	性别			出生日期	____年____月____日
	劳动就业证号码			是否税收协定缔约国对方居民	○是　○否
	境内职务			境外职务	
	来华时间			任职期限	
	预计离境时间			预计离境地点	
	境内任职受雇单位	名称		扣缴义务人编码	
		地址		邮政编码	
	境内受聘签约单位	名称		扣缴义务人编码	
		地址		邮政编码	
	境外派遣单位	名称		地址	
	支付地		○境内支付　○境外支付 ○境内、外同时支付　（只选一）	境外支付国国别（地区）	

谨声明：此表是根据《中华人民共和国个人所得税法》及其实施条例和国家相关法律法规规定填写的，是真实的、完整的、可靠的。

纳税人签字：苏扬　　2014 年 3 月 15 日

代理机构（人）签章： 经办人： 经办人执业证件号码：	主管税务机关受理专用章：湖州市地方税务局 受理人：王五
填表（代理申报）日期：　　年　　月　　日	受理日期：2014 年 3 月 15 日

国家税务总局监制

表 7－2－6

个人所得税纳税申报表

（适用于年所得 12 万元以上的纳税人申报）

所得年份：2013 年　　　填表日期：2014 年 3 月 15 日　　　金额单位：人民币元（列至角分）

纳税人姓名	苏扬	国籍（地区）	中国	身份证照类型	身份证	身份证照号码	5 2 2 3 2 2 1 9 6 7 0 4 0 6 2 8 3 5		
任职、受雇单位	宏发制衣股份有限公司	任职受雇单位税务代码	21010110066881100011	任职受雇单位所属行业	制造业	职务	总经理	职业	企业管理人员
在华天数	365	境内有效联系地址	湖州市和平区解放路 58 号幸福花园小区 3 栋 1 单元 501 房			境内有效联系地址邮编	110021	联系电话	13902108688
此行由取得经营所得的纳税人填写	经营单位纳税人识别号					经营单位纳税人名称			

所得项目	年所得额 境内	年所得额 境外	年所得额 合计	应纳税所得额	应纳税额	已缴（扣）税额	抵扣税额	减免税额	应补税额	应退税额	备注
1. 工资、薪金所得	253 400.00	0.00	253 400.00	211 400.00	49 337.00	49 337.00	0.00	0.00	0.00	0.00	
2. 个体工商户的生产、经营所得	0.00	0.00	0.00	0.00	0.00	0.00	0.00	0.00	0.00	0.00	
3. 对企事业单位的承包经营、承租经营所得	0.00	0.00	0.00	0.00	0.00	0.00	0.00	0.00	0.00	0.00	
4. 劳务报酬所得	0.00	0.00	0.00	0.00	0.00	0.00	0.00	0.00	0.00	0.00	
5. 稿酬所得	0.00	0.00	0.00	0.00	0.00	0.00	0.00	0.00	0.00	0.00	

续表

6. 特许权使用费所得	0.00	0.00	0.00	0.00	0.00	0.00	0.00	0.00	0.00	0.00	
7. 利息、股息、红利所得	10 000.00	0.00	10 000.00	10 000.00	2 000.00	2 000.00	0.00	0.00	0.00	0.00	
8. 财产租赁所得	24 000.00	0.00	24 000.00	12 600.00	1 260.00	1 260.00	0.00	0.00	0.00	0.00	
9. 财产转让所得	25 000.00	0.00	25 000.00	0.00	5 000.00	5 000.00	0.00	0.00	0.00	0.00	
其中：股票转让所得	0.00	0.00	0.00	—	—	—	—	—	—	—	
个人房屋转让所得	25 000.00	0.00	25 000.00		5 000.00	5 000.00	0.00	0.00	0.00	0.00	
10. 偶然所得	8 000.00	0.00	8 000.00		0.00	0.00	0.00	0.00	0.00	0.00	
11. 其他所得	0.00	0.00	0.00		0.00	0.00	0.00	0.00	0.00	0.00	
合　计	345 400.00	0.00	345 400.00		62 597.00	62 597.00	0.00	0.00	0.00	0.00	
我声明，此纳税申报表是根据《中华人民共和国个人所得税法》及有关法律、法规的规定填报的，我保证它是真实的、可靠的、完整的。 纳税人（签字）苏扬											
代理人（签章）： 联系电话：											

税务机关受理人（签字）：于华　　税务机关受理时间：2014 年 3 月 15 日

受理申报税务机关名称（盖章）：湖州市和平区地方税务局（公章）

四、技能训练

1. 个人基本情况如下：

姓名：周东

身份证号码：212501196202170471

任职单位名称：辽西财经学院

任职单位的扣缴义务人识别号：210105100668822

任职单位组织机构代码：00253368

任职单位所属行业：教育

职务：系主任　学历：研究生

职业：教师

住址：辽西市新城区大学路88号辽西财经学院住宅楼2栋3单元302

邮编：120025　联系电话：13806770566　电子信箱：zhoudong@163.com

2. 业务资料

周东2013年取得如下收入：

(1) 每个月基础工资5 500元，单位每月从其工资中扣缴的医疗保险金为110元，失业保险金为55元，住房公积金为660元（财政拨款的事业单位无基本养老保险，单位已代扣代缴个人所得税，工资单略）。

(2) 学校每个学期（半年）发放一次绩效工资，上学期周东的绩效工资为13 000元，于7月15日结算发放。下学期周东的绩效工资为18 000元，于12月30日结算发放。单位已代扣代缴个人所得税。

(3) 4月8日，周东编写的专著获得稿费12 000元的（出版社已代扣代缴个人所得税，完税凭证略）。

(4) 6月12日，周东出售一套购于2009年3月的住宅，该住宅为商品房，位于辽西市新城区民主路18号丽园小区20栋304房，取得收入60万元，该房产原值40万元，相关税费3万元。

(5) 周东受聘担任京东有限公司财务总监，与京东有限公司签订长期稳定劳动合同协议。京东公司每月给周东的工资是4 000元，无社保。

(6) 7月20~25日，周东到校外的培训班讲课获得报酬10 000元。

(7) 8月3日，周东取得到期银行存款利息2 000元。

(8) 9月4日，周东取得到期国库券利息5 000元。

(9) 周东2013年炒股亏了1万元。

3. 技能要求

根据上述相关资料，填写《个人所得税基础信息表（B）表》（表7－2－1）、《个人所得税纳税申报表》（适用于年所得12万元以上的纳税人申报）（表7－2－2）、《个人所得税自行纳税申报表（A表）》（表7－2－3）。

任务三　个体工商户个人所得税纳税申报

知识目标：

◆ 掌握个体工商户个人所得税应纳税额的计算

◆ 掌握个体工商户纳税申报的业务流程

能力目标：

◆ 能进行个体工商户个人所得税应纳税额的计算

◆ 能办理个体工商户个人所得税的纳税申报

情景导航

个体工商户王海经营一家五金件销售公司——金海五金件销售公司。公司会计核算、账册较健全，税务机关核定其公司的税款征收方式实行查账征收方式。2013 年结束，公司进行了年终结算。

那么，王海应缴纳多少个人所得税？其应于何时何地办理纳税申报？

一、任务描述

根据金海五金件销售公司 2013 年的有关资料，计算个体工商户王海应纳的个人所得税税额，并办理纳税申报。

二、相关知识点

（一）个体工商户的生产、经营所得应纳税额的计算

1. 个体工商户的生产、经营所得的基本含义

个体工商户的生产、经营所得，是指个体工商户从事工业、手工业、建筑业、交通运输业、商业、饮食业、服务业、修理业以及其他行业生产、经营取得的所得，以及与生产、经营有关的各项应税所得；个人经政府有关部门批准，取得执照，从事办学、医疗、咨询以及其他有偿服务活动取得的所得。

2. 个体工商户生产、经营所得的税率

个体工商户生产、经营所得适用 5% ~35% 的五级超额累进税率。具体见表 7－3－1。

表 7－3－1　个体工商户的生产、经营所得和对企事业单位的承包、承租经营所得适用税率表

级数	全年应纳税所得额	税率（%）	速算扣除数（元）
1	不超过 15 000 元的	5	0
2	超过 15 000 元至 30 000 元的部分	10	750

续表

级数	全年应纳税所得额	税率（%）	速算扣除数（元）
3	超过30 000元至60 000元的部分	20	3 750
4	超过60 000元至100 000元的部分	30	9 750
5	超过100 000元的部分	35	14 750

3. 个体工商户生产、经营所得应纳税额的计算

（1）应纳税所得额的计算。对于实行查账征收的个体工商户，其生产、经营所得或应纳税所得额是每一纳税年度的收入总额，减除成本、费用及损失后的余额。计算公式为：

应纳税所得额＝收入总额－（成本＋费用＋损失＋准予扣除的税金）－规定费用扣除标准

（2）应纳税额的计算：

应纳税额＝应纳税所得额×适用税率－速算扣除数

个体工商户2011年9月1日（含）以后的生产、经营所得，适用税法修改后的费用减除标准，即每月3 500元。

（二）个体工商户生产、经营所得个人所得税的纳税申报

1. 纳税申报期限

对于账册健全的个体工商户，其生产、经营所得应纳的税款实行按年计算、分月预缴，由纳税人在每月终了后15日内办理纳税申报；分季预缴的，纳税人在每个季度终了后15日内办理纳税申报；纳税年度终了后，纳税人在3个月内进行汇算清缴，多退少补（具体见表7－3－2、7－3－3、7－3－4）。

2. 纳税申报方式

纳税人可以采取数据电文、邮寄等方式申报，也可以直接到主管税务机关申报，或者采取符合主管税务机关规定的其他方式申报。纳税人采取邮寄方式申报的，以邮寄部门挂号信函收据作为申报凭据，以寄出的邮戳日期为实际申报日期。

纳税人也可以委托有税务代理资质的中介机构或者他人代为办理纳税申报。

3. 纳税申报地点

个体工商户向实际经营所在地主管税务机关申报。

表 7－3－2　　　　生产、经营所得个人所得税纳税申报表（A 表）

税款所属期：　　年　月　日至　　年　月　日　　　　　　　金额单位：人民币元（列至角分）

<table>
<tr><td rowspan="2">投资者信息</td><td>姓名</td><td></td><td>身份证件类型</td><td></td><td>身份证件号码</td><td></td></tr>
<tr><td>国籍（地区）</td><td colspan="3"></td><td>纳税人识别号</td><td></td></tr>
<tr><td rowspan="2">被投资单位信息</td><td>名称</td><td colspan="3"></td><td>纳税人识别号</td><td></td></tr>
<tr><td>征收方式</td><td colspan="3">□查账征收　□核定征收</td><td>类型</td><td>□个体工商户　□承包、承租经营者
□个人独资企业　□合伙企业</td></tr>
<tr><td colspan="5">项目</td><td>行次</td><td>金额</td></tr>
<tr><td colspan="5">一、本期收入总额</td><td>1</td><td></td></tr>
<tr><td colspan="5">二、本期成本费用总额</td><td>2</td><td></td></tr>
<tr><td colspan="5">三、本期利润总额</td><td>3</td><td></td></tr>
<tr><td colspan="5">四、分配比例（%）</td><td>4</td><td></td></tr>
<tr><td colspan="5">五、应纳税所得额</td><td>5</td><td></td></tr>
<tr><td rowspan="2">查账征收</td><td colspan="4">1. 按本期实际计算的应纳税所得额</td><td>6</td><td></td></tr>
<tr><td colspan="4">2. 上年度应纳税所得额的 1/12 或 1/4</td><td>7</td><td></td></tr>
<tr><td rowspan="2">核定征收</td><td colspan="4">1. 税务机关核定的应税所得率%</td><td>8</td><td></td></tr>
<tr><td colspan="4">2. 税务机关认可的其他方法确定的应纳税所得额</td><td>9</td><td></td></tr>
<tr><td colspan="5">六、按上述内容换算出的全年应纳税所得额</td><td>10</td><td></td></tr>
<tr><td colspan="5">七、税率（%）</td><td>11</td><td></td></tr>
<tr><td colspan="5">八、速算扣除数</td><td>12</td><td></td></tr>
<tr><td colspan="5">九、本期预缴税额</td><td>13</td><td></td></tr>
<tr><td colspan="5">十、减免税额</td><td>14</td><td></td></tr>
<tr><td colspan="5">十一、本期实际应缴税额</td><td>15</td><td></td></tr>
<tr><td colspan="7">谨声明：此表是根据《中华人民共和国个人所得税法》及其实施条例和国家相关法律法规规定填写的，是真实的、完整的、可靠的。
纳税人签字：　　年　月　日</td></tr>
<tr><td colspan="6">代理申报机构（人）公章：
经办人：
经办人执业证件号码：</td><td>主管税务机关受理专用章：
受理人：</td></tr>
<tr><td colspan="6">代理申报日期：　　年　月　日</td><td>受理日期：　　年　月　日</td></tr>
</table>

国家税务总局监制

填表说明：

一、适用范围

本表适用于查账征收“个体工商户的生产、经营所得”和“对企事业单位的承包经营、承租经营所得”个人所得税的个体工商户、企事业单位承包承租经营者、个人独资企业投资者和合伙企业合伙人的预缴纳税申报，以及实行核定征收的纳税申报。纳税人在办理申报时，须同时附报附件2—《个人所得税基础信息表（B表）》。

合伙企业有两个或两个以上自然人投资者的，应分别填报本表。

二、申报期限

实行查账征收的个体工商户、个人独资企业、合伙企业，纳税人应在次月十五日内办理预缴纳税申报；承包承租者如果在1年内按月或分次取得承包经营、承租经营所得的，纳税人应在每月或每次取得所得后的十五日内办理预缴纳税申报。

实行核定征收的，应当在次月十五日内办理纳税申报。

纳税人不能按规定期限办理纳税申报的，应当按照《中华人民共和国税收征收管理法》（以下简称税收征管法）及其实施细则的规定办理延期申报。

三、本表各栏填写如下：

（一）表头项目

1. 税款所属期：是指纳税人取得生产经营所得的应纳个人所得税款的所属期间，应填写具体的起止年月日。

（二）表内信息栏

1. 投资者信息栏：填写个体工商户业主、承包经营者、承租经营者、个人独资企业投资者、合伙企业合伙人的相关信息。

（1）姓名：填写纳税人姓名。中国境内无住所个人，其姓名应当用中、外文同时填写。

（2）身份证件类型：填写能识别纳税人唯一身份的有效证照名称。

① 在中国境内有住所的个人，填写身份证、军官证、士兵证等证件名称。

② 在中国境内无住所的个人，填写护照、港澳居民来往内地通行证、中国台湾居民来往大陆通行证等证照名称。

（3）身份证件号码：填写纳税人身份证件上的号码。

（4）国籍（地区）：填写纳税人的国籍或者地区。

（5）纳税人识别号：在中国境内无住所的个人填写。有住所的个人则不填。该栏填写税务机关赋予的18位纳税人识别号。如果税务机关未赋予，则不填。

税务机关赋予境内无住所个人的18位纳税人识别号，作为其唯一身份识别码，由纳税人到主管税务机关办理初次涉税事项，或扣缴义务人办理该纳税人初次扣缴申报时，由主管税务机关赋予。

2. 被投资单位信息栏：

（1）名称：填写税务机关核发的被投资单位税务登记证载明的投资单位全称。

（2）纳税人识别号：填写税务机关核发被投资单位税务登记证号码。

（3）征收方式：根据税务机关核定的征收方式，在对应框内打“√”。

（4）类型：纳税人根据自身情况在对应栏内打“√”。

（三）表内各行的填写

1. 第1行“本期收入总额”：填写该投资单位在本期内取得的收入总额。

2. 第2行“本期成本费用总额”：填写该投资单位在本期内发生的所有成本、费用、税金总额。

3. 第3行“本期利润总额”：根据相关栏次计算。第3行＝第1行－第2行

4. 第4行“分配比例”：纳税人为合伙企业合伙人的，填写本栏；其他则不填。分配比例按照合伙企业分配方案中规定的该合伙人的比例填写；没有，则按人平均分配。

5. 第5行“应纳税所得额”：根据不同的征收方式填写。

- 查账征收

（1）除合伙企业合伙人外的其他纳税人

① 按本期实际计算的，第5行＝第6行＝第3行

② 按上年度应纳税所得额的1/12或1/4计算的，第5行＝第7行

（2）合伙企业合伙人

① 按本期实际计算的，第5行＝第6行＝第3行×第4行

② 按上年度应纳税所得额的1/12或1/4计算的，第5行＝第7行

• 核定征收

（1）除合伙企业合伙人外的其他纳税人

① 税务机关采取核定应税所得率方式计算应纳税所得额的，

第5行＝第1行×第8行

或＝第2行÷（1－第8行）×第8行

② 税务机关认可的其他方法确定应纳税所得额的，第5行＝第9行

（2）合伙企业合伙人

① 税务机关采取核定应税所得率方式计算应纳税所得额的，

第5行＝第1行×第8行×第4行

或＝第2行÷（1－第8行）×第8行×第4行

② 税务机关认可的其他方法确定应纳税所得额的，第5行＝第9行×第4行

6. 第10行“按上述内容换算出的全年应纳税所得额”：根据相关栏次计算。

第10行＝第9行×12个月（或4个季度）

7. 第11行“税率”及第12行“速算扣除数”：按照税法第三条规定，根据第10行计算得出的数额进行查找。

8. 第13行“本期预缴税额”：根据相关栏次计算。

第13行＝（第10行×第11行－第12行）÷12个月（或4个季度）

9. 第14行“减免税额”：是指符合税法规定可以减免的税额。

10. 第15行“本期实际应缴税额”：根据相关栏次计算。

第15行＝第13行－第14行

11. 如果税务机关采取核定税额方式征收个人所得税的，将核定的税额直接填入第15行“本期实际应缴税额”栏。

表7－3－3　　生产、经营所得个人所得税纳税申报表（B表）

税款所属期：　　年　月　日至　　年　月　日　　　　金额单位：人民币元（列至角分）

投资者信息	姓名		身份证件类型		身份证件号码	
	国籍（地区）				纳税人识别号	
被投资单位信息	名称				纳税人识别号	
	类型	□个体工商户	□承包、承租经营者	□个人独资企业	□合伙企业	

项目	行次	金额	补充资料
一、收入总额	1		1. 年平均职工人数：________人 2. 工资总额：________元 3. 投资者人数：________人
减：成本	2		
营业费用	3		
管理费用	4		
财务费用	5		
营业税金及附加	6		
营业外支出	7		

续表

二、利润总额	8		
三、纳税调整增加额	9		
1. 超过规定标准扣除的项目	10		
（1）职工福利费	11		
（2）职工教育经费	12		
（3）工会经费	13		
（4）利息支出	14		
（5）业务招待费	15		
（6）广告费和业务宣传费	16		
（7）教育和公益事业捐赠	17		
（8）住房公积金	18		
（9）社会保险费	19		
（10）折旧费用	20		
（11）无形资产摊销	21		
（12）资产损失	22		
（13）其他	23		
2. 不允许扣除的项目	24		
（1）资本性支出	25		
（2）无形资产受让、开发支出	26		
（3）税收滞纳金、罚金、罚款	27		
（4）赞助支出、非教育和公益事业捐赠	28		
（5）灾害事故损失赔偿	29		
（6）计提的各种准备金	30		
（7）投资者工资薪金	31		
（8）与收入无关的支出	32		
其中：投资者家庭费用	33		
四、纳税调整减少额	34		
1. 国债利息收入	35		

续表

2. 其他	36		
五、以前年度损益调整	37		
六、经纳税调整后的生产经营所得	38		
减：弥补以前年度亏损	39		
乘：分配比例（%）	40		
七、允许扣除的其他费用	41		
八、投资者减除费用	42		
九、应纳税所得额	43		
十、税率（%）	44		
十一、速算扣除数	45		
十二、应纳税额	46		
减：减免税额	47		
十三、全年应缴税额	48		
加：期初未缴税额	49		
减：全年已预缴税额	50		
十四、应补（退）税额	51		
谨声明：此表是根据《中华人民共和国个人所得税法》及其实施条例和国家相关法律法规规定填写的，是真实的、完整的、可靠的。 纳税人签字：　年　月　日			
代理申报机构（人）公章： 经办人： 经办人执业证件号码：		主管税务机关受理专用章： 受理人：	
代理申报日期：　年　月　日		受理日期：　年　月　日	

国家税务总局监制

填表说明：

一、适用范围

本表适用于查账征收“个体工商户的生产、经营所得”和“对企事业单位的承包经营、承租经营所得”个人所得税的个体工商户、承包承租经营者、个人独资企业投资者和合伙企业合伙人的个人所得税年度汇算清缴。纳税人在办理申报时，须同时附报附件2—《个人所得税基础信息表（B表）》。

合伙企业有两个或两个以上自然人投资者的，应分别填报本表。

二、申报期限

个体工商户、个人独资企业投资者、合伙企业合伙人的生产、经营所得应纳个人所得税的年度纳税申报，应在年度终了后三个月内办理。

对企事业单位承包经营、承租经营者应纳个人所得税的年度纳税申报，应在年度终了后三十日内办理；纳税人一年内分次取得承包、承租经营所得的，应在年度终了后三个月内办理汇算清缴。

纳税人不能按规定期限办理纳税申报的，应当按照《中华人民共和国税收征收管理法》（以下简称税收征管法）及其实施细则的规定办理延期申报。

三、本表各栏填写如下：

（一）表头项目

税款所属期：是指纳税人取得所得的应纳个人所得税款的所属期间，应填写具体的起止年月日。

（二）表内信息栏

1. 投资者信息栏：填写个体工商户业主、承包经营者、承租经营者、个人独资企业投资者、合伙企业合伙人的相关信息。

（1）姓名：填写纳税人姓名。中国境内无住所个人，其姓名应当用中、外文同时填写。

（2）身份证件类型：填写能识别纳税人唯一身份的有效证照名称。

① 在中国境内有住所的个人，填写身份证、军官证、士兵证等证件名称。

② 在中国境内无住所的个人，填写护照、港澳居民来往内地通行证、中国台湾居民来往大陆通行证等证照名称。

（3）身份证件号码：填写纳税人身份证件上的号码。

（4）国籍（地区）：填写纳税人的国籍或者地区。

（5）纳税人识别号：在中国境内无住所的个人填写。有住所的个人不填写。该栏填写税务机关赋予的18位纳税人识别号。税务机关未赋予的，不填写。

税务机关赋予境内无住所个人的18位纳税人识别号，作为其唯一身份识别码，由纳税人到主管税务机关办理初次涉税事项，或扣缴义务人办理该纳税人初次扣缴申报时，由主管税务机关赋予。

2. 被投资单位信息栏：

（1）名称：填写税务机关核发被投资单位税务登记证上载明的单位全称。

（2）纳税人识别号：填写税务机关核发的税务登记证号码。

（3）类型：纳税人根据自身情况在对应框内打"√"。

（三）表内各行的填写：

1. 第1行"收入总额"：填写该投资单位在本期内取得的收入总额。

2. 第2行"成本"：填写该投资单位在本期内主要经营业务和其他经营业务发生的成本总额。

3. 第3行"营业费用"：填报该投资单位在销售商品和材料、提供劳务的过程中发生的各种费用。

4. 第4行"管理费用"：填报该投资单位为组织和管理企业生产经营发生的管理费用。

5. 第5行"财务费用"：填报该投资单位为筹集生产经营所需资金等发生的筹资费用。

6. 第6行"营业税金及附加"：填报该投资单位经营活动发生的营业税、消费税、城市维护建设税、资源税、土地增值税和教育费附加等相关税费。

7. 第8行"利润总额"：根据相关栏次计算。

第8行=第1行—第2行—第3行—第4行—第5行—第6行—第7行

8. 第10行"超过规定标准扣除的项目"，是指被投资单位超过《个人所得税法》及其实施条例和相关税收法律法规政策规定的扣除标准，扣除的各种成本、费用和损失，应予调增应纳税所得额的部分。

9. 第24行"不允许扣除的项目"：是指规定不允许扣除，但被投资单位已将其扣除的各项成本、费用和损失，应予调增应纳税所得额的部分。

10. 第35行"国债利息收入"，是指企业将免于纳税、但已计入收入的因购买国债而取得的利息。

11. 第37行"以前年度损益调整"：是指以前年度发生的多计或少计的应纳税所得额。

12. 第38行"经纳税调整后的生产经营所得"：根据相关栏次计算。

第38行=第8行+第9行—第34行—第37行

13. 第39行"弥补以前年度亏损"：是指企业根据规定，以前年度亏损允许在税前弥补而相应调减的应纳税所得额。

14. 第40行"分配比例"：纳税人为合伙企业合伙人的，填写本栏。分配比例按照合伙企业分配方案中规定的该合伙人的比例填写；没有，则按人平均分配。

15. 第41行"允许扣除的其他费用"：是指按照法律法规规定可以税前扣除的其他费用。没有的，则不填。如：《国家税务总局关于律师事务所从业人员有关个人所得税问题的公告》（国家税务总局公告2012年第53号）第三条规定的事项。

16. 第42行"投资者减除费用"：是指按照《税法》及有关法律法规规定，在个体工商户业主、个人独资企业投资者和合伙企业合伙人的生产经营所得计征个人所得税时，可在税前扣除的投资者本人的生计减除费用。2011年9月1日起执行42000元/年标准；以后标准按国家政策规定执行。

17. 第43行“应纳税所得额”：根据不同情况，按相关行次计算填写。

（1）纳税人为非合伙企业合伙人的

第43行＝第38行－第39行－第41行－第42行

（2）纳税人为合伙企业合伙人的

第43行＝（第38行－第39行）×第40行－第41行－第42行

18. 第44行“税率”及第45行“速算扣除数”：按照税法第三条规定填写。

19. 第46行“应纳税额”：按相关栏次计算填写。

第46行＝第43行×第44行－第45行

20. 第48行“全年应缴税额”：按相关栏次计算填写。

第48行＝第46行－第47行

21. 第51行“应补（退）税额”：按相关栏次计算填写。

第51行＝第48行＋第49行－第50行

表7－3－4　　生产、经营所得投资者个人所得税汇总申报表

税款所属期：　　年　月　日至　年　月　日　　　　金额单位：人民币元（列至角分）

<table>
<tr><td rowspan="2">投资者信息</td><td>姓名</td><td></td><td>身份证件类型</td><td></td><td>身份证件号码</td><td colspan="2"></td></tr>
<tr><td>国籍（地区）</td><td colspan="3"></td><td>纳税人识别号</td><td colspan="2"></td></tr>
<tr><td>项目</td><td>被投资单位编号</td><td>被投资单位名称</td><td>被投资单位纳税人识别号</td><td>分配比例</td><td>行次</td><td>金额</td></tr>
<tr><td rowspan="7">一、应汇总申报的各被投资单位的应纳税所得额</td><td>1. 汇缴地</td><td></td><td></td><td></td><td>1</td><td></td></tr>
<tr><td>2. 其他</td><td></td><td></td><td></td><td>2</td><td></td></tr>
<tr><td>3. 其他</td><td></td><td></td><td></td><td>3</td><td></td></tr>
<tr><td>4. 其他</td><td></td><td></td><td></td><td>4</td><td></td></tr>
<tr><td>5. 其他</td><td></td><td></td><td></td><td>5</td><td></td></tr>
<tr><td>6. 其他</td><td></td><td></td><td></td><td>6</td><td></td></tr>
<tr><td>合　计</td><td></td><td></td><td></td><td>7</td><td></td></tr>
<tr><td colspan="5">二、应调增的投资者减除费用</td><td>8</td><td></td></tr>
<tr><td colspan="5">三、调整后应纳税所得额</td><td>9</td><td></td></tr>
<tr><td colspan="5">四、税率</td><td>10</td><td></td></tr>
<tr><td colspan="5">五、速算扣除数</td><td>11</td><td></td></tr>
<tr><td colspan="5">六、应纳税额</td><td>12</td><td></td></tr>
<tr><td colspan="5">七、本企业经营所得占各企业经营所得总额的比重（%）</td><td>13</td><td></td></tr>
<tr><td colspan="5">八、本企业应纳税额</td><td>14</td><td></td></tr>
</table>

续表

九、减免税额	15	
十、全年应缴税额	16	
十一、全年已预缴税额	17	
十二、应补（退）税额	18	

谨声明：此表是根据《中华人民共和国个人所得税法》及其实施条例和国家相关法律法规规定填写的，是真实的、完整的、可靠的。

纳税人签字：　　年　月　日

代理机构（人）签章： 经办人： 经办人执业证件号码：	主管税务机关受理专用章： 受理人：
代理申报日期：　　年　月　日	受理日期：　　年　月　日

国家税务总局监制

填表说明：

一、适用范围

本表适用于个体工商户、承包承租企事业单位、个人独资企业、合伙企业投资者在中国境内两处或者两处以上取得“个体工商户的生产、经营所得”和“对企事业单位的承包经营、承租经营所得”的，同项所得合并计算纳税的个人所得税年度汇总纳税申报。纳税人在办理申报时，须同时附报附件 2—《个人所得税基础信息表（B 表）》。

二、申报期限

年度终了后三个月内。纳税人不能按规定期限报送本表时，应当按照《中华人民共和国税收征收管理法》（以下简称税收征管法）及其实施细则的规定办理延期申报。

三、本表各栏填写如下：

（一）表头项目

税款所属期：填写纳税人取得所得应纳个人所得税款的所属期间，填写具体起止年月日。

（二）投资者信息栏：填写个体工商户业主、承包承租经营者、个人独资企业投资者、合伙企业合伙人的相关信息。

1. 姓名：填写纳税人姓名。中国境内无住所个人，其姓名应当用中、外文同时填写。

2. 身份证件类型：填写能识别纳税人唯一身份的有效证照名称。

（1）在中国境内有住所的个人，填写身份证、军官证、士兵证等有效证照名称；

（2）在中国境内无住所的个人，填写护照、港澳居民来往内地通行证、中国台湾居民来往大陆通行证等证照名称。

（3）身份证件号码：填写纳税人身份证件上的号码。

3. 国籍（地区）：填写纳税人的国籍或者地区。

4. 纳税人识别号：在中国境内无住所的个人填写。有住所的个人则不填写。该栏填写税务机关赋予的 18 位纳税人识别号。税务机关未赋予的，不填写。

税务机关赋予境内无住所个人的 18 位纳税人识别号，作为其唯一身份识别码，由纳税人到主管税务机关办理初次涉税事项，或扣缴义务人办理该纳税人初次扣缴申报时，由主管税务机关赋予。

（三）表内各栏

1. “应汇总申报的各被投资单位的应纳税所得额”栏：填写投资者从其各投资单位取得的年度应纳税所得额，须分行填写。其中，第 1 行填写汇算清缴地被投资单位的相关信息及数据；第 7 行填写合计数。

2. 第 8 行“应调增的投资者减除费用”：填写按照税法规定在汇总计算多个投资单位应纳税所得额时，被多扣除、须调整增加应纳税所得额的投资者生计减除费用标准。

注：按照税法规定，投资者的生产经营所得只能扣除一次减除费用。由于各投资单位在计算应纳税所得额时均扣除了减除费用，故在填写本表时，应在本栏就第一项填写的 N 个被投资单位的应纳所得额，调增（N－1）个减除费用。该减除费用自 2011 年 9 月 1 日起执行 42 000 元/年标准。即该栏填写（N－1）×42 000 元/年。以后标准按国家政策规定执行。

3. 第 9 行"调整后应纳税所得额"：按相关行次计算填写。

第 9 行＝第 7 行＋第 8 行

4. 第 10 行"税率"及第 11 行"速算扣除数"：按照税法第三条规定，根据第 9 行计算出来的数额进行查找。

5. 第 12 行"应纳税额"：根据相关列次计算填写。

第 12 行＝第 9 行×第 10 行—第 11 行

6. 第 13 行"本企业经营所得占各企业经营所得总额的比重"及第 14 行"本企业应纳税额"：投资者兴办的两个或两个以上的企业全部是个人独资性质的，填写本栏；其他情形则不填。

（1）第 13 行：填写申报地被投资企业经营所得占纳税人投资各应汇总纳税企业经营所得的比重。

第 13 行＝第 1 行÷第 7 行

（2）第 14 行：根据相关栏次计算。

第 14 行＝第 12 行×第 13 行

7. 第 15 行"减免税额"：是指符合税法规定可以减免的税额。

8. 第 16 行"全年应缴税额"：根据相关栏次计算。

（1）投资者兴办的两个或两个以上的企业全部是个人独资性质的

第 16 行＝第 14 行—第 15 行

（2）其他情形

第 16 行＝第 12 行—第 15 行

9. 第 17 行"全年已预缴税额"：填写纳税人已预缴的个人所得税。

10. 第 18 行"应补（退）税额"：按相关栏次计算填写。

第 18 行＝第 16 行—第 17 行

三、实训内容

1. 背景资料

业主姓名：王海

身份证号码：331024197503264577

纳税人户名：金海五金件销售公司

地址：辽宁省丹江市南城区明阳路 156—3 号

纳税人识别号：331024197503264577

登记注册类型：个体工商户

业别：零售业　注册资本：100 万元

开始生产经营日期：2011 年 9 月 18 日

银行账号：中国工商银行丹江分行　3421667712345

电话：024－2247654　手机：13208611036

邮编：120015　电子邮箱：wanghai@ 163. com

2. 业务资料

个体工商户王海经营一家五金件销售公司——金海五金件销售公司，主管税务机关核定该公司企业所得税实行查账征收方式，按上年度应纳税所得额的 1/4 分季预缴（上年度应纳税所得额为 20 万元）。2013 年第三季度该公司收入 30 万元，成本费用 24 万元。

2013 年全年该公司的有关经营情况如下：

取得销售收入 120 万元，成本 60 万元，营业费用 10 万元，管理费用 20 万元。其中业务招待费 2 万元；共雇有员工 4 人，人均月工资 2 500 元；王海本人每月领取工资 4 000 元。财务费用 2 万元，当年向某企业借入流动资金 10 万元，支付利息费用 1 万元，同期银行贷款利率为 8%，营业税金及附加 5 万元；8 月公司小货车在运输途中发生车祸被损坏，损失达 4 万元，次月取得保险公司的赔款 2. 5 万元；通过当地民政部门向边远山区捐款 3 万元，取得民政部门的捐款凭证。

根据上述相关资料，计算王海 2013 年应缴纳的个人所得税、年终汇算清缴应补（退）税额。

实训业务分析 2013 年年度汇算如下：

（1）业务招待费用扣除限额：20 000 × 60% = 12 000（元）

1 200 000 × 5‰ = 6 000（元）

则业务招待费用扣除限额为 6 000 元，调增 14 000 元；

（2）支付雇员工资共 120 000 元（4 × 2 500 × 12），准予税前列支，不调；

（3）王海本人每月领取工资不得税前列支，调增 4 000 × 12 = 48 000 元；

（4）利息费用按同期银行贷款利率计算为 100 000 × 8% = 8 000（元），准予列支，超过的 2 000 元不能列支，调增 2 000 元；

（5）损失有赔偿的 25 000 元不能列支，损失没有赔偿的 40 000 − 25 000 = 15 000 元准予列支，调增 25 000 元；

（6）通过当地民政部门向边远山区捐款 3 万元不超过其应纳税所得额 30%，可据实扣除，不调；

（7）投资者减除费用 3 500 × 12 = 42 000 元

利润总额 = 1 200 000 − 630 000 − 100 000 − 200 000 − 20 000 − 50 000 − 30 000 = 170 000（元）

应纳税所得额 = 170 000 + 2 000 + 14 000 + 25 000 + 48 000 − 42 000 = 217 000（元）

适用税率 35%，速算扣除数 14 750 元

应纳个人所得税额 = 217 000 × 35% − 14 750 = 61 200（元）

王海每季预缴个人所得税 13 812. 5 元，则全年预缴 13 812. 5 × 4 = 55 250（元）

应补缴税额 = 61 200 − 55 250 = 5 950（元）

3. 实训成果

个人所得税基础信息表（B 表）（见表 7 − 3 − 5）；

生产、经营所得个人所得税纳税申报表（A 表）（见表 7 − 3 − 6）；

生产、经营所得个人所得税纳税申报表（B 表）（见表 7 − 3 − 7）。

表 7－3－5

个人所得税基础信息表（B 表）

<table>
<tr><td>姓名</td><td colspan="2">王海</td><td>身份证
件类型</td><td>身份证</td><td>身份证
件号码</td><td colspan="2">3 3 1 0 2 4 1 9 7 5 0 3 2 6 4 5 7 7</td></tr>
<tr><td>纳税人类型</td><td colspan="7">□有任职受雇单位　□无任职受雇单位（不含股东投资者）　☑投资者　□无住所个人　（可多选）</td></tr>
<tr><td>任职受雇单位名称及
纳税人识别号</td><td colspan="7"></td></tr>
<tr><td>“三费一金”缴纳情况</td><td colspan="5">□基本养老保险费　□基本医疗保险费
□失业保险费　□住房公积金　☑无　（可多选）</td><td>电子邮箱</td><td>wanghai@163.com</td></tr>
<tr><td>境内联系地址</td><td colspan="5">辽宁省丹江市南城区（县）明阳路159 号</td><td>邮政编码</td><td>120015</td></tr>
<tr><td>联系电话</td><td colspan="5">手机：13208611036 固定电话：024－2247654</td><td>职业</td><td>个体工商户</td></tr>
<tr><td>职务</td><td colspan="5">○高层　○中层　○普通　（只选一）</td><td>学历</td><td>大专</td></tr>
<tr><td>是否残疾人/烈属/孤老</td><td colspan="5">□残疾　□烈属　□孤老　☑否</td><td>残疾等级情况</td><td></td></tr>
<tr><td>该栏仅由有境外所得
纳税人填写</td><td colspan="2">○户籍所在地
○经常居住地</td><td colspan="5">______省______市______区（县）______　邮政编码______</td></tr>
<tr><td rowspan="6">该栏仅由投资者
纳税人填写</td><td colspan="2">投资者类型</td><td colspan="5">☑个体工商户　□个人独资企业投资者　□合伙企业合伙人
□承包、承租经营者　□股东　□其他投资者　（可多选）</td></tr>
<tr><td rowspan="4">被投资
单位
信息</td><td>名称</td><td colspan="3">金海五金件销售公司</td><td>扣缴义务人编码</td><td></td></tr>
<tr><td>地址</td><td colspan="3">丹江市南城区（县）明阳路 156—3 号</td><td>邮政编码</td><td>120015</td></tr>
<tr><td>登记注册类型</td><td colspan="3">个体工商户</td><td>行业</td><td>零售业</td></tr>
<tr><td>所得税征收方式</td><td colspan="3">⊘查账征收　○核定征收（只选一）</td><td>主管税务机关</td><td>丹江市南城区国家税务局</td></tr>
<tr><td colspan="7">以下由股东及其他投资者填写</td></tr>
<tr><td></td><td colspan="2">公司股本（投资）总额</td><td colspan="3"></td><td>个人股本（投资）额</td><td></td></tr>
</table>

续表

该栏仅由无住所纳税人填写	纳税人识别号				
	国籍（地区）			出生地	
	性别			出生日期	____年___月___日
	劳动就业证号码			是否税收协定缔约国对方居民	○是　○否
	境内职务			境外职务	
	来华时间			任职期限	
	预计离境时间			预计离境地点	
	境内任职受雇单位	名称		扣缴义务人编码	
		地址		邮政编码	
	境内受聘签约单位	名称		扣缴义务人编码	
		地址		邮政编码	
	境外派遣单位	名称		地址	
	支付地		○境内支付　○境外支付 ○境内、外同时支付　（只选一）	境外支付国国别（地区）	
谨声明：此表是根据《中华人民共和国个人所得税法》及其实施条例和国家相关法律法规规定填写的，是真实的、完整的、可靠的。 纳税人签字：王海　2013 年 10 月 13 日					
代理机构（人）签章： 经办人： 经办人执业证件号码：			主管税务机关受理专用章：丹江市南城区地方税务局（公章） 受理人：张勇		
填表（代理申报）日期：　年　月　日			受理日期：2013 年 10 月 13 日		

国家税务总局监制

表 7 -3 -6　　　　生产、经营所得个人所得税纳税申报表（A 表）

税款所属期：2013 年 7 月 1 日至 2013 年 9 月 30 日　　　　　　　　金额单位：人民币元（列至角分）

投资者信息	姓名	王海	身份证件类型	身份证	身份证件号码	3 3 1 0 2 4 1 9 7 5 0 3 2 6 4 5 7 7
	国籍（地区）	中国			纳税人识别号	
被投资单位信息	名称	金海五金件销售公司			纳税人识别号	331024197503264577
	征收方式	☑查账征收 □核定征收			类型	☑个体工商户 □承包、承租经营者 □个人独资企业 □合伙企业

项目		行次	金额
一、本期收入总额		1	300 000. 00
二、本期成本费用总额		2	240 000. 00
三、本期利润总额		3	60 000. 00
四、分配比例 %		4	
五、应纳税所得额		5	50 000. 00
查账征收	1. 按本期实际计算的应纳税所得额	6	
	2. 上年度应纳税所得额的 1/12 或 1/4	7	50 000. 00
核定征收	1. 税务机关核定的应税所得率（%）	8	
	2. 税务机关认可的其他方法确定的应纳税所得额	9	
六、按上述内容换算出的全年应纳税所得额		10	200 000. 00
七、税率（%）		11	35
八、速算扣除数		12	14 750. 00
九、本期预缴税额		13	13 812. 50
十、减免税额		14	
十一、本期实际应缴税额		15	13 812. 50

谨声明：此表是根据《中华人民共和国个人所得税法》及其实施条例和国家相关法律法规规定填写的，是真实的、完整的、可靠的。

纳税人签字：王海　　　　2013 年 10 月 13 日

代理申报机构（人）公章： 经办人： 经办人执业证件号码：	主管税务机关受理专用章：丹江市南城区地方税务局（公章） 受理人：张勇
代理申报日期：　　年　月　日	受理日期：2013 年 10 月 13 日

国家税务总局监制

表 7－3－7　　　生产、经营所得个人所得税纳税申报表（B 表）

税款所属期：2013 年 1 月 1 日至 2013 年 12 月 31 日　　　　　金额单位：人民币元（列至角分）

投资者信息	姓名	王海	身份证件类型	身份证	身份证件号码	3 3 1 0 2 4 1 9 7 5 0 3 2 6 4 5 7 7
	国籍（地区）	中国			纳税人识别号	
被投资单位信息	名称	金海五金件销售公司			纳税人识别号	331024197503264577
	类型	☑个体工商户　□承包、承租经营者　□个人独资企业　□合伙企业				

项目	行次	金额	补充资料
一、收入总额	1	1 200 000.00	1. 年平均职工人数：4 人
减：成本	2	630 000.00	2. 工资总额：120 000.00 元
营业费用	3	100 000.00	3. 投资者人数：1 人
管理费用	4	200 000.00	
财务费用	5	20 000.00	
营业税金及附加	6	50 000.00	
营业外支出	7	30 000.00	
二、利润总额	8	170 000.00	
三、纳税调整增加额	9	89 000.00	
1. 超过规定标准扣除的项目	10		
（1）职工福利费	11		
（2）职工教育经费	12		
（3）工会经费	13		
（4）利息支出	14	2 000.00	
（5）业务招待费	15	14 000.00	
（6）广告费和业务宣传费	16		
（7）教育和公益事业捐赠	17		
（8）住房公积金	18		
（9）社会保险费	19		
（10）折旧费用	20		
（11）无形资产摊销	21		
（12）资产损失	22		
（13）其他	23		

续表

2. 不允许扣除的项目	24		
（1）资本性支出	25		
（2）无形资产受让、开发支出	26		
（3）税收滞纳金、罚金、罚款	27		
（4）赞助支出、非教育和公益事业捐赠	28		
（5）灾害事故损失赔偿	29	25 000.00	
（6）计提的各种准备金	30		
（7）投资者工资薪金	31	48 000.00	
（8）与收入无关的支出	32		
其中：投资者家庭费用	33		
四、纳税调整减少额	34		
1. 国债利息收入	35		
2. 其他	36		
五、以前年度损益调整	37		
六、经纳税调整后的生产经营所得	38		
减：弥补以前年度亏损	39		
乘：分配比例（%）	40		
七、允许扣除的其他费用	41		
八、投资者减除费用	42	42 000.00	
九、应纳税所得额	43	217 000.00	
十、税率（%）	44	35	
十一、速算扣除数	45	14 750.00	
十二、应纳税额	46	61 200.00	
减：减免税额	47		
十三、全年应缴税额	48	61 200.00	
加：期初未缴税额	49		
减：全年已预缴税额	50	55 250.00	
十四、应补（退）税额	51	5 950.00	

谨声明：此表是根据《中华人民共和国个人所得税法》及其实施条例和国家相关法律法规规定填写的，是真实的、完整的、可靠的。

纳税人签字：王海　　2014 年 3 月 15 日

续表

代理申报机构（人）公章： 经办人： 经办人执业证件号码：	主管税务机关受理专用章：丹江市南城区地方税务局（公章） 受理人：张勇
代理申报日期：　　年　　月　　日	受理日期：2014 年 3 月 15 日

国家税务总局监制

四、技能训练

1. 背景资料

业主姓名：邓刚　身份证号码：342124197503065432

纳税人户名：银华汽车配件销售公司

地址：北宁省永川市永乐区唐山路 34 号

纳税人识别号：342124197503065432

登记注册类型：个体工商户

业别：零售业　注册资本：100 万元

开始生产经营日期：2010 年 11 月 9 日

银行账号：中国工商银行永川分行　3421667723456

电话：024 - 2242345　手机 15223887656

邮编：110031　电子邮箱：deng88@ 163. com

2. 业务资料

个体工商户邓刚经营一家汽车配件销售公司——银华汽车配件销售公司，2014 年度税务机关根据上年纳税额核定其每月预缴个人所得税 4 000 元，公司 2 月收入 7 万元，成本费用 4 万元。2014 年度的有关经营情况如下：

取得销售收入 100 万元，成本 55 万元，营业费用 8 万元，管理费用 15 万元，其中业务招待费 1 万元，广告支出 2 万元；共雇有员工 3 人，人均月工资 2 000 元，邓刚本人每月领取工资 4 000 元。财务费用 2 万元；营业税金及附加 2 万元；

3. 技能要求

（1）计算邓刚 2014 年应缴纳的个人所得税、年终汇算清缴应补（退）税额。

（2）填写《个人所得税基础信息表（B）表》（表 7 - 2 - 1）、《生产、经营所得个人所得税纳税申报表（A 表）》（表 7 - 3 - 2）、《生产、经营所得个人所得税纳税申报表（B 表）》（表 7 - 3 - 3）。

项目八

土地增值税纳税实训

任务 土地增值税核算与纳税申报

知识目标：

◆ 熟悉土地增值税征税范围、纳税人、税率

◆ 掌握土地增值税应纳税额计算

◆ 掌握土地增值税纳税期限、纳税义务发生时间、纳税地点

能力目标：

◆ 能进行土地增值税应纳税额计算

◆ 能进行土地增值税涉税业务会计核算

◆ 能办理土地增值税纳税申报

情景导航

东升房地产开发公司是一家中型国有企业。2013 年 12 月建造商用写字楼一栋出售，取得收入 6 000 万元，有关支出如下：取得土地使用权时支付的地价款及相关税费 800 万元，房地产开发成本 1 800 万元，房地产开发费用 200 万元。

那么，该公司应纳的土地增值税是多少？应如何进行土地增值税的纳税申报？

一、任务描述

根据东升房地产开发公司 12 月发生业务的原始凭证，计算当月应纳的土地增值税税额，填制土地增值税涉税记账凭证，并进行土地增值税的纳税申报。

二、相关知识点

(一) 土地增值税征税范围、纳税人、税率

1. 征税范围

(1) 一般规定。

土地增值税的征税对象为有偿转让国有土地使用权、地上建筑物及其附着物(以下简称转让房地产)的行为。

国有土地是指按国家法律规定属于国家所有的土地;地上建筑物是指建于土地上的一切建筑物,包括地上地下的各种附属设施;附着物是指附着于土地上的不能移动,一经移动即遭损坏的物品。

在实际工作中,可以通过以下标准来界定土地增值税的征税范围。

① 转让的土地使用权是国有土地使用权。根据我国《宪法》和《土地管理法》规定,城市的土地属于国家所有,农村和城市郊区的土地除由法律规定属于国家所有的以外属于集体所有。对国家所有的土地,其土地使用权转让属于土地增值税的征收范围;而对属于集体所有的土地,按现行规定需要先由国家征用后才能转让,未经国家征用的集体土地不得转让。

② 国有土地使用权、地上建筑物及其附着物的权属发生转移。土地增值税只对转让国有土地使用权、地上建筑物及其附着物的产权行为征税。国有土地使用权的出让不属于土地增值税的征税范围。国有土地使用权的出让是指国家以土地所有者的身份将土地使用权在一定期限内让与土地使用者,并由土地使用者向国家支付土地出让金的行为。同时,如果未转让土地使用权、房产产权未发生转移,也不属于土地增值税的征税范围。

③ 对转让房地产并取得收入的行为征税。土地增值税只对有偿转让国有土地使用权、地上建筑物及其附着物权属的行为征税,不包括房地产的权属虽然转让但未取得收入的行为。如以继承、赠与等方式无偿转让房地产权属的行为,不属于土地增值税的征税范围。

(2) 具体规定。

① 出售国有土地使用权的、取得国有土地使用权后进行房屋开发建造然后出售的,以及存量房地产的买卖均属于土地增值税的征税范围。

② 房地产的继承、赠与因其只发生房地产产权的转让,没有取得相应的收入,属于无偿转让房地产的行为,所以不能将其纳入土地增值税的征税范围。

③ 房地产的出租,出租人虽取得收入,但没有发生房产产权、土地使用权的转让。因此,不属于土地增值税的征税范围。

④ 由于房产、土地使用权在抵押期间并没有发生权属的变更,因此对房地产在抵押期间不征收土地增值税。待抵押期满后,视该房地产是否转移占有而确定是否征收土地增值税。对于以房地产抵债而发生房地产权属转让的,应列入土地增值税的征税范围。

⑤ 由于交换行为既发生了房产产权、土地使用权的转移,交换双方又取得了实物形态

的收入，因此属于土地增值税的征税范围。但对个人之间互换自有居住用房地产的，经当地税务机关核实，可暂免征土地增值税。

⑥ 以房地产进行投资、联营的，投资、联营的一方以土地（房地产）作价入股进行投资或作为联营条件，将房地产转让到所投资、联营的企业中时，暂免征收土地增值税。对投资、联营企业将上述房地产再转让的，应征收土地增值税。

对于以土地（房地产）作价投资入股进行投资或联营的，凡所投资、联营的企业从事房地产开发的，或者房地产开发企业以其建造的商品房进行投资和联营的，均应按规定缴纳土地增值税。

⑦ 对于一方出地，一方出资金，双方合作建房，建成后按比例分房自用的，暂免征收土地增值税；建成后转让的，应征收土地增值税。

⑧ 在企业兼并中，对被兼并企业将房地产转让到兼并企业中的，暂免征收土地增值税。

⑨ 对于房地产的代建行为，房地产开发公司虽然取得了收入，但没有发生房地产权属的转移，故不属于土地增值税的征税范围。

⑩ 对房地产的重新评估而产生的增值，因其既没有发生房地产权属的转移，房产产权人、土地使用权人也未取得收入，所以不属于土地增值税的征税范围。

2. 纳税人

土地增值税的纳税人为转让国有土地使用权、地上建筑物及其附着物并取得收入的单位和个人。其中，单位是指各类企业单位、事业单位、国家机关和社会团体及其他组织。个人包括个体经营者。

3. 税率

土地增值税实行四级超率累进税率，其具体规定见表 8－1。

表 8－1　　　　土地增值税税率表

级次	增值额与扣除项目金额的比率	税率（%）	速算扣除系数（%）
1	不超过 50% 的部分	30	0
2	超过 50% 未超过 100% 的部分	40	5
3	超过 100% 未超过 200% 的部分	50	15
4	超过 200% 的部分	60	35

（二）土地增值税计算

1. 计税依据

土地增值税的计税依据，是纳税人转让房地产所取得的增值额。转让房地产的增值额是指纳税人转让房地产所取得的收入减除税法规定的扣除项目金额后的余额。土地增值额的大小，取决于转让房地产的收入额和扣除项目金额两个因素。

（1）收入额的确定。纳税人转让房地产所取得的收入是指转让房地产取得的全部价款及有关的经济收益，包括货币收入、实物收入和其他收入。

土地增值税以人民币为计算单位。转让房地产所取得的收入为外国货币的，以取得收入当天或当月 1 日国家公布的市场汇价折合成人民币，据以计算应纳土地增值税税额。

（2）扣除项目及其金额的确定。

① 取得土地使用权所支付的金额。取得土地使用权所支付的金额具体包括两方面内容：

纳税人为取得土地使用权所支付的地价款。地价款的确定有三种形式：以协议、招标、拍卖等出让方式取得土地使用权的，为纳税人所支付的土地出让金；以行政划拨方式取得土地使用权的，为按照国家有关规定补交的土地出让金；以转让方式取得土地使用权的，为向原土地使用人实际支付的地价款。

纳税人按国家统一规定缴纳的有关费用。纳税人按国家统一规定缴纳的有关费用是指纳税人在取得土地使用权时按国家统一规定缴纳的有关登记、过户费等有关费用。

② 房地产开发成本。房地产开发成本是指纳税人房地产开发项目实际发生的成本。包括土地征用及拆迁补偿费、前期工程费、建筑安装工程费、基础设施费、公共配套设施费、开发间接费用等。

③ 房地产开发费用。房地产开发费用是指与房地产开发项目有关的销售费用、管理费用和财务费用。根据现行财务制度的规定，上述三项费用作为期间费用，按照实际发生额直接计入当期损益。但在计算土地增值税时，作为扣除项目的房地产开发费用，并不是按纳税人房地产开发项目实际发生的费用进行扣除，而是按照税法规定的标准进行扣除。具体分为两种情况：

财务费用中的利息支出，凡能够按转让房地产项目计算分摊并提供金融机构证明的，允许据实扣除，但最高不能超过按商业银行同类同期贷款利率计算的金额。超过贷款期限的利息和加罚的利息均不允许扣除。其他房地产开发费用，按取得土地使用权所支付的金额和房地产开发成本之和的 5% 以内计算扣除。其计算公式为：

允许扣除的房地产开发费用 = 实际支付的利息 +（取得土地使用权所支付的金额 + 房地产开发成本）×5% 以内

财务费用中的利息支出，凡不能按转让房地产项目计算分摊或不能提供金融机构证明的，其房地产开发费用按取得土地使用权所支付的金额和房地产开发成本之和的 10% 以内计算扣除。其计算公式为：

允许扣除的房地产开发费用 =（取得土地使用权所支付的金额 + 房地产开发成本）×10% 以内

财政部、国家税务总局还对扣除项目金额中利息支出的计算问题做了专门的规定：一是利息的上浮幅度按国家的有关规定执行，超过上浮幅度的部分不允许扣除；二是对于超过贷款期限的利息部分和加罚的利息不允许扣除。

④ 与转让房地产有关的税金。与转让房地产有关的税金是指在转让房地产时缴纳的营业税、印花税、城市维护建设税，教育费附加也可视同税金予以扣除。

房地产开发企业按照《施工、房地产开发企业财务制度》的有关规定，其缴纳的印花税列入管理费用，故不允许单独再扣除。房地产开发企业以外的其他纳税人在计算土地增值税时，允许扣除在转让房地产环节缴纳的印花税。

⑤ 财政部规定的其他扣除项目。从事房地产开发的纳税人，可按取得土地使用权所支付的金额和房地产开发成本之和加计 20% 扣除。该项规定只适用于从事房地产开发的纳税人，除此之外的其他纳税人不适用。

⑥ 旧房及建筑物的评估价格。旧房及建筑物的评估价格是指在转让已使用的房屋及建筑物时，由政府批准设立的房地产评估机构评定的重置成本价乘以成新度折扣率后的价格。评估价格须经当地税务机关确认。

重置成本价是指对旧房及建筑物，按转让时的建材价格及人工费用计算，建造同样面积、同样层次、同样结构、同样建设标准的新房及建筑物所需花费的成本费用。成新度折扣率是按旧房的新旧程度作一定比例的折扣。

纳税人转让旧房，应按房屋及建筑物的评估价格、取得土地使用权所支付的地价款和按国家统一规定缴纳的有关费用及在转让环节缴纳的税金作为扣除项目计征土地增值税。对取得土地使用权时未支付地价款或不能提供已支付的地价款凭据的，在计征土地增值税时不允许扣除。

纳税人转让旧房及建筑物，凡不能取得评估价格，但能提供购房发票的，经当地税务部门确认，取得土地使用权所支付的金额和旧房及建筑物的评估价格扣除项目的金额，可按发票所载金额并从购买年度起至转让年度止每年加计 5% 计算。对纳税人购房时缴纳的契税，凡能提供契税完税凭证的，准予作为“与转让房地产有关的税金”予以扣除，但不作为加计 5% 的基数。对于转让旧房及建筑物，既没有评估价格，又不能提供购房发票的，实行核定征收。

（3）计税依据的特殊规定。

纳税人有下列情形之一的，应按照房地产评估价格计算征收土地增值税。

① 隐瞒、虚报房地产成交价格的。对于纳税人隐瞒、虚报房地产成交价格，应由评估机构参照同类房地产的市场交易价格进行评估。税务机关根据评估价格确定转让房地产的收入。

② 提供扣除项目金额不实的。对于纳税人提供扣除项目金额不实的，应由评估机构按照房屋重置成本价乘以成新度折扣率计算的房屋成本价和取得土地使用权时的基准地价进行评估。税务机关根据评估价格确定扣除项目金额。

③ 转让房地产的成交价格低于房地产评估价格，又无正当理由的。转让房地产的成交价格低于房地产评估价格，又无正当理由的，由税务机关参照房地产评估价格确定转让房地产的收入。

2. 应纳税额的计算

土地增值税以纳税人转让房地产所取得的增值额为计税依据，按照超率累进税率计算应纳税额，其计算公式为：

$$应纳税额 = 增值额 \times 适用税率 - 扣除项目金额 \times 速算扣除系数$$

（三）土地增值税纳税期限

纳税人应在转让房地产合同签订后的7日内，到房地产所在地主管税务机关办理纳税申报，并向税务机关提交房屋及建筑物产权、土地使用权证书，土地转让、房产买卖合同、房地产评估报告及其他与转让房地产有关的资料。

纳税人因经常发生房地产转让而难以在每次转让后申报的，经税务机关审核同意后，可以按月或按季定期进行纳税申报，具体期限由税务机关根据情况确定。

纳税人采取预售方式销售房地产的，对在项目全部竣工结算前转让房地产取得的收入，税务机关可以预征土地增值税。具体办法由各省、自治区、直辖市地方税务局根据当地情况制定。

对于纳税人预售房地产所取得的收入，凡当地税务机关规定预征土地增值税的，纳税人应当到主管税务机关办理纳税申报，并按规定比例预交，待办理完纳税清算后，多退少补。

（四）房地产开发企业土地增值税清算

1. 土地增值税的清算单位

土地增值税以国家有关部门审批的房地产开发项目为单位进行清算，对于分期开发的项目，以分期项目为单位清算。开发项目中同时包含普通住宅和非普通住宅的，应分别计算增值额。

2. 土地增值税的清算条件

（1）符合下列情形之一的，纳税人应进行土地增值税的清算：

① 房地产开发项目全部竣工、完成销售的；

② 整体转让未竣工决算房地产开发项目的；

③ 直接转让土地使用权的。

（2）符合下列情形之一的，主管税务机关可要求纳税人进行土地增值税清算：

① 已竣工验收的房地产开发项目，已转让的房地产建筑面积占整个项目可售建筑面积的比例在85%以上，或该比例虽未超过85%，但剩余的可售建筑面积已经出租或自用的；

② 取得销售（预售）许可证满三年仍未销售完毕的；

③ 纳税人申请注销税务登记但未办理土地增值税清算手续的；

④ 省（自治区、直辖市、计划单列市）税务机关规定的其他情况。

应进行土地增值税清算的项目，纳税人应当在满足条件之日起90日内到主管税务机关办理清算手续。税务机关可要求纳税人进行土地增值税清算的项目，由主管税务机关确定是否进行清算；对于确定需要进行清算的项目，由主管税务机关下达清算通知，纳税人应当在收到清算通知之日起90日内办理清算手续。

应进行土地增值税清算的纳税人或经主管税务机关确定需要进行清算的纳税人，在上述规定的期限内拒不清算或不提供清算资料的，主管税务机关可依据《中华人民共和国税收征收管理法》有关规定处理。

3. 非直接销售和自用房地产的收入确定

（1）房地产开发企业将开发产品用于职工福利、奖励、对外投资、分配给股东或投资人、抵偿债务、换取其他单位和个人的非货币性资产等，发生所有权转移时应视同销售房地产，其收入按下列方法和顺序确认：

① 按本企业在同一地区、同一年度销售的同类房地产的平均价格确定；

② 由主管税务机关参照当地当年、同类房地产的市场价格或评估价值确定。

(2) 房地产开发企业将开发的部分房地产转为企业自用或用于出租等商业用途时，如果产权未发生转移，不征收土地增值税，在税款清算时不列收入，不扣除相应的成本和费用。

4. 土地增值税的扣除项目

(1) 房地产开发企业办理土地增值税清算时计算与清算项目有关的扣除项目金额，应根据土地增值税有关规定执行。除另有规定外，扣除取得土地使用权所支付的金额、房地产开发成本、费用及与转让房地产有关税金，须提供合法有效凭证；不能提供合法有效凭证的，不予扣除。

(2) 房地产开发企业办理土地增值税清算所附送的前期工程费、建筑安装工程费、基础设施费、开发间接费用的凭证或资料不符合清算要求或不实的，地方税务机关可参照当地建设工程造价管理部门公布的建安造价定额资料，结合房屋结构、用途、区位等因素，核定上述四项开发成本的单位面积金额标准，并据以计算扣除。具体核定方法由省税务机关确定。

(3) 房地产开发企业开发建造的与清算项目配套的居委会和派出所用房、会所、停车场（库）、物业管理场所、变电站、热力站、水厂、文体场馆、学校、幼儿园、托儿所、医院、邮电通信等公共设施，按以下原则处理：

① 建成后产权属于全体业主所有的，其成本、费用可以扣除；

② 建成后无偿移交给政府、公用事业单位用于非营利性社会公共事业的，其成本、费用可以扣除；

③ 建成后有偿转让的，应计算收入，并准予扣除成本、费用。

(4) 房地产开发企业销售已装修的房屋，其装修费用可以计入房地产开发成本。

房地产开发企业的预提费用，除另有规定外，不得扣除。

(5) 属于多个房地产项目共同的成本费用，应按清算项目可售建筑面积占多个项目可售总建筑面积的比例或其他合理的方法，计算确定清算项目的扣除金额。

5. 土地增值税清算应报送的资料

(1) 房地产开发企业清算土地增值税书面申请；

(2) 土地增值税纳税申报表；

(3) 项目竣工决算报表、取得土地使用权所支付的地价款凭证、国有土地使用权出让合同、银行贷款利息结算通知单、项目工程合同结算单、商品房购销合同统计表等与转让房地产的收入、成本和费用有关的证明资料；

(4) 主管税务机关要求报送的其他与土地增值税清算有关的证明资料等。

纳税人委托税务中介机构审核鉴证的清算项目，还应报送中介机构出具的《土地增值税清算税款鉴证报告》。

6. 土地增值税的核定征收

房地产开发企业有下列情形之一的，税务机关可以参照与其开发规模和收入水平相近的当地企业的土地增值税税负情况，按不低于预征率的征收率核定征收土地增值税：

（1）依照法律、行政法规的规定应当设置但未设置账簿的；

（2）擅自销毁账簿或者拒不提供纳税资料的；

（3）虽设置账簿，但账目混乱或者成本资料、收入凭证、费用凭证残缺不全，难以确定转让收入或扣除项目金额的；

（4）符合土地增值税清算条件，未按照规定的期限办理清算手续，经税务机关责令限期清算，逾期仍不清算的；

（5）申报的计税依据明显偏低，又无正当理由的。

7. 清算后再转让房地产的处理

在土地增值税清算时未转让的房地产，清算后销售或有偿转让的，纳税人应按规定进行土地增值税的纳税申报，扣除项目金额按清算时的单位建筑面积成本费用乘以销售或转让面积计算。

单位建筑面积成本费用＝清算时的扣除项目总金额÷清算的总建筑面积

（五）土地增值税纳税地点

土地增值税纳税人应当向房地产所在地主管税务机关办理纳税申报，并在税务机关核定的期限内缴纳土地增值税。

房地产所在地是指房地产的坐落地。纳税人转让房地产坐落在两个或两个以上地区的，应按房地产所在地分别申报纳税。具体又可分为以下两种情况：

（1）纳税人是法人的，当转让的房地产坐落地与其机构所在地或经营地一致时，则在办理税务登记的原管辖税务机关申报纳税；如果转让的房地产坐落地与其机构所在地或经营地不一致时，则应在房地产坐落地所管辖的税务机关申报纳税。

（2）纳税人是自然人的，当转让的房地产坐落地与其居住所在地一致时，则在居住所在地税务机关申报纳税；当转让的房地产坐落地与其居住所在地不一致时，则在办理过户手续所在地的税务机关申报纳税。

土地增值税由税务机关征收。土地管理部门、房产管理部门应当向税务机关提供有关资料，并协助税务机关依法征收土地增值税。纳税人未按照法律规定缴纳土地增值税的，土地管理部门、房产管理部门不得办理有关的权属变更手续。

（六）土地增值税纳税申报

1. 纳税申报方式

土地增值税是纳税人每次转让后申报或定期进行申报，采取定期申报的，一年之内不得变更。具体申报方式包括上门申报的直接申报方式和网上申报的电子申报方式。

2. 纳税申报表的填制

从事房地产开发的企业填制《土地增值税纳税申报表（一）》（具体见表8－2）；从事非房地产开发的企业填制《土地增值税纳税申报表（二）》（具体见表8－3）。

表8－2　　　　**土地增值税纳税申报表（一）**

（从事房地产开发的纳税人适用）

税款所属时间：　年　月　日　　　填表日期：　年　月　日

纳税人编码：　　　　　　　　　金额单位：人民币元　　　　　面积单位：平方米

纳税人名称		项目名称		项目地址	
业别		经济性质		纳税人地址		邮政编码	
开户银行		银行账号		主管部门		电话	

项目		行次	金额
一、转让房地产收入总额 1＝2＋3		1	
其中	货币收入	2	
	实物收入及其他收入	3	
二、扣除项目金额合计　4＝5＋6＋13＋16＋20		4	
1. 取得土地使用权所支付的金额		5	
2. 房地产开发成本　6＝7＋8＋9＋10＋11＋12		6	
其中	土地征用及拆迁补偿费	7	
	前期工程费	8	
	建筑安装工程费	9	
	基础设施费	10	
	公共配套设施费	11	
	开发间接费用	12	
3. 房地产开发费用　13＝14＋15		13	
其中	利息支出	14	
	其他房地产开发费用	15	
4. 与转让房地产有关的税金等　16＝17＋18＋19		16	
其中	营业税	17	
	城市维护建设税	18	
	教育费附加	19	
5. 财政部规定的其他扣除项目		20	
三、增值额 21＝1－4		21	
四、增值额与扣除项目金额之比（%）22＝21÷4		22	
五、适用税率（%）		23	
六、速算扣除系数（%）		24	
七、应缴土地增值税税额 25＝21×23－4×24		25	
八、已缴土地增值税税额		26	
九、应补（退）土地增值税税额 27＝25－26		27	

续表

<table>
<tr><td>授权代理人</td><td colspan="3">（如果你已委托代理申报人，请填写下列资料）
为代理一切税务事宜，现授权______（地址）________为本纳税人的代理申报人，任何与本报表有关的来往文件都可寄与此人。
授权人签字：________</td><td>声明</td><td colspan="3">我声明：此纳税申报表是根据《中华人民共和国土地增值税暂行条例》及其《实施细则》的规定填报的。我确信它是真实的、可靠的、完整的。
声明人签字：________</td></tr>
<tr><td>纳税人
签　章</td><td></td><td>法人代表
签　　章</td><td></td><td>经办人员（代理申报人）签章</td><td></td><td>备注</td><td></td></tr>
<tr><td colspan="8">（以下部分由主管税务机关负责填写）</td></tr>
<tr><td>主管税务机关收到日期</td><td></td><td>接收人</td><td></td><td>审核日期</td><td></td><td>税务审核人员签章</td><td></td></tr>
<tr><td>审核记录</td><td colspan="5"></td><td>主管税务机关盖章</td><td></td></tr>
</table>

填表说明：

一、适用范围

土地增值税纳税申报表（一），适用凡从事房地产开发并转让的土地增值税纳税人。其转让已经完成开发的房地产并取得转让收入，或者是预售正在开发的房地产并取得预售收入的，应按照税法和本表要求，根据税务机关确定的申报时间，定期向主管税务机关填报土地增值税纳税申报表（一），进行纳税申报。

二、土地增值税纳税申报表（一）主要项目填表说明

（一）表头项目

1. 纳税人编码：按税务机关编排的代码填写。

2. 项目名称：填写纳税人所开发并转让的房地产开发项目全称。

3. 经济性质：按所有制性质或资本构成形式分为国有、集体、私营、个体、股份制、外商投资和外国企业等类型填写。

4. 业别：填写纳税人办理工商登记时所确定的主营行业类别。

5. 主管部门：按纳税人隶属的管理部门或总机构填写。外商投资企业不填。

6. 开户银行：填写纳税人开设银行账户的银行名称；如果纳税人在多个银行开户的，填写其主要经营账户的银行名称。

7. 银行账号：填写纳税人开设的银行账户的号码；如果纳税人拥有多个银行账户的，填写其主要经营账户的号码。

（二）表中项目

土地增值税纳税申报表（一）中各主要项目内容，应根据土地增值税的基本计税单位作为填报对象。纳税人如果在规定的申报期内转让两个或两个以上计税单位的房地产，对每个计税单位应分别填写一份申报表。

纳税人如果既从事普通标准住宅开发，又进行其他房地产开发的，应分别填写纳税申报表（一）。

1. 表第1栏“转让房地产收入总额”，按纳税人在转让房地产开发项目所取得的全部收入额填写。

2. 表第2栏“货币收入”，按纳税人转让房地产开发项目所取得的货币形态的收入额填写。

3. 表第3栏“实物收入及其他收入”，按纳税人转让房地产开发项目所取得的实物形态的收入和无形资产等其他形式的收入额填写。

4. 表第5栏“取得土地使用权所支付的金额”，按纳税人为取得该房地产开发项目所需要的土地使用权而实际支付（补交）的土地出让金（地价款）及按国家统一规定交纳的有关费用的数额填写。

5. 表第7栏至表第12栏，应根据《细则》规定的从事房地产开发所实际发生的各项开发成本的具体数额填写。要注意，如果有些房地产开发成本是属于整个房地产项目的，而该项目同时包含了两个或两个

以上的计税单位的，要对该成本在各计税项目之间按一定比例进行分摊。

6. 表第14栏“利息支出”，按纳税人进行房地产开发实际发生的利息支出中符合《细则》第七条（三）规定的数额填写。如果不单独计算利息支出的，则本栏数额填写为“0”。

7. 表第15栏“其他房地产开发费用”，应根据《细则》第七条（三）的规定填写。

8. 表第17栏至表第19栏，按纳税人转让房地产时所实际缴纳的税金数额填写。

9. 表第20栏“财政部规定的其他扣除项目”，是指根据《条例》和《细则》等有关规定所确定的财政部规定的扣除项目的合计数。

10. 表第25栏“适用税率”，应根据《条例》规定的四级超率累进税率，按所适用的最高一级税率填写；如果纳税人建造普通标准住宅出售，增值额未超过扣除项目金额20%的，本栏填写“0”。

11. 表第26栏“速算扣除系数”，应根据《细则》第十条的规定找出相关速算扣除系数来填写。

12. 表第28栏“已缴土地增值税税额”，按纳税人已经缴纳的土地增值税的数额填写。

表8-3　　土地增值税纳税申报表（二）

（非从事房地产开发的纳税人适用）

税款所属时间：　年　月　日　　　填表日期：　年　月　日

纳税人编码：　　　　金额单位：人民币元　　　　面积单位：平方米

纳税人名称		项目名称		项目地址	
业别		经济性质		纳税人地址		邮政编码	
开户银行		银行账号		主管部门		电话	

项目		行次	金额
一、转让房地产收入总额 1=2+3		1	
其中	货币收入	2	
	实物收入及其他收入	3	
二、扣除项目金额合计 4=5+6+9		4	
1. 取得土地使用权所支付的金额		5	
2. 旧房及建筑物的评估价格 6=7×8		6	
其中	旧房及建筑物的重置成本价	7	
	成新度折扣率	8	
4. 与转让房地产有关的税金等 9=10+11+12+13		9	
其中	营业税	10	
	城市维护建设税	11	
	印花税	12	
	教育费附加	13	
三、增值额 14=1-4		14	
四、增值额与扣除项目金额之比（%）15=14÷4		15	
五、适用税率（%）		16	
六、速算扣除系数（%）		17	
七、应缴土地增值税税额 18=14×16-4×17		18	

续表

<table>
<tr><td>授权代理人</td><td colspan="3">（如果你已委托代理申报人，请填写下列资料）
为代理一切税务事宜，现授权______（地址）______为本纳税人的代理申报人，任何与本报表有关的来往文件都可寄与此人。
授权人签字：______</td><td>声明</td><td colspan="3">我声明：此纳税申报表是根据《中华人民共和国土地增值税暂行条例》及其《实施细则》的规定填报的。我确信它是真实的、可靠的、完整的。
声明人签字：______</td></tr>
<tr><td>纳税人
签　章</td><td></td><td>法人代表
签　章</td><td></td><td>经办人员（代理申报人）签章</td><td></td><td>备注</td><td></td></tr>
<tr><td colspan="8">（以下部分由主管税务机关负责填写）</td></tr>
<tr><td>主管税务机关收到日期</td><td></td><td>接收人</td><td></td><td>审核日期</td><td></td><td rowspan="2">税务审核人员签章</td><td rowspan="2"></td></tr>
<tr><td rowspan="2">审核记录</td><td colspan="5" rowspan="2"></td></tr>
<tr><td>主管税务机关盖章</td><td></td></tr>
</table>

填表说明：

一、适用范围土地增值税纳税申报表（二）适用于非从事房地产开发的纳税人。该纳税人应在签订房地产转让合同后的七日内，向房地产所在地主管税务机关填报土地增值税纳税申报表（二）。

二、土地增值税纳税申报表（二）主要项目填表说明

（一）表头项目

1. 纳税人编码：按税务机关编排的代码填写。

2. 项目名称：填写纳税人转让的房地产项目全称。

3. 经济性质：按所有制性质或资本构成形式分为国有、集体、私营、个体、股份制、外商投资企业等类型填写。

4. 业别：按纳税人的行业性质分为行政单位、事业单位、企业、个人等。

5. 主管部门：按纳税人隶属的管理部门或总机构填写。外商投资企业不填。

（二）表中项目

土地增值税纳税申报表（二）的各主要项目内容，应根据纳税人转让的房地产项目作为填报对象。纳税人如果同时转让两个或两个以上房地产的，应分别填报。

1. 表第1栏“转让房地产收入总额”，按纳税人转让房地产所取得的全部收入额填写。

2. 表第2栏“货币收入”，按纳税人转让房地产所取得的货币形态的收入额填写。

3. 表第3栏“实物收入及其他收入”，按纳税人转让房地产所取得的实物形态的收入和无形资产等其他形式的收入额填写。

4. 表第5栏“取得土地使用权所支付的金额”，按纳税人为取得该转让房地产项目的土地使用权而实际支付（补交）的土地出让金（地价款）数额及按国家统一规定交纳的有关费用填写。

5. 表第6栏“旧房及建筑物的评估价格”，是指根据《条例》和《细则》等有关规定，按重置成本法评估旧房及建筑物并经当地税务机关确认的评估价格的数额。本栏由第7栏与第8栏相乘得出。如果本栏数额能够直接根据评估报告填报，则本表第7、8栏可以不必再填报。

6. 表第7栏“旧房及建筑物的重置成本价”，是指按照《条例》和《细则》规定，由政府批准设立的房地产评估机构评定的重置成本价。

7. 表第8栏“成新度折扣率”，是指按照《条例》和《细则》规定，由政府批准设立的房地产评估机构评定的旧房及建筑物的新旧程度折扣率。

8. 表第10栏至表第13栏，按纳税人转让房地产时实际缴纳的有关税金的数额填写。

9. 表第16栏“适用税率”，应根据《条例》规定的四级超率累进税率，按所适用的最高一级税率填写。

10. 表第17栏“速算扣除系数”，应根据《细则》第十条的规定找出相关速算扣除系数填写。

三、实训内容

1. 背景资料

企业名称：东升房地产开发公司

纳税人识别号：260668700676210

企业组织机构代码：06555329

企业税务登记证号：500213119087200

注册地址及电话：大阳市铁西区滨海路100号　022-3789550

法定代表人：孙丽君，身份证号码为210402197007120028

企业性质：国有企业

企业类型：有限责任公司

经营范围：商品房的开发与销售

开户银行及账号：中国农业银行大阳分行　80668834214422

财务负责人：刘南

办税人员：孟飞扬

2. 业务资料

东升房地产开发公司是一家中型国有企业。2013年1月在大阳市和平区中街建造华府大厦（商用写字楼）。2013年12月大厦建造完毕并销售，取得收入6 000万元。有关支出如下：取得土地使用权时支付的地价款及相关税费800万元；房地产开发成本1 800万元，其中土地征用及拆迁补偿费100万元，前期工程费300万元，建筑安装工程费700万元，基础设施费200万元，公共配套设施费400万元，开发间接费用100万元；房地产开发费用200万元，其中借款利息支出10万元（能够按转让房地产项目计算分摊利息支出并提供金融机构证明）。该公司所在地政府确定的费用扣除比例为5%。已知城建税率为7%、教育费附加为3%。计算该公司当期应缴纳的土地增值税税额，做出与土地增值税有关的账务处理，并填制土地增值税纳税申报表。

根据上述业务，计算土地增值税并进行账务处理，填制通用记账凭证2张

（1）收入额为6 000万元

（2）扣除项目金额：

① 取得土地使用权时支付的金额为800万元

② 房地产的开发成本为1 800万元

③ 房地产的开发费用为10+(800+1 800)×5%=140（万元）

④ 与房地产转让有关税金

营业税=6 000×5%=300（万元）

城建税=300×7%=21（万元）

教育费附加=300×3%=9（万元）

合计=300+21+9=330（万元）

⑤ 其他扣除项目=(800+1 800)×20%=520（万元）

扣除项目金额合计=800+1 800+140+330+520=3 590（万元）

（3）增值额 =6 000 －3 590 =2 410（万元）

（4）增值额与扣除项目的比率 =2 410 ÷3 590 ×100% =67.13%

（5）应纳土地增值税 =2 410 ×40% － 3 590 ×5% =784.5（万元）

计提土地增值税时：

通 用 记 账 凭 证

2013 年 12 月 10 日　　　　凭证编号______

摘　要	会计科目		√	借方金额										√	贷方金额									
	总账科目	明细科目		千	百	十	万	千	百	十	元	角	分		千	百	十	万	千	百	十	元	角	分
计提土地增值税	营业税金及附加				7	8	4	5	0	0	0	0	0											
	应交税费	应交土地增值税														7	8	4	5	0	0	0	0	0
附单据 1 张	合　计				7	8	4	5	0	0	0	0	0			7	8	4	5	0	0	0	0	0

会计主管：刘南　　　记账：孟飞扬　　　审核：吴鹏　　　制单：蓝天

缴纳土地增值税时：

通 用 记 账 凭 证

2013 年 12 月 10 日　　　　凭证编号______

摘　要	会计科目		√	借方金额										√	贷方金额									
	总账科目	明细科目		千	百	十	万	千	百	十	元	角	分		千	百	十	万	千	百	十	元	角	分
缴纳土地增值税	应缴税费	应缴土地增值税			7	8	4	5	0	0	0	0	0											
	银行存款															7	8	4	5	0	0	0	0	0
附单据 1 张	合　计				7	8	4	5	0	0	0	0	0			7	8	4	5	0	0	0	0	0

会计主管：刘南　　　记账：孟飞扬　　　审核：吴鹏　　　制单：蓝天

3. 实训成果

土地增值税纳税申报表（见表 8 －4）。

表 8－4　　　　土地增值税纳税申报表（一）

（从事房地产开发的纳税人适用）

税款所属时间：2012 年 12 月 1 日　填表日期：2012 年 12 月 31 日

纳税人编码：500213119087200　　　金额单位：人民币元　　　面积单位：平方米

纳税人名称	东升房地产开发公司	项目名称	华府大厦	项目地址	和平区中街		
业别	房地产业	经济性质	国有	纳税人地址	铁西区滨海路 100 号	邮政编码	
开户银行	农业银行大阳分行	银行账号	8066883 4214422	主管部门		电话	

项　目		行次	金　额
一、转让房地产收入总额 1＝2＋3		1	60 000 000.00
其中	货币收入	2	60 000 000.00
	实物收入及其他收入	3	0
二、扣除项目金额合计 4＝5＋6＋13＋16＋20		4	35 900 000.00
1. 取得土地使用权所支付的金额		5	8 000 000.00
2. 房地产开发成本　6＝7＋8＋9＋10＋11＋12		6	18 000 000.00
其中	土地征用及拆迁补偿费	7	1 000 000.00
	前期工程费	8	3 000 000.00
	建筑安装工程费	9	7 000 000.00
	基础设施费	10	2 000 000.00
	公共配套设施费	11	4 000 000.00
	开发间接费用	12	1 000 000.00
3. 房地产开发费用　13＝14＋15		13	1 400 000.00
其中	利息支出	14	100 000.00
	其他房地产开发费用	15	1 300 000.00
4. 与转让房地产有关的税金等　16＝17＋18＋19		16	3 300 000.00
其中	营业税	17	3 000 000.00
	城市维护建设税	18	210 000.00
	教育费附加	19	90 000.00
5. 财政部规定的其他扣除项目		20	5 200 000.00
三、增值额 21＝1－4		21	24 100 000.00
四、增值额与扣除项目金额之比（%）22＝21÷4		22	67.13
五、适用税率（%）		23	40

续表

六、速算扣除系数（%）	24	5
七、应缴土地增值税税额 25 = 21 × 23 − 4 × 24	25	7 845 000.00
八、已缴土地增值税税额	26	0
九、应补（退）土地增值税税额 27 = 25 − 26	27	7 845 000.00

授权代理人	（如果你已委托代理申报人，请填写下列资料） 为代理一切税务事宜，现授权______（地址）________为本纳税人的代理申报人，任何与本报表有关的来往文件都可寄与此人。 授权人签字：________	声明	我声明：此纳税申报表是根据《中华人民共和国土地增值税暂行条例》及其《实施细则》的规定填报的。我确信它是真实的、可靠的、完整的。 声明人签字：__________

纳税人签章		法人代表签章		经办人员（代理申报人）签章		备注	

（以下部分由主管税务机关负责填写）

主管税务机关收到日期		接收人		审核日期		税务审核人员签章	
审核记录						主管税务机关盖章	

四、技能训练

1. 背景资料

企业名称：曙光电器有限公司

纳税人识别号：220523300667430

企业组织机构代码：21056091

企业税务登记证号：22078230055281

注册地址及电话：东阳市浑南新区三纬路 119 号　024 − 6785219

法定代表人：于洪，身份证号码为 210196012232208

企业性质：民营企业

企业类型：有限责任公司

经营范围：电热油汀、电暖器、取暖器及暖风机等系列产品的生产及销售

开户银行及账号：中国工商银行沈阳分行　80622105379220

财务负责人：陈力丹

办税人员：李欣

2. 业务资料

曙光电器有限公司将1栋办公楼转让（该楼已经使用6年，七成新），取得转让收入2 000万元，并按税法规定缴纳了与转让房地产有关的各项税费。该办公楼建造时的造价为700万元，经房地产评估机构评定的重置成本为1 200万元，支付地价款及相关费用为200万元，能提供单独支付地价款的凭据。

3. 技能要求

（1）计算曙光电器有限公司当年应缴纳的土地增值税税额。

（2）做出上述相关业务的账务处理。

（3）填写《土地增值税纳税申报表》（见表8－3）并办理土地增值税纳税申报。

项目九

其他税纳税实训

任务一　房产税核算与纳税申报

知识目标：

◆ 熟悉房产税征税范围、纳税人、税率

◆ 掌握房产税应纳税额计算

◆ 掌握房产税纳税期限、纳税义务发生时间、纳税地点

能力目标：

◆ 能进行房产税应纳税额计算

◆ 能进行房产税涉税业务会计核算

◆ 能办理房产税纳税申报

情景导航

黄海汽车集团坐落在东阳市郊区，厂房、办公用房原值为 9 000 万元，包括冷暖通风等设备 500 万元；该公司将一栋房产原值为 1 000 万元办公用房对外出租，取得的年租金收入 700 万元。

那么，该公司应纳的房产税是多少？应如何进行房产税的纳税申报？

一、任务描述

根据黄海汽车集团发生业务的原始凭证，计算该集团应纳的房产税税额，填制房产税涉税记账凭证，并进行房产税的纳税申报。

二、相关知识点

(一) 房产税征税对象和范围、纳税人、税率

1. 征税对象和范围

房产税的征税对象是房产。

房产是指以房屋形态表现的财产。房屋是指有屋面和围护结构（有墙或两边有柱），能够遮风避雨，可供人们在其中生产、工作、学习、娱乐、居住或储藏物资的场所。独立于房屋之外的建筑物，如水塔、围墙、室外游泳池、石灰窑等不属于房屋，不征收房产税。

房产税的征税范围是在城市、县城、建制镇和工矿区内的房产。

（1）城市是指经国务院批准设立的市，其征税范围包括市区、郊区和市辖县的县城，不包括农村。

（2）县城是指县人民政府所在地。

（3）建制镇是指经省、自治区、直辖市人民政府批准设立的建制镇，其征税范围为镇人民政府所在地，不包括所辖的行政村。

（4）工矿区是指工商业比较发达，人口比较集中，符合国务院规定的建制镇标准而尚未设立建制镇的大中型工矿企业所在地。开征房产税的工矿区必须经省、自治区、直辖市人民政府批准。

2. 纳税人

房产税的纳税人是在征税范围内的房屋产权所有人。

（1）产权属于国家所有的，由经营管理单位纳税；产权属于集体和个人所有的，由集体单位和个人纳税。

（2）产权出典的，由承典人纳税。所谓产权出典是指产权所有人将房屋、生产资料等的产权，在一定期限内典当给他人使用，而取得资金的一种融资业务。产权所有人（房主）称为房屋出典人；支付现金或实物取得房屋支配权的人称为房屋的承典人。由于在房屋出典期间，产权所有人已无权支配房屋，因此，《税法》规定对房屋具有支配权的承典人为纳税人。

（3）产权所有人、承典人不在房产所在地的，由房产代管人或者使用人纳税。

（4）产权未确定及租典纠纷未解决的，由房产代管人或者使用人纳税。

（5）纳税单位和个人无租使用房产管理部门、免税单位及纳税单位的房产，应由使用人代为缴纳房产税。

自2009年1月1日起，外商投资企业、外国企业和组织及外籍个人（包括港澳台资企业和组织以及华侨、港澳台同胞），也是房产税的纳税人。

3. 税率

我国现行房产税采用比例税率。根据计税依据的不同分为两种形式：

（1）以房产的余值为计税依据的，税率为1.2%。

（2）以房产的租金收入为计税依据的，税率为12%。

对个人出租住房，不区分用途，按4%的税率征收房产税；对企事业单位、社会团体以

及其他组织按市场价格向个人出租用于居住的住房，减按4%的税率征收房产税。

（二）房产税计算

1. 计税依据

房产税的计税依据是房产的余值或房产的租金收入。按照房产的余值征税的，称为从价计征；按照房产的租金收入征税的，称为从租计征。

（1）房产余值。纳税人自用的房产，以房产余值为计税依据。

房产余值按照房产原值一次减除10% ~30%后的余值计算缴纳。具体减除幅度，由省、自治区、直辖市人民政府规定。

房产原值是指纳税人按有关会计制度的规定，在账簿“固定资产”科目中记载的房屋原价。对依照房产原值计税的房产，不论是否记载在会计账簿固定资产科目中，均应按照房屋原价计算缴纳房产税。房屋原价应根据国家有关会计制度规定进行核算。对纳税人未按国家会计制度规定核算并记载的，应按规定予以调整或重新评估，具体规定如下：

① 房产原值包括与房屋不可分割的各种附属设备或一般不单独计算价值的配套设施。主要有：暖气、卫生、照明、通风、煤气等设备；各种管线，如蒸汽、压缩空气、石油、给水排水等管道及电力、电信、电缆导线；电梯、升降机；过道、晒台等。

② 凡以房屋为载体，不可随意移动的附属设备和配套设施，如给水排水、采暖、消防、中央空调、电气及智能化楼宇设备等，无论在会计核算中是否单独记账与核算，都应计入房产原值，计征房产税。对于更换房屋附属设备和配套设施的，在将其价值计入房产原值时，可扣减原来相应设备和设施的价值；对附属设备和配套设施中易损坏、需要经常更换的零配件，更新后不再计入房产原值。

③ 纳税人对原有房屋进行改建、扩建的，要相应增加房屋的原值。

自2010年12月21日起，对按照房产原值计税的房产，无论会计上如何核算，房产原值应包括为取得土地使用权支付的价款、开发土地发生的成本费用等。宗地容积率低于0.5的，按房产建筑面积的2倍计算土地面积并据此确定计入房产原值的地价。

（2）房产租金收入。纳税人出租的房产，以房产租金收入为计税依据。

房产租金收入是指房屋产权所有人出租房产使用权所得的报酬，包括货币收入和实物收入。对以劳务或者其他形式为报酬抵付房租收入的，应根据当地同类房产的租金水平，确定一个标准租金额从租计征。

纳税人对个人出租房屋的租金收入申报不实或申报数与同一地段同类房屋的租金收入相比明显不合理的，税务部门可以按照《中华人民共和国税收征管法》的有关规定，采取科学合理的方法核定其应纳税额。具体办法由各省、自治区、直辖市地方税务机关结合当地实际情况制定。

（3）计税依据的特殊规定。

① 对投资联营的房产，在计征房产税时应予以区别对待。对于以房产投资联营，投资者参与投资利润分红、共担风险的，按房产余值作为计税依据计算缴纳房产税；对以房产投资收取固定收入、不承担联营风险的，实际上是以联营名义取得房产租金，应由出租方按租金收入计算缴纳房产税。

② 对于融资租赁的房屋，由于租赁费包括购进房屋的价款、手续费、借款利息等，与

一般房屋出租的“租金”内涵不同，且租赁期满后，当承租方偿还最后一笔租赁费时，房屋产权一般都转移到承租方，这实际是一种变相的分期付款购买固定资产的形式，所以在计征房产税时应以房产余值计算征收。至于在融资租赁期限内的纳税人，由当地税务机关根据实际情况确定。

③ 对居民住宅区内业主共有的经营性房产，由实际经营（包括自营和出租）的代管人或使用人缴纳房产税。其中自营的，依照房产原值减除 10% ~30% 后的余值计征，没有房产原值或不能将业主共有房产与其他房产的原值准确划分开的，由房产所在地地方税务机关参照同类房产核定房产原值；出租房产的，依照租金收入计征。

2. 应纳税额的计算

（1）从价计征应纳税额的计算。从价计征是按房产原值减除 10% ~30% 比例后的余值计征，其计算公式为：

$$应纳税额 = 应税房产原值 \times (1 - 扣除比例) \times 1.2\%$$

公式中的扣除比例幅度为 10% ~30%，具体减除幅度，由省、自治区、直辖市人民政府规定。

（2）从租计征应纳税额的计算。从价计征是按房产租金收入计征，其计算公式为：

$$应纳税额 = 租金收入 \times 12\%$$

（三）房产纳税义务发生时间

（1）纳税人将原有房产用于生产经营，从生产经营之月起缴纳房产税。

（2）纳税人自行新建房屋用于生产经营，从建成之次月起缴纳房产税。

（3）纳税人委托施工企业建设的房屋，从办理验收手续之次月起缴纳房产税。

（4）纳税人购置新建商品房，自房屋交付使用之次月起缴纳房产税。

（5）纳税人购置存量房，自办理房屋权属转移、变更登记手续，房地产权属登记机关签发房屋权属证书之次月起缴纳房产税。

（6）纳税人出租、出借房产，自交付出租、出借房产之次月起缴纳房产税。

（7）房地产开发企业自用、出租、出借本企业建造的商品房，自房屋使用或交付之次月起缴纳房产税。

（8）纳税人因房产的实物或权利状态发生变化而依法终止房产税纳税义务的，其应纳税款的计算缴纳应截至房产的实物或权利状态发生变化的当月末。

（四）房产税纳税期限

房产税实行按年计算、分期缴纳的征收方法。具体纳税期限由省、自治区、直辖市人民政府决定。

（五）房产税纳税地点

房产税在房产所在地缴纳。纳税人的房产不在同一地点的，应按房产的坐落地点分别向房产所在地的税务机关申报纳税。

（六）房产税纳税申报

1. 纳税申报方式

目前房产税主要采用上门申报的直接申报方式和网上申报的电子申报方式。

2. 纳税申报需要报送的资料

纳税人使用的房产来源分为自有和出租两种：自有房产填写《房产税纳税申报表》；承租的房产填写《承租房产土地情况登记表》；同时，还需报送《房产证》、《土地使用证》、《租赁合同》、发票等税务机关要求的其他资料。

3. 房产税纳税申报表的填制

纳税人进行房产税纳税申报时分别填写《房产税纳税申报表》（具体见表9-1-1）和《房产、土地情况登记表》（具体见表9-1-2）。既有自用房产又有承租房产的，两份表格均须填写。

三、实训内容

1. 背景资料

企业名称：黄海汽车集团

纳税人识别号：210502332243210

企业组织机构代码：02422100

企业税务登记证号：770654110921338

注册地址及电话：东阳市浑南新区宏大路102号　024-3132211

法定代表人：李进，身份证号码为210603196512200028

企业性质：民营企业

企业类型：有限责任公司

经营范围：制造销售汽车（不含小轿车）、汽车底盘及零部件

开户银行及账号：中国工商银行东阳分行　34277222156770

财务负责人：宋明

办税人员：杜一华

2. 业务资料

黄海汽车集团坐落在东阳市郊区，是从事制造销售汽车（不含小轿车）、汽车底盘及零部件的大型民营企业。该企业2012年账面建筑物原值9 000万元，总建筑面积为230 000平方米。其中有房产原值为1 000万元办公用房在2010年时已经对外出租，租期5年，每年取得的租金收入200万元。已知房产为钢混结构。当地政府相关部门规定，房产原值按30%的比例扣除计算房产余值，房产税分一年两次缴纳。计算该企业2013年应缴纳的房产税税额，做出与房产税有关的账务处理，并填制房产税纳税申报表。

根据上述业务，计算房产税进行账务处理，填制通用记账凭证2张

从价计征应纳房产税 =（9 000-1 000）×（1-30%）×1.2% =67.2（万元）

从租计征应纳房产税 =200×12% =24（万元）

年应纳房产税 =67.2+24=91.2（万元）

黄海汽车集团计提应纳房产税时，进行账务处理，填制2张通用记账凭证。

表 9-1-1

房产税纳税申报表

填表日期：　　年　　月　　日

纳税人识别号：　　　　　　　　　　　　　　　　　　　　　　　　金额单位：元（列至角分）

<table>
<tr><td colspan="3">纳税人名称</td><td colspan="4"></td><td colspan="3">税款所属时期</td><td colspan="8"></td></tr>
<tr><td colspan="3">房产坐落地点</td><td colspan="4"></td><td colspan="3">建筑面积（平方米）</td><td colspan="3"></td><td colspan="3">房屋结构</td><td colspan="2"></td></tr>
<tr><td rowspan="2">上期申报房产原值（评估值）</td><td rowspan="2">本期增减</td><td rowspan="2">本期实际房产原值</td><td colspan="3">其中</td><td rowspan="2">扣除率%</td><td colspan="3">以房产余值计征房产税</td><td colspan="3">以租金收入计征房产税</td><td rowspan="2">全年应纳税额</td><td rowspan="2">缴纳次数</td><td colspan="2">本期</td><td rowspan="2">应补（退）税额</td></tr>
<tr><td>从价计税的房产原值</td><td>从租计税的房产原值</td><td>税法规定的免税房产原值</td><td>房产余值</td><td>适用税率 1.2%</td><td>应纳税额</td><td>租金收入</td><td>适用税率 12%</td><td>应纳税额</td><td>应纳税额</td><td>已纳税额</td></tr>
<tr><td>1</td><td>2</td><td>3=1+2</td><td>4=3-5-6</td><td>5=3-4-6</td><td>6</td><td>7</td><td>8=4-4×7</td><td>9</td><td>10=8×9</td><td>11</td><td>12</td><td>13=11×12</td><td>14=10+13</td><td>15</td><td>16=14÷15</td><td>17</td><td>18=16-17</td></tr>
<tr><td></td><td></td><td></td><td></td><td></td><td></td><td></td><td></td><td></td><td></td><td></td><td></td><td></td><td></td><td></td><td></td><td></td><td></td></tr>
<tr><td></td><td></td><td></td><td></td><td></td><td></td><td></td><td></td><td></td><td></td><td></td><td></td><td></td><td></td><td></td><td></td><td></td><td></td></tr>
<tr><td>合计</td><td></td><td></td><td></td><td></td><td></td><td></td><td></td><td></td><td></td><td></td><td></td><td></td><td></td><td></td><td></td><td></td><td></td></tr>
<tr><td colspan="4">房产税税收缴款书号</td><td colspan="14"></td></tr>
<tr><td colspan="7">如纳税人填报，由纳税人填写以下各栏</td><td colspan="10">如委托代理人填报，由代理人填写以下各栏</td><td>备注</td></tr>
<tr><td colspan="3" rowspan="3">会计主管
（签章）</td><td colspan="4" rowspan="3">纳税人（公章）</td><td>代理人名称</td><td colspan="5"></td><td colspan="4" rowspan="2">代理人（公章）</td><td rowspan="3"></td></tr>
<tr><td>代理人地址</td><td colspan="5"></td></tr>
<tr><td>经办人姓名</td><td colspan="5"></td><td colspan="2">电话</td><td colspan="2"></td></tr>
<tr><td colspan="18">以下由税务机关填写</td></tr>
<tr><td colspan="7">收到申报表日期</td><td colspan="6"></td><td colspan="2">接收人</td><td colspan="3"></td></tr>
</table>

填表说明：

1. 房产原值，为“固定资产”借方记载的房屋造价（或购价）。

（1）第1栏“上期申报房产原值（评估值）”，填写税务机关审核认可的房产原值，或没有房产经税务机关评估的价值。

（2）第2栏“本期增减”，反映纳税人原有房产进行改建、扩建，或因毁损而增减的房屋原值。

（3）第4—6栏在确定第3栏本期实际房产原值的基础上，区分为从价、从租计税和免税的房产原值。

2. 计税依据

（1）第8栏“房产余值”为房产原值减除10%～30%折旧后的金额。

（2）第11栏“租金收入”为实际取得的租金收入。

3. 应纳税额，按本期应缴和汇算填报。

（1）第15栏“缴纳次数”，按主管地方税务机关的规定填写。

（2）第16栏“本期应纳税额”为全年应纳税额时的1/2或1/4。

表 9 –1 –2

房屋、土地情况登记表

登记类型：初始登记□　　　变更登记□

填表日期；　　　年　　月　　日

纳税人名称：　　　　　　　　纳税人识别号：　　　　　　　　单位：元、平方米

自用房屋	产权证书号	房屋坐落	房产原值	其中应税原值	其中免税原值	扣除率	年应纳税额	备注
	小　计							
出租房屋	产权证书号	房屋坐落	年租金收入	租赁合同号码	支付租金日期	年应纳税额		备注
	小　计							
合　计	年应纳税额：							
承租房屋	出租人名称	出租人证件号码	承租房屋坐落	租赁合同号码	年租金	支付租金日期		备注

自用土地	土地证书号	土地坐落	土地面积	其中应税面积	其中免税面积	地段等级	每平方米税额	年应纳税额	备注
	小　计								

续表

<table>
<tr><td rowspan="5">出租土地</td><td>土地证书号</td><td>土地坐落</td><td>土地面积</td><td>其中应税面积</td><td>其中免税面积</td><td>地段等级</td><td>每平方米税额</td><td>年应纳税额</td><td>备注</td></tr>
<tr><td></td><td></td><td></td><td></td><td></td><td></td><td></td><td></td><td></td></tr>
<tr><td></td><td></td><td></td><td></td><td></td><td></td><td></td><td></td><td></td></tr>
<tr><td></td><td></td><td></td><td></td><td></td><td></td><td></td><td></td><td></td></tr>
<tr><td>小　计</td><td></td><td></td><td></td><td></td><td></td><td></td><td></td><td></td></tr>
<tr><td colspan="2">合　计</td><td colspan="8">年应纳税额：</td></tr>
<tr><td rowspan="3">承租土地</td><td>出租人名称</td><td>出租人证件号码</td><td colspan="3">承租土地坐落</td><td>地段等级</td><td colspan="2">土地面积</td><td>备注</td></tr>
<tr><td></td><td></td><td colspan="3"></td><td></td><td colspan="2"></td><td></td></tr>
<tr><td></td><td></td><td colspan="3"></td><td></td><td colspan="2"></td><td></td></tr>
</table>

填表人：盖章（签字）

填表说明：

1. 登记类型：凡初次到税务机关办理税务登记证（含换发税务登记证）的，在初始登记框中划“√”；办理初始登记后，凡对本表所涉及的任何一项发生变动的，应在变更登记框中划“√”，并填写变化后的项目及金额，没有变化的项目不用填写。

2. 房屋、土地坐落：根据房屋产权证书、土地证书登记的相应项目填写，其中，房屋产权证书是指房屋管理部门核发的房屋所有权（产权）证书，土地证书是指土地管理部门核发的《国有土地使用证》、《集体土地使用证》、《集体土地所有证》。没有上述证书的，按房屋、土地实际坐落地填写。

3. 房产原值：填写按现行房产税有关规定应计入财务账簿“固定资产”科目中的房屋（含单独核算的与房屋不可分割的附属设备设施）原价，对账簿中记载房产原值明显不合理、按规定经税务机关调整的，填写税务机关评定后的价值。

4. 年应纳税额：填写按现行房产税、城镇土地使用税有关规定计算的应纳税额。其中，“合计”栏中年应纳税额填写自用房屋（土地）和出租房屋（土地）年应纳税额合计数字。

5. 承租房屋、土地是指纳税人租用的他人的房屋、土地。无租使用他人房屋、土地的，须在备注栏中注明。

6. 出租人名称、证件号码：出租人为个人的，填写个人姓名、身份证号码；出租人为单位的，填写该单位名称、组织机构代码。

7. 自用（出租）房屋、土地、车船数量较多，超过本表栏目的，仅填写”小计”、“合计”栏，但须根据本表所列项目单独附表登记房屋、土地、车船明细。

8. 办理变更登记的，须在备注栏中注明变更项目和变更时间。

9. 各栏中如有不能填写或者需要说明的事项，应在备注栏中注明。

通 用 记 账 凭 证

2014 年 1 月 10 日　　　　　　凭证编号________

摘　要	会计科目		√	借方金额										√	贷方金额									
	总账科目	明细科目		千	百	十	万	千	百	十	元	角	分		千	百	十	万	千	百	十	元	角	分
计提应纳房产税	管理费用					4	5	6	0	0	0	0	0											
	应缴税费	应缴房产税															4	5	6	0	0	0	0	0
附单据 1 张	合　计					4	5	6	0	0	0	0	0				4	5	6	0	0	0	0	0

会计主管：宋明　　记账：杜一华　　审核：王晶　　制单：李文国

黄海汽车集团缴纳房产税时，进行账务处理，填制 1 张通用记账凭证。

通 用 记 账 凭 证

2014 年 1 月 10 日　　　　　　凭证编号________

摘　要	会计科目		√	借方金额										√	贷方金额									
	总账科目	明细科目		千	百	十	万	千	百	十	元	角	分		千	百	十	万	千	百	十	元	角	分
缴纳房产税	应缴税费	应缴房产税				4	5	6	0	0	0	0	0											
	银行存款																4	5	6	0	0	0	0	0
附单据 1 张	合　计					4	5	6	0	0	0	0	0				4	5	6	0	0	0	0	0

会计主管：宋明　　记账：杜一华　　审核：王晶　　制单：李文国

3. 实训成果

房产税纳税申报表（见表 9－1－3）。

表 9－1－3

房产税纳税申报表

填表日期：2014 年 1 月 10 日

纳税人识别号：210502332243210

金额单位：元（列至角分）

纳税人名称			黄海汽车集团				税款所属时期			2012 年 07 月 01 日至 2012 年 12 月 31 日							
房产坐落地点			东阳市浑南新区宏大路				建筑面积（平方米）			230 000.00			房屋结构			钢混	
上期申报房产原值（评估值）	本期增减	本期实际房产原值	其中			扣除率%	以房产余值计征房产税			以租金收入计征房产税			全年应纳税额	缴纳次数	本期		应补（退）税额
			从价计税的房产原值	从租计税的房产原值	税法规定的免税房产原值		房产余值	适用税率 1.2%	应纳税额	租金收入	适用税率 12%	应纳税额			应纳税额	已纳税额	
1	2	3＝1＋2	4＝3－5－6	5＝3－4－6	6	7	8＝4－4×7	9	10＝8×9	11	12	13＝11×12	14＝10＋13	15	16＝14÷15	17	18＝16－17
90 000 000.00	0	90 000 000.00	80 000 000.00	10 000 000.00	0	30	56 000 000.00	1.2%	672 000.00	2 000 000.00	12%	240 000.00	912 000.00	2	456 000.00	0	456 000.00
合计	0	90 000 000.00	80 000 000.00	10 000 000.00	0	—	56 000 000.00	—	672 000.00	2 000 000.00	—	240 000.00	912 000.00	—	456 000.00	0	456 000.00

房产税税收缴款书号				
如纳税人填报，由纳税人填写以下各栏		如委托代理人填报，由代理人填写以下各栏		备注
会计主管（签章）	纳税人（公章）	代理人名称	代理人（公章）	
		代理人地址		
		经办人姓名	电话	
以下由税务机关填写				
收到申报表日期			接收人	

四、技能训练

1. 背景资料

企业名称：宏利有限责任公司

纳税人识别号：210692551277628

企业组织机构代码：02455872

企业税务登记证号：320442106232665

注册地址及电话：东阳市大东区胜利路 56 号　024－6166768

法定代表人：刘博，身份证号码为 21040419690125604

企业性质：民营企业

企业类型：有限责任公司

经营范围：商品的生产、销售

开户银行及账号：中国建设银行东阳分行　45021205423880

财务负责人：于小飞

办税人员：马宏

2. 业务资料

宏利有限责任公司 2013 年自有房屋 5 栋，其中 3 栋房屋用于生产经营，房产原值为 2 000 万元；1 栋房产原值 300 万元的房屋用于公司开办幼儿园；1 栋房产原值 400 万元的办公用房用于出租，年租金收入为 120 万元。宏利有限责任公司上期申报房产税时，房产原值是 2 300 万元，本期增加 400 万元。当地政府规定房产税分一年两次缴纳，房产原值的扣除比例为 30%。

3. 技能要求

（1）计算宏利有限责任公司当年应缴纳的房产税。

（2）做出上述相关业务的账务处理。

（3）填写《房产税纳税申报表》（见表 9－1－1）并办理房产税纳税申报。

任务二　城镇土地使用税核算与纳税申报

知识目标：

◆ 熟悉城镇土地使用税征税范围、纳税人、税率

◆ 掌握城镇土地使用税应纳税额计算

◆ 掌握城镇土地使用税纳税期限、纳税义务发生时间、纳税地点

能力目标：

◆ 能进行城镇土地使用税应纳税额计算

◆ 能进行城镇土地使用税涉税业务会计核算

◆ 能办理城镇土地使用税纳税申报

情景导航

曙光电器有限公司位于市区，企业土地使用证上载明，该公司占用土地25 000平方米。另有一仓库位于市郊，土地使用证上注明的面积为1 500平方米。

那么，该公司应纳的城镇土地使用税是多少？应如何进行城镇土地使用税的纳税申报？

一、任务描述

根据曙光电器有限公司发生业务的原始凭证，计算应纳的城镇土地使用税税额，填制城镇土地使用税涉税记账凭证，并进行城镇土地使用税的纳税申报。

二、相关知识点

（一）城镇土地使用税征税范围、纳税人、税率

1. 征税范围

城镇土地使用税的征税范围，包括在城市、县城、建制镇和工矿区内的国家所有和集体所有的土地。

（1）城市是指经国务院批准设立的市，其征税范围包括市区和郊区的土地。

（2）县城是指县人民政府所在地，其征税范围为县人民政府所在地的城镇的土地。

（3）建制镇是指经省、自治区、直辖市人民政府批准设立的建制镇，其征税范围为镇人民政府所在地的土地。

（4）工矿区是指工商业比较发达，人口比较集中，符合国务院规定的建制镇标准，但尚未设立建制镇的大中型工矿企业所在地。工矿区的设立必须经省、自治区、直辖市人民政府批准。

建立在城市、县城、建制镇和工矿区以外的工矿企业则不需缴纳城镇土地使用税。

自2009年1月1日起，公园、名胜古迹内的索道公司经营用地，应按规定缴纳城镇土地使用税。

2. 纳税人

城镇土地使用税的纳税人是指在城市、县城、建制镇、工矿区范围内使用土地的单位和个人。单位包括国有企业、集体企业、私营企业、股份制企业、外商投资企业、外国企业以及其他企业和事业单位、社会团体、国家机关、军队以及其他单位。个人包括个体工商户以及其他个人。

城镇土地使用税的纳税人通常包括以下几类：

（1）拥有土地使用权的单位和个人。

（2）拥有土地使用权的纳税人不在土地所在地的，其土地的实际使用人和代管人为纳税人。

（3）土地使用权未确定或权属纠纷未解决的，其实际使用人为纳税人。

（4）土地使用权共有的，共有各方都是纳税人，由共有各方分别纳税。

土地使用权共有的，以共有各方实际使用的土地面积占总面积的比例，分别计算缴纳城

镇土地使用税。

3. 税率

城镇土地使用税采用定额税率，即采用有幅度的差别税额。按大、中、小城市和县城、建制镇和工矿区规定不同的单位幅度税额。城镇土地使用税每平方米年税额标准具体规定如下：

（1）大城市1.5元~30元；

（2）中等城市1.2元~24元；

（3）小城市0.9元~18元；

（4）县城、建制镇、工矿区0.6元~12元。

上述大、中、小城市以公安部门登记在册的非农业正式户口人数为依据，按照国务院颁布的《城市规划条例》中规定的标准划分。现行的划分标准是：市区及郊区非农业人口总计在50万以上的，为大城市；市区及郊区非农业人口总计在20万~50万之间的，为中等城市；市区及郊区非农业人口总计在20万以下的，为小城市。

省、自治区、直辖市人民政府可根据市政建设情况和经济繁荣程度等条件，在规定的税额幅度内确定所辖地区的适用税额幅度。

经省、自治区、直辖市人民政府批准，经济落后地区土地使用税的适用税额标准可以适当降低，但降低额不得超过上述规定最低税额的30%。经济发达地区土地使用税的适用税额标准可以适当提高，但须报经财政部批准。

（二）城镇土地使用税计算

1. 计税依据

城镇土地使用税的计税依据是纳税人实际占用的土地面积。纳税人实际占用的土地面积具体规定如下：

（1）凡有省、自治区、直辖市人民政府确定的单位组织测定土地面积的，以测定的面积为准。

（2）尚未组织测量的，但纳税人持有政府部门核发的土地使用证书的，以证书确认的土地面积为准。

（3）尚未核发土地使用证书的，应由纳税人据实申报土地面积，据以纳税，待核发土地使用证书后再作调整。

2. 应纳税额的计算

城镇土地使用税的应纳税额是以纳税人实际占用的土地面积乘以适用的单位税额计算征收。其计算公式为：

年应纳税额＝实际占用土地面积（平方米）×适用税额

（三）城镇土地使用税纳税义务的发生时间

（1）纳税人购置新建商品房，自房屋交付使用之次月起缴纳城镇土地使用税。

（2）纳税人购置存量房，自办理房屋权属转移、变更登记手续，房地产权属登记机关签发房屋权属证书之次月起缴纳城镇土地使用税。

（3）纳税人出租、出借房产，自交付出租、出借房产之次月起缴纳城镇土地使用税。

（4）以出让或转让方式有偿取得土地使用权的，应由受让方从合同约定交付土地时间的次月起缴纳城镇土地使用税；合同未约定交付土地时间的，由受让方从合同签订的次月起缴纳城镇土地使用税。

（5）纳税人新征用的耕地，自批准征用之日起满1年时开始缴纳城镇土地使用税。

（6）纳税人新征用的非耕地，自批准征用次月起缴纳城镇土地使用税。

（四）城镇土地使用税纳税期限

城镇土地使用税实行按年计算、分期缴纳的征收方法。具体纳税期限由省、自治区、直辖市人民政府确定。各省、自治区、直辖市税务机关结合当地实际情况，一般分别确定按月、季或半年等不同的纳税期限。

（五）城镇土地使用税纳税地点

城镇土地使用税的纳税地点为土地所在地，由土地所在地的税务机关负责征收。土地管理机关应当向土地所在地的税务机关提供土地使用权属资料。

纳税人使用的土地不属于同一省、自治区、直辖市管辖范围的，由纳税人分别向土地所在地的税务机关申报缴纳；在同一省、自治区、直辖市管辖范围内，纳税人跨地区使用的土地，其纳税地点由省、自治区、直辖市地方税务机关确定。

（六）城镇土地使用税纳税申报

1. 纳税申报方式

目前城镇土地使用税主要采用上门申报的直接申报方式和网上申报的电子申报方式。

2. 纳税申报需要报送的资料

（1）纳税人首次申报城镇土地使用税，应当在税务机关办理城镇土地使用税信息登记，填写《城镇土地使用税信息登记表》。

（2）《城镇土地使用税纳税申报表》。

（3）如果纳税人的土地、房产经申报后发生变更，应当在主管税务机关办理土地信息变更登记，填写《城镇土地使用税信息变更表》。

（4）税务机关要求的其他资料。

3. 纳税申报表的填制

纳税人应按照条例的有关规定及时办理纳税申报，并如实填写《城镇土地使用税纳税申报表》（具体见表9-2-1）。

表 9－2－1

城镇土地使用税纳税申报表

填表日期：　　年　　月　　日

纳税人识别号　　　　　　　　　　　　　　　　　　金额单位：元（列至角分）

纳税人名称								税款所属时期						
房产坐落地点														
坐落地点	上期占地面积	本期增减	本期实际占地面积	法定免税面积	应税面积	土地等级		适用税额		全年应缴税额	缴纳次数	本期		
						Ⅰ	Ⅱ	Ⅰ	Ⅱ			应纳税额	已纳税额	应补（退）税额
1	2	3	4＝2＋3	5	6＝4－5	7	8	9	10	11	12	13＝11÷12	14	15＝13－14
合计														
如纳税人填报，由纳税人填写以下各栏								如委托代理人填报，由代理人填写以下各栏						备注
会计主管（签章）				纳税人（公章）				代理人名称				代理人（公章）		
								代理人地址						
								经办人姓名				电话		
以下由税务机关填写														
收到申报表日期												接收人		

填表说明：

1. 第 1 栏“坐落地点”按土地证上标明的地点或实际位置分行填列。
2. 第 2 栏“上期占地面积”为上期申报纳税时实际占用的面积。
3. 第 3 栏“本期增减“为实际使用的面积增加或减少的数量。
4. 第 11 栏“全年应缴税额”按应税面积和适用税额计算汇总填列。
5. 第 13 栏“本期应纳税额”按全年应缴税额和缴纳次数计算填列。
6. 其他各栏的填报方法可根据纳税申报表中注明的计算关系进行。

三、实训内容

1. 背景资料

企业名称：曙光电器有限公司

纳税人识别号：220523300667430

企业组织机构代码：21056091

企业税务登记证号：22078230055281

注册地址及电话：东阳市浑南新区三纬路 119 号　024－6785219

法定代表人：于洪，身份证号码为 210196012232208

企业性质：民营企业

企业类型：有限责任公司

经营范围：电热油汀、电暖器、取暖器及暖风机等系列产品的生产及销售

开户银行及账号：中国工商银行东阳分行　80622105379220

财务负责人：陈力丹

办税人员：李欣

2. 实训业务

曙光电器有限公司位于郊区，2013 年企业土地使用证上载明，该公司拥有各种土地 16 000 平方米，其中：生产车间用地（二级）10 000 平方米，办公楼用地（二级）2 000 平方米，厂区内绿化用地（二级）1 000 平方米，厂区外绿化用地（二级）1 000 平方米，仓库用地（二级）2 000 平方米。该公司同时在市区设有统一核算的销售门店（一级），土地使用证上注明的面积为 3 000 平方米。当地政府规定城镇土地使用税单位税额为：一级土地每平方米 15 元，二级土地每平方米 6 元。该公司按年计算，按半年预缴城镇土地使用税。计算该公司 2012 年应缴纳的城镇土地使用税税额，做出与城镇土地使用税有关的账务处理，并填制城镇土地使用税纳税申报表。

根据上述业务，计算契税并进行账务处理，填制通用记账凭证 2 张

全年应纳税额 =（10 000 + 2 000 + 1 000 + 2 000）×6 + 3 000 × 15 = 90 000 + 45 000 = 135 000 元

曙光电器有限公司计提当期应纳城镇土地使用税时：

通用记账凭证

2013 年 7 月 8 日　　　　凭证编号______

摘　要	会计科目		√	借方金额										√	贷方金额									
	总账科目	明细科目		千	百	十	万	千	百	十	元	角	分		千	百	十	万	千	百	十	元	角	分
计提当期应纳城镇土地使用税	管理费用						6	7	5	0	0	0	0											
	应缴税费	应缴城镇土地使用税																6	7	5	0	0	0	0
附单据 1 张	合　计						6	7	5	0	0	0	0					6	7	5	0	0	0	0

会计主管：陈力丹　　　记账：李欣　　　审核：邵婷婷　　　制单：田祺

曙光电器有限公司缴纳镇土地使用税

通用记账凭证

2013 年 7 月 8 日　　　　凭证编号______

摘　要	会计科目		√	借方金额										√	贷方金额									
	总账科目	明细科目		千	百	十	万	千	百	十	元	角	分		千	百	十	万	千	百	十	元	角	分
缴纳当期应纳城镇土地使用税	应缴税费	应缴城镇土地使用税					6	7	5	0	0	0	0											
	银行存款																	6	7	5	0	0	0	0
附单据 1 张	合　计					6	7	5	0	0	0	0					6	7	5	0	0	0	0	

会计主管：陈力丹　　　记账：李欣　　　审核：邵婷婷　　　制单：田祺

3. 实训成果

城镇土地使用税纳税申报表（见表 9－2－2）。

表 9－2－2

城镇土地使用税纳税申报表

填表日期：2013 年 7 月 8 日

纳税人识别号：220523300667430　　　　金额单位：元（列至角分）

纳税人名称			曙光电器有限公司					税款所属时期			2013 年 1 月 1 日至 2013 年 6 月 30 日			
房产坐落地点														
坐落地点	上期占地面积	本期增减	本期实际占地面积	法定免税面积	应税面积	土地等级		适用税额		全年应缴税额	缴纳次数	本期		
						Ⅰ	Ⅱ	Ⅰ	Ⅱ			应纳税额	已纳税额	应补（退）税额
1	2	3	4＝2＋3	5	6＝4－5	7	8	9	10	11	12	13＝11÷12	14	15＝13－14
郊区	16 000	0	16 000	1 000	15 000		2		6.00	90 000.00	2	45 000.00	0.00	45 000.00
市区	3 000	0	3 000	0	3 000	1		15.00		45 000.00	2	22 500.00	0.00	22 500.00
合计	19 000	0	19 000	1 000	185 000					135 000.00	2	67 500.00	0.00	67 500.00
如纳税人填报，由纳税人填写以下各栏								如委托代理人填报，由代理人填写以下各栏						备注
会计主管（签章）				纳税人（公章）				代理人名称				代理人（公章）		
								代理人地址						
								经办人姓名				电话		
以下由税务机关填写														
收到申报表日期											接收人			

四、技能训练

1. 背景资料

企业名称：新韵商贸有限公司

纳税人识别号：210101100212361

企业组织机构代码：02428861

企业税务登记证号：21055669765330

注册地址及电话：东阳市江城大街19号　024－3132211

法定代表人：林辉，身份证号码为210120197207219910

企业类型：有限责任公司

经营范围：商品的批发零售

开户银行及账号：中国农业银行东阳分行　34216677105680

财务负责人：葛义磊

办税人员：孙莉莉

2. 业务资料

新韵商贸有限公司坐落在该市的繁华一级地段，土地使用证上载明，该公司占地面积为6 000平方米。另有一仓库位于市郊二级地段，土地使用证上注明的面积为2 000平方米。当地政府规定市区的单位税额为每平方米12元，市郊的单位税额为每平方米4元。

3. 技能要求

（1）计算新韵商贸有限公司当年应缴纳的城镇土地使用税税额。

（2）做出上述相关业务的账务处理。

（3）填写《城镇土地使用税纳税申报表》（见表9－2－1）并办理城镇土地使用税纳税申报。

任务三　契税核算与纳税申报

知识目标：

◆ 熟悉契税征税范围、纳税人、税率

◆ 掌握契税应纳税额计算

◆ 掌握契税纳税期限、纳税义务发生时间、纳税地点

能力目标：

◆ 能进行契税应纳税额计算

◆ 能进行契税涉税业务会计核算

◆ 能办理契税纳税申报

情景导航

东升房地产开发公司2014年7月9日与长江汽修厂签订了土地转让合同，计划建造商品房住宅区，土地面积15 000平方米，每平方米出让价格1 200元，总计1 800万元。

那么，该公司应纳的契税是多少？应如何进行契税的纳税申报？

一、任务描述

根据东升房地产开发公司7月发生业务计算当月应纳的契税税额，填制契税涉税记账凭证，并进行契税的纳税申报。

二、相关知识点

（一）契税征税范围、纳税人、税率

1. 征税范围

契税的征税对象是在我国境内转移土地、房屋权属的行为。

土地、房屋权属是指土地使用权、房屋所有权。具体征税范围规定如下：

（1）国有土地使用权出让。国有土地使用权出让是指土地使用者向国家交付土地使用权出让费用，国家将国有土地使用权在一定年限内让与土地使用者的行为。

（2）土地使用权转让。土地使用权转让是指土地使用者以出售、赠与、交换或其他方式将土地使用权转移给其他单位和个人的行为。土地使用权的转让不包括农村集体土地承包经营权的转移。

（3）房屋买卖。房屋买卖是指房屋所有者将其房屋出售，由承受者交付货币、实物、无形资产或者其他经济利益的行为。

（4）房屋赠与。房屋赠与是指房屋所有者将其房屋无偿转让给受赠者的行为。

（5）房屋交换。房屋交换是指房屋所有者之间互相交换房屋的行为。

（6）视同土地所有权转让、房屋买卖或者房屋赠与。土地、房屋权属以下列方式转移的，视同土地所有权转让、房屋买卖或者房屋赠与征收契税：

① 以土地、房屋权属作价投资、入股；

② 以土地、房屋权属抵债；

③ 以获奖方式承受土地、房屋权属；

④ 以预购方式或预付集资建房款方式承受土地、房屋权属。

2. 纳税人

契税的纳税人是指在我国境内转移土地、房屋权属，承受的单位和个人。

承受是指以受让、购买、受赠、交换等方式取得土地、房屋权属的行为。

单位是指企业单位、事业单位、国家机关、军事单位和社会团体以及其他组织。个人是指个体经营者及其他个人。

3. 税率

契税采用幅度比例税率，税率为3%～5%。具体执行税率由各省、自治区、直辖市人民政府在该幅度内根据本地区实际情况确定，并报财政部和国家税务总局备案。

（二）契税计算

1. 计税依据

契税的计税依据是不动产的价格。按照土地、房屋权属转移方式、定价方法的不同，契税的计税依据具体规定如下：

（1）国有土地使用权出让、土地使用权出售、房屋买卖，以成交价格为计税依据。成交价格是指土地、房屋权属转移合同确定的价格，包括承受者应交付的货币、实物、无形资产或者其他经济利益。

土地使用者将土地使用权及所附建筑物、构筑物等（包括在建的房屋、其他建筑物、构筑物和其他附着物）转让给他人的，应按照转让的总价款计征契税。

（2）土地使用权赠与、房屋赠与，由征收机关参照土地使用权出售、房屋买卖的市场价格核定。

（3）土地使用权交换、房屋交换，以交换的土地使用权、房屋价格的差额为计税依据。交换价格不相等的，由多交付货币、实物、无形资产或者其他经济利益的一方缴纳契税；交换价格相等的，免征契税。土地使用权与房屋所有权之间相互交换，也应按照上述办法确定计税依据。

（4）以划拨方式取得土地使用权的，经批准转让房地产时应由房地产转让者补缴契税，以为补缴的土地使用权出让费用或者土地收益为计税依据。

（5）房屋所属设施按下列规定征收契税。

① 采取分期付款方式购买房屋附属设施土地使用权、房屋所有权的，应按合同规定的总价款计征契税。

② 承受的房屋附属设施权属如为单独计价的，按照当地确定的适用税率征收契税；如与房屋统一计价的，适用与房屋相同的契税税率。

（6）个人无偿赠与不动产行为（法定继承人除外），应对受赠人全额征收契税。

上述土地、房屋权属转移方式的成交价格明显低于市场价格并且无正当理由的，或者所交换土地使用权、房屋价格的差额明显不合理并且无正当理由的，征收机关可以参照市场价格核定计税依据。

2. 应纳税额的计算

契税的应纳税额是以税法规定的计税依据乘以适用税率计算征收。其计算公式为：

$$应纳税额=计税依据\times适用税率$$

（三）契税纳税义务的发生时间

契税纳税义务发生时间是纳税人签订土地、房屋权属转移合同的当天，或者纳税人取得其他具有土地、房屋权属转移合同性质凭证的当天。

（四）契税纳税期限

纳税人应当自纳税义务发生之日起10日内，向土地、房屋所在地的契税征收机关办理纳税申报，并在契税征收机关核定的期限内缴纳税款。

纳税人办理纳税事宜后，契税征收机关应当向纳税人开具契税完税凭证。纳税人持契税完税凭证和其他规定的文件材料，依法向土地管理部门、房产管理部门办理变更登记手续。纳税人未出具契税完税凭证的，土地管理部门、房产管理部门不予办理有关土地、房屋的权属变更登记手续。

（五）契税纳税地点

契税的纳税地点为土地、房屋所在地。

契税的征收机关为土地、房屋所在地的财政机关或者地方税务机关。具体征收机关由省、自治区、直辖市人民政府确定。土地管理部门、房产管理部门应当向契税征收机关提供有关资料，并协助契税征收机关依法征收契税。

（六）契税纳税申报

1. 纳税申报方式

目前契税主要采用上门申报的直接申报方式和网上申报的电子申报方式。

2. 纳税申报需要报送的资料

（1）纳税人办理国有土地使用权出让时需准备的资料。已填写的《契税纳税申报表》；国有土地使用权出让合同（原件、复印件）；土地买卖合同或协议、土地征（占）及拆迁补偿协议、土地使用权挂牌成交缴纳地产手续通知单及其他税务机关需要的资料。

（2）纳税人办理土地使用权转让（包括出售、赠与、交换）时需准备的资料。已填写的《契税纳税申报表》；国有土地使用权出让合同（原件、复印件）；土地转让合同或协议（原件、复印件）、土地使用权挂牌成交缴纳地产手续费通知单；国有土地使用权出让（转让）情况登记表及其他税务机关需要的资料。

（3）单位与单位之间购买房屋缴纳契税时需准备的资料。已填写的《契税纳税申报表》；房屋买卖合同或协议；销售不动产发票（或营业税完税凭证）；房屋所有权证；经办人身份证和介绍信及其他税务机关需要的资料。

（4）个人购买房屋缴纳契税时需准备的资料。已填写的《契税纳税申报表》；商品房买卖合同或协议；销售不动产发票（第四联）；购买房屋者身份证（军官证、护照等）；房屋所有权登记表；房屋平面图及其他税务机关需要的资料。

（5）房屋拆迁购买房屋缴纳契税时需准备的资料。已填写的《契税纳税申报表》；销售不动产发票或收据；购买房屋者身份证（军官证、护照等）；拆迁购买合同或协议；被拆除房屋的所有权证、使用权证（农房证、公房使用证等）；与被拆迁单位签订的补偿协议书；所购房屋的房屋所有权登记表及其他税务机关需要的资料。

（6）购买存量房屋（二手房）缴纳契税时需准备的资料。已填写的《契税纳税申报表》；销售不动产发票或收据；存量房屋（二手房）买卖合同；买卖双方身份证；房屋所有权证及其他税务机关需要的资料。

3. 纳税申报表的填制

纳税人应按照条例的有关规定及时办理纳税申报，并如实填写《契税纳税申报表》（具体见表 9－3－1）。

表 9-3-1　　　　　　　　　　契税纳税申报表

填表日期：　　年　月　日　　　　　　　　　　　　　　　　　　　　单位：元、平方米

<table>
<tr><td rowspan="2">承受方</td><td>名称</td><td></td><td>识别号</td><td></td></tr>
<tr><td>地址</td><td></td><td>联系电话</td><td></td></tr>
<tr><td rowspan="2">转让方</td><td>名称</td><td></td><td>识别号</td><td></td></tr>
<tr><td>地址</td><td></td><td>联系电话</td><td></td></tr>
<tr><td rowspan="5">土地、房屋
权属转移</td><td>合同签订时间</td><td></td><td></td><td></td></tr>
<tr><td>土地、房屋地址</td><td></td><td></td><td></td></tr>
<tr><td>权属转移类别</td><td></td><td></td><td></td></tr>
<tr><td>权属转移面积</td><td></td><td></td><td></td></tr>
<tr><td>成交价格</td><td></td><td></td><td></td></tr>
<tr><td>适用税率</td><td colspan="4"></td></tr>
<tr><td>计征税额</td><td colspan="4"></td></tr>
<tr><td>减免税额</td><td colspan="4"></td></tr>
<tr><td>应纳税额</td><td colspan="4"></td></tr>
<tr><td>纳税人员
签章</td><td colspan="2"></td><td>经办人员
签章</td><td></td></tr>
<tr><td colspan="5">以下部分由征收机关负责填写</td></tr>
</table>

<table>
<tr><td>征收机关
收到日期</td><td></td><td>接收人</td><td></td><td>审核日期</td><td></td></tr>
<tr><td>审核
记录</td><td colspan="5"></td></tr>
<tr><td>审核人员
签章</td><td colspan="2"></td><td>征收机关
签章</td><td colspan="2"></td></tr>
</table>

本表 A4 竖式，一式两份：第一联为纳税人保存；第二联由主管征收机关留存。

填表说明：

一、本表依据《中华人民共和国税收征收管理法》、《中华人民共和国契税暂行条例》设计制定。

二、本表适用于在中国境内承受土地、房屋权属的单位和个人。纳税人应当在签订土地、房屋权属转移合同或者取得其他具有土地、房屋权属转移合同性质凭证后 10 日内，向土地、房屋所在地契税征收机关填报契税纳税申报表，申报纳税。

三、本表各栏的填写说明如下：

1. 承受方及转让方名称：承受方、转让方是单位的，应按照人事部门批准或者工商部门注册登记的全称填写；承受方、转让方是个人的，则填写本人姓名。

2. 承受方、转让方识别号：承受方、转让方是单位的，填写税务登记号；没有税务登记号的，填写组织机构代码。承受方、转让方是个人的，填写个人身份证号或护照号。

3. 合同签订时间：指承受方签订土地、房屋转移合同的当日，或其取得其他具有土地、房屋转移合同性质凭证的当日。

4. 权属转移类别：（土地）出让、买卖、赠与、交换、作价入股等行为。

5. 成交价格：土地、房屋权属转移合同确定的价格（包括承受者应交付的货币、实物、无形资产或者其他经济利益，折算成人民币金额）填写。计税价格，是指由征收机关按照《中华人民共和国契税暂行条例》第四条确定的成交价格、差价或者核定价格。

6. 计征税额 = 计税价格 × 税率，应纳税额 = 计征税额 - 减免税额。

三、实训内容

1. 背景资料

企业名称：东升房地产开发公司

纳税人识别号：260668700676210

企业组织机构代码：06555329

企业税务登记证号：500213119087200

注册地址及电话：大阳市铁西区滨海路62号　022－3789550

法定代表人：孙丽君，身份证号码为210402197007120028

企业性质：国有企业

企业类型：有限责任公司

经营范围：房地产的开发与销售

开户银行及账号：中国农业银行大阳分行　80668834214422

财务负责人：刘南

办税人员：孟飞扬

2. 实训业务

东升房地产开发公司2014年7月9日与大阳大东区的长江汽修厂（纳税人识别号为260332112066228；联系电话022－8856360）签订了土地转让合同，计划建造商品房住宅区，从长江汽修厂购入大东区国有土地一块，土地面积15 000平方米，每平方米出让价格1 200元，总计1 800万元，8月15日通过银行转账付清购买土地价款并办妥了相关手续。当地政府规定的契税税率为4%。计算本月应缴纳契税税额，做出与契税有关的账务处理，并填制契税纳税申报表。

根据上述业务，计算契税并进行账务处理，填制通用记账凭证1张。

应纳税额＝1 800×4%＝72（万元）

通用记账凭证

2014年7月9日　　凭证编号______

摘要	会计科目		√	借方金额										√	贷方金额									
	总账科目	明细科目		千	百	十	万	千	百	十	元	角	分		千	百	十	万	千	百	十	元	角	分
缴纳契税	固定资产					7	2	0	0	0	0	0	0											
	银行存款																7	2	0	0	0	0	0	0
附单据 1 张	合计					7	2	0	0	0	0	0	0				7	2	0	0	0	0	0	0

会计主管：刘南　　记账：孟飞扬　　审核：吴鹏　　制单：蓝天

3. 实训成果

契税纳税申报表（见表9－3－2）。

表9－3－2　　　　　　　　　契税纳税申报表

填表日期：2014年7月15日　　　　　　　　　　　　　　　　　　　　　单位：元、平方米

<table>
<tr><td rowspan="2">承受方</td><td>名称</td><td colspan="2">东升房地产开发公司</td><td>识 别 号</td><td>260668700676210</td></tr>
<tr><td>地址</td><td colspan="2">大阳市铁西区滨海路62号</td><td>联系电话</td><td>022－3789550</td></tr>
<tr><td rowspan="2">转让方</td><td>名称</td><td colspan="2">长江汽修厂</td><td>识别号</td><td>260332112066228</td></tr>
<tr><td>地址</td><td colspan="2">大阳市大东区</td><td>联系电话</td><td>024－8856360</td></tr>
<tr><td rowspan="5">土地、房屋
权属转移</td><td>合同签订时间</td><td colspan="2">2014年7月9日</td><td></td><td></td></tr>
<tr><td>土地、房屋地址</td><td colspan="2">沈阳大东区</td><td></td><td></td></tr>
<tr><td>权属转移类别</td><td colspan="2">买卖</td><td></td><td></td></tr>
<tr><td>权属转移面积</td><td colspan="2">15 000</td><td></td><td></td></tr>
<tr><td>成交价格</td><td colspan="2">18 000 000.00</td><td></td><td></td></tr>
<tr><td>适用税率（%）</td><td colspan="5">4</td></tr>
<tr><td>计征税额</td><td colspan="5">720 000.00</td></tr>
<tr><td>减免税额</td><td colspan="5">0</td></tr>
<tr><td>应纳税额</td><td colspan="5">720 000.00</td></tr>
<tr><td>纳税人员
签章</td><td colspan="2"></td><td>经办人员
签章</td><td colspan="2"></td></tr>
<tr><td colspan="6">以下部分由征收机关负责填写</td></tr>
<tr><td>征收机关
收到日期</td><td></td><td>接收人</td><td></td><td>审核日期</td><td></td></tr>
<tr><td>审核
记录</td><td colspan="5"></td></tr>
<tr><td>审核人员
签章</td><td colspan="2"></td><td>征收机关
签章</td><td colspan="2"></td></tr>
</table>

四、技能训练

1. 背景资料

企业名称：明达机械制造有限责任公司

纳税人识别号：330226600676860

企业组织机构代码：3305530088

企业税务登记证号：330776619082211

注册地址及电话：大阳市振安区江城大街20号　022－3457220

法定代表人：李华，身份证号码为21021419620109932

企业性质：民营企业

企业类型：有限责任公司

经营范围：工程机械制造与销售

开户银行及账号：中国农业银行东阳分行　80686322217751

财务负责人：潘晨雨

办税人员：石明明

2. 业务资料

明达机械制造有限责任公司2014年6月10日以市场价值300万元的自有房产与某国有机械制造厂的房产相交换，并支付差价款100万元。当地政府规定的契税税率为3%。

3. 技能要求

（1）计算明达机械制造有限责任公司当月应缴纳的契税税额。

（2）做出上述相关业务的账务处理。

（3）填写《契税纳税申报表》（见表9-3-1）。

任务四　印花税核算与纳税申报

知识目标：

◆ 熟悉印花税征税范围、纳税人、税率

◆ 掌握印花税应纳税额计算

◆ 掌握印花税纳税期限、纳税义务发生时间、纳税地点

能力目标：

◆ 能进行印花税应纳税额计算

◆ 能进行印花税涉税业务会计核算

◆ 能办理印花税纳税申报

情景导航

明达机械制造有限责任公司2014年3月开业，领受房产证、工商营业执照、商标注册证各一件。开业当年与银行签订1年期借款合同一份，借款金额80万元；与其他单位签订产品购销合同两份，合同金额分别为320万元和280万元。

那么，该公司应纳的印花税是多少？应如何进行印花税的纳税申报？

一、任务描述

根据明达机械制造有限责任公司发生业务的原始凭证，计算当年应纳的印花税税额，填制印花税涉税记账凭证，并进行印花税的纳税申报。

二、相关知识点

（一）印花税征税范围、纳税人、税率

1. 征税范围

印花税征税范围采取列举法，即只对《印花税暂行条例》列举的凭证征收，没有列举的凭证不征税。具体包括：合同或具有合同性质的凭证；产权转移书据；营业账簿；权利、许可证照；经财政部确定征税的其他凭证。

（1）合同或具有合同性质的凭证。合同是指根据合同法和其他有关法规订立的合同。具体包括购销合同、加工承揽合同、建设工程勘察设计合同、建筑安装工程承包合同、财产租赁合同、货物运输合同、仓储保管合同、借款合同、财产保险合同、技术合同。具有合同性质的凭证是指具有合同效力的协议、契约、合约、单据、确认书及其他各种名称的凭证。

① 购销合同，包括供应、预购、采购、购销结合及协作、调剂、补偿、易货等合同；还包括各出版单位与发行单位（不包括订阅单位和个人）之间订立的图书、报刊、音像征订凭证。

对发电厂与电网之间、电网与电网之间（国家电网公司系统、南方电网公司系统内部各级电网互供电量除外）签订的购售电合同，按购销合同征收印花税。电网与用户之间签订的供用电合同不属于印花税列举征税的凭证，不征收印花税。

② 加工承揽合同，包括加工、定作、修缮、修理、印刷广告、测绘、测试等合同。

③ 建设工程勘察设计合同，包括勘察、设计合同的总包合同、分包合同和转包合同。

④ 建筑安装工程承包合同，包括建筑、安装工程承包合同的总包合同、分包合同和转包合同。

⑤ 财产租赁合同，包括租赁房屋、船舶、飞机、机动车辆、机械、器具、设备等合同；还包括企业、个人出租门店、柜台等所签订的合同，但不包括企业与主管部门签订的租赁承包合同。

⑥ 货物运输合同，包括民用航空运输、铁路运输、海上运输、内河运输、公路运输和联运合同。

⑦ 仓储保管合同，包括仓储、保管合同或作为合同使用的仓单、栈单（或称入库单）。对某些使用不规范的凭证不便计税的，可就其结算单据作为计税贴花的凭证。

⑧ 借款合同，包括银行及其他金融组织和借款人（不包括银行同业拆借）所签订的借款合同

⑨ 财产保险合同，包括财产、责任、保证、信用等保险合同。

⑩ 技术合同，包括技术开发、转让、咨询、服务等合同以及作为合同使用的单据。其中：技术转让合同包括专利申请转让，非专利技术转让所书立的合同，但不包括专利权转让、专利实施许可所书立的合同。技术咨询合同是当事人就有关项目的分析、论证、评价、预测和调查订立的技术合同，而一般的法律、会计、审计等方面的咨询不属于技术咨询，其所立合同不贴花。技术服务合同的征税范围包括技术服务合同、技术培训合同和技术中介

合同。

（2）产权转移书据。产权转移书据是指单位和个人产权的买卖、继承、赠与、交换、分割等所立的书据。包括财产所有权、版权、商标专用权、专利权、专有技术使用权等转移时所书立的转移书据。

另外，土地使用权出让合同、土地使用权转让合同及商品房销售合同按产权转移书据征收印花税。

（3）营业账簿。营业账簿是指单位或者个人记载生产经营活动的财务会计核算账簿。营业账簿按其反映的内容不同，分为记载资金的账簿和其他账簿。记载资金的账簿是指反映生产经营单位资本金数额增减变化的账簿。其他账簿是指除上述账簿以外的有关其他生产经营活动内容的账簿，包括日记账簿和各明细分类账簿。

（4）权利、许可证照。权利、许可证照是指政府授予单位、个人某种法定权利和准予从事特定经济活动的各种证照的统称。包括政府部门颁发的房屋产权证、工商营业执照、商标注册证、专利证、土地使用证等。

（5）经财政部确定征税的其他凭证。确定应税凭证的范围时，应注意以下问题：

一是合同签订时即应贴花，履行完税手续。因此无论合同是否兑现或能否按期兑现，都应当按照规定贴花。

二是对货物运输、仓储保管、财产保险、银行借款等，办理一项业务既书立合同，又开立单据，只就合同贴花；凡不书立合同，只开立单据，以单据作为合同使用的，应按规定贴花。

2. 纳税人

印花税的纳税人，是在我国境内书立、领受应税凭证的单位和个人。单位和个人包括国内各类企业、事业单位、机关、团体、部队以及中外合资企业、合作企业、外资企业、外国公司和其他经济组织及其在华机构等单位和个人。

印花税的纳税人按照书立、使用、领受应税凭证的不同，可以分别确定为立合同人、立据人、立账簿人、领受人和使用人。

（1）立合同人是指合同的当事人，即对凭证有直接权利义务关系的单位和个人，但不包括合同的担保人、证人和鉴定人。如果合同有代理人的，当事人的代理人有代理纳税的义务。

（2）立据人是指书立产权转移书据的单位和个人。

（3）立账簿人是指开立并使用营业账簿的单位和个人。

（4）领受人是指领取并持有权利、许可证照的单位和个人。

（5）使用人是指在国外书立、领受，但在国内使用的应税凭证的单位和个人。

对应税凭证，凡由两方或两方以上当事人共同书立的，其当事人各方都是印花税的纳税人，应当由各方就所持凭证的计税金额各自履行纳税义务。

3. 税率

印花税的税率有比例税率和定额税率两种形式，具体税率见表 9－4－1。

表 9－4－1　　印花税税目税率表

税目	范围	税率	纳税人	说明
1. 购销合同	包括供应、预购、采购、购销结合及协作、调剂、补偿、易货等合同	按购销金额 0.3‰贴花	立合同人	
2. 加工承揽合同	包括加工、定作、修缮、修理、印刷、广告、测绘、测试等合同	按加工或承揽收入 0.5‰贴花	立合同人	
3. 建设工程勘察设计合同	包括勘察、设计合同	按收取费用 0.5‰贴花	立合同人	
4. 建筑安装工程承包合同	包括建筑、安装工程承包合同	按承包金额 0.3‰贴花	立合同人	
5. 财产租赁合同	包括租赁房屋、船舶、飞机、机动车辆、机械、器具、设备等合同	按租赁金额 1‰贴花。税额不足 1 元，按 1 元贴花	立合同人	
6. 货物运输合同	包括民用航空运输、铁路运输、海上运输、内河运输、公路运输和联运合同	按运输费用 0.05‰贴花	立合同人	单据作为合同使用的，按合同贴花
7. 仓储保管合同	包括仓储、保管合同	按仓储保管费用金额 1‰贴花	立合同人	仓单或栈单作为合同使用的，按合同贴花
8. 借款合同	银行及其他金融组织和借款人（不包括银行同业拆借）所签订的借款合同	按借款金额 0.05‰贴花	立合同人	单据作为合同使用的，按合同贴花
9. 财产保险合同	包括财产、责任、保证、信用等保险合同	按保险费收入 1‰贴花	立合同人	单据作为合同使用的，按合同贴花
10. 技术合同	包括技术开发、转让、咨询、服务等合同	按所载金额 0.3‰贴花	立合同人	
11. 产权转移书据	包括财产所有权和版权、商标专用权、专利权、专有技术使用权等转移书据	按所载金额 0.5‰贴花	立据人	

续表

税目	范围	税率	纳税人	说明
12. 营业账簿	生产、经营用账册	记载资金的账簿，按实收资本和资本公积的合计金额0.5‰贴花，其他账簿按件贴花5元	立账簿人	
13. 权利、许可证照	包括政府部门发给的房屋产权证、工商营业执照、商标注册证、专利证、土地使用证	按件贴花5元	领受人	

（二）印花税的计算

1. 计税依据

印花税根据不同征税项目，分别实行从价计征和从量计征两种征收方法。

实行从价计征的合同、产权转移书据和资金账簿，以应税凭证上所记载的金额为计税依据。实行从量计征的权利、许可证照和营业账簿中的其他账簿，以应税凭证的件数为计税依据。

（1）合同。各类合同或具有合同性质的凭证，计税依据为应税凭证上所记载的金额。具体规定如下：

① 购销合同的计税依据为合同记载的购销金额。购销合同应按合同所载的购、销合计金额计税贴花。合同未列明金额的，应按合同所载购、销数量依照国家牌价或市场价格计算应纳税金额。

② 加工承揽合同的计税依据是加工或承揽收入的金额。对于由委托方提供主要材料或原料的，受托方只提供辅助材料的加工合同，无论加工费和辅助材料金额是否分别记载，均以辅助材料与加工费的合计数为计税依据，按照加工承揽合同计税贴花。对委托方提供的主要材料或原料金额不计税贴花。

对于由受托方提供原材料的加工、定作合同，凡在合同中分别记载加工费金额与原材料金额的，加工费金额按"加工承揽合同"，原材料金额按"购销合同"计税，两项税额相加数，即为合同应贴印花；若合同中未分别记载加工费与原材料金额的，应按全部金额依照"加工承揽合同"计税贴花。

③ 建设工程勘察设计合同的计税依据为收取的勘察、设计费用。

④ 建筑安装工程承包合同的计税依据为承包金额。施工单位将自己承包的建设项目分包或转包给其他施工单位，其所签订的分包或转包合同，应按新的分包或转包合同所载金额另行贴花。

⑤ 财产租赁合同的计税依据为租赁金额。

⑥ 货物运输合同的计税依据为取得的运输费用，但不包括所运输货物的金额、装卸费

和保险费等。

对国内各种形式的货物联运，凡在起运地统一结算全程运费的，应以全程运费作为计税依据，由起运地运费结算双方缴纳印花税；凡分程结算运费的，应以分程的运费作为计税依据，分别由办理运费结算各方缴纳印花税。

对国际货运，凡由我国运输企业运输的，运输企业所持的运费结算凭证，以本程运费为计税依据计算应纳税额；托运方所持的运费结算凭证，按全程运费为计税依据计算应纳税额。由外国运输企业运输进出口货物的，外国运输企业所持的运费结算凭证免纳印花税；托运方所持的运费结算凭证，应以运费金额为计税依据缴纳印花税。国际货运运费结算凭证在国外办理的，应在凭证转回我国境内时按规定缴纳印花税。

铁路货运以运费结算凭证（货票、运费杂费收据、合资、地方铁路货运运费结算凭证）中所列运费为印花税的计税依据，包括统一运价运费、特价或加价运费、合资和地方铁路运费、新路均摊费、电力附加费。对分段计费一次核收运费的，以结算凭证所记载的全程运费为计税依据；对分段计费分别核收运费的，以分别核收运费的结算凭证所记载的运费为计税依据。

⑦ 仓储保管合同的计税依据为收取的仓储保管费用。

⑧ 借款合同的计税依据为借款金额。

凡一项信贷业务既签订借款合同又一次或分次填开借据的，只就借款合同按所载借款金额计税贴花；凡只填开借据并作为合同使用的，应按照借据所载借款金额计税，在借据上贴花。

在签订流动资金周转借款合同时，应按合同规定的最高借款限额计税贴花。以后，只要在限额内随借随还，不再签新合同的，就不另贴印花。

借款方以财产作抵押、与贷款方签订的抵押借款合同，属于资金信贷业务，借贷双方应按“借款合同”计税贴花。因借款方无力偿还借款而将抵押财产转移给贷款方，应就双方书立的产权转移书据，按“产权转移书据”计税贴花。

银行及其金融机构经营的融资租赁业务签订的融资租赁合同，可据合同所载的租金总额暂按“借款合同”计税贴花。

⑨ 财产保险合同的计税依据为合同所载保险费金额。

⑩ 技术合同的计税依据为合同所载的价款、报酬或使用费。

为了鼓励技术研究开发，对技术开发合同，只就合同所载的报酬金额计税贴花，不包括研究开发经费。但对合同约定按研究开发经费一定比例作为报酬的，应按一定比例的报酬金额计税贴花。

（2）产权转移书据。产权转移书据，计税依据为书据所载的金额。

（3）营业账簿。营业账簿中记载资金的账簿，计税依据为“实收资本”和“资本公积”的两项合计金额。

营业账簿中的其他账簿，计税依据为应税凭证件数。

（4）权利、许可证照。

权利、许可证照，计税依据为应税凭证件数。

2. 应纳税额的计算

（1）采用从价征收方式的应纳税额的计算。合同、产权转移书据和营业账簿中的记载资金的账簿，适用比例税率，采用从价征收方式计算应纳税额。其计算公式为：

应纳税额 = 应税凭证计税金额 × 比例税率

（2）采用从量征收方式的应纳税额的计算。权利、许可证照和营业账簿中的其他账簿，适用定额税率，采用从量征收方式计算应纳税额。其计算公式为：

应纳税额 = 应税凭证件数 × 定额税率

（3）计算应纳税额时应注意的问题。

① 应税凭证以金额、收入、费用作为计税依据的，以全额计税，不得作任何扣除。

② 同一凭证因载有两个或两个以上经济事项而适用不同税目税率的，如分别载有金额的，应分别计算应纳税额，相加后按合计税额贴花；如未分别记载金额的，按税率较高的计税贴花。

③ 按金额比例贴花的应税凭证，未标明金额的，应按照凭证所载数量及国家牌价计算金额；没有国家牌价的，按市场价格计算金额，然后按规定税率计算应纳税额。

④ 应税凭证所载金额为外国货币的，按凭证书立当日的国家外汇管理局公布的外汇牌价折合成人民币，计算应纳税额。

⑤ 已贴花的凭证，修改后所载金额增加的，其增加部分应当补贴印花税票。对已履行并贴花的合同，实际结算金额与合同所载金额不一致的，只要双方未修改合同金额，一般不再补贴印花。

⑥ 应纳税额不足一角的，免纳印花税；应纳税额在一角以上的，其税额尾数不满五分的不计，满五分的按一角计算贴花。

⑦ 在签订时无法确定计税金额的合同，如技术转让、财产租赁等合同，可先按定额 5 元贴花，以后结算时再按实际金额计税，补贴印花。

⑧ 应税合同在签订时纳税义务即已发生，不论合同是否兑现或是否按期兑现，均应计算应纳税额并贴花。

⑨ 对有经营收入的事业单位，凡属由国家财政拨付事业经费并实行差额预算管理的单位，其记载经营义务的账簿，按其他账簿定额贴花，不记载经营义务的账簿不贴花；凡属经费来源实行自收自支的单位，应对记载资金的账簿和按其他账簿分别计算应纳税额。

（三）印花税缴纳方式

1. 自行贴花

印花税通常由纳税人根据应税凭证的性质和适用税率，自行计算应纳税额，自行购买印花税票，自行一次贴足印花税票并在应纳税凭证粘贴印花税票后应即注销。纳税人有印章的，加盖印章注销；纳税人没有印章的，可用钢笔（圆珠笔）画几条横线注销。自行注销或划销之后，纳税义务才算全部履行完毕。

自行贴花方法一般适用应税凭证较少或者贴花次数较少的纳税人。

2. 汇贴或汇缴

一份凭证应纳税额超过 500 元的，应向当地税务机关申请填写缴款书或者完税证，将其中一联粘贴在凭证上或者由税务机关在凭证上加注完税标记代替贴花。

同一种类应纳税凭证需频繁贴花的，纳税人可以根据实际情况自行决定是否采用按期汇总缴纳印花税的方式。汇总缴纳的期限为1个月。采用按期汇总缴纳方式的纳税人应事先告知主管税务机关。缴纳方式一经选定，1年内不得改变。

凡汇总缴纳印花税的凭证，应加注税务机关指定的汇缴戳记、编号并装订成册，将已贴印花或者缴款书的一联粘附册后，盖章注销，保存备查。

汇贴或汇缴方法一般适用应纳税额较大或者贴花次数频繁的纳税人。

3. 委托代征

税务机关可以委托有关发放或者办理应税凭证的单位代为征收印花税款。税务机关应与代征单位签订代征委托书，并按规定支付手续费。这里所说的发放或者办理应税凭证的单位，是指发放权利、许可证照的单位和办理凭证的签证、公证及其他有关事项的单位。这类单位有监督纳税人依法纳税的义务。

纳税人不论采用哪一种纳税办法，均应对纳税凭证应妥善保存。凭证的保存期限，凡国家已有明确规定的，按规定办理；其余凭证均应在履行完毕后保存1年。

（四）印花纳税环节

印花税应当于书立或者领受时贴花。具体是指在合同的签订时、书据的立据时、账簿的启用时和证照的领受时贴花。如果合同在国外签订的，应在国内使用时贴花。

（五）印花税纳税地点

印花税一般实行就地纳税。对于全国性商品物资订货会（包括展销会、交易会等）上所签订合同应纳的印花税，由纳税人回其所在地后及时办理贴花完税手续；对地方主办、不涉及省际关系的订货会、展销会上所签合同的印花税，其纳税地点由各省、自治区、直辖市人民政府自行确定。

（六）印花税纳税申报

1. 纳税申报方式

印花税主要采用上门申报的直接申报方式和网上申报的电子申报方式。

2. 纳税申报需要报送的资料

选择自行贴花纳税办法的单位，每年申报一次印花税，申报时填写《印花税纳税申报表》；按期汇总缴纳时，一般需提供应税合同明细。

3. 纳税申报表的填制

印花税纳税人使用印花税票贴花完税，或使用缴款书缴纳税款完税，或在书立应税凭证时由监督代售单位监督贴花完税，其凭证完税情况均应在印花税申报期进行申报，同时填写《印花税纳税申报表》（具体见表9-4-2）。

表 9-4-2　　　　　　　　　　印花税纳税申报表

税务计算机代码：

税款所属日期　年　月　日至　月　日　　　　　　　　　　　　　单位：元（列至角分）

单位名称					
税　　目		份数	计税金额	税率	已纳税额
购销合同				0.3‰	
加工承揽合同				0.5‰	
建设工程勘察设计合同				0.5‰	
建筑安装工程承包合同				0.3‰	
财产租赁合同				1‰	
货物运输合同				0.5‰	
仓储保管合同				1‰	
借款合同				0.05‰	
财产保险合同				1‰	
技术合同				0.3‰	
产权转移书据				0.5‰	
账簿	资金账簿			0.5‰	
	其他账簿	件		5元	
权利许可证照		件		5元	
其他					
合计					

根据《印花税暂行条例》规定应缴纳印花税的凭证在书立和领受时贴花完税，我单位应纳税凭证均已按规定缴纳，本报表中已纳税额栏填写数字与应纳税额是一致的。

经办人（章）：

登记申报单位（盖章）	企业财务负责人（盖章）	税务机关受理申报日期： 受理人（章）： 年　月　日

填表说明：

1. 适用范围：此表由印花税纳税单位填写。
2. 本表于次年终了后十日内向所在地地方税务机关申报。
3. 大额缴款、贴花完税不论采取哪种方式完税的凭证均填本申报表。
4. 份数栏：填写当年已完税的各印花税应税凭证的总份数。
5. 计税金额栏：填写当年已完税的各印花税应税凭证所载计税的总金额。
6. 已纳税额栏：已纳税额 = 计税金额 × 税率
7. 合计行 = 购销合同行至其他行的合计

三、实训内容

1. 背景资料

企业名称：明达机械制造有限责任公司

纳税人识别号：330226600676860

企业组织机构代码：3305530088

企业税务登记证号：330776619082211

注册地址及电话：北京市丰台区工业北路120号　010－31457220

法定代表人：李华，身份证号码为21021419620109932

企业性质：民营企业

企业类型：有限责任公司

经营范围：工程机械制造与销售

开户银行及账号：中国农业银行北京分行　80686322217751

财务负责人：潘晨雨

办税人员：石明明

2. 业务资料

明达机械制造有限责任公司2014年3月开业，领受房产证、工商营业执照、商标注册证各一件。开业当年与银行签订1年期借款合同一份，借款金额80万元；与其他单位签订产品购销合同两份，合同金额分别为320万元和280万元。与货运公司签订运输合同一份，载明运输费用30万元。此外，企业营业账簿中，“实收资本”账簿记载的金额为200万元，其他账簿10本。计算该公司3月印花税应纳税额，做出与印花税有关的账务处理，并填制印花税纳税申报表。

根据上述业务，计算印花税并进行账务处理，填制通用记账凭证1张。

（1）领受权利、许可证照应纳税额 $=3\times5=15$（元）

（2）借款合同应纳税额 $=800\ 000\times0.05‰=40$（元）

（3）购销合同应纳税额 $=(3\ 200\ 000+2\ 800\ 000)\times0.3‰=1\ 800$（元）

（4）货物运输合同应纳税额 $=300\ 000\times0.5‰=150$（元）

（5）记载资金账簿应纳税额 $=2\ 000\ 000\times0.5‰=1\ 000$（元）

（6）其他营业账簿应纳税额 $=10\times5=50$（元）

（7）应纳印花税额 $=15+40+1\ 800+150+1\ 000+50=3\ 055$（元）

通用记账凭证

2014年4月9日　　　　凭证编号________

摘要	会计科目		√	借方金额										√	贷方金额									
	总账科目	明细科目		千	百	十	万	千	百	十	元	角	分		千	百	十	万	千	百	十	元	角	分
缴纳印花税	管理费用							3	0	5	5	0	0											
	银行存款																		3	0	5	5	0	0
附单据 1 张	合计							3	0	5	5	0	0						3	0	5	5	0	0

会计主管：潘晨雨　　记账：石明明　　审核：洪宇　　制单：谢嘉琪

3. 实训成果

印花税纳税申报表（见表9－4－3）。

表9－4－3　　印花税纳税申报表

税务计算机代码：330776619082211

税款所属日期：2014年3月1日－3月31日　　　　单位：元（列至角分）

单位名称					
税目		份数	计税金额	税率	已纳税额
购销合同		2	6 000 000.00	0.3‰	1 800.00
加工承揽合同		0	0.00	0.5‰	0.00
建设工程勘察设计合同		0	0.00	0.5‰	0.00
建筑安装工程承包合同		0	0.00	0.3‰	0.00
财产租赁合同		0	0.00	1‰	0.00
货物运输合同		1	300 000.00	0.5‰	150.00
仓储保管合同		0	0.00	1‰	0.00
借款合同		1	800 000.00	0.05‰	40.00
财产保险合同		0	0.00	1‰	0.00
技术合同		0	0.00	0.3‰	0.00
产权转移书据		0	0.00	0.5‰	0.00
账簿	资金账簿	1	2 000 000.00	0.5‰	1 000.00
	其他账簿	10件		5元	50.00

续表

<table>
<tr><td>权利许可证照</td><td>3 件</td><td></td><td>5 元</td><td>15.00</td></tr>
<tr><td>其他</td><td>0</td><td>0.00</td><td>0.00</td><td>0.00</td></tr>
<tr><td>合计</td><td>—</td><td>—</td><td>—</td><td>3 055.00</td></tr>
<tr><td colspan="5">根据《印花税暂行条例》规定应缴纳印花税的凭证在书立和领受时贴花完税，我单位应纳税凭证均已按规定缴纳，本报表中已纳税额栏填写数字与应纳税额是一致的。
经办人（章）：</td></tr>
<tr><td>登记申报单位
（盖章）</td><td colspan="2">企业财务负责人
（盖章）</td><td colspan="2">税务机关受理申报日期：
受理人（章）：
年　月　日</td></tr>
</table>

四、技能训练

1. 背景资料

企业名称：泰和有限责任公司

纳税人识别号：33000911885553

企业组织机构代码：02422100

企业税务登记证号：330225500887689

注册地址及电话：北京市望花区人民路 22 号　010－22989900

法定代表人：张立，身份证号码为 408603197009213355

企业性质：民营企业

企业类型：有限责任公司

开户银行及账号：中国工商银行北京分行　99000003421886

财务负责人：陆明

办税人员：秦宏

2. 业务资料

泰和有限责任公司 2014 年 4 月开业，该公司 4 月发生以下交易事项：领受工商营业执照、税务登记证、房屋产权证、商标注册证各一件。与其他单位签订产品购销合同两份，合同共记载金额 450 万元。与乙企业签订受托加工合同一份，乙企业（委托方）提供原材料价值 80 万元，本公司（受托方）提供辅助材料价值 25 万元，收取加工费 40 万元。与保险公司签订财产保险合同一份，投保金额 100 万元，缴纳保险费 15 万元。此外，企业营业账簿中，“实收资本”账簿记载的金额为 500 万元，其他账簿 10 本。

3. 技能要求

（1）计算泰和有限责任公司当月应缴纳的印花税税额。

（2）做出上述相关业务的账务处理。

（3）填写《印花税纳税申报表》（见表 9－4－2）并办理印花税纳税申报。

任务五　城市维护建设税与教育费附加核算与纳税申报

知识目标：

- ◆ 熟悉城市维护建设税征税范围、纳税人、税率
- ◆ 掌握城市维护建设税应纳税额计算
- ◆ 掌握城市维护建设税纳税期限、纳税义务发生时间、纳税地点
- ◆ 掌握教育费附加的征收范围、征收比率及计算

能力目标：

- ◆ 能进行城市维护建设税应纳税额计算
- ◆ 能进行城市维护建设税涉税业务会计核算
- ◆ 能办理城市维护建设税纳税申报
- ◆ 能进行教育费附加的计算与账务处理
- ◆ 能办理教育费附加的缴费申报

情景导航

碧妆有限公司系增值税一般纳税人，主要生产各类化妆品。该公司2014年6月计算出当月应缴纳的增值税110 000万元，应缴纳消费税50 000元。

那么，该公司应纳的城市维护建设税及教育费附加是多少？应如何进行城市维护建设税及教育费附加的申报？

一、任务描述

根据碧妆有限公司6月发生业务的原始凭证，计算当月应纳的城市维护建设税税额，填制城市维护建设税与教育费附加涉税记账凭证，并进行城市维护建设税与教育费附加的纳税申报。

二、相关知识点

（一）纳税人

负有缴纳增值税、消费税和营业税义务的单位和个人都要依法缴纳城市维护建设税和教育费附加。单位和个人包括国有企业、集体企业、私营企业、股份制企业、其他企业和行政单位、事业单位、军事单位、社会团体和其他单位，以及个体工商户和其他个人。

（二）税率与征收率

1. 城市维护建设税的税率

城市维护建设税，实行地区差别比例税率。按照纳税人所在地区的不同，分别规定相应

的税率。具体规定为：

① 纳税人所在地在市区的，税率为7%；

② 纳税人所在地在县城、镇的，税率为5%；

③ 纳税人所在地不在市区、县城或者镇的，税率为1%。

城市维护建设税的适用税率，一般应按纳税人所在地的规定税率执行。但是对于下列两种情况，可按缴纳“三税”所在地的规定税率就地缴纳：

① 由受托方代扣代缴、代收代缴“三税”的单位和个人，其代扣代缴、代收代缴的城市维护建设税按受托方所在地适用税率；

② 流动经营等无固定纳税地点的单位和个人，在经营地缴纳“三税”的，其城市维护建设税的缴纳按经营地适用税率。

2. 教育费附加的征收率

教育费附加征收比率为3%。

（三）应纳税（费）额的计算

（1）计税依据

城市维护建设税及教育费附加的计税依据，为纳税人实际缴纳的增值税、消费税和营业税的税额。

确定计税依据要注意以下几点：

① 城市维护建设税及教育费附加的计税依据是“三税”的征税，不包括纳税人违反“三税”有关规定而加收的滞纳金、罚款等。

② 城市维护建设税及教育费附加随“三税”同时征收，如果要免征或者减征“三税”，也要同时免征或者减征城市维护建设税及教育费附加。但对出口产品退还增值税、消费税的，不退还已缴纳的城市维护建设税及教育费附加。进口产品代征增值税、消费税的，但不征收城市维护建设税及教育费附加。

（2）应纳税（费）额的计算

城市维护建设税的应纳税额，是在纳税人实际缴纳增值税、消费税和营业税的基础上计算出来的。其计算公式为：

$$\text{应纳税额}=(\text{实际缴纳的增值税税额}+\text{实际缴纳的消费税税额}+\text{实际缴纳的营业税税额})\times\text{适用税率}$$

教育费附加以纳税人实际缴纳的增值税、消费税、营业税的税额为计征依据，并分别与增值税、消费税、营业税同时缴纳。其计算公式为：

$$\text{应纳教育费附加}=(\text{实际缴纳的增值税税额}+\text{实际缴纳的消费税税额}+\text{实际缴纳的营业税税额})\times\text{征收比率}$$

（四）征收管理

1. 纳税义务的发生时间

城市维护建设税及教育费附加以纳税人实际缴纳的增值税、消费税、营业税税额为计税依据，分别与增值税、消费税、营业税同时缴纳。所以城市维护建设税及教育费附加纳税义务发生时间基本上与增值税、消费税、营业税纳税义务发生时间一致。

2. 纳税期限

城市维护建设税及教育费附加的纳税期限与“三税”的纳税期限一致。根据《增值税和消费税暂行条例》规定，增值税、消费税的纳税期限均分别为1日、3日、5日、10日、15日、1个月或者1个季度；根据营业税暂行条例规定，营业税的纳税期限分别为5日、10日、15日、1个月或者1个季度。增值税、消费税、营业税的纳税人的具体纳税期限，由主管税务机关根据纳税人应纳税额的大小分别核定；不能按照固定期限纳税的，可以按次纳税。

3. 纳税地点

纳税人缴纳“三税”的地点，就是该纳税人缴纳城市维护建设税及教育费附加的地点。在向所在地税务机关申报和缴纳增值税、消费税、营业税的同时，申报和缴纳城市维护建设税及教育费附加。但下列情况除外：

（1）代征代扣、代收代缴“三税”的单位和个人，同时也是城市维护建设税的代征代扣、代收代缴义务人，其城市维护建设税的纳税地点在代扣代收地。

（2）跨省开采的油田，下属生产单位与核算单位不在一个省内的，其生产的原油，在油井所在地缴纳增值税，其应纳税款由核算单位按照各油井的产量和规定税率，计算汇拨各油井缴纳。所以，各油井应纳的城建税，应由核算单位计算，随同增值税一并汇拨油井所在地，由油井在缴纳增值税的同时，一并缴纳城市维护建设税。

（3）对管道局输油部分的收入，由取得收入的各管道局于所在地缴纳营业税。所以，其应纳城市维护建设税，应由取得收入的各管道局于所在地缴纳营业税时一并缴纳。

（4）对流动经营等无固定纳税地点的单位和个人，应随同“三税”在经营地按适用税率缴纳。

4. 纳税申报

（1）纳税申报方式

目前城市维护建设税及教育费附加主要采用上门申报的直接申报方式和网上申报的电子申报方式。

（2）纳税申报需要报送的资料

纳税人进行纳税申报需报送的资料包括税务登记证副本及复印件；经办人本人身份证及复印件；《城市维护建设税纳税申报表》；增值税、消费税、营业税税收缴款单等。

（3）纳税申报表的填制

城市维护建设税需要填报《附加税（费）纳税申报表》（具体见表9－5－1）或单独的《城市维护建设税纳税申报表》。

表 9－5－1　　　　附加税（费）纳税申报表

纳税人识别号 □□□□□□□□□□□□□□□□□□□□

纳税人名称：（公章）

税款所属期限：自　　年　　月　　日至　　年　　月　　日

填表日期：　　年　　月　　日　　　　　　　　　　　　　　金额单位：元（列至角分）

计税依据（计征依据）		计税金额（计征金额）	税率（征收率）	本期应纳税额	本期已缴税额	本期应补（退）税额
		1	2	3＝1×2	4	5＝3－4
城市维护建设税	增值税					
	消费税					
	营业税					
	合计		—			
教育费附加	增值税					
	消费税					
	营业税					
	合计		—			
	销售收入					
地方教育附加	增值税					
	消费税					
	营业税					
	合计		—			

纳税人或代理人声明：此纳税申报表是根据国家税收法律的规定填报的，我确信它是真实的、可靠的、完整的。	如纳税人填报，由纳税人填写以下各栏				
	经办人（签章）		会计主管（签章）		法定代表人（签章）
	如委托代理人填报，由代理人填写以下各栏				
	代理人名称				代理人（公章）
	经办人（签章）				
	联系电话				

以下由税务机关填写

受理人		受理日期		受理税务机关（签章）	

填表说明：

本表适用于城市维护建设税、教育费附加、地方教育附加纳税人填报。

三、实训内容

1. 背景资料

企业名称：碧妆有限公司

纳税人识别号：210880900553320２

企业组织机构代码：02466698

企业税务登记证号：210220067865220

注册地址及电话：东海市大东区九纬路 100 号　024－2208800

法定代表人：王语琪，身份证号码为 210990196612223４2

企业性质：民营企业

企业类型：有限责任公司

经营范围：化妆品的生产及销售

开户银行及账号：中国工商银行东海分行　22000882321532

财务负责人：孙宏阳

办税人员：陈静

2. 业务资料

碧妆有限公司系增值税一般纳税人，主要生产各类化妆品。该公司 2014 年 6 月缴纳的增值税 110 000 元，缴纳消费税 50 000 元。该公司地处市区，城市维护建设税适用税率 7%。计算该公司应应纳的城市维护建设税及教育费附加（地方教育附加略），做出与城市维护建设税及教育费附加有关的账务处理，并填制《附加税（费）纳税申报表》。

根据上述业务，计算城市维护建设税并进行账务处理，填制通用记账凭证 4 张。

① 应纳城市维护建设税税额＝(110 000＋50 000)×7%＝11 200（元）

② 应纳教育费附加＝(110 000＋50 000)×3%＝4 800（元）

（1）计提城市维护建设税

通用记账凭证

2014 年 6 月 15 日　　凭证编号________

摘要	会计科目		√	借方金额										√	贷方金额									
	总账科目	明细科目		千	百	十	万	千	百	十	元	角	分		千	百	十	万	千	百	十	元	角	分
计提城市维护建设税	营业税金及附加						1	1	2	0	0	0	0											
	应缴税费	应缴城市维护建设税																1	1	2	0	0	0	0
附单据 2 张	合计						1	1	2	0	0	0	0					1	1	2	0	0	0	0

会计主管：孙宏阳　　记账：陈静　　审核：于明　　制单：王泽

（2）缴纳城市维护建设税

通 用 记 账 凭 证

2014 年 6 月 15 日　　　　　　　　凭证编号________

摘　要	会计科目		√	借方金额										√	贷方金额									
	总账科目	明细科目		千	百	十	万	千	百	十	元	角	分		千	百	十	万	千	百	十	元	角	分
缴纳城市维护建设税	应缴税费	应缴城市维护建设税					1	1	2	0	0	0	0											
	银行存款																	1	1	2	0	0	0	0
附单据 2 张	合　计						1	1	2	0	0	0	0					1	1	2	0	0	0	0

会计主管：孙宏阳　　　记账：陈静　　　审核：于明　　　制单：王泽

（3）计提教育费附加：

通 用 记 账 凭 证

2014 年 6 月 15 日　　　　　　　　凭证编号________

摘　要	会计科目		√	借方金额										√	贷方金额									
	总账科目	明细科目		千	百	十	万	千	百	十	元	角	分		千	百	十	万	千	百	十	元	角	分
计提城市维护建设税	营业税金及附加							4	8	0	0	0	0											
	应缴税费	应缴教育费附加																	4	8	0	0	0	0
附单据 2 张	合　计							4	8	0	0	0	0						4	8	0	0	0	0

会计主管：孙宏阳　　　记账：陈静　　　审核：于明　　　制单：王泽

（4）缴纳教育费附加

通 用 记 账 凭 证

2014 年 6 月 15 日　　　　凭证编号________

摘　要	会计科目		√	借方金额										√	贷方金额									
	总账科目	明细科目		千	百	十	万	千	百	十	元	角	分		千	百	十	万	千	百	十	元	角	分
缴纳教育费附加	应缴税费	应缴教育费附加						4	8	0	0	0	0											
	银行存款																		4	8	0	0	0	0
附单据 2 张	合　计							4	8	0	0	0	0						4	8	0	0	0	0

会计主管：孙宏阳　　记账：陈静　　审核：于明　　制单：王泽

3. 实训成果

《附加税（费）纳税申报表》（见表 9－5－2）。

表 9－5－2　　附加税（费）纳税申报表

纳税人识别号 | 2 | 1 | 0 | 1 | 0 | 1 | 1 | 0 | 0 | 6 | 6 | 5 | 2 | 6 | 3 | | | | | |

纳税人名称：（公章）碧妆有限公司

税款所属期限：自 2014 年 6 月 1 日至 2014 年 6 月 30 日

填表日期：2012 年 9 月 15 日　　　　金额单位：元（列至角分）

计税依据（计征依据）		计税金额（计征金额）	税率（征收率）	本期应纳税额	本期已缴税额	本期应补（退）税额
		1	2	3 = 1 × 2	4	5 = 3 － 4
城市维护建设税	增值税	110 000.00	7%	7 700.00	0.00	7 700.00
	消费税	50 000.00	7%	3 500.00	0.00	3 500.00
	营业税					
	合计		—	11 200.00	0.00	11 200.00
教育费附加	增值税	110 000.00	3%	3 300.00	0.00	3 300.00
	消费税	50 000.00	3%	1 500.00	0.00	1 500.00
	营业税					
	合计		—	4 800.00	0.00	4 800.00
	销售收入					

续表

<table>
<tr><td colspan="2" rowspan="2">计税依据
（计征依据）</td><td>计税金额
（计征金额）</td><td>税率
（征收率）</td><td>本期应纳
税额</td><td>本期已缴
税额</td><td>本期应补
（退）税额</td></tr>
<tr><td>1</td><td>2</td><td>3 = 1 ×2</td><td>4</td><td>5 =3 -4</td></tr>
<tr><td rowspan="4">地方教育
附加</td><td>增值税</td><td></td><td></td><td></td><td></td><td></td></tr>
<tr><td>消费税</td><td></td><td></td><td></td><td></td><td></td></tr>
<tr><td>营业税</td><td></td><td></td><td></td><td></td><td></td></tr>
<tr><td>合计</td><td></td><td>—</td><td></td><td></td><td></td></tr>
</table>

<table>
<tr><td rowspan="7">纳税人或代理人声明：
此纳税申报表是根据国家税收法律的规定填报的，我确信它是真实的、可靠的、完整的。</td><td colspan="5">如纳税人填报，由纳税人填写以下各栏</td></tr>
<tr><td>经办人
（签章）</td><td></td><td>会计主管
（签章）</td><td></td><td>法定代表人
（签章）</td></tr>
<tr><td colspan="5">如委托代理人填报，由代理人填写以下各栏</td></tr>
<tr><td colspan="2">代理人名称</td><td colspan="2"></td><td rowspan="3">代理人
（公章）</td></tr>
<tr><td colspan="2">经办人（签章）</td><td colspan="2"></td></tr>
<tr><td colspan="2">联系电话</td><td colspan="2"></td></tr>
<tr><td colspan="5"></td></tr>
<tr><td colspan="6">以下由税务机关填写</td></tr>
<tr><td>受理人</td><td></td><td>受理日期</td><td></td><td>受理税务机关
（签章）</td><td></td></tr>
</table>

四、技能训练

1. 企业背景资料

企业名称：鸿达酒业有限公司

纳税人识别号：210101100665263

企业组织机构代码：02466698

企业税务登记证号：210550883321990

注册地址及电话：盛阳市浑南新区飞云路 19 号　024 -3135678

法定代表人：李大明，身份证号码为 210120197207212208

企业性质：国有企业

企业类型：有限责任公司

经营范围：各类酒及相关制品

开户银行及账号：中国工商银行盛阳分行　34216677101876

财务负责人：孙力君

办税人员：王静

2. 业务资料

鸿达酒业有限公司 2014 年 6 月缴纳增值税 50 万元，缴纳消费税 20 万元，缴纳营业税 12 万元，因欠税被加收滞纳金 7 万元。该企业地处某城市市区，城市维护建设税税率为 7%。

3. 技能要求

（1）计算鸿达酒业公司当月应缴纳的城市维护建设税及教育费附加。

（2）做出上述相关业务的账务处理。

（3）填写《附加税（费）纳税申报表》（表 9－5－1）并办理城市维护建设税及教育费附加申报。

参考文献

1. 凌辉贤编著:《最新企业纳税申报与办税指南》，东北财经大学出版社2009年版。

2. 安福仁编著:《企业纳税实务（第三版)》，东北财经大学出版社2012年版。

3. 奚卫华主编:《国税报税实务》，北京大学出版社2010年版。

4. 徐伟主编:《地税报税实务》，北京大学出版社2010年版。

5. 杨京钟主编:《税务流程与纳税申报实训》，厦门大学出版社2011年版。

6. 顾令慧、王化敏主编:《纳税申报表填制实例》，北京大学出版社2012年版。

7. 谷义主编:《国家税收》，经济科学出版社2012年版。

8. 朱青主编:《税收管理》，中国税务出版社2008年版。

9. 中国注册税务师执业资格考试教材编写组编:《税法》(1)，中国税务出版社2013年版。

10. 中国注册税务师执业资格考试教材编写组编:《税法》(2)，中国税务出版社2013年版。

11. 中国注册会计师协会编:《税法》，经济科学出版社2012年版。

12. 财政部会计司编写组编:《企业会计准则讲解2010》，人民出版社2010年版。

13. 国家税务总局网站。